LAOZI THOUGHT AND
MODERN MANAGEMENT

老子思想与现代管理

主　编／赵保佑　高秀昌
副主编／王天洪　王和力

社会科学文献出版社
SOCIAL SCIENCES ACADEMIC PRESS (CHINA)

我想《老子》对我们处理生活中的一些事情也可能有直接的指导作用。因为我们现在面临的问题很多：公平、公正、正义，透明度，体制改革，对企业来说是怎么改善经营管理，很多也很具体。可能读《老子》会得到一点解决问题的启示，但是，更多的应该是得到了一种精神营养和精神上的一种抗生素、维生素，使我们的精神更加强大、思想更加深邃。

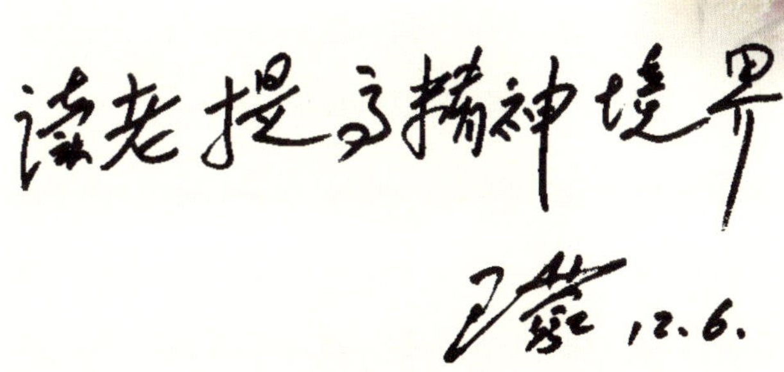

▲ 王蒙、曹育民、王明义、张元龙、张昭若、张好生、李德顺、王发强、郑清智、穆仁先等在开幕式主席台就座。

► 开幕式会场。

◄ 著名作家、文化部原部长王蒙在开幕式上作《老子的战略思想》专题学术报告。

▶ 河南省老子学会会长、全国人大农业与农村委员会委员、中共河南省委原常委、省政府原常务副省长、省人大常委会原副主任王明义致开幕辞。

◀ 中央军委办公厅副主任曹育民少将、河南省老子学会会长王明义为商会揭牌。

▶ 全国工商联副主席，天津市人大常委会副主任、市工商联主席张元龙在开幕式上致辞。

◄ 王天洪代表商会，向天津市政府原副市长张昭若，天津警备区原副政委李德顺呈递聘书，聘请他们为天津市周口商会高级顾问。

► 天津市政府原副市长、天津市周口商会名誉会长张好生在开幕式上致辞。

◄ 原武警医学院院长、少将、天津市周口商会名誉会长王发强在欢迎宴会上致祝酒辞。

▶ 解放军第272医院著名按摩医学专家、“将军医生”（专业技术三级）杨传礼在欢迎宴会上。

◀ 河南省委宣传部副部长、省文化强省建设协会会长李宏伟在开幕式上致辞。

▶ 周口市政协主席、河南省老子学会副会长穆仁先在开幕式上致辞。

◄ 天津社会科学院院长张健在开幕式上致辞。

► 周口市工商联主席、周口市总商会会长刘振亚在欢迎宴会上致欢迎辞。

◄ 河南省宋河酒业股份有限公司总裁王祎杨在开幕式上致辞。

▲ 与会领导、专家学者与部分嘉宾在天津大礼堂内合影。

◄ 中国人民大学哲学院教授葛荣晋在闭幕式上作《“无为”智慧与企业管理》专题讲座。

► 北京大学哲学系教授许抗生在分组讨论中发言。

◄ 武汉大学哲学学院教授朱传棨在分组讨论中发言。

► 中国社会科学院哲学研究所研究员、《中国哲学史研究》副总编辑陈静在分组讨论中发言。

◄ 中宣部全国哲学社会科学规划办公室原主任、中国社会科学院研究员董京泉在分组讨论中发言。

► 南开大学哲学院教授严正在分组讨论中发言。

◄ 四川大学老子研究院副院长、教授盖建民在分组讨论中发言。

► 河南省政协科教文卫体委员会副主任、河南省老子学会常务副会长、河南省社会科学院原院长张锐在分组讨论中发言。

◄ 天津社会科学院哲学所所长王伟凯在分组讨论中发言。

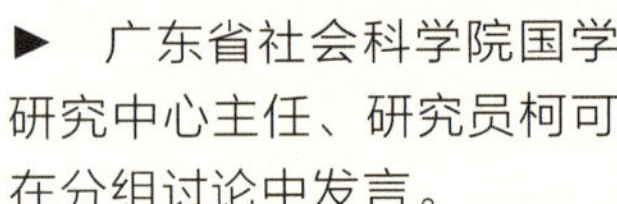

► 广东省社会科学院国学研究中心主任、研究员柯可在分组讨论中发言。

◄ 三门峡市老子研究会会长，三门峡市委原常委、宣传部部长宋育文在分组讨论中发言。

► 首都师范大学哲学系教授白奚代表甲组汇报研讨情况。

◄ 商丘师范学院教授高建立代表乙组汇报研讨情况。

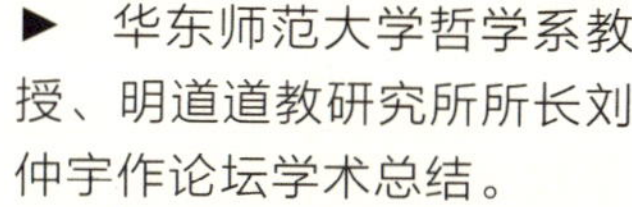

► 华东师范大学哲学系教授、明道道教研究所所长刘仲宇作论坛学术总结。

◄ 河南省社会科学院正院级干部、首席专家、首席研究员，河南省老子学会执行副会长赵保佑作论坛总结。

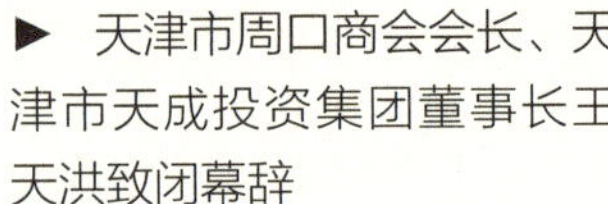

► 天津市周口商会会长、天津市天成投资集团董事长王天洪致闭幕辞

◄ 与会专家学者在天津市规划展览馆参观。

目　　录

在2012·首届老子文化天津论坛开幕式暨天津市周口商会成立典礼上的致辞

王明义[*]

尊敬的各位专家、各位嘉宾，同志们、朋友们：

在天津市周口商会成立之际，由河南省老子学会、河南省社会科学院、河南省政府驻天津办事处、南开大学哲学院主办，天津市周口商会承办，河南省宋河酒业股份有限公司协办的“2012·首届老子文化天津论坛”今天隆重开幕。

出席论坛的有著名作家、学者、我们的老部长王蒙先生，有德高望重的老学研究权威葛荣晋先生、许抗生先生，还有来自中国社会科学院、中国作协、中国社科规划办、北京大学、中国人民大学、南开大学、武汉大学、华东师范大学、四川大学、河南大学、天津市社会科学院、广东省社会科学院、河南省社会科学院等单位的老子文化研究的专家，可以说今天是群贤毕至，高朋云集，是老子文化研究界的一件大事、盛事、喜事。借此机会，我代表河南省老子学会向各位专家、各位嘉宾表示热烈的欢迎和衷心的感谢！向关心支持这次论坛的天津有关方面领导和同志们、朋友们由衷地表示感谢！向天津市周口

[*] 王明义，河南省老子学会会长，第十一届全国人大农业与农村委员会委员，中共河南省委原常委、省政府原常务副省长、省人大常委会原副主任。

商会的成立表示衷心的祝贺！

老子故里，就是现在的鹿邑县，属周口市的辖区内。改革开放以来，在党的方针政策指引下，一批鹿邑人、周口人来到天津创业。他们历经艰辛，经过多年艰苦努力，把自己的事业逐步做大做强，取得了长足的发展。他们在实干中成才的同时，也为天津的经济社会发展作出了积极的贡献，在天津站住了脚、扎下了根。在这批优秀创业者的共同努力下，特别是在天津市、周口市、河南省政府驻天津办事处等各级领导和朋友们以及社会各界的关心支持下，天津市周口商会今天得以成立。我觉得这是在天津创业从商的周口籍企业家们的一件大事，也是你们的故乡河南周口的一件大事。把举办老子文化论坛作为商会成立庆典的重要内容，这既体现了商会成员对家乡的一片真情、对乡贤的崇敬和老子文化的传承，又是一项有意义的公益活动。对此，河南省老子学会和我本人是深表赞赏的，并且非常感谢你们。这次论坛得到了与会专家学者和天津有关方面的理解和鼎力相助，使论坛经较短时间的筹备，能够顺利地召开。

这次论坛的主题是老子思想与现代管理。《老子》一书是一部百科全书式的智慧宝典。这部宝典，以“道”为核心概念，崇尚“道法自然”、“尊道贵德”、“清静无为”等，建构了以宇宙论、本体论、人生论和价值论等为基础的系统哲学体系，包含着丰富的人生大智慧，是当今中国和世界的政治家、思想家、科学家、哲学家和管理学家取之不尽的思想源泉。老子的“无为而治”、“以百姓心为心”、“上善若水”、“谦下贵柔”、“和光同尘”等理念，对于人们正确处理人与人、人与社会、人与自然之间的关系，正确处理团体与团体、国家与国家之间的关系，都具有重要的启迪意义。从这个意义上可以说，《老子》一书是一部管理哲学、领导哲学的大书。为进一步挖掘老子思想所蕴含的管理智慧，我们这次论坛将围绕老子哲学与现代管理哲学、老子的辩证智慧与现代管理、老子“以人为本”的管理之道、老子之道与商道、老子的柔性管理思想、老子“道法自然”的管理智慧等论题，展开深入系统的研讨。相信通过与会专家学者的研讨，将进一步深化对老子思想及其现代价值的认识，为优秀传统文化的传承创新提供理论支持。

河南省老子学会自 1994 年成立以来，始终坚持并认真开展老子思想文化的学习、研究、传播、继承，取得了一定的成效。迄今出版学术著作 40 余部，发表学术论文 300 多篇，产生了较好的社会反响，先后成立了省、市、县三级老子学会，结合实际举办了一系列学术交流活动，总体上成效是好的。周口鹿邑、三门峡灵宝、洛阳老君山、济源王屋山、嵩山中岳庙等地在老子道学文化遗产的保护、整理与研究以及中原老子道学历史文化旅游资源的开发和利用等方面都取得了积极而全面的进展。这些成绩的取得为我们学会今后开展工作，奠定了坚实而良好的基础。

为了深入开展老子文化研究，河南省老子学会新一届理事会提出了学会发展的新目标，概括起来就是这么几句话：积极开展国内外学术文化交流活动，利用“请进来”和“走出去”等多种形式，扩大省内、国内乃至海外的老子道学文化交流，努力把河南省建成世界老子道学文化的研究中心、老子道家道教道学文化寻根探源的圣地，把河南省老子学会办成具有国际影响力的品牌学会组织。围绕这些要求，2010 年 9 月，我们在九朝古都洛阳举办了以“探寻绿色之路——老子思想与当代人类生存之道”为主题的“2010·洛阳老子文化国际论坛”，来自中国大陆、中国台湾及日本、韩国、比利时等国家和地区老学研究的专家学者、各界代表参加了论坛。我们收到了论文 70 多篇，有 50 多篇进行了交流。这次论坛的成功举办，对研究和弘扬老子文化作出了积极的贡献，并且为学会工作的开展积累了经验。今天，我们参与举办“2012·首届老子文化天津论坛”，就是希望搭建不同层次、不同规模的交流平台，凝聚海内外方方面面的力

量，形成老子道学文化研究的合力，为弘扬老学作出我们应有的贡献。

在这里，我还恳切地希望周口在津的企业家们和广大的从业人员以及各界的朋友，进一步加强学习，把中国优秀传统文化与现代科技知识融会贯通起来，不断提高自身的综合素质，持续努力，艰苦创业，自我发展，建设天津，回报家乡，为本人争光，为家乡添光增彩，为祖国的社会主义现代化事业作出新的更大的贡献。

最后，预祝此次论坛取得圆满成功！祝我们的老部长王蒙先生，以及各位嘉宾、各位专家学者和各界的朋友们幸福、安康！

谢谢！

在2012·首届老子文化天津论坛开幕式暨天津市周口商会成立典礼上的致辞

张元龙*

尊敬的周口商会会长王天洪先生，尊敬的王蒙老部长，各位来宾、各位朋友：

大家上午好！

值此喜庆之日，我谨代表天津市工商联对2012·首届老子文化天津论坛开幕式暨天津市周口商会成立表示热烈的祝贺，并致以良好的祝愿！同时，也借此机会，代表天津市的父老乡亲，向河南的各位老乡、向河南的民营企业家以及河南在天津的各位精英对天津经济社会文化发展所作出的重大贡献表示衷心的感谢！

河南是中原大省，历史悠久，人杰地灵。周口是古代著名的思想家、哲学家、道家老子的诞生地。这次天津市周口商会的成立典礼和老子文化论坛的开幕式联袂举行，特别是王蒙等大驾光临并且赐教于我们，是我们天津的一大幸事。法国的思想家帕斯卡说过，我们全部的尊严就在于思想。中国人引以为荣的老庄思想，与苏格拉底、柏拉图、亚里士多德的哲学思想一样，是世界和人类思想的瑰宝。今天，

* 张元龙，全国工商联副主席、天津市人大常委会副主任、天津市工商联主席。

我们研究、继承、发扬这些精神财富，一方面我们要了解东西方的思想如何走向两条不同而又相同的道路，另一方面我们要研究在后现代思想五彩缤纷之际，中国人的思想体系如何与世界融于一体，并以中国优秀的思想财富为人类作贡献。所以我认为，老子文化论坛的举办是件极有意义的事情。

自改革开放以来，越来越多的河南籍人士从中原大地来到天津创业发展，成为天津经济社会建设的一支重要力量。今天天津市周口商会的成立，标志着在津的豫商有了一个新的活动家园，为企业和企业之间相互沟通、相互学习、交流合作创建了新的发展平台，是更好联系和促进津豫两地经济共同发展和社会共同进步的桥梁纽带。希望天津市周口商会在两地政府的关心和指导下，贯彻服务立会的宗旨，更新服务理念，创新服务内容，强化服务职能，积极参与社会公益事业，积极为推动天津的经济发展、促进两地共同繁荣作出新的更大的贡献。

最后，借此机会，祝各位领导、各位来宾朋友们身体健康、工作顺利、家庭幸福！

谢谢大家！

在2012·首届老子文化天津论坛开幕式暨天津市周口商会成立典礼上的致辞

张好生*

尊敬的各位领导、专家学者，女士们、先生们：

大家上午好！

今天，我们在这里欢聚一堂，隆重举行首届老子文化天津论坛开幕式暨天津市周口商会成立典礼。作为天津市周口商会的名誉会长，在此我向各位领导、各位来宾和新闻界的朋友们的到来表示热烈的欢迎！向关心支持天津市周口商会成立的各级领导、各界人士特别是滨海新区的民政局、商务委和工商联致以诚挚的感谢和良好的祝愿！

众所周知，商会文化有两个显著的特征：一是以地缘文化为纽带形成团结互助的公益性民间团体，既有自我管理的功能，又有联系政府、维护自身权利的职能；二是形成地域文化色彩浓厚的商业模式和品牌效应，成为一种无形的生产力，一种软实力。天津市周口商会作为河南籍人士在天津成立的第一个社会团体组织，就同时具有这两种职能。它是顺应当前社会发展的历史潮流、顺应广大在津豫商的热切企盼而诞生的，它承载了广大在津豫商的团结互助、携手并进、倾诉交流、发展壮大的

---

* 张好生，天津市政府原副市长，天津市政协原党组副书记、常务副主席，天津市周口商会名誉会长 。

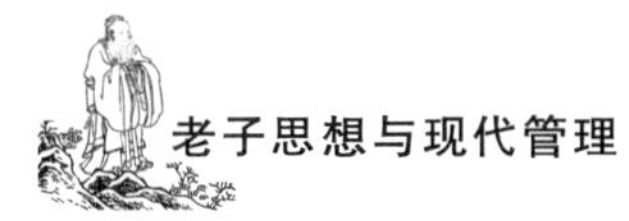

历史使命。天津市周口商会的成立，是津豫两地文化、经济领域的一件大事、喜事和好事。它的成立，既是两省市经济发展的需要，也是广大在津豫商谋求更高层次发展的客观需求，为促进在津豫商交流合作、共同发展打下了组织基础，为豫商企业做大做强创造了十分有利的条件。

作为老同志和名誉会长，我一定尽我所能为商会服务，同时，我也希望商会团结带领广大会员秉承富而不奢的厚重品德，继承热心公益、惠及同乡的忠义精神，发扬诚实稳健的经营作风，踏踏实实地做好商会工作。

我们中国人做事，讲究天时、地利、人和。要成就一番事业，这三者缺一不可，而我们现在是万事俱备，机遇难得。为什么这样说呢？因为天津滨海新区是继深圳经济特区、上海浦东新区之后中国区域经济发展新的增长极，科学发展的排头兵。河南省 2011 年年初被国务院确定为中原经济区，这标志着中原经济区已上升到国家战略的层面，是支撑全国经济又好又快发展的新的增长板块。滨海新区和中原经济区是中国腾飞的两个金翅膀，为我们豫商创业搭建了广阔的平台。我们要珍惜、利用好这难得的机遇，既为河南省也为天津市的发展多谋划、多献力，实现个人事业腾飞，天津与河南比翼齐飞，这样一种多赢的硕果。

今天，借天津市周口商会成立典礼举办以“老子思想与现代管理”为主题的论坛，我认为时机成熟、选题恰当、专家学者阵容强大。作为河南人，参加今天的会议，我感到十分荣幸。大家都知道，老子出生在河南周口市的鹿邑县，他作《道德经》的地方是灵宝市王垛村的函谷关，恰是我出生和上小学的地方，这真是天赐予的缘分，因此使我倍感亲切。“紫气东来，青牛西去”的佳话，我们王垛村的人都能背诵如流，《道德经》的有关片段，我们村不少人从小起都能朗朗上口。比如说，“道可道，非常道。名可名，非常名”、“人法地，地法天，天法道，道法自然”，又如，“我有三宝，持而保之。一曰慈，二曰俭，三曰不敢为天下先”、“天之道，利而不害；圣人之道，为而不争”，特别是我们的周总理非常欣赏和推崇的“玄德”，就是出自老子所说的“生而不有，为而不恃，长而不宰，是谓玄德”，这就是我们河南人、我们中国人应该有的玄德。

老子在中国历史上的地位和作用是不言而喻的。《道德经》不仅是影响中国人最深的思想巨著之一，而且也给世界留下了宝贵的精神财富，至今仍令人常读常新、回味无穷，启迪着后辈乘在先辈们的翅膀上，不断创新发展。最近，河南省政府和三门峡市政府、灵宝市政府下了很大的力气，在函谷关前塑造了高大的老子塑像，象征他在昭示着后代继续前进！希望通过本次研讨活动，能够进一步挖掘老子思想对促进现代企业管理更加博大精深的哲学内涵，不断提高我们企业家的管理智慧，实现企业的科学发展、跨越发展。

最后，预祝论坛活动圆满成功！祝愿天津市周口商会越办越好！祝各位身体健康、事业发达、阖家幸福、万事如意！

谢谢！

在2012·首届老子文化天津论坛开幕式暨天津市周口商会成立典礼上的致辞

李宏伟*

尊敬的各位领导、各位专家，女士们、先生们：

大家上午好！

今天，来自全国各地的专家学者汇聚天津，借天津市周口商会成立之机，召开首届老子文化天津论坛，共同研讨老子文化与现代管理，意义十分重大。在此，我代表中共河南省委宣传部和河南省文化强省建设协会向天津市周口商会的成立及本次论坛的开幕表示热烈的祝贺。

党的十七届六中全会指出："优秀传统文化凝聚着中华民族自强不息的精神追求和历久弥新的精神财富，是发展社会主义先进文化的深厚基础，是建设中华民族共有精神家园的重要支撑。"老子文化是中国文化宝库中的一朵奇葩，是河南这个文化大省资源宝库中熠熠闪光的瑰宝。老子是从中原大地上产生出来的中国历史上第一位真正意义上的哲学家和思想家。老子道家学说开东方哲学之先河，是世界辩证法之滥觞。老子的哲学以"道法自然"为核心，构建了"天道自然、人

---

* 李宏伟，中共河南省委宣传部副部长、河南省文化强省建设协会会长。

道守中、治道无为”的整体框架，显示出超越时空、超越民族、超越时代的强大生命力。常言说：“老子天下第一”，在众多历史名人排行榜上，老子确实是应该排在第一位的世界历史名人。老子文化是中华传统文化的源头活水，是中华民族精神最终形成的重要思想来源之一。贯彻落实党的十七届六中全会精神，弘扬中华传统优秀文化，建设文化强省，就要认真从老子思想中摄取思想精华，发展社会主义先进文化，构建以社会主义核心价值体系为核心的共有精神家园。

2011 年 9 月国务院《关于支持河南加快建设中原经济区的指导意见》，把构建华夏历史文明传承创新区作为中原经济区建设的五大战略定位之一，这不仅表明华夏历史文明传承与创新成为中原经济区建设的强大精神动力，而且意味着中原文化建设迎来了一个大发展大繁荣的重大历史机遇。老子文化在中原文化中占有十分重要的地位，在河南建设文化强省中也具有非同寻常的作用。天津市周口商会的企业家们，在几十年背井离乡的打拼中，为天津的建设和发展作出了应有的贡献。商会成立之初，就出面承办如此高层次、高规格的老子文化论坛，充分反映了企业家们浓厚的思乡之情和高度的文化自觉。本次论坛以“老子思想与现代管理”为主题很有意义，我衷心希望本次论坛达到两个目的，一是与会的专家学者通过“老子思想与现代管理”为主题的学术研讨，能够探讨老子“无为无不为”思想与现代管理学思想的内在联系，为发展现代科学管理理论提供深刻的哲学智慧，产生有新意的学术成果；二是与会的企业家们，通过聆听专家们的报告，学习到老子管理方法的真谛，领悟到老子管理思想的深邃智慧，应用到现代企业管理实践中，成为以道家智慧指导企业经营管理的“道商”。

最后，预祝论坛圆满成功！祝各位领导、专家学者身体健康、万事如意！

谢谢大家

在2012·首届老子文化天津论坛开幕式暨天津市周口商会成立典礼上的致辞

张　健*

尊敬的会议主办方、尊敬的各位来宾：

大家好！

值此全国上下喜迎党的十八大召开之际，由河南省老子学会、河南省社会科学院、河南省政府驻天津办事处、南开大学哲学院主办，天津市周口商会承办，河南省宋河酒业股份有限公司协办的2012·首届老子文化天津论坛开幕式暨天津市周口商会成立典礼今天隆重举行。承蒙大会主办方的邀请，躬逢盛会，不胜荣幸。在此，我谨代表各位来宾和专家学者对于大会主办方的热情邀请表示由衷的感谢，向大会的成功召开致以最诚挚的祝贺！

今天，来自全国各地的老子学研究专家汇聚一堂，探究老子思想，研讨老子文化，这对于推动老子研究具有十分重要的意义。我相信，通过各位专家学者的努力，首届老子文化天津论坛一定能够取得丰硕的研究成果。

中原大地，人杰地灵，历史上涌现出许多对中华文明作出巨大贡

* 张健，天津社会科学院院长。

献的哲人先贤，老子就是其中重要的一位。老子思想博大精深，对中国哲学思想的影响极为深远。正因为如此，从古至今，老子研究长盛不衰，堪称“显学”。不仅如此，老子思想的影响跨越国界，远涉重洋，对人类精神文明的发展同样作出了不可磨灭的贡献。

党的十七届六中全会指出，优秀传统文化凝聚着中华民族自强不息的精神追求和历久弥新的精神财富，是发展社会主义先进文化的深厚基础，是建设中华民族共有精神家园的重要支撑。我们研究老子文化，就要探究其中蕴含的丰富民族文化遗产，挖掘其中深刻的传统思想价值，为弘扬和传播中华民族优秀传统文化服务，为建设具有中国特色的社会主义先进文化服务。

天津市周口商会作为民间经济组织，在大力推进津豫两地经济交流与合作的同时，积极关心和支持学术文化研究，以文化繁荣促进经济发展，这是具有远见卓识的重要举措。在此，我谨代表各位来宾对天津市周口商会的成立表示热烈的祝贺！向天津市周口商会以及河南省宋河酒业股份有限公司表示崇高的敬意和真诚的感谢！

初夏的津城，花团锦簇，绿草如茵。在天津市第十次党代会精神的鼓舞下，天津人民满怀豪情，奋发进取，正以崭新的面貌和勤奋的劳动为津门大地谱写华彩乐章。以滨海新区开发开放为契机，天津市经济社会文化等各项事业取得了重大成就。爱国诚信、务实创新、开放包容的天津精神深入人心。我们希望各位外地来宾和专家学者在天津多走一走、看一看，为天津的文化建设和发展提出宝贵意见。

最后，预祝大会圆满成功！

谢谢大家！

在2012·首届老子文化天津论坛开幕式暨天津市周口商会成立典礼上的致辞

穆仁先*

尊敬的各位领导、各位嘉宾，同志们、朋友们：

六月的天津百花盛开，景色宜人。今天适逢2012·首届老子文化天津论坛隆重举行，同时天津市周口商会也于今日举行成立庆典仪式，这是豫津两地，尤其是我们周口市的两大喜事。在此，我受市委书记徐光、市长岳文海、市人大常委会主任李洪民的委托，代表中共周口市委、市人大、市政府、市政协和一千多万周口人民表示热烈的祝贺，向莅临这次会议的各位领导和朋友们致以衷心的感谢！

我们周口市位于河南东南部，面积11959平方公里，人口1120余万。周口历史悠久，文化灿烂，素有“华夏先驱，九州圣迹，三皇故都、文化圣地”之美誉，在中华文明传承史上有着重要地位。我市的鹿邑县是老子的故里。老子所著的《道德经》，博大精深，流芳千古，历久弥新，方方面面都闪烁着它的智慧光芒，是中华文明史上最为宝贵的精神财富之一。在构建社会主义和谐社会的今天，更体现出它鲜明的时代价值和思想活力。这次论坛邀请了一大批在老子文

---

* 穆仁先，周口市政协主席、河南省老子学会副会长。

化研究领域卓有成效的专家学者，围绕“老子思想与现代管理”这一主题进行多方位深层次的开掘，相信一定会产生新的学术成果，给时代以新的借鉴，给世人以新的启迪。

改革开放以来，随着经济发展步伐不断加快，一大批优秀的周口儿女离开中原，外出发展创业。他们怀着道家思想中上善若水的优秀品性，以水滴石穿的韧性，以积水成渊的毅力，以海纳百川的胸怀，在市场经济的浪潮中，奋力拼搏，苦心经营，形成了自己的品牌，创造了非凡的业绩，为社会创造了财富，也为家乡人民增了光、添了彩。今天天津市周口商会的成立就充分证明了这一点。你们不仅为天津的经济建设作出了突出贡献，也为工作在全国各地的周口籍企业家们树立了榜样，更是外出创业发展的周口人的骄傲。

周口与天津虽远隔千里，但人员往来十分频繁，经济联系非常密切。特别是 2006 年以来，国家作出了加快滨海新区开发开放的重大战略决策，滨海新区成为继深圳特区、浦东新区之后引领中国区域经济发展的第三增长极。天津迎来了历史上最好的发展机遇，这也为在津豫商赢得了最好的发展时机。希望天津市周口商会要牢牢抓住这一历史机遇，在以会长为核心的理事会的领导下，把商会办成沟通的桥梁、团结的纽带、合作的平台、会员的靠山、游子的家园，团结带领会员企业一起发展壮大，家乡政府和人民期待着你们不断迈出新的步伐，创造辉煌业绩。

借此机会，我向来自全国各地的贵宾和朋友们发出诚挚的邀请，欢迎大家有机会去河南做客，到周口游览观光。

谢谢大家！

在2012·首届老子文化天津论坛开幕式暨天津市周口商会成立典礼上的致辞

王袆杨*

尊敬的各位领导、各位嘉宾，女士们、先生们：

大家上午好！

非常荣幸与在座的各界贤达欢聚一堂，共同见证首届老子文化天津论坛开幕式暨天津市周口商会成立典礼的举办。在此，请允许我对当选为第一届天津市周口商会会长的王天洪先生和其他商会领导表示良好的祝愿，对首届老子文化天津论坛的成功举办表示衷心的祝贺！

众所周知，发源于周口鹿邑的老子文化是中华文明中一个丰富的、系统的思想体系，其精深思辨和恢宏博纳的思想印证了当今社会和谐发展、科学发展的客观规律，一直影响着、指引着人类发展的轨道和足迹。老子文化是中国文化之根，在全世界范围内得到了广泛的认可。“宋河”作为来自老子故里的品牌，一方面继承了老子文化所赋予的厚重，另一方面也担负着传承老子文化的责任。

2010年7月，秉承“传承中华文脉，弘扬中华文明；资助教育，回报社会”的宗旨，宋河酒业成立了宋河老子国学教育基金会，并

* 王袆杨，河南省宋河酒业股份有限公司总裁。

交由我省各界贤明人士运作。成立近两年来，基金会不仅开展了几十场捐赠活动，捐赠总额近千万元，同时，基金会还开展了多项以推广老子文化为主题的专题活动，正在为弘扬老子文化，提升民族思想素质，净化社会发展环境，促进社会和谐发展作着有意义的贡献。

不可否认，老子是鹿邑的，也是周口的；但同时老子是中国的，更是世界的。今天，我们以老子文化为媒，以合作交流为手段，以互利共赢为目的，在天津这个中国近代工业的发源地，北方最大的沿海开放城市，中国经济增长的第三极成立天津市周口商会，为在天津的周口人搭建一个合作发展的平台。它的成立，必将起到连接津周两地的桥梁和纽带作用，必将有利于周口的特色产品进入天津市场，有利于周口企业家更好地融入天津本地，有利于两地企业家相互学习、相互帮助、相互促进，有利于交流联系、沟通联络、增进联谊。

周口人质朴无华，厚重大气；天津市繁华富饶，朝气蓬勃。天津有着得天独厚的资源优势和巨大的发展潜力，是投资的沃土、创业的乐园。我相信，以周口的厚重、平和，天津的富饶、蓬勃，天津市周口商会的成立必将为两地的商贾带来更多的发展机遇。祝福商会的明天更加美好！祝福论坛圆满成功！

谢谢大家！

在2012·首届老子文化天津论坛开幕式暨天津市周口商会成立典礼上的致辞

王天洪*

尊敬的各位领导、专家学者、各位嘉宾：

上午好！

在草木葱荣、繁花似锦的美好时节，我们非常有幸相聚地在美丽的海河之滨，隆重举行2012·首届老子文化天津论坛开幕式暨天津市周口商会成立典礼。在此，我代表论坛承办方——天津市周口商会全体同仁，对与会的各位领导、专家学者、各界嘉宾以及新闻媒体的朋友们表示热烈的欢迎与衷心的感谢！

我们天津市周口商会于2011年12月在天津滨海新区注册成立，是在津豫商成立的首家具有独立法人资格的社团组织。目前有企业会员二百多家，包括地产开发、建筑材料、商贸物流、金融投资、生物制药、餐饮服务等多个行业门类，具有雄厚的资产规模、良好的经营业绩和巨大的发展潜力。天津市周口商会的成立，既是市场经济条件下津豫两地宏观经济快速发展的需要，也是在津河南籍企业家优势互补、资源共享、携手共进的迫切要求。

---

* 王天洪，天津市周口商会会长，天津市天成投资集团董事长。

天津市周口商会自筹办以来，得到了天津市工商联的大力支持和帮助，得到了滨海新区政府领导和有关部门的关心和支持，得到了河南省政府驻津办、各省市兄弟商会、在津河南籍各界人士和朋友们的鼎力相助，特别是得到了一些德高望重的天津市老领导的悉心指导，对此我们都铭记在心，深表谢意。承蒙各位同仁的信任与厚爱，推举我担任会长，我深感任重道远，责任重大。今后，我一定履职尽责，搞好服务，以服务、创新、发展为宗旨，依靠理事会的力量，及时反映会员企业呼声，维护会员企业合法权益，推动会员企业品牌和诚信建设，团结带领会员企业投身于天津经济和社会建设，真正把商会办成联系津豫两地的纽带、合作共赢的平台、在津豫商的家园，为津豫两地经济发展出力，为家乡人民争光。

凝聚产生力量，文化延续血脉。我们商会的企业家大多来自河南周口，周口鹿邑是伟大的思想家老子的故乡，对这位圣人先哲，我们始终怀有崇敬之情，满怀感恩之心。宣传弘扬老子文化是我们义不容辞的责任。举办老子文化论坛，并把论坛的开幕式作为商会成立的典礼，是我们商会传承和弘扬中华传统优秀文化，推动社会主义文化大发展大繁荣的一个创新之举，体现了全体会员建设社会主义先进文化的自觉性和主动性。我们希望通过这次论坛，把老子的优秀思想与现代文明进行对接和发掘，从中汲取智慧和营养，运用到企业经营、管理和发展中去，努力使管理技术提升至管理哲学与管理文化层面，进一步提高企业管理水平。我们坚信，通过坚持不懈地学习研究老子思想，一定能涌现出一大批现代“道商”，天津市周口商会也一定能成为天下道商之家！

最后，祝愿首届老子文化天津论坛取得圆满成功！祝与会的各位领导、专家学者、嘉宾身体健康、工作顺利、事业发达、万事如意！

谢谢！

老子的战略思想*

王　蒙

非常高兴有机会和河南的朋友、河南的同好，和天津的朋友、天津的同好，以及来自全国各地的对老庄、对先秦诸子有兴趣、有造诣的朋友交流。来到这儿以后，我的感觉是越来越惭愧和不安。因为我不是专门治中国哲学、中国思想史和老庄研究的，我的本业是写小说。天津市周口商会请我来讲一讲，虽然河南我去过好多次，周口还没有去过，企业我也不熟。再看这次参会专家的论文汇编，我吓了一跳，他们的学问都那么大，我跑到这儿不是讨人嫌吗？但已经来了，不说点什么也对付不过去，昨天的宴请我也吃了，天下没有免费的晚餐呀。所以我就先谈一个问题：读一点《老子》的话，对我们有什么好处？

《老子》能不能直接指导我们的管理呢？这也有可能。但我既没用它直接管理过，也没有用它间接管理过，所以不敢肯定它们之间有

---

* 本文根据王蒙先生在“2012 · 首届老子文化天津论坛开幕式暨天津市周口商会成立典礼”上所作专题报告的录音整理而成（已经本人审阅）。

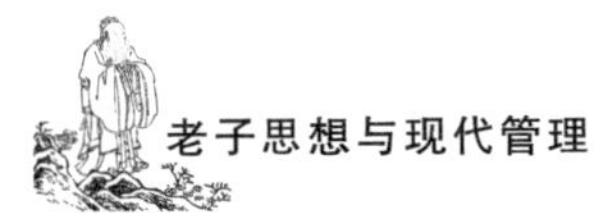

直接的联系。我打小就读《老子》，有一个感觉，就是读了《老子》好像变得聪明了一点儿，变得比别人深刻了一点儿，而且看事情看得要远了一点。比如说下象棋，别人看三步、五步、十步，如果你读了《老子》，就能看到三十步、四十步、五十步。我原来的话不是这么说的，我在中华文明大讲堂上讲，我说别人下棋看两步、三步，你读了《老子》能看四步、五步，后来人家会下象棋的人给我打电话问我下过象棋吗？我说下过啊，我连我孙子都下不过。他问我能看几步，我说我就看当前一步，我能吃车我就吃车，吃完车对方将死我，我根本不管。他说人家看十步的都有的是，你才看三步、五步，你读了那么多年《老子》才看三步、五步？所以现在我改成三十步、五十步了，说看得远一点儿。

读了《老子》你心里会比较踏实，因为老子一分析，好事也可能是坏事，坏事也可能是好事，好词也可能是坏词。比如说“知”和“智”，这是好词，但在《道德经》里，知和智常常是作为贬义词来说的，它不赞成知和智。“愚”是一个坏词，但是老子常常把这个愚当成一个正面的词来讲。比如“上”和“下”，我们一般讲尊卑上下，上是好的，下是不好的，但老子就主张人要下，大国示小国要下——大国在下面，能够下，这是最好的。“柔弱”和“刚强”，一般情况下，我们认为刚强是好的，坚强是好的，但是老子又常常把柔弱说成是好的，把坚强说成是不好的。所以，反过来说让你比较踏实。学了《老子》以后，你有点打不倒的那个劲，别人说你笨，你说你愚啊、不智，大智若愚；别人说你智，你不出声就完了，大智不辩。总也打不倒你。

学了《老子》，还能让人不那么浮躁。不用什么事情都急急忙忙、急于求成、急于成就。“夫唯不争，故莫能与之争”，我怎么跟你争呢？我的方法就是不争，我以不争来和你争，然后你就没法跟我争了。我不争，你怎么和我争啊？你争钱，钱给你；你争名，名给你；你争利，利给你；你争地位，地位给你；你争地盘，地盘给你。当然，争老婆不行，你来争我老婆，我肯定不给，除了老婆，你争什么都可以给你。我能做到这一点，你就拿我没辙了，以“柔弱胜坚强”。所以，我想《老子》对我们处理生活中的一些事情也可能有直接的指导作用。因为我们现在面临的问题很多：公平、公正、正义，透明度，体制改革，对企业来说是怎么改善经营管理，很多也很具体。可能读《老子》会得到一点解决问题的启示，但是，更多的应该是得到了一种精神营养和精神上的一种抗生素、维生素，使我们的精神更加强大、更加深邃。

如果一定要分几条说的话，我可以说这么几条。就是学习或者阅读、涉猎一下《老子》，能够有助于我们提升精神境界，开拓思路、开阔胸怀。许多事我们都知道人们会这么想，到了《老子》那儿你才知道，还有不这么想的，还有另外的一条路。它另辟蹊径，逆向思维，别有洞天，山重水复疑无路，柳暗花明又一村，它能够攀登智慧的高峰、能够深化自我的完善。学了《老子》以后，你会跟练了内功一样，比较深邃，也比较完善，不那么急躁，也不会动不动就失态，就失去理智，能增强你抗逆应变的能力，发展你想象和创造的能力。到《老子》那儿你才知道，敢情这个约两千五百年前的中国人就有这些词、这种思路，比猴都精得多，那时候，说不定欧洲有些国家的居民还在树上生活呢。可是老子能分析到这儿来，他怎么能想到这一步？譬如“治大国若烹小鲜”，他怎么会这么想呢？说治大国如拼命，我能理解；治大国如负山，如负重，我能理解；治大国如临陷阱，我也能理解；治大国如角力，我也能理解；就是“治大国若烹小鲜”，你一听，你就愣在那儿了。我老觉得这个“治大国若烹小鲜”只能用天津话来说，就是“治大国如贴饽饽熬小鱼”（天津方言）。《老子》可以增加你的创造能力和想象能力，还能培养一种风格与气度。学了《老子》，好的里头能看出危险来，坏的里头能看出

转机来；倒霉的时候能看出“塞翁失马，焉知非福”，得意的时候知道这事很危险，赶紧把这些让给别人，如各种荣誉、各种地位、各种称号，别再走向自己的反面。老子思想是一种意志，一种品质，它比别人高一层、深一层，而且它能够纯化人的心灵和品质，让人享受一种思辨的快乐。

我读《老子》有两种快乐，一种快乐就是它实用，比如说我们为个人的一些得失而感到不愉快，读读《老子》——人之大患在有吾身，你就不能只考虑自己，及吾无身，何患之有？这对你有很大的、很实际的帮助。另一种是智者的快乐，它也可能对你没有直接的帮助，比如你吃一点复合维生素、营养剂，你能马上说出有什么帮助吗？你不可能喝牛奶，身上就长牛肉；吃鸡蛋，身上就长鸡毛；但你吃了，你很舒服、消化得很好，这说明你能消化它、吸收它，这本身是一种智者的快乐。我们看了老子的东西哪怕不能完全理解，但总会觉得很有意思。我不反对任何人从趣味出发来读《老子》、学《老子》，不要认为所有的学问都立马适用。数学开始时发展很快，主要是出于趣味性，到后来才发觉它有用。所以，我们要提倡，读老谈庄是一种精神享受，是一种思辨的快乐。我们够紧张了，又要开会，又要经商，又要汇报总结，又要处理各种复杂人际关系问题，这时候如果我们能找出老子的几句话来吟味再三、意犹未尽，觉得其中滋味无穷，这是一种快乐，这种快乐与仅仅的消费性的快乐相比，是更高级的快乐。所以，我们要享受《老子》，我们要享受智慧，我们要享受这种创造性的思想，我们要享受哲理。

《老子》里面很多内容属于战略哲学范畴，下面我就说说老子思想中的战略哲学。战略哲学是什么意思呢？自古以来有很多很多的界定，完全用不着我来下定义。很多人说《老子》是一部兵书，它讲的很多东西和兵法是相通的，但我个人并不接受《老子》是兵书的说法，因为《老子》有更多的终极关怀，有更多的综合的、整合的、根本的思考，对世界、对本体、对世界的起源和归宿、对过程、对体（也是规律）、对名（就是概念）等的思考。它不限于兵法，它可以用于兵法，也可以用于政治，还可以用于人生，乃至用于养生。在《老子》中没讲养生，养生是庄子讲的，老子说的是“摄”，是摄生，“摄”有保护、汲取和珍视等几个方面的意思。所以我说它是战略哲学，它最后归结为一种哲学的思辨，归结为一些哲学的命题。它并不是真讲打仗，把它用在军事上也可以，《老子》对军事不是没有兴趣，它有很多章节都和军事有关，很多命题是直接讲军事的，后面我还会讲到。但它更多的是一种哲学，它是一个涵盖面非常广的、对社会对人生尤其是对治国平天下、对治国理政的一些思考。我主要谈谈老子的四个战略思想：第一个是“无为而无不为”，第二个是“知白守黑，知雄守雌，知荣守辱”，第三个是“道法自然”，第四个是“治大国若烹小鲜”。

首先讲“无为而无不为”。这是自古以来研究者或有志于、有兴趣读《老子》的人最喜欢讨论的一个问题。许多先贤，我相信他们讲得非常有道理。还有现代的许多同好，包括和我有很多来往并赠我许多书的台湾学者陈鼓应老先生，还有几年前逝世的任继愈老师等，这些海峡两岸学者都强调“无为”的意思是不要刻意地为，并不是让你什么都不要干。还有的专家提出来说，“无为”就是勿妄为。妄为就是胡作非为，想怎么干就怎么干，主观脱离了客观实际。

我个人对“无为”有一个解释，无为起码是“有所不为”，而且还斗胆下了一个定义：什么叫好人？什么叫坏人？好人就是有所不为，即有些事他不能干，比如贪污不能干、造谣不能干、阿谀奉承不能干、昧着良心说假话不能干，很多事情不能干；坏人就是无所不为，只要对他个人有利、对他的目标有利，他就没有底线，没有道德的约束，没有文化的约束，没有良心的约束，想干什么就干什么，这就是无所不为。在香港有一次和金庸先生对话的时候，金庸先生认为我这个定义还可以——好人有所不为，坏人无所不为。

可是，真要认真对待“无为”这两个字，所有那些极其合乎逻辑的说法都令人感到不满足。第一，如果无为就是有所不为，那就说有所不为就好了，干吗说无为啊，明明他说的是无为，不是有所不为。第二，如果说无为是不要妄为，就说不要妄为就行了，干吗把为都“无”了，直接说你勿妄，不要妄想、不要妄言、不要妄行、不要妄为、不要妄举，这比说无为说得更清楚。第三，如果无为就是不要刻意而为的话，那你就不要刻意就好了，你刻意干什么呢，你刻意为也不见得好，刻意说也不见得好听。我就怕刻意说，我现在怕那种朗诵式的发言，用好多词。有一年，连战先生第一次访问大陆，到西安一个小学去，那里的小学生出来欢迎他，用朗诵的口吻说：“爷~爷~您~回~来~了”，这个用意非常好，但台湾有些坏家伙就拿这个开心，把它变成手机的彩铃，阴阳怪气，挺吓人。这是他们居心不良、有“台独”倾向，我们不去谈它。但从我个人来说，我也怕那种很刻意的说法。2011 年 9 月份我被邀请参加小学的开学典礼，就是在我的母校，那是我 73 年前、即 1940 年上的那个母校，在开学典礼上小孩儿们发言也是那个味儿：“各~位~领~导”，刻意得不行。但是，老子也不至于因此说无为。为什么他说的是无为呢？我们不要随意给《老子》打补丁——他说无为就是不要刻意而为，他说使民要愚不是说要让人民笨，而是要让人民质朴。一些好意的专家、前辈看到老子哪句话说的有漏洞了，就赶紧打补丁，但征求老子同意了吗？怎么喜欢往老子身上贴膏药呢？我对这些做法不是很满意。对于“无为”，我现在还在研究，还没研究透，这里提出来一些观点，跟河南的、天津的高人们和故乡在鹿邑的朋友们切磋。

第一，我觉得老子是这样一个人，他充分认识到了“无”的重要性。到现在为止，我没有看见别人像老子那么重视“无”，他对

“无”的理解是作为一种终极的了悟、终极的知识。他首先从发生学上说“万物生于有、有生于无”，这个概括得太棒了。世界这么复杂，岂止是万物，要把每一个具体名称都说出来的话十万、百万都不止，光昆虫就有多少种，草有多少种，石头有多少种，矿物质有多少种，液体有多少种，人制造的东西又有多少种，但这些东西都是一个“有”。这个“有”就是西文所喜欢用的“存在”，“万物生于有”，如果什么东西都没有，你还说什么万物呢？万物又叫万有，旧中国很喜欢用“万有”这个词，商务印书馆出的书就叫《万有文库》。“有生于无”，但是所有的“有”原来都是“无”，如果原来就有，就不存在“有”这个概念；如果“有”无不了，它也不存在“有”这个概念。若一个东西，原来有，一万年后还有，一亿年后还有，永恒地有，原来什么样，现在还是什么样，那你还“有”什么，就没有“有”了。有“有”，就必然有“无”。懂得寻找反义词，这是人的理性的一个非常伟大的光彩。光有了“有”，就会想“有”怎么办呢，那就是“无”。正像我们所看到的、接触到的东西都是具体的，但是我们能理解一个词，叫“抽象”，但抽象是看不见的、摸不着的。今天参加天津这个盛会，请抽象先生给大家讲课，这不行。但是我们能理解抽象，因为我们看到那么多具体，我们看到的一切都是暂时、局部、有限的，但我们的智性、我们的语言法则告诉我们，有暂时就有永恒，有具象就有抽象，有局部就有全体，有有限就有无限。

所以有了“有”，我们就要考虑“无”这个概念。这个概念太伟大了，老子那时还不可能懂得地球物理学、天体学、或者宇宙史、银河系、星云说，这些东西当时都没有，但是他知道原来是“无”，“有生于无”。“有”是哪儿来的，是从“无”来的。我们人也一样，我老王生于1934年10月15日，那1934年10月14日呢，还算有了，因为我在我妈的肚子里，那要是更早呢？要是1931年呢？要是1921年呢？要是1021年呢？要是纪元前呢？当然是无啊！怎么可能不是

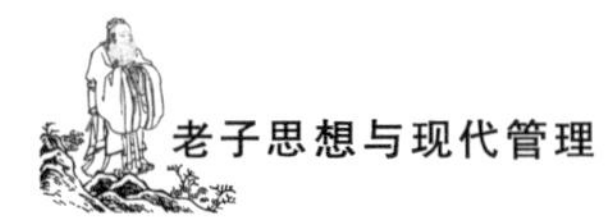

无呢？而过了若干年之后，那肯定还是无，所以“有生于无”，而且最后有还会变成无。在这个意义上，无就是道，道本身就是无，而且无就是中国人的尤其是老子的概念神，就是上帝，就是“中国人的上帝”，因为上帝也是一个概念。请注意，上帝的儿子是耶稣，我们在基督教堂里面看见有耶稣像、有圣母像、有十二大弟子像、还有些圣人像。但是，没有上帝像，既没有它的照片，也没有它的油画和雕塑，它也是一个概念，一个无所不包、无所不有、无所不能的概念。

中国古书上讲，无非无，什么意思呢？无非无，就是讲它从无变成有、从有变成无，能变成有和曾经变成有的无不是真正的无，无非非无，这不用我多讲，本身就是一个逻辑学的问题。无就是否定，否定是什么意思呢？否定是能够把否定否定的那个否定。否定怎么否定否定呢？说什么都是无，那么无也是无，你为什么会认为它都是无呢？无有什么可无的，无有什么可绝对的，无也可以无的，无了无了不就成为有了吗？所以，老子从这最根本的观点上强调无的作用。

我很喜欢一句话，老子说的“有之以为利、无之以为用”。要有某些东西你的手才能抓得着，现在叫抓手，领导干部和党内喜欢讲，抓工作得有个抓手，有才有抓手。“无之以为用”，得留下空间，才能用。老子这个思路是够邪的。比如他说一间屋子，这屋子四面是墙，上面有屋顶，下面有地板，但是这个屋子要用的是它的空的部分，不能盖成一个死膛的房间，死膛的房间不叫房间，还得钻孔，人还得往里钻才行。一个陶器、陶罐也是这样，陶罐也不能是死膛的，茶杯也不能是死膛的，（拿起桌上自己用的茶杯）这有个把儿，这有茶杯的壁，这才有为之利，才好利用它，倒进水它不流，可是这一块儿是空的才能倒进水去呀。他这个思想很了不起，就是什么东西都要有空间，有空间才能用。

全国政协成立五十五周年那一年，在人民大会堂，领导非要我在大会上发言，发言时我就讲政协这种组织只有中国这儿能有，就是因为中国有这种思想——“有之以为利，无之以为用”。政协有什么？有地位，有坚强的领导，有各界的代表人物、很多社会精英，有强大的影响，有舆论，有参政议政、民主监督等各个方面的职能。但是，它的另一面就是无，它没有行政权，没有立法权，恰恰是既有“有”又有“无”才形成了政协的特点。所以，老子创造了一种否定性的思维，就是你在想干什么的时候，先想想别干什么。比如说你想功课学得好，你别从早到晚都钻到这个电脑游戏里头，别泡网吧，也不要做很多耽误你宝贵光阴的事情；你想在工作上能有所成就，那就别把你的心用在那些歪门邪道上。这个理论还挺新，因为西方的政治学喜欢讲这个，其中一派学说讲国家的主要任务不是让你去干什么，而是要明确你不准干什么，这是国家的主要任务。不准干什么呢？不准破坏生产，不准违法乱纪，不准杀人放火，不准扰乱公共秩序，不准造谣生事，要知道你不能干什么。所以在这种情况之下，为什么无为而无不为呢？无为是无不为的前提，如果你什么都为、无所不为了，谁还能去为真正地为呀，谁还能为得了啊？

所以到了庄子那儿，它又有了发展，叫做“上无为而下有为”。这庄子说的是大实话，什么叫“上无为而下有为”呢？就是官越大，越少说话，越少具体地做很多的事，如果你什么事都做了，下属就不敢做了，而且下属就老琢磨你想要干什么，他光琢磨你了，就没有人能干事。所以地位越高，权力越大，越要慎重地使用，不要轻易地露出自己的意图来，更多的事要让别人去做，让下面去做。老百姓当然不能无为，老百姓无为，谁种庄稼去啊？百姓该种庄稼、该服徭役、该修水利、该做工、该售货，必须有为，账目也得清清楚楚，一个会计要是无为而治，那就麻烦了。

第二点要强调的是，老子说的这个“无为而治”，它有一定的针对性，有一定的语境。他的语境是什么？就是东周时期，春秋战国，中央权力系统衰微、失效，各个诸侯国秣马厉兵、胡思乱想、群雄并

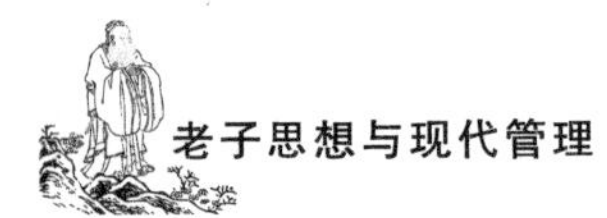

争、阴谋诡计、合纵连横、纵横捭阖、争权夺利、民不聊生，这是当时的政治格局。还有一个是当时的知识分子、读书人——士（当时称为“士”），国家不幸读书人之幸，国家不幸学家幸，诸子百家到处兜售、促销，个个在那儿吹吹呼呼。所以老子、庄子有些话说得相当的极端、相当的刺激，没办法，说得不刺激的话没人听他们的，一般性的话根本没人听，必须一说让人一下子愣住了，怎么这么说话呢，跟打雷似的，吓一跳。诸子百家处在这样一个氛围中，一方面是很活跃，百家争鸣，异军突起，个个都是如簧之舌，个个学问都很深，怎么说话的都有，怎么研究问题的都有。《史记》上面记载那时候，像苏秦、张仪、范蠡这些人，走到哪里去都是一样，跟君王说话都先把君王吓蒙了再说，只有先忽悠得君王心跳、脉搏都产生异常了，君王才有可能听他的，要不然君王怎么可能听他的呢？

在这种情况下，老子讲无为，他确实看到了那些妄为、妄言、妄议、妄论，看到那些根本实现不了的、只能折腾老百姓的、让老百姓活不下去的主张、学说、政令、措施太多了，所以我感觉到老子讲无为带有一种挽狂澜于既倒性质。那些君王和诸侯都疯了，还有到他们那儿去的重臣和候补重臣，只要认得几个字，凭着三寸不烂之舌博取功名，要争夺一杯羹，参与分割权力和财富，针对这种情况，老子企图挽狂澜于既倒。孔子也是这样，他希望在混乱的社会中能够整理出一个规范来，整理出一个合情合理的规范，如“君君臣臣父父子子”。朱熹把它概括为君要仁、臣要忠、父要慈、子要孝，等等。但是老子在某种意义上更哲学化，他认为正是你们现在所想的那一切、所做的那一切、所争的那一切、所为的那一切，是人民痛苦的根源、是让百姓活不下去的原因，所以这是老子强调无为的一个原因，针对当时那种现实情况、那种混乱的情况、那种让老百姓活不下去的情况，而且无为主要是给那些治国理政的人提出来的，就是让他们别折腾百姓。无为不是给老百姓提出来的，说农民要无为，该种的时候别种，该收的时候别收，该做饭别做饭，它不会包含这种白痴的内容，他是给治国理政者和那些与权力沾边的人提出来的。

第三点，从客观上讲，老子、整个老子的学说和庄子的学说，正如刚才有朋友在发言里讲到的，带有一种后现代文化批判主义的色彩。因为我们知道，现代性的发展、全球化的发展，一方面给世界带来了巨大的进展和利益，另外也带来了许多的问题，比如说众所周知的环境恶化，比如说幸福感的脆弱。欧美人生产力发展得比过去不知道有多好，但是幸福感降低了。还有人说幸福感排到第一名或第二名的是不丹王国。不丹王国我去过，他们的人均收入大概是中国的三分之一到二分之一，原来是印度的保护国，现在印度还管着它的外交，但它已基本独立。它的国王有四个皇后，而且四个皇后都是亲姐妹，都是从一家娶过来的，关系比较和谐。这个不丹王国让我最感动的就是，这么和善的一个小国，真是小国寡民啦！鸡相闻，犬不相闻，那里的狗都不叫。为什么那里的狗都不叫呢？因为所有的狗都是公有制，没有个人养狗，狗在大街上到处都躺着，它的首都柏油马路上躺的都是狗。我过一趟马路，得踩好几个狗的尾巴，踩到狗尾巴，狗唯一的反应就是“嗡～”，就一声柔性的反应，意思是你踩着它了，要抬脚、要挪脚。所以，中国许多负面的关于狗的谚语到不丹那里就根本用不上了。常说狗改不了吃屎，人家的狗根本不吃屎，谁见到狗都喂，哪有吃屎的狗呢！狗咬吕洞宾、不识好人心，别说你是吕洞宾，哪怕你是一个坏人狗也不咬你，它干吗咬你啊，警察才找坏人的事，狗可不管。痛打落水狗，那更不可能。所以，文化搞得太复杂了，文化搞得太麻烦了，什么东西都深加工，吃的东西也是深加工。今天早上，我看见电视上报道伊利奶粉含汞，现在正在召回，我已记不清了，可能前不久我还喝过伊利奶粉，如果我今天讲《老子》讲着讲着有点胡言乱语，可能是喝伊利奶粉造成的。咱们周口有好奶粉没有？有的话给我订两箱怎么样？（回答：没有）我希望周口能产奶

粉。就说文化会给人带来麻烦，人生活要简单一点、朴素一点。这可能跟我年岁大了有关系，我到处走，常常受到厚爱，受到招待。但今天早晨，我在咱们天津宾馆吃早餐，专门点了一个煎饼果子（天津方言），觉得还是吃煎饼果子好，煎饼果子的营养已经差不多了，它里面打鸡蛋呢，用郭德纲的话说“我有了钱，我吃煎饼果子打仨鸡蛋”。你都打仨鸡蛋了，还贪欲什么？所以，老子这方面的思想，虽然不可能完全实现，但是理论上有这么一个说法也好。我们知道中国不会停留在三个鸡蛋的水平上，世界也不会停留在三个鸡蛋的水平上，但不要太贪，不要没完没了地往前发展，适当地过一种简朴的、纯真的、现在叫“低碳”的生活，也就是节能、低碳的生活还是可以的。我看无为，是不是还有这样一种意思呢？

第四点，无为还有一个意思，就是要我们学会做减法，学会压缩。《老子》里面的有些话是很深的，比如“为学日益，为道日损，损而又损，以至于无为。”学问在逐渐增加，因为它是知识，知识越积累越多，可道是最单纯的，是最根本的一个原则，是最普通、最单纯、最纯洁的，它最后到无为。所以，《老子》里面提出了许多概念，比如无欲，因为欲望带来许多的烦恼，这个用不着我多说，佛教里头也讲得很多，欲望是深渊，无欲则刚。无咎，你没有什么过失，因为你自己并没有为你自己谋算，你并没有为自己整天争取这个、争取那个、算这个谋那个，你无咎，你没有过失，一个人活在世界上能无咎太伟大了！无智，你也用不着动心眼儿。无身，前面说了，人之大患在吾有身，你用不着老考虑自己。他还讲无矜、无败、无执，无执这是佛教的思想，破执，就是你不用执著于某个东西，你不要自己跟自己较劲，也不要和别人较劲。无失，你不会失去什么。无私，老子的话“夫唯无私故能成其私”，这话说得很直率、很直白，但是就看你是什么心眼儿。如果你是一个坏心眼儿的，你就会说“夫唯无私故能成其私”，说明老子是一个阴谋家，他不争夺他的私利，到时候他的私利该有就自然都有了。其实很简单，你不争这个私利，你的品德比别人高尚，大家喜欢你、老百姓喜欢你、同事也喜欢你、下属也喜欢你，那你就更容易成功。这看你怎么看，如果你只看到成其私，你无私只是成其私的手段，表面上无私，整天在算计要如何对你有好处。如果你立足于无私，那么成其私就是自然而形成的一个副产品，你自己做事按自己的底线、原则，做完以后受到喝彩、鼓掌、提拔，得到效益，这是一个附带的产品，就看你自己怎么处理。

所以有人说，老子是阴谋家，你看“夫唯无私故能成其私”，他实际上是在成自己的私。单位分房子，大家都在抢，我不抢，最后房子归我了。这个就是看你怎么看。“夫唯不争，故莫能与之争”，这在前面我已说过了，很多事情我不争，那些斤斤计较的、眼皮底下的、鸡毛蒜皮的小利益，我跟他争个什么劲啊？我才看不上那些！这样别人反倒没法和我争了。老子的这个思路，有他的高明之处，具体该怎么掌握，我也说不出来。“夫唯不争，故莫能与之争”，你去超市买东西，你付他一百块钱，他按二十块钱给你算的，你能不争吗？能不提一句吗？如果这样你都不争，倒也没人跟你争了，有点傻。“夫唯不争，故莫能与之争”，他这个思路太高明了，这个思路对人有很大的稳定、构建一个坚强的心理素质的作用。

第五点，这“无为”里面还有一个就是老子对治国理政者提出的理念。“太上，不知有之”。有的说是“不知有之”，有的说是“下知有之”，还有的版本是“知其不知”。“太上”就是那个最高的权力系统，老百姓或者不知道，或者仅仅知道它有就行了。“其次亲之誉之”，其次给你唱首颂歌，而且跟你很亲和，见面又握手、又拥抱、又流泪。这个先后顺序的安排，什么意思呢？作为执政者来说，不要要求老百姓到处唱颂歌，颂歌唱多了起码有两方面的坏处，一个是你不了解真实情况，为一个是老百姓对你期望值过高。1954 年，陈毅元帅有诗曰：“颂歌盈耳神仙乐”，他已经看到了过分的歌功颂德不

见得是好事。第三等是“其次畏之”，就是老百姓怕你，这个很实在。我感觉最符合这“畏之”的是交通警，开车的人热爱交通警，见了交通警有点儿想热烈拥抱的也不多，除非两个人搞对象，但是你得怕他，你不怕他，他管不好交通。权力是什么意思？就是你要是不服从我的权力，我能伤害你。第四等，最坏的是“其次侮之”，侮辱他，有权的人侮辱没权的人，反过来没权的人他也会侮辱有权的人，他会想各种的招来骂你。

所以，这种无为更重要的是“功成事遂，百姓皆曰我自然”，一件事办好以后老百姓认识到、认为是自己干出来的。这个符合中共“七大”的时候刘少奇同志在延安讲的共产党的群众路线，他讲：什么是群众路线，就是一切依靠群众，一切为了群众，其中还有一条就是群众自己解放自己，就是让老百姓认识到这一切是自己的利益、按照自己的利益去做。所以，老子能够在这个“无”字上狠下工夫，他能够从否定的思维得出一些战略的思想，告诉你要少干点什么事、要精简点什么事、要为道日损，以至于无为。这有一定的道理，不是绝对的，该为还得为、该拼命还得拼命、该加班还得加班。

就我的本行来说，是搞文学创作的，我在文学创作上常常有这种体会，在人生当中也常常发生这种事，即“有意种花花不活，无心插柳柳成荫”。“有意种花花不活”，就是你种花不活，也可能种子不好、土质不好，也可能你栽培技术不好，也可能你栽种后的管理不好、施肥不好、浇水不好，气候不好，或者你栽的花根本不可能在这儿生长。“无心插柳柳成荫”，就是当符合客观规律的时候，它自己就成荫了。我在我这行常有这个感觉，有时候花费的力量和得到的成果并不完全成正比。我个人听到有人讲那种苦学和苦写作的，听得我挺瘆得慌。比如说“为稳一个字，拈断三根须”，我写一首诗，总共二十几个字，其中有一个字我老觉得不踏实，我要把它弄稳妥、修理好，修理好了就把三根胡子拈断了。现在我的作品已超过一千万字了，这么拈胡子，连汗毛都拈没了！人在写作的时候常有这种情形——若有神助，如果你的感情非常充沛，你的经验非常丰富，你的倾吐的愿望、描写的愿望非常强烈，你的记忆非常清晰，你写起来就若有神助，写完了以后自个看一遍说“哎呀这谁写的啊，写得这么精彩啊”，敢情是 me，是额（我），然后才确认是自个儿写的。

所以，这个“无为而治”，从我的写作上觉得有时候也是可能的。当然，我们可以明确地说，老子讲另一方面讲得少了，没有讲勤政，没有讲励精图治，没有讲精益求精，没有讲细节决定成败，没有讲不允许有任何的差失，没有讲问责制、要奖惩分明，很多东西他都没有讲，这和诸子百家争得太厉害有关系。但老子讲的这样一面，它很有趣，而且看完了以后让你很松快、挺豁达，读《老子》读多了的人会变得豁达。

然后讲“知白守黑，知雄守雌，知荣守辱”。这个是什么意思呢？就是老子的辩证法，就是物极必反，逆向思维，逆向对策，低调做事。“知白守黑”是什么意思呢？就是什么时候都看得明明白白，心里都像明镜似的，但宁愿把自己看作是在一种蒙昧的状态，一种无知的状态。但对“知白守黑”要认真解释，你可以做几年的学问。这是黑格尔最欣赏老子的地方，他不懂中文而读德语翻译的《老子》，解释这一句说“把自己沉浸在无边的黑暗中，但两眼注视着光明”，有点像中国现代派诗人顾城的诗——“黑夜给我一双黑色的眼睛，我却用它寻找光明”。“知白守黑”有时常常让我联想起人不要事事太聪明。老子的思想跟孔子的思想并不是完全对立的，《论语》上最精彩的话之一就是孔子说的“子曰：宁武子，邦有道则知，邦无道则愚，其知也可及，其愚不可及也”。宁武子这个人，他的邦国、他所在的地方有章法，干得挺好，他就聪明，他就能够献言献策、参政议政、参与治理；如果这个地方乱了、出事了，出了一个糊涂人掌权，宁武子马上他就变傻了。他的聪明劲好学，可以及、赶得上、能学到，难学的是他的傻劲，他是真傻而不是假傻，他不上贼船。就像中国当时发生“文化大革命”，你别再往里头钻了、往里头挤了，这时候往里头钻了、往里头挤了，吃不了兜着走。宁武子就能做到这一点，一乱他就傻了，这叫“知白守黑”。“知雄守雌”，我知道我怎么样英武、雄强，我知道怎么摆强势、显威风，我知道但不那么干，我保持低调、保持普通、保持一般。“知荣守辱”，我也知道怎么样出风头，但我宁愿忍辱负重，这个太不容易了，说得简单，谁能做得到啊，哪个不想风头大出、风头尽出？它叫你荣华富贵的事莫往前钻，宁愿在后面做普通人，能保持谦卑，这是最吸引人的。老子和孔子讲的许多东西是一致的，他有些比较厉害的话，也是被反对派痛斥的，他说：“将欲歙之，必固张之；将欲弱之，必固强之；将欲废之，必固举之；将欲夺之，必固与之；是谓微明。柔弱胜刚强，鱼不可脱于渊，国之利器不可以示人。”你想要把人关住，先给他打开；你想削弱他，让他先发展、强势起来；你要消灭他，先让他兴旺起来；你想要从他那里拿走什么东西，你先给他东西，这叫微明。有些事你得反着来才行，这个他说得挺绝，但也不是绝对的，有时候确实是这样。看到这一段，我就想到毛主席关于中国革命战争的战略问题，他就是讲这个后发制人，毛主席讲“敌进我退，敌驻我扰，敌疲我打，敌退我追”，你越是强盛的时候我越往后退。毛主席举了一个例子，说林冲到了小旋风柴进那儿，柴进有个教师爷，要跟林冲比武。他一上来气势汹汹，一直进攻，林冲就往后退退退，退到最后实在忍无可忍。他越来越轻敌、越来越放肆，林冲就抓住他的毛病一招制胜。就是说，老子认为，任何一种力量、一种势力、一个人，如果过于自信、过分的强势，如果他咄咄逼人，就肯定要犯错误、漏空子，到那时一出手他就完蛋。所以有些人说，老子之心最毒，老子这人太坏了，全是阴谋，你要光从那些话你断定不了，但我认为这些人说的是不对的，因为老子他是反战的，他那个《道德经》里有很多地方讲用兵的，说不该用兵、用兵是丧事。

而且老子他是从宇宙的本体、终极上来探讨问题。鲁迅常引用的源自克雷洛夫的“鹰可以和鸡飞得一样低，但是鸡不可能和鹰飞得一样高”。老子“将欲歙之，必固张之；将欲亡之，必固兴之”，这一套阴谋家也可以用，或者把它作为一种手段也可以用。我小的时候听人说，冯玉祥整人就用这个办法，他讨厌谁就把谁派去当司务长，管钱、管各种的物资，三年也不问，三年以后查账，查出问题拉出去就毙。这算是有此一说，当做演绎的故事、当做忽悠听。

但是，老子看到了这一点，在各种斗争中，强变弱、弱变强的事非常多。比如说刘邦和项羽之争，项羽一直胜，刘邦一直败，但最后刘邦就一仗胜了，就把项羽灭了，项羽就是在不断胜的过程中实际上不断地被削弱。中国的革命战争也有这个特点，所以毛主席总结的时候说：“捣乱失败再捣乱再失败直至灭亡，这就是反动派的逻辑；斗争失败再斗争再失败直至胜利，这就是人民的逻辑。反动派是不会违背这个逻辑的，人民也不会违背这个逻辑的。”“文化大革命”时期，各派红卫兵整天背这个，我当时年龄刚过三十，听见“斗争失败再斗争再失败”，就觉得窝囊，为什么呢？因为捣乱失败再捣乱再失败，你灭亡了，是你活该。怎么斗争也老失败啊？斗争失败再斗争再失败，最后不也灭亡了，老失败能胜吗？但最后胜了。还有一点，从对偶上、骈体文上看不合适，你是捣乱失败再捣乱再失败直至灭亡，我是斗争胜利再斗争再胜利直至全胜、大获全胜，这多带劲啊！我老想给毛主席改这语录，我没敢，没敢公开地改。但你要看一下中国革命史，那你就知道，毛主席英明。比如大革命时期，力量弱，闹革命，失败了；把军阀推倒，来一个“四一二政变”，把共产党杀得血流成河，都快灭了；苏区搞了十年土地革命战争，苏区十年的结果是白区毁灭百分之百，苏区毁灭百分之九十，也失败了；好多都失败了，但是它失败失败最终就胜利了，这就是老子说的“柔弱胜坚强”。

坚强本来是一个好话，我为“坚强”这两个字查《辞源》、查《辞海》、查《英汉词典》，有一个发现，《辞源》对古代“坚强”的含义列举了几个意思，它首先包括坚强，还有一个意思是固执，中国古代“坚强”里面有固执的意思，而现代汉语里坚强绝对是好话，完全正面的，为什么呢？因为现代的阶级斗争、民族斗争比较厉害，斗争中我们强调的就是坚强。日本人打过来了，共产党员被反动派给抓到宪兵队里去了，你马上就柔弱了那不就当叛徒了嘛，所以这时候要的就是坚强，宁死不屈。《英汉词典》里的英文，它也包含着固执的意思，但是新中国成立以后坚强只有正面的意思，原来坚强本身既有正面的意思也包含某种负面的意思。老子还有一些比较绝门的说法，他说柔弱是生的象征，坚强是死的象征。拿一根树枝来说，软的一握就弯了，这是生的象征；一掰“嘎吱”断了，这是死的象征。老子在这些地方从反面下工夫，另辟蹊径的、甚至于倒着来的思路，这思路当然也只能是参考。

他的第三个战略思想就是“道法自然”。刚才很多人都讲到了。道法自然的意思，用现代的话来理解就是符合客观规律，这个“自然”不是现代讲的大自然，这个自然实际上是一个副词，自然而然、自己运动、自己变化、自行发展，就是避免过多的干预，避免做不符合客观规律的事情，避免做不符合老百姓愿望的事情。所以，老子有一种奇怪的思路，就是不要整天提倡这个、赞美这个、表扬那个，他觉得你越赞美、越表扬，事儿就越多。他的思路很怪，他说“天下皆知美之为美，斯恶矣；皆知善之为善，斯不善矣”，连钱钟书老师都说老子这话有点矫情。老子是什么意思呢？你知道什么是美了，就知道什么是丑了，有人美有人丑，见着美的挺高兴，见着丑的就挺恶心的，东北话叫挺“添堵”的。但是，钱钟书老师说为什么这话说得矫情呢？他丑并不能由我们知美来负责呀。他长得实在太丑，并不是我们选美把他选丑了，而是他压根就丑，生出来就这样，我们能怎么办呢？他是一个丑八怪，并不是因为我们喜欢巩俐、章子怡、刘晓庆，无法由我们这些看电影的人负责呀。人长得实在太丑，可适当做点美容、整容什么的，但责任不能由美来负责，老子却认为应由美来负责。什么意思呢？只要有人生的经验，“皆知美之为美，斯恶矣”这句话就很容易理解。第一，“皆知美之为美”打破了你生而平等的神话，平等指的是政治权利、公民权利、就业机会的平等，还有其他一些平等，但不是什么事都平等。你的模样比不上章子怡，怎么跟她平等啊？我的个头比不上姚明，一块儿打篮球，我能跟姚明平等吗？这是做不到的。所以“皆知美之为美”，首先你得知道人和人是不平等的。第二，要互相争，如果你不服这口气，不服巩俐长得好，觉得自己就是比巩俐长得好看，要争。第三，要作伪，知道一种美好的东西以后，就假装自己是这种最美好的东西的代表。这样的事情多得不得了。我很喜欢看《官场现形记》，里面有一个故事，讲一个大官到基层去视察，也就是县级，县里的官员打听到这个大官最痛恨的就是穿名牌好衣服，他认定那是不廉洁、不朴素，他最喜欢的就是穿破衣服、带补丁的衣服，县里的官员吓坏了，他们身上穿的都是名牌好衣服，于是赶紧到旧货市场去买旧衣服，但清朝的官服不是随便什么地方都能买，一下子旧货、越旧越破的衣服价钱变得越高。假设现在你这一身新的名牌衣服两千五百元，你买一身又旧又破的衣服却需要三万元，还爱要不要。这大官接见县里各级干部的时候，一看所有的领导穿的衣服不是补着大补丁的就是露着肉的，要不就是黑得冒了烟的，打心里头觉得这是一模范县，可以奖励，出了这个笑话。

有一次，我说“皆知美之为美，斯恶已”，北京金融界的一个朋友说你不用讲了，我们最懂得什么叫“皆知美之为美”，有一样股票看起来前景好，大家都来买这股票，这股票马上造成泡沫，最后崩盘完事，这就叫“皆知美之为美，斯恶已”。所以，老子反对另一面，

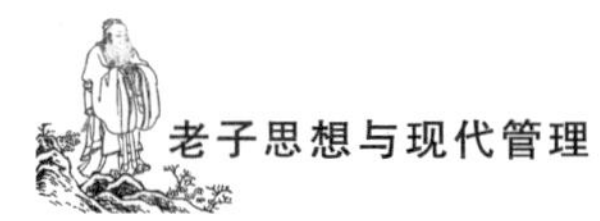

这种反对有道理，他认为不能做得太绝对，不要过分地把自己的意志强加给别人。他说：“大道废，有仁义；慧智出，有大伪；六亲不和，有孝慈；国家昏乱，有忠臣”。他喜欢的是“不言之教”，说那么多干什么，你讲那么多，你越是反复强调越是靠不住，但这样说有一定的道理，不是绝对的。今天这个社会，我们需要的知识的层面、需要汲取的精神资源是多种多样的，一个老子再伟大也不够，一个孔子再伟大也不够，我们该知道什么还都得知道。

最后，我觉得老子的战略思想中很重要一个就是“治大国若烹小鲜”。自古以来对此的解释，第一，就是不要加工太过分、不要折腾，河上公和韩非子解释得最具体。小鲜，就是小鱼。烹小鱼，不用去肠。现在买个一斤多的黄花鱼拿回家去做菜，你得把它的肚子拉开，把里头的肠子取出来，肠子很脏、腥臭。小鲜很小，你就不用去肠、去鳞，勿挠，不要总来回地翻转。第二，有很多人包括咱们的专家提出来“治大国若烹小鲜”就是要掌握火候。这话当然也对，你火太大了，三千度或八千度的火的温度，熬一个钟头，锅里什么都找不着了，所以要注意火候。第三，我的理解是举重若轻，就是说把这个东西掌握好了，也不是什么了不起的事情。20 世纪八十年代，法国总统德斯坦来中国访问，他说法国有六七千万人口，这六七千万人口折腾得法国政府没有一天能睡好觉，一想到中国十二亿人口，他都替中国政府感到害怕、担心，不知道怎么能管理好。按德斯坦的话来说，治大国如小鲜被烹，给它在锅里小火一烧，不知道什么时候“啪”的一铲子下来一翻，小鲜就粉身碎骨了，这“水能载舟，水能覆舟”，能活活整死你。可是，老子给你玩一个“治大国若烹小鲜”，有一点儿气度从容的意思。第四点，“治大国若烹小鲜”不但极有想象力，而且极有审美的情趣。谁能想到“治大国若烹小鲜”？不是中国人，不是河南人，能想到这一步吗？没有开封、洛阳，没有中州的文明是不可能的。我走过好多地方，都有人跟我说洛阳，到洛阳，我一边吃洛阳水席，喝了三十多碗汤，喝到都不能动了；一边有个洛阳人告诉我，说当时国民政府讨论确定普通话、国语，洛阳就差一票输给北京了，要不然全国说的都是洛阳话。这“治大国若烹小鲜”，你就是当文学语言看，它美啊、舒服啊、滋润啊，能经常听到点美丽的、滋润的、舒服的话也不白活一辈子！

今天，我跟大家就是这么随便聊聊，有什么硬伤、有什么知识不够的地方，好在咱们真正的专家还多着呢，不都是像我这样的，咱们听专家的。谢谢大家！

老子道家的管理思想及其现代价值

许抗生

人们通常有这样一种说法：儒家思想是治国的，道家（包括道教）是治生的（即养生的），佛家是治心的。一般说来，这样的提法也并没有什么错，但决不能把它绝对化。尤其是对道家（包括道教）而言，决不能作片面的理解。道家学派本身也十分复杂，有老子学派，黄老学派，庄子学派，杨朱学派，等等。其思想各有所侧重，如老子学派重在治国，亦讲治生，认为治国与治生的道理是一样的（“治人事天，莫如啬”，见《老子》59 章）。从现在的黄老学派史料来看，黄老之学主要讲的帝王统治术，是讲治国道理的，并且认为治国与治生（治生，尤重在治心）即君道与心道是一致的。所以，稷下黄老之学有《心术》篇，讲的就是这个道理。以此《汉书 · 艺文志》说：“道家者流，盖出于史官，历记成败，存亡、祸福、古今之道，然后知秉要执本，清虚以自守，卑弱以自持。此君人南面之术也”。这也说明道家是总结了历史上的成败、存亡、祸福、古今变化的道理，然后能抓住治国的根本，而君主自己只是清虚、卑弱以自守，这的确是一种“君人南面之术”，即帝王统治术。这一思想显然是指的老子《道德经》的思想和黄老学派的思想。《史记·太史公自序》则说：

> 道家无为，又曰无不为，其实易行，其辞能知，其术以虚无为本，以因循为用。无成势，无常形，故能究万物之情。不为物先，不为物后，故能为万物主。有法无法，因时为业；有度无度，因物与合。故曰，圣人不朽，时变是守。虚者道之常也，因者君之纲也。群臣并至，使各自明也。……

这里讲的道家既不是庄子的道家，也不是杨朱派的道家，而是黄老之学的君主治国之术，所以“其为术也，因阴阳之大顺；采儒墨之善，撮名法之要”（同上），是把阴阳变化的思想、儒墨崇尚仁义的思想、名家法家的形名法治的思想，皆吸取过来，集于自己一身以便治理好社会国家的。所以它不同于追求个人精神自由的庄子学派，也不同于主张全生葆真的杨朱思想。至于后来发展起来的道教，亦继承了黄老学派的传统思想，既讲养生又讲治国。例如道教的早期经典《太平经》就是一部既讲养生术又讲治国安天下致太平的著作，故称为《太平经》。又如道教著名的学者葛洪所著的《抱朴子》一书，其内篇论“神仙方术，鬼怪变化，养生延年，攘邪却祸之事”，属道家长生神仙之学，而其外篇论“人间得失，世事臧否”，属治国安邦之学。由此可见，仅仅只是把道家（包括道教）看做是治生养生的思想，显然不符合道家思想的实际。

道家的“君人南面之术”，讲的是君主治国的道理，以往我们都把它当做道家的政治思想来加以研究。如果我们从管理学的角度来看待问题的话，治理国家就是管理好国家，从这一意义上讲，“君人南面之术”，讲的是国家的最高领导人如何管理好国家的道理。所以，我们说道家也有管理学的思想。当然，国家管理与我们现在所说的企业管理并不是一回事，但既然都是管理，又不论国家管理还是现代的企业管理，归根到底都是对人的管理，所以它们之间必然就会有一些共同的东西。因此，研究古代道家的管理思想，抛弃其过时了的内容，挖掘其合理的成分为我们当代所用，我想对于建立当代的管理学，指导我们当代的管理工作，定会有所启迪，有所帮助。

一　老子道家管理思想的哲学基础

老子道家的管理思想，有一个很重要的特点，即它是从老子道家的哲学宇宙观推演而来的。这也就是我们常说的道家的思维方式是："由天道而推人事"，即国家的管理、人事的管理原则，是从宇宙的法则推演而出，人道是由效法天道而来。为此，我们要研究清楚老子道家的哲学宇宙论思想。老子道家认为，人是宇宙自然演化中的产物，而整个宇宙天地万物（包括人类）皆是由宇宙的本原"道"产生的。"道"是老子道家哲学的最高概念。既然道产生了天地万物（"道生天地"），又天地万物产生之后亦不能离开道（道是天地万物存在的根据），而人是天地万物中一个重要成员，所谓"四大"之一（"道大、天大、地大、人亦大"，见于《老子》25 章），因此人（指圣人，国家最高的领导者、管理者）的思想和行为就不能违背"道"的法则而应法"道"而行，即"人法地，地法天，天法道"（《老子》25 章）。由此可见，老子道家的"君人南面之术"，实就是效法"道"的法则而建立起来的领导术（或称领导艺术）或管理术（管理艺术）而已。

那么老子道家哲学的最高概念"道"究竟包涵有哪些思想内容呢？老子的"道"哲学思想十分丰富，归结起来主要有这样几点：(1)道是宇宙的本原，"道生天地万物"。老子说："道生一，一生二，二生三，三生万物"（《老子》42 章）。又说："天下万物生于有，有生于无”（《老子》40 章）。这是说，天地万物（包括人类）皆是由道而生，道是产生天地万物之母。由于道不同于形形色色的具体规定性的物，它与物相反，是一种无形无象无具体规定性的存在，所以道亦称之为“无”。（2）道性自然，道是无名（“道常无名”）、无欲（“道常无欲”）、无为（“道常无为而无不为”）的自然存在物，“自然者，无为也”。道的根本性质就是自然无为，所以老子说：“道法自然”。既认为道是一种无意志的自然存在物，它产生万物是自然而然的无有目的的，正由于它是自然无为的，所以它才能产生万物（“无不为”）。（3）道的作用是柔弱的，“弱者道之用”（《老子》40 章）。老子说：“天下之至柔驰骋天下之至坚，无有入无间”（《老子》43 章），“天下莫柔弱于水，而攻坚强者莫之能胜”（《老子》78 章）。道的作用是最柔弱的，正由于它最柔弱所以能战胜天下最坚强的东西，犹如柔弱的水一样，但一旦洪水泛滥却势不可挡。（4）“反者道之动”（《老子》40 章），向相反方面的转化是道的运动的表现。由无转化成有，由柔转化成刚（柔弱胜刚强）等皆是“道”运动的结果。

总体来说，老子道哲学的基本思想就是“道法自然”的思想。道是无欲无名无意志的自然存在物。道的根本特性就是它的自然无为性。老子道家的管理思想就是建立在“道法自然”这一哲学思想基础之上，而提出“无为而治”的管理思想。

二　老子道家“无为而治”的管理思想

自然无为是宇宙本原“道”的根本法则，国家最高的管理者（领导人）应该法道而行，实行“无为而治”的管理思想。那么如何理解老子的“无为而治”呢？“无为”是否就是什么都不做呢？当然不能作这样简单的理解。老子的所谓“无为”，即是指不加主观意志

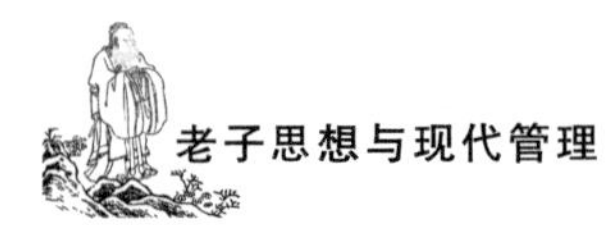

的干扰而顺应自然，按照自然本来的面目，本有的性质和法则去做，而不用主观妄为。所以，老子说："能辅万物之自然而不敢为"（《老子》64 章），即是说，要能辅助万物自然地成长而不敢妄为。老子描绘这种"无为而治"的思想说："我无为而民自化，我好静而民自正，我无事而民自富，我欲不欲而民自朴"（《老子》57 章）。只要在上的统治者不贪得无厌，不追求过多的欲望；老百姓自己就能敦厚朴实。那为什么在上的统治者实行无为而治就能达到天下安宁、人民富足呢？在此，老子是作了一番研究考察功夫的。他认为老百姓所以贫穷，人民所以难治，其原因就在于在上的统治者违背了"无为而治"，不能"辅万物之自然"而强作"智巧"而治（即"有为"而治）的结果。老子说："民之饥，以其上食税之多，是以饥。民之难治，以其上之有为，是以难治。民之轻死，以其上求生之厚，是以轻死"（《老子》75 章）。在上的食税太多，剥削太甚，所以老百姓挨饿贫困。老百姓之难管理，在于在上的好"有为"，违背了顺应自然实行无为的原则，所以老百姓难以管理。老百姓所以轻死，在于在上的奉养太奢侈，搜刮民财太多，致使民不聊生。可见，民之饥、民之难治、民之轻死，皆在于在上的实行"有为"的结果，所以只有实行"无为"而治才能把人民治理好。老子又进一步分析说："以无事取天下，吾何以知其然哉？以此：天下多忌讳，而民弥贫；人多利器，国家滋昏；人多伎巧，奇物滋起；法令滋章，盗贼多有。故圣人云：我无为而自化，我无欲而民自正……"（《老子》57 章）。这是说，天下颁布的禁令戒条越多，弄得老百姓束手无策，只能越来越贫穷；在上的手中多"利器"和"伎巧"，社会上邪恶的事情就越多，国家就会昏乱；颁布的法令越多，反而越有盗贼；所以在上的圣人反对这些"有为"、"智巧"的管理，而实行无为而治，"以无事而取天下"。为此，老子说："故以智治国，国之贼；不以智治国，国之福"（《老子》65 章）。反对"有为"的主观妄为，而主张实行无为的管理法。老子用一个形象生动的比喻说："治大国若烹小鲜"（《老子》60 章）。小鲜即小鱼。管理大国犹如烹煎小鱼一样。烹煎小鱼"不可扰，扰之则鱼烂。治大国者当无为，为之则民伤。"（范应元：《老子注》）治大国不可多扰民，就如烹小鱼不可多扰一样，只能实行顺应自然的无为而治。为此，老子提出了"治人事天，莫若啬"的原则。"啬"有收藏的意思。《韩非子·解老》："啬之者，爱其精神，啬其知识也。"爱惜其精力，收起你的主观妄作的巧智，即是顺应自然的无为而治，这是最省精力的事。为此，老子提出了圣人无心说："圣人无常心，以百姓心为心"（《老子》49 章）。也就是说，圣人治国只是顺应民心之自然而已。当然圣人无为，圣人无心，绝不是圣人任何事都不作，任何思想也不想。老子讲的是"辅万物之自然；而不敢为"，辅助万物自然成长，不要妄为，而能达至"无为而无不为"的结果。可见老子只是想以无为顺自然，或以少为而能办成大事的。所以老子也提倡"为"，这个"为"不违背自然，并且提倡要少花力气就能办成大事的。老子说："图难于其易，为大于其细，天下难事必作于易，天下大事必作于细。是以圣人终不为大，故能成其大。"（《老子》63 章）解决难事，要先从容易的事上做起，要办大事必先从小事情上做起，终不能一口吃一个胖子。要从小到大，从易到难，这确实也符合难易、小大的辩证法的。因此管理社会国家，不能等到问题大了难了时才去解决，而必须解决于动乱未发之时。老子说："其安易持，其未兆易谋，……其微易散，为之于未有，治之于未乱。合抱之木，生于毫末；九层之台，起于垒土；千里之行，始于足下。"（《老子》64 章）这样做就能少花力气办成大事，要"为之于未有，治之于未乱"，才能真正达到社会国家安定太平的目的。所以老子并不一概反对"为"，而是要通过少为、小为而达到治理社会的。

老子的这一"无为而治"的管理思想，之后为黄老之学所发展，提出了"君无为，臣有为"的国家管理学说。黄老学派就是借托中

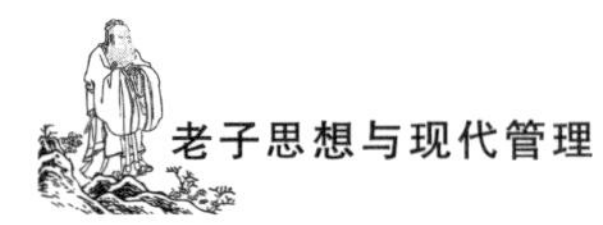

华民族的祖先黄帝的名义来发挥老子的“无为而治”管理思想的。战国时期出现了一批黄帝书，如《黄帝君臣》、《黄帝四经》、《黄帝铭》等，大概就属于这一类的著作；但这些著作现今皆已经遗失。可贵的是1973年马王堆汉墓出土了四篇著作，其中一篇命名为《十大经》（或称《十六经》）的，讲述了黄帝与大臣力牧的言行，应属黄帝书，其四篇思想基本一致，故有人称之为即是原有的《黄帝四经》。这实就是黄老学的著作。在先秦典籍中与这四篇思想相近的有现存《管子》中的《白心》、《内业》、《心术》上、下等篇，可见这些篇也是黄老学的著作。黄老学已不同于原有的老子思想，它广泛地吸收了儒、墨、名、法诸思想，而不再反儒反法。如新出土的《黄帝四经》提出了“道生法”和形名法治的思想。《管子》中的黄老之作，是既讲礼义，又讲法治的。这是黄老思想与老庄思想不同的一个很大的特点。《十大经》中还明确地提出了“大争”的思想说：“今天下大争时至矣，后能慎不争乎？”这就与老子宣扬的“不争”的思想有了较大的差别。黄老学最主要的思想，仍然是发挥老子的“无为而治”的管理学说，阐述了“君道无为，臣道有为”的无为思想。这在《管子·心术》中讲得尤为明显，它用生动形象的心与五官九窍的关系说明君臣之间的关系，文中说：

> 心之在体，君之位也；九窍之有职，官之分也。耳目者，视听之官也。心而无与于视听之事，则官得守其分矣……故曰：上离其道，下失其事。故曰：心术者，无为而制窍者也，故曰君。无代马走，无代鸟起，此言不夺能，不与下试也……人主者，立于阴，阴者静，故曰动则失位。阴能制阳矣，静则能制动矣。

这就是讲的君主不代臣劳的君主无为、大臣有为的道理。君主的职责在于设官分职，具体的事务皆应有百官分担，君主不应代劳。这也就是“君设其本，臣操其末；君治其要，臣行其详”的君逸臣劳的君主无为而治的管理术。这显然是对老子无为思想的发挥。战国时期产生的黄老道家，到了西汉初期，人们刚脱离长年战乱之苦，生产需要恢复，人民需要休养生息，提倡不扰民的清静无为而治的黄老学正适应当时时代的要求，因此西汉初期黄老学得到了官方的支持，文帝、景帝、窦太后皆以黄老无为治天下，出现了历史上有名的“文景之治”，社会得到了安宁，生产得到了恢复与发展。当时有一部主要讲黄老学的著作叫《淮南子》的。它进一步地发展了老子道家的无为思想，对“无为”、“有为”两概念作了明确的界定。何谓“无为”呢？书中认为，无为绝不是什么事都不做的那种消极的无为，而是指的“循理而举事”，遵循自然之理来办理事情。具体地说，即是“私意不得入公道”，“嗜欲不能狂其术”，“偃其智巧（小聪明）”，“循理而举事”，“事成而不骄”，做到了这些就是实行了“无为而治”。什么是“有为”呢？“有为”是指主观妄为，用己而背自然，谓之“有为”。“有为”就是违背了自然之理。所以无为与有为的差别关键在于一个是“循理”，一个是“违理”而已。这就把老子道家的无为思想讲得再透彻不过了。这应是《淮南子》在道家发展史上的一大贡献。

三　老子道家管理学说中的谋略思想

老子的谋略思想应是他的“无为而治”管理学说中的一个重要组成部分。现把它突出出来作为一个专门问题来加以讨论。老子主张“无为而无不为”，要用少为甚至不为（“不战而善胜”）就能达到办成大事的目的。这就必须要用智慧、用智谋才能办成。老子反对与自己对立的一方做硬碰硬的斗争，而提倡法道之无为、无争和法道之柔弱的德性，主张用“柔”的一手以达到柔弱胜刚强的目的。为此，

老子在治国之术中尤重对谋略、策略思想的研究。老子的总的策略思想是：以少胜多，以柔克刚。为了达到此目的，老子较深入地研究了自己的策略思想和原则。归结起来，其策略思想主要有以下几点：

1. “不敢为天下先，故能成其先”

这是一种“后发制人”的策略原则。老子认为，只有“不敢为天下先”，才能“成其先”。这就是所谓“以守为攻”的策略，或可称之为积极防御的策略思想。《庄子·天下》说老子是“人皆取先，己独取后”。确实，老子主张“后”而不主张“先”。他反对先发制人，反对先主动出击的方针。他引用古代兵家之言说：“吾不敢为主而为客，不敢进寸而退尺”（《老子》69 章），意思是说，用兵打仗我不敢主动进攻而可采取防守；不敢先前进一寸而可后退一尺。老子极力主张在战争中要谨慎小心，切不可轻敌冒进。他说：“祸莫大于轻敌，轻敌几丧吾宝二。”（《老子》69 章）这里所说的“宝”，即指“不敢为天下先”。（老子说：“吾有三宝：一曰慈，二曰俭，三曰不敢为天下先。”见《老子》67 章）他的结论是：“勇于敢则杀，勇于不敢则活。”（《老子》73 章）确实，在敌强我弱的情况下，在一定的条件下，采取后发制人，反对盲动出击，这是很有道理的。老子提出的“哀兵必胜”的思想，即受欺侮挨打的一方能激发士气、得到同情，最后赢得胜利的思想，也是有合理内容的。但也不能一概地不加分析地采取后发制人的做法，在一定条件下，弱者也可采取“以攻为守”的策略，采取先发制人。不然的话，就会使自己失去有利的机会，陷入被动挨打的局面。

2. “将欲取之，必固与之”

老子认为要做到“柔弱胜刚强”，必须切忌与强大的敌人做硬拼的斗争，而应采取迂回曲折的斗争策略以迷惑敌人，最后达到战胜敌人的目的。老子说：“将欲歙之，必固张之；将欲弱之，必固强之；将欲废之，必固兴之；将欲取之，必固与之。是谓微明，柔弱胜强。”（《老子》36 章）收敛、张开、强弱、废兴、取与，这些都是可以互相转化的。要想收敛它，就要先扩张它；要想削弱它，必须先强大它；要想废掉它，必先兴盛它；要想夺取它，必先给予它。这些都是促使其向对立面转化的做法。这里充满着相反相成的辩证法原理。老子把这些策略思想叫做“微明”（微妙的智慧）通过这些“微明”的智慧就可以达到“柔弱胜刚强”的目的。老子认为，这些“微明”的思想是“国之利器，不可以示人”的，所以后来有人把老子称作“阴谋家”，其实老子是一位伟大的谋略家，是一位懂得辩证法的大师。

3. “曲则全”

老子认为弱者要战胜强敌，还应采取以曲求全，以屈求伸的策略。老子说：“曲则全，枉则直，汪则盈，敝则新，少则得，多则惑，……古之所谓曲则全者，岂虚言哉？诚全而归之。”（《老子》22 章）这是说，曲、枉（屈）、洼、敞、少才能成全、直、盈、新、得，相反而相成，这就是“曲能成全”的思想。反之，“持而盈之，不如其已（止也）；揣而锐之，不可长保；金玉满堂，莫之能守；富贵而骄，自遗其咎”，因此老子提出：“功遂身退，天之道也。”（《老子》9 章）在这里老子深知物极必反的道理，为了防止向坏的方面的转化，老子极力反对走极端，反对任何过分的行为，主张处于谦下虚曲之处。所以老子总是告诫国家管理领袖人物要守曲处垢，以贱为本，以下为基，只有这样才能曲则全，成就其大业。当然“曲则全”是要有条件的，曲向全的转化关键在于正确的斗争策略和曲者敢于夺取胜利的决心，没有这些条件曲就不能向全转化。

四　老子道家论管理者的素质与品德

管理者的素质与品德在管理过程中具有十分重要的作用。管理说到底皆是对人的管理，因此作为管理者（领导者）首先应当管理好自己，自己能在管理中做到以身作则，起到示范表率的作用。所以老子也十分重视对管理者的素质和品德的培养。老子认为国家的最高管理者（领袖人物）的素质和品德，应当体现宇宙的最高本质“道”的德性。老子特别强调作为圣王应该具有“道”的敦厚朴实、谦虚、处下、宽容等品行。具体地说，作为圣王应当具有下列一些德性：

1. 敦厚朴实，反对浮华轻薄

敦厚朴实是老子提倡的一个重要的做人道德原则。老子道家抨击当时流行的虚假浮华的礼义说教，反对玩弄欺人的小聪明。老子说：“夫礼者，忠信之薄而乱之首：前识者，道之华而愚之始。是以大丈夫处其厚不居其薄，处其实不居其华。故去彼取此。”（《老子》38章）老子认为，轻薄浮华的礼义和无根据的臆测（巧伪）是“世乱的祸首”、“愚蠢的开端”，是一些要不得的东西，只有朴实无华，“见素抱朴”才是应有的美德。为此，老子提出了“信言不美，美言不信”、“大辩如讷”、“大巧如拙”，等等，反对浮华，讲究朴实的思想。

2. 谦虚处下，反对骄傲自大

老子极力提倡圣王应当有“谦虚”的美德，老子说：“企者不立，跨者不行。自见者不明，自是者不彰，自伐者无功，自矜者不长。”（《老子》24章）反之，则“不自见故明，不自是故彰，不自伐故有功，不自矜故长。”（《老子》22章）以此老子说：“是以圣人自知不自见，自爱不自贵，故去彼取此。”（《老子》72章）老子告诫最高的国家管理者（圣王）要有自知之明，决不能自以为是，骄傲自大。老子又说：“必贵而以贱为本，必高矣而以下为基。夫是以侯王自谓孤寡不穀。此其贱之为本与？非与？”（《老子》39章）“人之所恶，唯孤、寡、不穀。而王公以自称。”（《老子》42章）。最高的国家领导者也是离不开贱与下的老百姓的，来不得骄傲自大，脱离人民。圣王也只有谦虚处下才能得到人民的拥戴而成就其大业。所以老子说："江海所以能为百谷王者，以其善下之，故能为百谷王。是以欲上民也，必以言下之；欲先民也，必以身后之。是以圣人处上而民不重（指重负），处前而民不害、是以天下乐推而不厌。"（《老子》66 章）可见，最高的国家管理者（圣王）与老百姓（民）的关系，就像江海与百谷一样，只有谦虚处下，才能得到民的拥戴，老百姓才能归往于他。

3. 少私寡欲，反对自私多欲

这是老子提出的又一个做人的根本原则。老子认为，人们的私心多了，欲望多了，社会就会产生纷争，只有少私乃至无私，寡欲乃至无欲，才能使社会安宁。所以老子大力提倡少私无私，反对多私多欲。老子说："祸莫大于不知足，咎莫大于欲得。故知足之足，常足矣。"（《老子》46 章）因此，老子提倡"少私寡欲"、"知足常乐"。在这里老子还讲了私与无私的辩证转化关系。老子说："圣人无积，既以为人，已愈有；既以予人，已愈多。"（《老子》81 章）又说："是以圣人退其身而身先，外其身而身存，不以其无私与？故能成其私。"（《老子》7 章）最高的国家管理者正由于他无私而为人，最后也才能成全他自己。为此，老子提倡圣人应该"与善仁"，乐与为人，"善利万物而不争"，与人讲慈爱，而对自己则要求"知足"，做到"节俭"。

五　老子道家"无为而治"的思想对当代管理学的一些启示

老子的"无为而治"思想是古代道家的治理国家的学说，并不是现代的企业管理学，但老子道家的无为而治的思想，与我国当前市场经济下的现代管理学，似乎还是可以找到一些相似或相近的地方。

欧洲有一位哲学家曾认为，西方的自由市场理论，即主张政府不应干涉经济自然法则的运行的这一思想的来源，就是老子的《道德经》。这一说法是否符合历史的实际，我没有研究过。但老子的无为而治的管理思想，对现代市场经济下的现代管理学确实能给人一些启迪。

1. “无为而治”管理思想的启示

在这方面至少有以下三点思想内容能给我们启发：（1）老子讲无为顺应自然，“辅万物之自然而不敢为”，黄老学则明确讲“循理而举事”不违背自然的法则。这是无为而治思想中最重要的内容。我们现代的管理者首先也应懂得这一道理，按照经济自然发展的规律办事，而决不能主观妄为，主观臆断而定。尤其是国家政府不应过多地干涉经济法则的运行，不能过多过死地管制经济，束缚住企业的经济发展，要敢于放开手脚，让经济按照自己的规律自然地发展，不能违背经济发展的法则。（2）老子讲“圣人无常心，以百姓心为心”的思想，这也可启示我们现代经济管理者要以人为本，以广大消费者为出发点，以社会需求为导向，顺应广大消费者的需求，而不能脱离广大消费者去从事企业的活动。（3）黄老道家讲“君道无为，臣道有为”、“君逸臣劳”、“君治其要，臣治其详”的思想，这实是一种领导艺术。我们现代的高级管理者，领导者（总裁、总理等）应当学一学这一无为而治的领导术，设官分职；放手让下属去干，而不得事事处处、大事小事都自己一个人做，应当是“大权独揽，小权分散”，带有根本性的决策方针和选拔主要干部等由领导人亲自抓外，而各部门具体工作、具体任务，就应大胆地信任下属，让他们去做。这样才能调动广大员工的主动性积极性，工作才能做好。

2. 老子的“不为天下先，故能成其先”的后发制人的战略防御思想的启示

在当代经济竞争中，在所谓的“商战”中，也应有两种战略思想：一为进攻战略，一为防御战略。这两种战略在我国古代兵书中皆有阐述：主张进攻战略的代表作是《孙子兵法》，其书有《军争》、《谋攻》诸篇，主张积极的主动进攻的思想。而讲防御战略的代表作则是《老子》（古代也有人把《老子》看作为兵书的），主张只有“不敢为天下先”才能“成其先”的后发制人的防御战略思想。应当说，在一定条件下，为了巩固自己的阵地，为了调整自己内部的力量，或者自己处于劣势的情况下，往往是可采取防御的战略。就是在当代的“商战”中亦不例外，亦可有打防御战的。如不想与强大的竞争对手作硬拼的斗争，不作盲目冒进，不轻视敌人，而是采取先退一步，用迂回曲折的斗争手段，或以“委曲求全”，或以“将欲取之，必先与之”，舍小利引诱对方，最后获得大利达到战胜他人的目的，等等。这也就是“商战”中的积极防御的战略。可见，老子的后发制人的防御思想，在现代“商战”中亦有借鉴的作用。当然防御还是进攻，都不是一成不变的，要根据当时的条件而定，一味地防御也可能会失去时机，所以一定要按照具体的情况而定。

最后，作为一个现代管理者自身的素质品德的培养自然是十分重要的。老子提出的谦虚、处下、朴实、仁慈、节俭、信用等，对于现代的管理者来说都是十分需要的。这些品德本来就是我中华民族传统的美德，我们应当大力继承和发扬。

（作者单位：北京大学哲学系）

《老子》是当代管理学的哲学纲要

杨中有

今天，我们从哲学的角度讨论管理学。目前在我国的各类学校中讲的管理学多半是从西方引进来的管理学，西方管理学是以西方哲学为理论基础的价值观与方法论。当然，西方哲学也是人类思想的结晶，在过去的二三百年间对人类社会的存在与发展起到了重要的指导作用。但是，进入了21世纪，世界发生了前所未有的大变化，在人类社会的转折关头，东方哲学自然而然的被奉为主导地位，并以它博大的胸怀，包容着西方哲学，引领人类社会的前行方向。

中华民族传统文化的内容浩如烟海，为了便于学习与传承，有必要梳理出一个可把握的路线来，我们有如下考虑：中华民族传统文化的主流是圣贤文化，圣贤文化的主导是圣人文化。当下，由经典确切记载的圣人文化，有孔子、释迦牟尼和老子，佛教是外来文化，也是“中国化”了的圣人文化。“三皇五帝”是更早期的中华圣人，虽然没有他们的专著显世，但是有确凿的史料记载。曾存在过“三皇五帝之书”，并且老子、孔子继承的是“三皇五帝”的文化，那是中华民族文化的源泉。孔子说自己是“述而不作”，叙述的皆是先圣经典；老子的《道德经》中有32处引用的是先圣思想；释氏言，他从未讲过法，讲的都是古佛之法。从此可以看出东方三圣文化的来由。

这里，我们简要梳理一下老子文化。老子文化的内容非常丰富和庞大，我们将老子文化分为三部分：《老子》哲学、道家和道教。《老子》哲学就是五千言《道德经》所建立起来的哲学体系；道家是历来传承老子《道德经》所形成的不同风格思想体系的组合；道教是尊老子为教主，奉《道德经》为教义的宗教。目前我们学习《老子》，是要把握《老子》的宇宙观、世界观、人生观和方法论，也就是要正本清源地学习《老子》哲学，这应是重中之重。我们对《老子》哲学的当代意义有三点体会：人类思想的基石，永不过时的哲理，时代需要的精神。

下面我们从管理学的角度，粗浅地谈一谈《老子》哲学的统领性作用，主题是：当代管理学的扩大思考，应具备宇宙情怀、赤子境界和圣人智慧。

一　当代管理学的宇宙情怀

当代如果不把握好《老子》的宇宙论，就不能顺畅深入地认识《老子》和学用《老子》；当代人只有用《老子》树立起宇宙情怀，才能开阔心胸、抬高眼界，才会有更大的思想解放。大家会说有那么多眼前的事情都忙乎不过来，哪有工夫管宇宙的问题？事实上，这不是谁愿意或不愿意的问题，这是人类历史发展的必然。就是因为我们眼下的事情太多，才需要我们仰望星空。为了应对当前的多元化世界、多方位矛盾，才需要我们高举起《老子》哲学正大气象的旗帜。比如人类的活动扩大了：探月、探火星、空间站等宇宙空间的扩展；比如生活内容增多了，衣食住行超越性的提高；比如科技探索更加深入到微观与宏观奥妙；比如天天接触的信息量呈爆炸性增长，也就是说人类社会的框架以及容量空前的扩张。在这种环境中，每个人的生存与发展的环境也在大大扩展。对此，何种文化能适应这些人类前所未有的经历？什么样的思想旗帜可以指引人类不偏颇地行进？当然，应该具有大思维，具有正大气象的文化来承担人类历史长河中的大任。从管理学的角度讲，只有具备大道特征的管理学才能适应当代。《老子》哲学涉及的主要概念是“天道”与“人道”，大家不要以为一提“天道”就归入迷信的框框里。《老子》讲的“天道”是指宇宙的道理、宇宙的规律、宇宙的情怀。《老子》哲学建立了一个完整的宇宙论体系，宇宙的本源是什么，宇宙的结构是什么，宇宙的运行规律是什么以及宇宙万物是如何发生的等问题，《老子》都做了明确的交代。《老子》的哲学思考最关切的是人类存在，是社会存在，但是《老子》是以一种超越的形式完成的。他不只是关注我们地球上的某一地域、某一群体、某一个人，而是首先从大宇宙的视野观察原本存在，观察原本的规律，然后向下落实，落实到宇宙万物，落实到人类，落实到具体的人。当然也落实到人类所从事的各门各类的学问当中，落实到与人密切相关的管理学。《老子》哲学是以宇宙论为基础的，包罗万象，贯通古今。从范畴上讲，可以说《老子》哲学是大哲学，是大道。因为它不局限于某一区域，不局限于某一历史阶段，不局限于某一事物，而是人类整个历史长河的指导思想。《老子》第二十五章讲“道大，天大，地大，人亦大”、“人法地，地法天，天法道，道法自然”。其意是指，人应该具有像天、地、道那样的大胸襟、大智慧，其中包含着树立大宇宙观的重要性。《老子》的大宇宙观，《老子》的与“道”、“天”、“地”同等的人类之“大道”，是当今人类共建精神家园的宝贵财富和文化资源。两百多年前，黑格尔讲：“一个民族有一些关注天空的人，他们才有希望；一个民族只是关心脚下的事情，那是没有未来的。”同时他又说：“只有那些永远躺在坑里从不仰望星空的人，才不会掉进坑里。”

杨利伟在他的《天地九重》一书中写道，我觉得宇宙的广袤真实地摆在我的眼前，但是实际上在浩瀚的宇宙面前，我仅像一粒尘埃。从这样的纬度审视我们的家园，思维方式会有所不同。随着身体的失重，许多东西似乎会随之变形、变淡，比如名和利。但是另一些东西则会在心里变得更加清晰和珍贵，比如祖国和亲人。太空浩渺无边，却只有地球上的家园最让人牵肠挂肚。康德的座右铭是："有两种东西，我对他们的思考越是深沉持久，他们在我心灵中唤起的惊奇和敬畏就会日新月异，不断增长，这就是我头上的星空和心中的道德定律。"我真切地感到这个哲人的名言是对《老子》哲学的最简约、最深刻的注释，连语言形式都是无比的相似。

人类发展到今天，面对的事物要比以往任何时候都要复杂，都要庞大。人类要进入更高层次的"众妙之门"（第一章）不能只看到眼前和脚下，必须要选择更高层次的精神境界和文化根基。所以说，21世纪的人类不仅要讲世界观，而且要多讲宇宙观，这就是当代的"正大气象"，也是管理学的扩大思考。因为，《老子》宇宙论包容了古今中外人类创始的所有宇宙论，并且可以成为当今人类解放思想、化解矛盾的正确指导。

什么是宇宙情怀？宇宙情怀就是生生不息、大爱无疆的情怀。从理性上讲，这是哲学的终极意义。《老子》第二十五章讲："有物混成，先天地生。寂兮，寥兮；独立而不改，周行而不殆，可以为天下母。吾不知其名，字之曰道"；第一章讲："无，名天地之始。有，名万物之母。"《老子》把宇宙看成一个无限而美妙的大生命体，宇宙万物包括我们人类是由一个共同的母亲——"道"生发而来的，大家都承载着伟大母亲的道德品格。我们与宇宙万物有着共生共长共存的同一性经历。当然，我们人与人之间更是如此。我们从宇宙的怀抱中诞生，经历着"出生入死"的过程，再回归到"万物之母"的怀抱中，回归到自我的根本。现下我们都在吸吮着宇宙之母创生的乳汁与智慧，我们的背后有一位伟大的“天下之母”，她具有“生而不有，为而不恃，长而不宰”（十章）的以“慈”为怀的伟大品格。“慈”是《老子》三宝的第一宝。《老子》第六十七章讲：“我有三宝，持而保之：一曰慈，二曰俭，三曰不敢为天下先……天将救之，以慈卫之”。人类的大圣哲，无论是东方的还是西方的，最高的境界都是讲慈悲为怀，讲大爱，也就是宇宙情怀，这是达到和谐目标的本原品质。“俭”是《老子》三宝的第二宝，从宇宙的角度看，人类的生活应该节俭，对地球资源应该珍惜，不要过分消耗，不要浪费。“不敢为天下先”是《老子》三宝的第三宝，这是《老子》从宇宙大局来考虑人类的定位，那就是不要总是强势地把自身利益摆在天下万物的前面，摆在天下人的前面，要适度，要“守中”（五章），这也是当前倡导的“与人和谐，与自然和谐”的重点，是大和谐的主导性原则，是通过“阴场”、“阳场”、“冲气场”的宇宙作用形式而完成“万物负阴而抱阳，冲气以为和”（四十二章）的哲学结论。

《老子》宇宙论是一个包罗万象、贯通古今的大系统，上面讲的“宇宙情怀”只是一个启示性的引言。近年来，我们做的一项工作就是将分散在《老子》各章中有关宇宙的论述，进行综合整理，并结合天体物理学、量子力学、相对论等科学发展的前沿知识以及古往今来人类形成的宇宙学说，编著了《宇宙的大道》一书，旨在传播《老子》的“天之道”。为了减少大家对《老子》宇宙论的质疑，增强对宇宙之母伟大品格的崇尚，有必要对《老子》的“无”与“有”做一些重点说明。在中国的权威性著作中，在学校的教学中，把《老子》说成是唯心主义，这个判断来源于对“无”的认识。在当代具有影响力的一些学者，他们以从西方学来的哲学概念来研究诠释《老子》，以牛顿力学的角度来衡量《老子》，因而遮蔽了《老子》庄严正大的整体性，同时也没有建立起具有民族语汇、中国风格的哲学体系。当然，西方哲学、牛顿力学都是人类思想与实践的结晶，在以往的数百年间对人类的生存与发展起到了主导性作用，并在以后依然会发生作用，但不是主导性的。当代量子力学的兴起和前沿科学的发现是对牛顿力学的超越，也是对西方哲学的超越，同时也是对《老子》哲学的验证和诠释，使我们感到《老子》哲学通达宇宙的深度和广度，正如哲学界评论“轴心时代”思想家那样：是人类赖以生存的主要精神财富。量子物理学家认为：宇宙是从“无”中生发出来的；宇宙更像是一个伟大思想而不是生硬的石头；事物的本质是“无”，是量子泡沫。当我们仰望天空，那虚无的真空正在进行着犹如大海般的量子涨落，不可思议的巨大能量在那里产生了，惚恍间又回归虚无与平静，这就是质能互换定律，就是老子第四十三章所讲的：“天下之至柔，驰骋于天下之至坚，无有入无间。”《老子》的“无”与“柔”是老子哲学的关键性概念，其中包含着事物的本质与宇宙的本原，这绝不能用西方的唯心主义来判断，如果为了矫枉过正的提醒可以称谓东方唯物论的唯物论。

二　当代管理学的赤子境界

人为什么活着？生从何来，死又何去？当下人应该有什么样的境界呢？管理者应该有什么样的境界？这都是哲学必须回答的问题。

《老子》哲学意义上的宇宙情怀，是让我们求索宇宙的深度、广度、“玄之又玄”的“众妙之门”，让我们看清历史的古往今来以及宇宙本原与万物的关系，由此指引人生与社会。无论是个体还是群体，生死与活着都是“无”与“有”的同一过程，“无”与“有”是《老子》哲学的最基本概念。《老子》对生命现象的研究，不是单一对有形物质的分析，也不是以上帝创始的生命体为原本存在，而是包容着“有”与“无”的最大与最小的统一形式，是思之无限。人生的意义是“玄”，人生的本质是“精”与“信”，人生的最佳状态是赤子境界。赤子境界是一种使命感和责任感，是“人之道”与“天之道”通达的境界，是人类对伟大宇宙之母的大孝之道。

《老子》讲的“玄德”、“天之道”、“归根”、“复命”等，都是赤子境界应该“复归”于宇宙情怀的主要内涵，也是人生的最高追求。学习《老子》就是由人道转向天道，转向宇宙的大规律，将偏颇的心态转向赤子境界，转向人存在的原本。赤子境界是一种传承宇宙之母伟大品格的责任感与使命感，这种使命感包括对家庭、对群体、对社会、对国家、对天下、对周围一草一木的善待之为，也就是《老子》讲的“不自生”、“外其身”、“后其身”的大公无私之德。实际上人的一生就是完成使命的一生，为使命而生，为使命而死，“出生入死”皆为使命，完成使命就回归于“无”，回归于“道”，回归于伟大宇宙之母的怀抱。“无中生有”、“有生于无”，生生不息。这就是《老子》讲的“命”，“归根曰静，是谓复命。”（十六章）

当下，倡导赤子境界、追求赤子境界，是强调崇尚根本、复兴宇宙之子的大美品格。《老子》讲“专气致柔，能婴儿乎”（十章），是指要达到宇宙之母的大爱柔情，是展现生命激情的主动性，是对世界信赖的友好关怀，是无忧忘我的牺牲精神。也可以说是将人生的精气神向“新生”的转化，向慈爱转化，向生命的原本转化，减损那些过分的世俗，减少那些过分的“刚”、“强”之为。

《老子》讲：“含德之厚，比于赤子。毒虫不螫，猛兽不据，攫鸟不搏。骨弱筋柔而握固，未知牝牡之合而全作，精之至也；终日号而不嗄，和之至也。”（五十五章），是指人对自身本质的自信与自觉，是对宇宙之母赋予潜在能力的感悟与发挥，那是以“和”为本的感天动地的厚重之德。如此则“知和曰常，知常曰明”（五十五章）。当代管理学的目的就是要调动与发挥人的“精”与“和”的功用。

《老子》讲“复归于婴儿”、“复归于无极”、“复归于朴”（二十八章）和“复归于无物”（十四章）、“复归其根”（十六章），都是指达到赤子境界的过程与目的。“复归”是人道向天道转化的必然过程，是人的内在转化。人生路上经历更多的是有形的，是刚性的，是强势的，是实在的，是器物，由此产生欲望、竞争和有为，这是人类生存与发展的必然，这就是“人之道”。然而这种形式往往趋于过分，就需要减损，“损之又损，以至于无为”（四十八章），继而完成一个更高层次的和谐，也就是复归到宇宙情怀的品格范畴。比如“无极”，包括无我、忘我的心态；比如“无物”，包括胸襟开阔，减损过分的物质追求；比如“朴”，包括修道，保持原本的气质，崇本息末，等等。修道，也就是修行上述的“复归”之路。

三　当代管理学的圣人智慧

《道德经》这部伟大的哲学著作是圣者老子大胸襟大智慧的结晶，它的原本之处是宇宙情怀。当今我们学习《老子》是要学习圣人的宇宙情怀、赤子境界和大道智慧。无论是道家、佛家还是儒家，其宗旨都是在于开启人的胸襟与智慧，即常说的大慈悲、大智慧。《老子》的智慧与胸襟集中在对宇宙规律的发现与论述。最根本、最主要的宇宙规律是“无为”、“自然”；人类的正确的思维方式是“玄”，这都是《老子》最高智慧的结论，精辟简练。

从《老子》的哲学体系而言，只有树立起天道的宇宙观，才能有“无为”、“自然”的人生观，才能有“无为而无不为”的价值观。也可以说，天道、人道、圣人之道与宇宙情怀、赤子境界、圣人智慧具有紧密的逻辑关联。“无为”、“自然”是《老子》哲学的主导性概念。简而言之，“无为”是宇宙间对过分有为的否定，以此建立宇宙万物和谐运行的秩序；“自然”是宇宙万物的自控性，存在于万物之中，也存在于宇宙的层级之中，以完成“道”、“长而不宰”

（十章）的功能。“人之道”是人类从自身生存与发展的状况而实行的运行方式，这种方式是维系宇宙万物各自完成使命的动力，但同时也带来了“损不足以奉有余”的过分有为。“天之道”也存在于万物的“精”与“信”中，因此万物可以自觉地调控运行方式，否定过分有为，这就是万物的“自然”、“无为”。然而人类的“无为”、“自然”可以与“天之道”同一，也就是《老子》第二十五章所讲的“道大，天大，地大，人亦大”，这是人类不同于其他生物的关键性特征。“自然”、“无为”是全局性的、整体性的，应该是人类崇高精神与博大智慧的体现，是实现人类社会和谐与自然界和谐、人生和谐的世界观与方法论。

“自然”对人类社会而言，应包括“自均”、“自知”、“自化”、“自正”、“自定”、“自朴”、“自爱”以及否定性的“不自生”、“不自见”、“不自伐”、“不自矜”、“不自大”等，都是指自觉自如的自控以达到整体与全局的和谐。《老子》之“自然”不是物理自然，不是天地自然，不是生物自然，不是原始阶段，不是野蛮状态，不是与世隔绝的状态，不是没有控制的自发状态。一般解释《老子》“自然”，是自然而然之意，似乎是学术界共识。然而将“自然”二字理解为自然界，是现代汉语的意思，不是“自然”的古义。先秦时，“自然”作为名词也还是自然而然的意思，没有大自然的意思。《老子》的“无为”是代表许多否定式术语的概念组合，包括不争、不言、不美、不为、不武、不尚贤、无心、无知、无欲、无身、无事、勿骄、勿强、勿伐，等等。“无为”是对过分事物的否定，是防止事物向反面转化的否定，是促进事物发展进步的否定，也就是维系整体大局统一和谐的否定。圣人的“辅万物之自然”和“为而不争”，主要是指圣人对宇宙规律的认识，教育人们提升觉悟、提高境界以达到自己解放自己，自觉地“尊道贵德”，完成好自我使命，实现最高价值。

《老子》提出“无为”、“自然”的概念，是让人们认识宇宙的目的性，认识宇宙的完美和谐的运行状态在于宇宙万物的自我调控。由此树立起宇宙情怀，树立起自我调控的使命感，提升自己解放自己的觉悟。同时，也是对个体生存状态与周围万物存在状态的同一性认识。人的存在就是处理社会关系、处理生态环境的过程，“自然”就是上述过程的“自化”、“无为”，也是上述过程中人的自我价值的最高体现。

（作者单位：洛阳大学老子哲学研究所）

道家学说与现代企业管理

田文军

一　道家学说与“国学”

20世纪八十年代以来，在中国大地上一股“国学热”蓬勃兴起。今天的中国，政府部门在谈论“国学”，社会团体在谈论“国学”，企业商界在谈论“国学”，教育部门、新闻媒体、出版部门更是热衷于谈论“国学”。为适应这样的文化氛围，各类学校也开始重视阅读传统经典，一些高等院校则纷纷成立国学院，开始招收“国学”方向的本科生与研究生。当今中国，为什么会出现这样的文化现象？或者说，这样的文化现象，表明了当代中国人一种什么样的文化心态，体现了当代中国人什么样的文化理念与价值追求？这些都值得人们去关注，去思考。一般而言，当前的“国学”热，表明了中国人在新的时代条件下，对民族传统文化价值的认同与回归。因为，今天的“国学”热，出现在20世纪初叶和20世纪六七十年代对中国传统文化的激烈批判之后，出现在中国人对自己民族文化价值的全面否定之后。由全面否定自己民族传统文化的价值，再回归到全面认同、肯定自己民族传统文化的价值，这体现了我们民族的文化智慧，表明了我们民族自身的成熟与进步，也标志着我们的民族文化在新的时代条件下重新走向复兴与发展。

但是，在当前的“国学热”中，人们对于“国学”的理解、宣传、诠释以及对于“国学”价值的理解似乎也存在一些思想片面的误区。因此，当我们具体思考道家学说与现代企业管理之类的问题时，似应首先对“国学”的意涵、范围、定位、经典以及道家与“国学”的关系之类的问题先作一些具体的思考，以求认识的全面与合理。

“国学”的意涵所涉及的问题是何谓“国学”。什么是“国学”？如果从严格的现代学术门类或说现代学科的角度来定义“国学”是较为困难的。在严格的现代学科的意义上，很难说“国学”是一个独立的现代学术门类。因为，中国的学术文化，自晚清以来即开始由传统的“四部之学”向现代的“七科之学”转变，且已经实现了这样的转变。中国传统的“四部之学”，涵括经学、史学、诸子学、辞章学等诸多内容。这样的“四部之学”，与中国传统的图书分类方法有关。中国历史上，人们将图书区划为经、史、子、集四部，并曾长期依据四部的观念来归类图书，收藏图书。晚清以来，人们引进西方现代的学科观念，开始将中国学术区划为文、法、理、工、农、医、商等具体门类，是为“七科之学”。今天，随着时代的发展和学术的进步，“七科之学”中的每一具体学科又已经分化出更多具体的学科门类，中国的文化学术早已不限于“七科之学”。学术文化的发展，需要多学科的兼容与合作，通过不同学科的兼容与合作，还会形成新的学术门类。但是，以实证观念为基础划分“七科之学”的原则与方法，对于我们理解和区划现代学术门类仍然是有效的，也是不宜否定的。

那么，在当代中国的学术文化建设中，是否即不能使用“国学”

这样的概念呢？答案当然是否定的。因为，在中国学术史上，“国学”的概念形成在中西文化急剧冲突的年代。这种文化冲突使得中国文化自身曾面临严重的生存危机。因此，章太炎这类学者所理解的“国学”，实际上是指有别于西方文化的中国传统文化。章太炎这类学者认定“国学”乃“国家所以成立之源泉”，实际上是要肯定中国传统文化的基本精神与核心价值，提振民族的文化自信，对抗西方的文化侵略，抵御西方文化中过度商业化、功利化的价值取向。因此，依据这样的“国学”观念，所有中国传统的学术文化都当在“国学”的范围之内。但在这样的“国学”范围，有关民族道德和民族精神的思想理论，又当为“国学”中最为重要的组成部分。如果这样理解国学，那么，“六经”为国学的重要内容，司马谈当年总结先秦学术时所概括的“六家”也当为“国学”的重要内容。但是，当前人们谈论“国学”，尤其是在探讨“国学”对于现代企业管理的现实价值时，眼光多关注儒家，对道家学说对于现代企业管理的现实价值则关注不多。儒家对于现代企业管理的现实价值当然值得肯定，但忽视道家学说对于现代企业管理的现实价值则似不妥。因为，道家关注社会生活的视角、取向虽然与儒家有所不同，但道家文化与儒家文化同为中国传统文化的主干，在中国人的文化心理结构中，道家思想占据重要地位。中国人的生活方式、人生态度、价值观念、思维方式等在相当大的层面上实为儒、道思想互补、融合的结果。尤为重要的是，道家思想对于现代企业管理确实也能够提供理论借鉴与方法指导。因此，我们探讨“国学”与现代企业管理的时候，不能不留意与关注道家的思想学说。

二　道家学说与现代企业管理之道

探讨道家学说对于现代企业管理的意义与价值，应当区划出不同的认识层次。具体而言，探讨道家学说与现代企业管理，首先应该关注的是道家学说与现代企业的管理之道。思考道家学说与现代企业的管理之道，具体关注的是道家学说中有关形而上学层面的思想理论对于现代企业管理的意义与价值。道家所持之道，实为事物的一般或说普遍。在道家看来，作为一般、普遍的道，乃万物存有的根据。道家的这种道论，带给我们的启示是：现代企业虽然行业、部门繁多，但不论什么样的企业，在管理中都必须遵循一些基本的管理原则和行为方式。譬如，有学者总结西方的企业管理，认为西方的企业管理理论中非常看重三种要素，即专业知识和技术、组织能力与推销能力、功利型的企业管理目标等。这样的企业管理理论，实际上是人们长期从事企业管理的经验总结。这样的总结，不重企业之间的差异，专注于企业管理的一般原则，探究适用于所有的企业管理工作的思想原则与方法，实为一种企业管理的普遍之道。而道家的道观念正可以帮助人们重视并遵循这样的企业管理之道。同时，道家论道，强调一般与普遍的功用与价值，也重视人自身存在的价值。司马谈论道家，曾论及形神问题："凡人所生者神也（神当为精神），所托者形也。神大用则竭，形大劳则敝，形神离则死。死者不可复生，离者不可复反，故圣人重之。由是观之，神者生之本也，形者生之具也。不先定其神（形），而曰'我有以治天下'，何由哉?"（《史记·太史公自序》）道家对人自身的重视，视角与儒家有所不同，但趣向不无相通之处。道家对人存在价值的理解，似更有利于避免西方现代管理理论中存在的片面性。譬如，西方企业管理理论中，看重专业知识和技术、组织能力与推销能力、功利型的企业管理目标，强调技术、制度、绩效。但这些要素皆为外在的要素。从长远的发展来看，企业管理中最重要的要素还是人自身这种要素。人是企业活动的主体。在现代企业管理中，重视人自身的价值需求，重视人自身潜质的发挥、展现，会更有利于人们正确地把握企业管理中的一般原则与普遍原则，运用企业管理之道，促进企业的成长与发展。而在把握企业管理的一般原则方面，道家的道论确能够给人们提供许多有益的启示与借鉴。

三　道家学说与现代企业管理之术

探讨道家学说与现代企业管理，也应该关注道家学说与现代企业管理之术。关注道家学说与现代企业管理之术，实是探讨道家思想在现代企业管理中的具体功用。司马谈在《论六家要旨》中论及道家时，不少内容即可视为司马谈对道家学说对于社会管理功能的理解。在司马谈看来，由于“道家使人精神专一，动合无形，赡足万物”，在“术”的层面，使道家实际上融会了儒家、墨家、名家以及法家的思想。司马谈曾这样表述自己对道家的这种看法：“其为术也，因阴阳之大顺，采儒墨之善，撮名法之要，与时迁移，应物变化，立俗施事，无所不宜，指约而易操，事少而功多。”在司马谈看来，道家学说对于人们生活的指导之所以“指约而易操，事少而功多”，原因在于“其术以虚无为本，以因循为用，无成势，无常形，故能究万物之情。不为物先，不为物后，故能为万物主。有法无法，因时为业；有度无度，因物与合。故曰‘圣人不朽’，时变是守，虚者道之常也，因者君之纲也。群臣并至，使各自明也。”司马谈论道家之“术”的功用，基本上是就其在社会政治生活中的作用而言的。但是，司马谈对道家之“术”的概括与总结，同样可为我们思考现代企业管理之术提供借鉴。现代企业管理之术，实际上即是现代企业管理的具体方式、方法。如果就《老子》书中的内容而言，其“自然”、“无为”、“不争”、“柔之胜刚，弱之胜强”（《老子》78 章）、“生而不有，为而不恃”（《老子》2 章或 10、51 章）等思想观念都可以转换成具体的企业管理方式。司马谈概括的“无成势，无常形”、“因时为业，因物与合”、“时变是守”、“虚者道之常也，因者君之纲也”等观念，也同样可以转换成具体的企业管理原则与方法。

在中国历史上，道家学说本来即被人们视为“君人南面之术”。人们本来就十分看重道家学说对于社会管理的指导意义与实用价值。今天，我们国家的文化建设，已经重新回归到肯定与重视民族传统文化的根基。对于作为民族传统文化重要组成部分的道家理论，当然也值得我们重视。我们应当在不同的视域中全面地总结和发掘道家学说的现代价值，使这样的总结与发掘，服务于我们的精神文明建设，也使这样的总结与发掘服务于我们的物质文明建设。特别是在现代企业管理方面，充分发挥道家学说的实际功能，展现道家学说的现代价值。

（作者单位：武汉大学哲学学院）

老子关于人性化管理的思想

董京泉

人性化管理如今已成为一个时尚的理念，在政界和企业家中也确有一些人在实践这种管理理念，取得了良好的效果，但少有人知道它的思想渊源。在西方，一般追溯到文艺复兴时期的人本主义思潮；在中国，则可以追溯到2500多年前的老子哲学。老子哲学中具有丰富的人性化管理的智慧，这主要表现在他关于“道法自然”、“无为而治”，以及关于“人性”的论述之中。

一

讲“道法自然”、“无为而治”，首先需要解析老子所说的“自然”和“无为”的含义。“自然”这一概念是老子首创的，但他所说的“自然”与近现代所说的大自然或自然界不同。从古文字学看，自然是自己如此、从来如此、通常如此、势当如此和自己成就自己，以及与“人为”相对立的自然而然、自然天成、事物的天然本性等涵义。天地万物皆有其天然本性和天然状态，它们自己如此、本来如此、自然而然地存在和发展着，后人在翻译西方同义词时就借用老子“自然”的观念，称其为自然界或大自然。但我们不能由此而将老子的“自然”说成是大自然界或自然界，正如羊吃草，但不能把吃草者皆视为羊一样。事实上，在先秦并没有自然界或大自然的概念，与之相当的是天地或天地万物。因此，老子所说的“道法自然”，也并非“道”要效法大自然或以大自然为法则的意思，因为在老子看来，道是最高的实体，而“自然”则是最高的实体所体现的最高的价值或原则。道不依赖于任何外力，也没有任何外力可以左右它，完全是自己成就自己的。这是道的最重要的特性之一。“道法自然”的意思是说，道以自己的样态为依归，以自己的内因决定了自身的存在和样态，亦即以自成为法则；就道对万物而言，“道法自然”是指道顺应万物的发展变化而不加干涉，以听任万物依其本性而自生、自长、自化、自成为法则，亦即因任万物按照“自己那样”而存在和发展变化。

“无为”也是老子首创的，它是老子政治哲学的核心范畴。老子所说的“无为”大体上有以下几种含义：

第一，无为是“似无而实有”的行为。“无”（無）在上古先民那里，和与神灵相交通的“舞”是同一个字（甲骨文即是如此），具有“似无而实有”的含义，因此“无为”就是似无而实有的行为。似无而实有的行为是指那些已经发生并产生了一定的影响，但不为人所感知或很少被人意识到其存在和作用的行为。这种行为大体有两种类型：一是事物本身有自组织的特性，因而行为主体无需直接作用于客体，只需为其自然的发展变化提供必要的环境和条件；二是因循事物的自然本性、内在规律和发展变化的趋势，以“道”所体现的柔弱的方式加以引导、辅助或变革的行为。如庖丁解牛时，做到了“以神遇而不以目视，官知止而神欲行”，“合于桑林之舞，乃中《经首》之会”（《庄子·养生

主》)。

第二，无为是顺应事物的自然本性而为，是对某些“反自然”的行为的规避和反动。“反自然”的行为包括：统治者违逆民众的自然本性，对民众实施的直接控制和粗暴干预；《庄子·至乐》中讲的鲁国君王对海鸟饲之以山珍海味、琼浆玉液，听之以《九韶》仙乐的做法；《庄子·应帝王》中讲的北海之帝倏和南海之帝忽为中央之帝混沌开凿七窍的行为，以及人们对动植物的强行遏制或拔苗助长，等等，都是“反自然”的，其结果必然事与愿违。

第三，无为是无私志、无私欲之为，无主观妄作之为。老子在讲到无为时，总是强调要出以公心，“生而不有，为而不恃，功成而弗居”(《老子》二章，以下凡引《老子》，皆只注明章次)，“生而不有，为而不恃，长而不宰”(五十一章)等；他所说的“为学日益，为道日损。损之又损，以至于无为”(四十八章)，要“损”的也主要是私心私欲，所以要“少私而寡欲”(二十章)。他还强调要力戒主观妄作，指出：“知常曰明。不知常，妄作，凶。”(十六章)

第四，无为是有所为，有所不为。高明的领导不是管束型、包办型的领导，不是事必躬亲、日理万机的领导，而是有所为、有所不为的领导。有所为的主要是关系全局的战略决策，重要岗位的干部配备，工作的关键环节等；有所不为的主要是无关大局的事务，力所不及或希望不大的进取方向等。

总之，老子的“无为”并非望文生义的“不为”或无所作为，而是一种“善为”，是善于作为的人用以达成“无不为”这个最终目标的最佳手段。正如任继愈说的：“老子的‘无为’，不是一无所为，而是用‘无’的原则去‘为’。所以能做到有若无，实若虚，以退为进，以守为攻，以屈为伸，以弱为强，以不争为争，从而丰富了中国古代辩证法思想，建立了中国古代贵柔的辩证法体系，与儒家《易传》尚刚健为体的辩证法体系并列。”[1] 因此，作为老子政治哲学范畴的“无为”，绝不是无所作为之意，而是指人的这样一种行为原则和行为方式：按照因循事物特别是人的自然本性及发展趋势的基本要求，以客观公正的态度，以道所体现的柔弱的特点和方式加以辅助、引导或变革，或者并不直接作用于客体，只是为其自然的发展变化提供良好的环境和条件。这种行为方式的主要特点是似无而实有。无为既是对以上行为方式的充分肯定，也是对“反自然”的行为方式的限制和消解。在无为原则下的一切作为，都应按照“道法自然”的原则要求，不强行，不偏私，义所当为，理所应为，如行云流水，雁过长空，瓜熟蒂落，水到渠成。

与“无为”相对应的是“有为”，而“有为”在《老子》中只出现过一次，即七十五章的“民之难治，以其上之有为，是以难治”（“难治”，马王堆帛书作“不治”，即无法治理）。由此可见，老子所说的“有为”是一个反义词，并不是有所作为的意思。因此，后来的黄老道家所主张的“君无为而臣有为”并不符合老子的思想。如果对“有为”做正面理解，那么“无为”就是最好的“有为”，因为“无为而无不为”（三十七章）。

二

讲老子人性化管理的思想，首先需要知道老子关于人及人性的论述。老子说：“道大，天大，地大，人亦大。域中有四大，而人居其一焉。”（二十五章）在人类思想史上，老子把人与道、天、地共同视为宇宙中的“四大”，而把“神”和“物”排除在外，在人类思

① 任继愈：《老子绎读》，北京图书馆出版社，2007，后记。

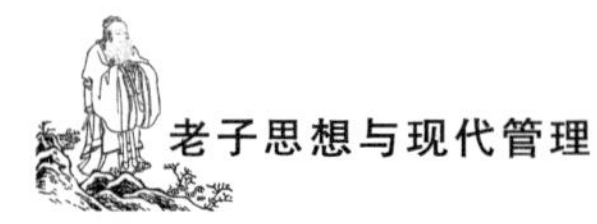

想史上空前地提升了人的地位。在《老子》中虽然也提到“神”，但正如侯外庐所指出的：“‘神’在老子书中是泛神一类的概念，完全义理化了。”[1] 老子虽然也谈“万物”，谈“金玉”，谈“难得之货”等，但他认为它们的价值都不能与人相比拟。因此，老子既不是神本主义者，也不是物本主义者，而是最早倡导人本主义的思想家之一。

关于人性，中国历来有性本善、性本恶、性无善无恶、性有善有恶的说法。毛泽东指出：“有没有人性这种东西？当然是有的。但是只有具体的人性，没有抽象的人性。在阶级社会里就是只有阶级性的人性，而没有什么超阶级的人性。”[2] 鲁迅在谈到人性时，言语形象而犀利，他说：“自然，‘喜怒哀乐，人之情也’，然而穷人决无开交易所折本的懊恼，煤油大王那会知道北京拣煤渣老婆子身受的酸辛，饥区的灾民，大约总不去种兰花，像阔人的老太爷一样，贾府上的焦大，也不爱林妹妹的。”[3] 这种分析无疑是正确的，深刻的。但是，人作为一种类的存在，毕竟具有某些共同性的东西。这种共同性的东西，在老子看来，一是天性淳朴，二是求生存，三是图发展，四是有思想——虽然对于不同的人群来说，其具体内容和实质有所差别。

1. 关于天性淳朴

老子说：“含德之厚，比于赤子”，并说赤子是“精之至”、“和之至”（五十五章）的。婴儿没有受过私有制社会及其观念的污染，保持了道所赋予的原始状态，因而是最淳朴、最能体现人的自然本性的。老子认为，人应当尽量地保持这种淳朴天性；如果因为受到社会的种种污染而不幸失去了，就应该尽力恢复它，这就是所谓返朴归真，“复归于婴儿”（二十八章）般的精神状态。

---

① 侯外庐：《中国思想通史》第1卷，人民出版社，1957，第266页。

② 《毛泽东选集》第3卷，人民出版社，1991，第870页。

③ 鲁迅：《“硬译”与“文学的阶级性”》，载《二心集》。

2. 关于求生存

人在衣食无着、朝不保夕的情况下，首先是图生存，就是要继续活下去，他们必然为此而进行不懈的斗争。老子说："是以圣人之治，虚其心，实其腹，弱其志，强其骨。"（三章）他要求统治者对人民要"无狎其所居，无厌其所生。"（七十二章）他还说："民之饥，以其上食税之多，是以饥；民之不治，以其上之有为，是以不治；民之轻死，以其上求生之厚，是以轻死。"（七十五章，马王堆帛书《老子》）这都是针对人（主要是广大民众）之求生存而言的。

3. 关于图发展

人在生存或温饱已不成问题的情况下，还要图发展，即争取物质文化生活包括教育水平能有显著提高。所以，在理想社会中，应是民各"甘其食，美其服，安其居，乐其俗"（八十章）。人民群众图谋发展的自然本性是无止境的，这种"无止境"也并非坏事，因为它是社会发展的重要动力。

4. 关于有思想

这是说，只要是成年人，都是有理想、有信念、有意志、有追求，对问题有见解的，具体情况虽然千差万别，但在不同于牛马，不愿被任意驱使、任意欺凌，追求自由、平等这一点上却是相同的。《老子》中这方面的论述很多，兹不赘述。

人的这些自然本性，任凭三皇五帝、天王老子使尽浑身解数，对它都是无可奈何的。即使是奴隶社会的奴隶和服刑期间的罪犯，他们虽然形同牛马，但其自然本性一条也没有被消除，而且也是消除不了的，只是缺乏实现的条件而已。

应当说明的是，这里说的人的自然本性与人的自然属性不同，因为自然本性涵盖了自然属性和社会属性。就现实的人而言，自然属性是基础，社会属性是本质。人是社会的产物，人的本质是社会关系的综合。

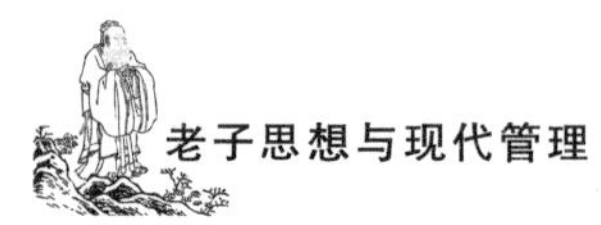

老子说："圣人能辅万物之自然而弗能为。"（六十四章，郭店简本）这里说的"万物"主要是指"万民"即人民群众。这里说的"自然"是指人民群众的这些自然本性。"圣人能辅万物之自然而弗能为"，就是要国家和社会的领导者、管理者尊重并因循人民群众的自然本性而给予积极的引导和辅助，以促使他们能自我化育，自己成就自己，而不能违逆人民群众的自然本性而任意妄为，胡作非为。否则，必然遭到人民群众的厌弃和反抗，并最终将为历史所淘汰。

三

在当代，管理已经成为一门科学，叫做"现代管理学"。但是，管理科学所提供的是知识，管理哲学所提供的是智慧。如果说《老子》中也有一些管理思想，那么它不是具体的管理知识，而是管理哲学，管理的大智慧，也是管理实践的灵魂之所在。"无为而治"及"辅万物之自然"是老子管理哲学或管理智慧的核心，也是领导和管理的最高境界。

何谓"无为而治"？孔子说："无为而治者，其舜也与。夫何为哉？恭己正南面而已矣。"（《论语·卫灵公》）意思是说，无为而达到天下大治的，是舜帝吧！他干了什么呢？不过是修身正己、正襟危坐在帝王的宝座上罢了。因此，孔子所理解的"无为"除了修身正己之外，无需做什么事。关于"无为而治"，在《老子》中有三段最重要的话：一是第三章的"为无为，则无不治"；二是三十七章的"道常无为而无不为。侯王若能守之，万物将自化"；三是六十三章的"为无为，事无事，味无味"。因此，老子说的"无为而治"，可以作两种理解：一是以"无为"的方式去"为"，就可以达到大治，即社会和谐，天下太平；二是要以"无为"的方式治理国家和社会。这两种理解的共同点是"无为"并非不做事，而是"为"或做事的一种方式。这种方式就是“辅万物之自然”。

老子“无为而治”的主体不是管理者，而是被管理者，其基点或目标是使广大民众自我化育，自己成就自己。老子把领导者分为四等，他说：“太上，下知有之；其次，亲之誉之；其次，畏之；其次，侮之。信不足焉，有不信焉。悠兮，其贵言。功成事遂，百姓皆曰：‘我自然’。”（十七章）这是说，最好的领导者，其部属仅仅知道他的存在（有的版本是“不知有之”，即甚至不知道他的存在）；最理想的领导者总是思虑再三、慎重决策，极少发号施令。这样一来，老百姓把事业搞成功了，都说：“这是我们自己干成功的呀！”这不是说明主体和基点是其部属及普通民众，而领导者或管理者只对他们起引导和辅助的作用吗？如今一些高高在上、自命不凡的领导者和管理者也许不愿意看到和接受老子的这一观点，而这一观点却正是老子最为光辉、最令人称道的思想。令人称奇的是，它与我党“全心全意为人民服务”的宗旨也是相吻合的。

老子还说：“圣人云：‘我无为，而民自化；我好静，而民自正；我无事，而民自富；我无欲，而民自朴。’”（五十七章）广大民众“自化”、“自正”、“自富”、“自朴”，是管理的目标，也是“无为而治”、“辅万物之自然”的结果。老子又说：“圣人常无心，以百姓心为心。”（四十九章）这是说，最好的领导者总是不坚持主观己见，而把老百姓的见解和意愿作为自己的见解和意愿，与老百姓同心同德。处在人类文明发展的初期、2500多年前的老子的管理思想尚且如此，那么作为社会主义国家的领导者或管理者实施“无为而治”，更应视人民群众为主体和基点，真正做人民的“公仆”，引导和辅助人民“自化”、“自正”、“自富”、“自朴”，而不应以人民的“父母官”自命，盛气凌人，颐指气使；民营企业的老板也应善待广大员工，真正把广大员工当做有思想、有欲求的人看，不能只把他们当做赚钱的工具，以示不同于资本主义国家的资本家。

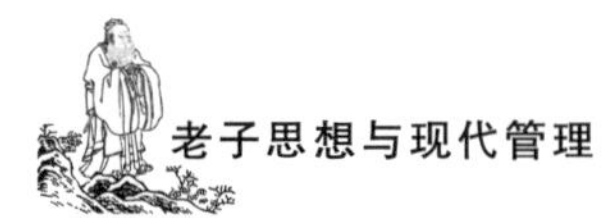

历史和现实的实践证明，“无为而治”的管理方式是行之有效的。例如，在中国历史上，汉初和唐初实行“无为而治”，结果出现了“文景之治”和“贞观之治”的国泰民安的局面；就现代而言，在美国纽约，贝尔实验室（其研究工作卓有成效，曾经诞生过十多项世界第一的发明）的负责人陈煜耀指着办公室里悬挂的“无为而治”的条幅说：“领导者的责任就在于既要做到你在领导别人，又要做到别人并不认为你在干预他”；在日本，被誉为“经营之神”的松下幸之助，在回答有什么经营秘诀的问题时说：“我并没有什么秘诀，我经营的唯一方法，是经常顺应自然而然的法则去做事”；在中国，香港金融界的巨人、新鸿基银行有限公司董事会主席冯景禧说：“服务行业的财富靠管理，而管理又是靠人去实行的。把权力交给你的部属，充分放权给他们，这样，不仅解脱了你，也会使你的事业有一个大的发展。”由于种种原因，这些实例还有着自身的某些局限性，所以不可能完全实施老子所倡导的“无为而治”；可以设想，如果老子的“无为而治”得到全面落实，前景将更加美好。

四

前面谈了人的自然本性的四种表现，那么在“无为而治”的管理实践中怎样与这四种表现相适应呢？

先说“天性淳朴”。老子说：“其政闷闷，其民淳淳；其政察察，其民缺缺。”（五十八章）意思是说，国家的政治宽柔，民众就会淳厚；国家的政令繁苛，民众就会狡黠。因此，要使人民淳朴，必须实行宽柔的政治；如果政令繁苛，像秦始皇的暴政那样，人民为了应对“察察”之政，就会由淳朴而变得狡黠。老子还说：“以智治国，国之贼；不以智治国，国之福。”（六十五章）显然，这里所说的“智”是邪智，歪门邪道。正人先正己。老子说：“圣人云……我无欲，而民自朴。”因此，要使部下或民众恢复淳朴的天性，领导者或管理者首先应当返朴归真，做出表率。老子说：“知人者智，自知者明，胜人者有力，自胜者强。”（三十三章）这是说，人贵有自知之明，真正的强者是那些能够战胜自己的人。老子还说：“圣人处无为之事，行不言之教。万物作焉而不为始，生而不有，为而不恃，功成而弗居。”（第二章）这是说，身教重于言教，领导者或管理者应当出以公心，无私奉献，不谋取私利。在生活上，要“见素抱朴，少私寡欲”（十九章）。政风带民风，长此以往，那些“狡黠”的部下和民众也就会返朴归真、“复归于婴儿”了。

次说“求生存”。人生在世，衣食住行，必不可少。不仅是自己，而且还要赡养老人，抚育子女。作为领导者或管理者对此应当充分理解和同情。特别是在当前物价偏高的情况下，如果把员工的待遇（“三险”之外）定得过低，使其在生活上捉襟见肘，甚至难以为继，何以留住员工中的优秀分子和业务骨干呢？

再说“图发展”。人在得到温饱之后，还要图发展，争取自己的社会地位有所提高，物质文化生活水平有所改善，这是必然的，也是可以理解的。曾庆红同志在任中央组织部部长的时候，曾提出“事业留人，感情留人，待遇留人”的原则。我认为，“事业”是“留人”的基础，“待遇”是“留人”的关键，“感情”是“留人”的润滑剂。显然，这里的“留人”是指要留住干部中的骨干和优秀分子，避免流失。对曾庆红同志的总体评价姑且不论，他提出的“三留人”的原则是值得称道的，也必然是行之有效的。

最后说“有思想”。人在步入成年、走上工作岗位之后，都是有理想、有信念、有意志、有追求，对问题有见解的。作为领导者或管理者，对其中的正确部分应当积极鼓励，对其中的错误认识应当加以引导，帮助纠正。老子说：“善者，吾善之；不善者，吾亦善之”（四十九章），“人之不善，何弃之有？”（六十二章）因此，对有错

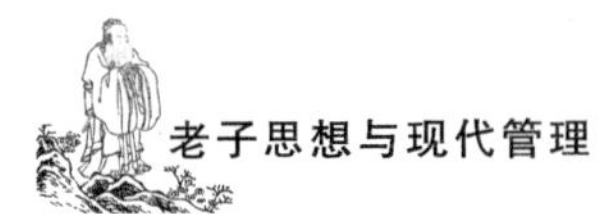

误认识和犯错误的部下，决不应厌弃。我们党有对干部职工做深入细致思想工作的优良传统。现在实行的办公自动化固然有许多便捷之处，其局限性是见物不见人；办公室或工作间安装了“电子眼”，管理者足不出户，对部下的工作情况似乎就可以一览无余了。但是，借助“电子眼”，只能看到部下的表面现象，却看不到他们的内心世界：他虽然坐在办公室里，但他究竟在想什么、做什么，管理者未必真正能了解。因此，要充分调动部下的积极性、主动性和创造性，除给予合理的物质待遇外，深入细致的思想工作，仍应视为不可或缺的法宝。

部下都是有理想、有追求的，都想进一步改善自己的社会地位，做层次高一些的工作，而不同的部下德性和才能之差距却是客观存在的。在这种情况下，领导者或管理者能否出以公心、知人善任就是非常重要的了。老子说：“知人者智”（三十三章），“善用人者，为之下。”（六十八章）刘邦在登上皇位之后，在大宴群臣的会上，他在谈到自己何以能取天下时，曾这样说：“夫运筹策帷帐之中，决战于千里之外，吾不如子房（张良）。镇国家，抚百姓，给馈馕，不绝粮道，吾不如萧何。连百万之军，战必胜，攻必取，吾不如韩信。此三者，皆人杰也，吾能用之，此吾所以取天下也。项羽有一范增而不能用，此其所以为我擒也。”[①] 刘邦听从张良的推荐，采纳他的建议，对当时还是下级军官的韩信，设坛拜将。因此，刘邦可谓知人善任、实践“善用人者，为之下”的一个典范。

此外，作为领导者或管理者，对部下还应处理好约束与自由的关系。毫无疑问，管理，作为组织管理，首先是一种约束，一种制度化的控制，借助于制度化和行为化的控制达到组织的既定目标。但是，也应看到，不愿受约束，追求自由，是人的天性。从一定意义上说，

① 司马迁：《史记》，中华书局，2005，第268页。

自由是生命的最高价值，也是生命成长和价值实现的必要条件。因此，一定的约束固然必不可少，但部下要求有自由发展的空间不见得是坏事。比如李白，他说自己是“五岳寻仙不辞远，一生好入名山游。”[①] 可以设想，如果当初把他关在办公室里，让他“闭门造车”，他能写出那些气势磅礴、思想新颖的诗章吗？老子说的“辅万物之自然”，就是要为广大民众留有充分的“自化”、“自成”的发展空间，领导者主要是为其自由发展创造良好的社会政治环境和必要的条件。应当看到，在一些优秀的部属中蕴藏着极大的积极性和创造性，管理者若能给予一定的自由发展空间，他们的这种积极性和创造性就有可能得到较好的发挥；相反，如果约束太紧，控制过严，他们的积极性和创造性就有可能被束缚、被扼杀，那就与管理的初衷南辕北辙了。因此，在管理中怎样处理好约束与自由的辩证关系，是一个需要进一步探索和研究的重要课题。

（作者单位：全国哲学社会科学规划办公室）

① 李白：《庐山谣寄卢侍御虚舟》。

《老子》“以人为本”的管理之道

朱传棨

首先，要说明的是：将老子加上个书名号（《》），以示老子其人和《老子》之书的分别，是为学界所共识。其次，《老子》是老子学的经典，不是宗教之经。因为，书中的老子是哲学家，不是宗教家，更不是道教的始祖。任继愈先生曾指出：“学术界长期流行一种见解，认为老子、庄子为道家，这是一种误解。春秋战国时期，只有老子学派、庄子学派。老子与庄子没有直接的传授关系。”① 笔者赞同此见解。《老子》是中国最早的一部哲学经典，它具有丰富辩证思维方法，它创建了“无为”和“贵柔”的辩证法体系，为中华民族思维方法的发展作出了重大的贡献。《老子》中的辩证思维方法，对治国为政、科学发现、社会管理、不断创新，提供了方法论原则。其中“以人为本”的管理方法是一项具体体现。因此，本文议题只限于就《老子》书中某些思想略作论之，以就教学界。

---

① 任继愈：《任继愈学术文化随笔》，中国青年出版社，1996，第 90～91 页。

一 《老子》对人在宇宙中的定位

《老子》书中对“人”、“民”作了多方面的论述，其中特别将人在宇宙中的地位，给予了确切的规定。在第二十五章中，就明确地说：“故道大，天大，地大，人亦大。域中有四大，而人居其一焉。人法地，地法天，天法道，道法自然。”“人”在王弼本中均作“王”，但其注是按“人”注解的：“天地之性人为贵，虽不职大，亦复为大。与三匹，故曰亦大也。”这是为学界所共识的注解。老子把“人”与“道、天、地”并列提出，这在中外哲学发展史上是少有数，其意义也是重大的。古希腊虽然有思想家提出“人是万物尺度”的论断，但是，他们所说的人是孤立于宇宙之外的。在黑格尔哲学中，对人和人的本质问题进行了合理的论述，但是，人在其哲学体系中，仅仅是“绝对精神”自我发展中的体现。“绝对精神”自我发展经过“逻辑学”、“自然哲学”阶段之后，在进入主观精神，即“精神哲学”中才出现关于人的细论。其实，这种“人论”与古希腊的人论一样，都是不科学的。因为宇宙、万物，乃至“道、天、地”都是相对人的存在而言，没有人的存在，就无从论天说地。因此说，老子提出“域中有四大，而人居其一”，在哲学发展史上是有重大意义的。《老子》对人在宇宙中的定位，说明“以人为本”的管理之道的首要之点，就是管理者对被管理者要予以尊重，要予以作为人的应有地位和尊严的要求而待之。不过《老子》对人在宇宙中的定位，理论上涉及人与道、天、地间的有关系问题，需要作些说明：

第一，“以人为本”是老子无为而治思想中的重要之点。人在宇宙中的存在和发展，首先涉及“人”与“天道”的关系。“天道”是老子哲学思想中的最高范畴，是老子宇宙观或世界观的概述。“天道”是自然的，没有意志的，而“道”是构成宇宙万物的原始材料，是万物的本体。即所谓“道生一，一生二，二生三，三生万物”（第四十二章）。“道”是精神性的还是物质性的，老子本身没有明确地深说，因而为后来研究者出现了“道无论”、“道有论”和“有无统一论”（或称道统论）。对此不是本文所要作辨的。但从《老子》有关论述看，应从当今的哲学学科分析，可以对“道”作哲学本体论的范畴理解。《老子》的首章就明确说：“道可道，非常道；名可名，非常名。无名，天地之始；有名，万物之母。”在第六十二章还说，“道者，万物之奥”。这都表明“道”是万物的本体，这个本体自身不是固定不变的，而是处于不断地发展和演进变化中的，其发展变化又是有规律的。天道既是自然、社会遵循的原则，更是人必须顺从和遵循的原则。人作为域中“四大”之一，首先要不断认识和掌握“天道”发展变化的规律，以提高顺从和遵循天道的自觉性；其次人要在遵循天道的基础上，充分实现自身的独特性、自主性。人作为域中四大之一，就表明人具有不同于天、地的独特性、自主性和主动性。人不是被动地、消极地适应“天道”的发展，否则就成为一般动物了。老子把人在宇宙中的地位，确定为“四大”之一，就深深体现了其辩证思维的哲学特性，是对人和人的本质学说的重大贡献。

第二，“人”作为域中的“四大”之一，要处理好“人法地”的本质关系。如果说，人的生存和发展需要遵循日月星辰、四季运行的天道，这里的“地”应该是指人所生存的自然环境。这里的自然是物质性的，不是“道法自然”的“自然”。从《老子》反映的政治诉求，主张“小国寡民”及其以广大小自耕农为社会基础等方面看，“人法地”就是要求人必须遵循生存的自然环境发展的规律，不要人为的破坏自然环境的规律性。或者说，人与生存的自然环境要和睦相处，人要有生态文明的意识和具体的践行作为。人与自然的关系要以和谐为主要原则，因为人与自然环境的和谐是人类社会和谐的物质基础和根本的外部条件。因此说，“人法地”深刻揭示了人和人生存的自然环境之间存在着共同的本质和生命要求，说明了人与生存的自然环境是共生共荣的有机整体。这是具有重大的理论意义和现实意义的。“以人为本”的社会管理、企业管理以及其他性质的管理，不要孤立地只看到人、看到被管理者，还要着眼于他们和他们生存环境的关系，是否有利于他们能够自由自在地持续而为的良好环境，为政者或管理者不要过多地干扰，一定要根据“人法地”的原则构筑起良好的生态环境。

第三，在“人法地，地法天”中必然蕴含着人与人相互间的本质关系。在《老子》中既讲了“圣人”和“善人”，也讲了“俗人”、“众人”和“愚人”。在这些不同人之间的相互关系，也应以“道”的精神而待之。按照“道”的“自然”和“无为”原则要求，对“圣人”统治者或管理者而言，要多些“无为”，少加干扰；对“众人”、“俗人”乃至“愚人”而言，要多些“自然”。这样就能构筑起不同人们之间的自由自主的和谐关系，从而就实现了“人、地、天、道”相融合的和谐整体。

二　《老子》书中要求“以百姓心为心”

《老子》第四十九章中讲：“圣人无常心，以百姓心为心。善者吾善之，不善者吾亦善之，德善。信者吾信之，不信者吾亦信之，德信。”这里的含义既丰富，而又深刻。含义的内容是多方面和多层次的。其主旨是讲统治者信任百姓，百姓也信任他。在圣人的统治下，百姓生活得很幸福、快乐。要做到这一点，关键在于“无为”，使老百姓保持混沌的淳朴状态。我们从这里可以引申：“以人为本”的管理之道的又一点，就是管理者要对被管理者予以诚信，对被管理者要信得过，放得开，使其无所顾忌地去工作，发挥其主动性，从而形成和谐的氛围，即所谓“歙歙焉”的环境。但是，如何才能很好地做到呢？

首先，要坚持和践行“圣人无常心，以百姓心为心”的原则。“圣人”无常“心”并不是说“圣人”没有自己的主见和意志，而是说“圣人”的主见和意见不能脱离百姓的心愿，而且必须包含有百姓的心愿和要求。《老子》提出这个原则，是针对当时统治者不顾民生的要求，专断霸道的称雄称霸而提出的。因而，老子主张要由英明的“圣人”来替代当时的统治者。因为“圣人”的意愿和主旨来自百姓，百姓的意愿和要求是圣人意志的基础。由此看来，“以人为本”的管理的首要之点，就是要了解、分析和采纳被管理者的心愿及要求。这是实现最佳管理成就的根本要求。从现代企业管理看，《老子》的这个原则有两点重要的启示：

第一，领导者要有自知之明。当代许多企业领导者虽然博学多才，是“圣人”型的，但是智者千虑，必有一失。洞察一切，一贯正确的领导者是不存在的。特别是面对复杂多变的市场经济的发展，科学技术迅猛发展，市场需求、生产竞争、原材料、能源的供应、设备更新、生态平衡等，新情况、新问题的出现，企业领导者身居高位，必须虚心听取专家和一线职工的意见，才能防止和减少决策的失误。因为企业领导者必然有大量日常工作需要处理，不可能对各种决策事项进行系统分析，对一线生产和经营中的矛盾情况了解得不可能具体，而这些正是技术人员和一线职工的专长。因此，领导要善于听取、采纳技术人员和一线职工的意见和诉求，发挥他们的积极性和主动性。真正理解和践行了“以百姓心为心”的原则精神，就必然会形成和谐格局。第二，心理效应。在现代企业管理和决策中，心理效应占有重要的地位。“圣人无常心，以百姓心为心”的精神，移植于管理思想中，就蕴含着心理效应的问题。我们知道，在现代管理中追踪决策是常有的事，因而其心理效应更为强烈。因为追踪决策是在原有决策已经实施而现在又要改变的背景下进行的，必然会在人们的心理上产生巨大的反响；积极的反响和消极反应会同时发生，以致二者矛盾的演变而危及全局的治理。因此，要做好人的思想工作，以便使追踪决策不受内外部人心浮动的干扰，保证企业决策行动科学化。这种情况，可否说就是"以百姓心为心"原则精神的一种反映。请学人对此拙见予以评析，不多赘述。

其次，在《老子》看来，"圣人"具有博大的包容心，他能够包容天下一切善与不善、信与不信的人与事物。所谓"善者吾善之，不善者吾亦善之"；"信者吾信之，不信者吾亦信之"。结果既"德善"，又"德信"。"以人为本"的管理者，要具有博大的胸怀，既能容忍接受积极性的建言和赞誉，又能容忍听取消极性的断言和批评，而且对于一个好的管理者来说，能够容忍后者更为重要。我们从现代企业管理的角度，对"圣人"具有博大包容心的原则精神，可以理解为包括现代企业管理者在内的一切管理者及其机构，要具有民主作风。民主的含义自然包括领导者在决策前和决策中必须倾听各种意见，包括科学技术人员的意见，职能部门的意见，广大一线职工群众的意见，特别是要善于听取反对的意见，并从中吸取有益的成分，就更为重要。对科技人员的意见，要虚心、耐心、诚心地听取，不要轻易拒之；对职能部门和一线广大职工群众的意见，更要认真听取，加以重视。因为，他们既是参与决策的重要力量，更是实施决策的主体，没有广大职工群众（包括提反对意见的职工群众在内）的实践，再好的决策也只能是"纸上谈兵"，一纸空文。总之，在决策之前，领导者要让各方面人员的各种意见充分发表出来，经过争鸣和研讨，形成万众一心，以保证决策的实现，即达到"德善"、"德信"的结果。"圣人"的博大包容心，体现在治理国家中，就是实行一种民主政治。

再次，从"以百姓心为心"思想的内在要求着实点看，就是"爱民治国"。圣人对百姓的爱，要像对待婴儿那样地呵护，以使百姓听圣人的言教。这样就能达到天下之人均具有和谐的心情，即所谓“歙歙为天下浑其心”。老子“爱民治国”思想，在第十章中就明确提出了。“爱民”及“治国”是老子无为的政治观体现。在第五十七章中就进一步讲明了如何“爱民治国”的问题，即“以正治国”，这里的“正”就是“无为”。其中说：“以正治国，以奇用兵，以无事取天下……故圣人云：我无为而民自化，我好静而民自正，我无事而民自富，我无欲而民自朴。”老子的这种“无为”而治的政治观的根据，就在于：“天下多忌讳而民弥贫；民多利器，国家滋昏；人多伎巧，奇物滋起；法令滋彰，盗贼多有。”这是有害于社会，有害于民的，必须“以正治国”，实现爱民。也就是说，真正的爱民，就是像“圣人”所指出的，要让民“自化”、“自正”、“自富”、“自朴”。如此才是“国治”，才是“以百姓心为心”。对此原则精神，君从“以人为本”的管理要求而言，首先对被管理者要有爱心，不要予以过多限制，其次对各种管理规则的制定，要以被管理者的尊严和自主性不受分毫的损害为底线。这一思想原则对现代政治管理、经济管理、思想文化管理，都是有积极意义的。

三 《老子》“以人为本”的管理之“道”的核心是“和”

在《老子》书中直接以“和”表明其“道”者，共有八九次，综合而论，关于“和”的思想，可以从如下三方面做出说明：

首先，在老子看来，“和”是“道”在宇宙万物及人事中体现的一种常态。“和”是宇宙万物及人事不断发展的内在趋势，也是宇宙万物、社会历史及人事日新月异的根基。老子认为“道”本身就是“和”，而“无为”就是“和”的最好体现。所谓“终日号而不嗄，和之至也”（第五十五章）。这里说明了平和无欲的重要作用。故提出"知和曰常，知常曰明"。就是说"和"是宇宙万物及社会人事的常态。人们认识到了这个规律性的常态，就可以进而明道。

其次，老子依据其特有的辩证思维方法论原则，认为"和"的根据是"不和"，是矛盾演变与发展的必然结果。在第二章中说："有无相生，难易相成，长短相形，高下相倾，音声相和，前后相随。是以，圣人处无为之事，行不言之教。"这里"有无"、"难易"、"长短"、"高下"、"音声"、"前后"，都是对立统一的关系，因而就出现"生"、"成"、"形"、"倾"、"和"、"随"等必然结果。音和声，古人用之是有区别的，简单的发音叫"声"。"声"的组合，成为有节拍的音乐，称之为"音"。所谓"八音协和"、"和而不同"，都是以音乐为例，说明不同的事物之间的和谐共存关系。而且，这种相反相成的关系是永恒不变的，是宇宙万物及人事的常态。所以，在第十八章中明确指出："大道废，有仁义。智慧出，有大伪。六亲不和，有慈孝。国家昏乱，有忠臣。"特别是在第四章和第五十六章同样提出："挫其锐，解其纷，和其光，同其尘"的警句。任继愈先生认为，这四个"其"字都是说的"道"本身的属性。这就是说，"和"同"无为"均是"道"本身属性的体现。从而就深刻说明，"道"本身是和谐的，和谐是道的基本特征。宇宙万物及社会与人事，之所以在杂乱的多种关系中能和谐共存，其根本原因在于"德道"。因为"道生之，德畜之，物形之，势成之。是以，万物莫不尊道而贵德。"尊崇"道"，而"和"就会永存。

再次，老子的"以人为本"的管理之道的核心原则，就是尊道而贵和。人是"域中四大之一"，为了更好地生存和发展，必须与道、天、地保持"和"的关系。对此，已在本文第一部分作了简述。在此应对以人为本的"本"予以论之，在保持人与人和谐关系的基础上，要同时保持个人的身与心的和谐关系，使之具有良好的平衡状态。或者说，每个社会成员的身心关系和谐是社会稳定和发展的

"主体"，这个"主体"必须建立在每个社会成员自身的身心和谐之上，才能充分发挥出主体的历史作用，每个社会成员自身的身心和谐与平衡，是人之"本"。但是，要实现这一点，就要真诚地为了这个"本"，满足其需求，包括物质需求、生态需求和精神需求，使其真正意识到自身的价值和尊严。

由此可见，"以人为本"的管理之道，首先，要营造成管理者与被管理者之间的和谐关系，管理者与被管理者均具有"同意"、"同欲"、"互利"、"合作"、"共赢"的心态，实现"和为贵"的格局。常言道，"和气生财"、"家和万事兴"。其次，要使被管理者身心和谐，这在《老子》中也多有论述。如在第十三章中，教人认识到荣誉、地位也是身外之物，不值得羡慕，也不值得追求，要有平和的心态，保持淡泊的良好心情。又如第十章中，老子在教人如何守道、修德问题时，强调必须专心致志，排除一切幻想和杂念，保持自然无为的平和心态。特别是在第八十一章中，比较全面地教人如何做人的本性所求的品格和心情。所有这些教诲，对于践行"以人为本"的管理之道，都是有重要意义的。

（作者单位：武汉大学哲学学院）

无为而治：老子管理思想的现代阐释

赵保佑

老子思想中包含了极其丰富的管理思想，其核心内容是“无为而治”，思想方法是“柔弱胜刚强”，基本内涵是“以人为本”。“无为而治”的思想对现代管理理论的发展依然具有重要的意义，“柔弱胜刚强”的方法有助于我们深化和完善现代管理理论和管理方法。老子的人本思想与现代柔性管理方法的基本内核是深度一致的，仍然是指导我们发展现代管理理论的核心理念。

一 老子“无为而治”的管理思想的现代含义

“无为而治”的思想是老子管理思想的核心内容，《道德经》中有多处提到“无为”，如：

是以圣人处无为之事，行不言之教。（2章）
为无为，则无不治。（3章）
爱民治国，能无为乎？（10章）

道常无为而无不为。(37章)

为学日益,为道日损。损之又损,以至于无为,无为而无不为。(48章)

我无为而民自化,我好静而民自正,我无事而民自富,我无欲而民自朴。(57章)

为无为,事无事,味无味。(63章)

为者败之,执者失之,是以圣人无为故无败,无执故无失……以辅万物之自然而不敢为。(64章)

显然,老子这里所强调的管理思想的原则就是“道法自然”。老子所主张的“道法自然”是具有特定含义的哲学名词,其核心理念就是“自然”和“无为”。“自然”是就事物运行的状态而言的,“无为”是就人的活动状况而言的,两者是二而一的东西。老子根据“道法自然”的原则,提出了“无为而治”的处事思想。“无为而治”包含两种行为方式,一种是不要妄为,一种是有所作为。

管理者不妄为的意思是从事物自身发展的角度来看,任何事物都有自己的规律可循,管理者要遵循事物发展的客观规律,正确决策,不要做违背事物发展规律的事情,减少对事物发展活动的盲目干预。强调人不妄为、不乱为,要充分认识事物的发展规律,然后根据自然规律去工作,而不要勉强去干那些有悖于自然,违背于规律的事。这是“道法自然”的原则在管理方法上的反映。既然崇尚自然,凡属于“自然”的都是好的,所以老子说:“我无为而民自化,我好静而民自正,我无事而民自富,我无欲而民自朴。”老子认为,理想的君主(管理者),并不是给老百姓办许多好事,叫大家歌功颂德,而是有他等于没有他。“太上,不知有之,其次亲而誉之,其次畏之,其次侮之。”“功成事遂,百姓皆谓:我自然。”(17章)一切恶的根源都在“有为”上,“民之难治,以其上之有为,是以难治。”(75章)

古往今来，这一思想在历史上不断被统治者用于管理国家的实际事务中，并取得明显成效，如汉代的“文景之治”和唐代的“贞观之治”。

管理者要有所作为的意思是要顺道而为，老子提倡的是“顺其自然”而为之，讲求按照事物本来的运行规律办事。其实这里所说的“无为”，并非消极的“无为”，并不是要人什么事都不做，毫无作为，听凭命运的摆布，而是要求人们积极遵道以行，率理以动，因势利导，顺从自然。在老子看来，只要按照“道法自然”的原则行事，就可以“无为无不为”，“为”就是“处无为之事，行不言之教”、“万物作焉而不始，生而弗有，为而弗恃，功成而弗居”、“衣养万物而不为主”（34 章），最终的目的是达到“无为而无不为”的效果。这也就是说，道永远是顺其自然而无所作为的，却又没有什么事情不是它所作为的。这里的“无为”乃是一种立身处世的态度和方法，“无不为”、“无不治”是指不妄为所产生的效果。

总之，老子主张无为，不是消极无为，恰恰是透过无为，不干扰、不强制、不苛求、不勉强他人，而让所有万物能够顺乎自然，因势利导，遵循客观规律，从而达到无不为。管理的实质是通过他人完成任务，管理和管理者都有其特定的职能。现代管理并不意味着管理者应该什么都管，无所不为，而应当分清哪些该“为”、哪些应该“无为”，而最后又能达到“无不为”和有所作为的目的。因而，作为老子管理思想的主要管理策略，其“道法自然”原则和“无为而治”的方法思想对现代管理的启示是十分深刻的。

二　老子“柔弱胜刚强”方法对现代企业管理的深刻启迪

“柔弱胜刚强”的道理是老子《道德经》提供给我们的重要的

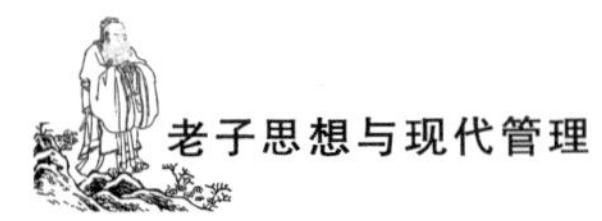

辩证思维方式之一，老子说“反者道之动，弱者道之用”。老子正是从这个原则出发，从逆向思维的角度，深刻地揭示了“相反相成”发展规律和“柔弱胜刚强”的人生真谛。“柔弱胜刚强”作为主线贯穿于《道德经》一书中，也是老子管理思想的重要方面。过去人们常常把柔弱胜刚强的论述作为老子思想消极的论据之一，其实，这并不一定符合老子的思想实际。老子思想是有消极的一面，但仅看到这一面是不够的，他还有许多积极的因素，如关于柔弱的一些言论，也并不都是消极的，其中关于以柔克刚、以弱胜强的思想，即具有积极进取的精神应是中华民族的传统美德之一[①]。

老子《道德经》中讲的“弱”，是柔弱，代表着所有负面的概念，从《道德经》文本中我们到处可以看到如弱、柔、雌、卑、谦、下、虚、静、曲、枉、洼、敝、辱、黑、退、后等字眼。在老子看来，柔弱是“道”的根本属性。“反者道之动，弱者道之用”，是说柔弱是“道”的作用所在，“道”的作用是柔弱。由此，处柔守弱，就成为保持事物符合“道”的最妙的手段，是“自然无为”的主要体现。可以说，处柔守弱，是老子的一个骨干思想，在老子思想体系中占据极为重要的地位。老子的“柔弱胜刚强”有三层含义：

首先，柔弱必然战胜刚强。老子说：“人之生也柔弱，其死也坚强。万物草木之生也柔脆，其死也枯槁。故坚强者死之徒，柔弱者生之徒。”（76 章）老子告诉人们，世上大凡刚强的东西都是死亡的象征，柔弱反倒是生命的象征，他反复强调贵柔、处弱、守雌的基本思想。将处柔守弱作为规律，又作为一种特殊的管理方法、处事方式，实质是告诉人们一个深刻的哲理即柔可克刚、弱可胜强、以守为攻、屈为求伸。可见，老子所谓的柔弱，绝非软弱无力，而是蕴含战胜刚强的积极态度。

---

① 张文峰：《老子的管理哲学及其当代意义》，《贵州民族学院学报》2005 年第 5 期。

其次，柔弱处下是一种不争和谦让的姿态。柔弱处下是一种积极的动态储备，绝非消极退却。在柔弱与刚强这对矛盾中，老子主张“强大处下，柔弱处上。”（76章）按宋得星的阐释，“坚强者，过刚易折，生气已尽，故坠于下”，而“柔弱者软滋息，生气方旺，故生于上”。柔弱者，其处世态度多谦虚谨慎，谦虚谨慎恰恰是进步和兴旺发达者应该具备的品质和态度。处处小心，步步为营，重视新生事物，全身心地处理好发展中遇到的每一个小问题，才会使事业发达成功。通过“积柔”、“积弱”而成刚、成强，逐步把劣势转化为优势。对于处于强大位置上的企业而言，要懂得“福兮祸之所伏”、“生于忧患，死于安乐”。对一时取得的成绩不要一味地沾沾自喜，要保持清醒的头脑，多想不利因素，做到“果而勿矜”、“果而勿骄”、“果而勿强”（30章）、“胜而不美”（31章），不因小胜而不为，注意积小胜为大胜。

再次，柔弱是一种手段和策略，坚持柔弱才是真正的坚强。老子曾说“守柔曰强”（52章）。也就是说，能秉守柔弱，才是真正的坚强。这个结论，一是清楚地表明了处柔守弱的价值取向，真正的强大是柔弱的转化。在管理过程中，无论何时我们都应该以一种柔弱的低姿态来面对一切，这样才会以积极的心态解决问题，促进我们的进一步发展。二是讲清楚了处柔守弱的目的就是为了真正的坚强。也就是说，处柔守弱，不是消极无为，不是为柔弱而柔弱，不是以柔弱为目的，恰恰相反，处柔守弱只是手段，是为实现真正的坚强以战胜现实的强者这一目的的手段。因此，处柔守弱只是一种手段和策略，其真正的目的是“强”。

在经济全球化的大背景下，在现代市场经济的激烈竞争中，有强势和弱势企业之分，面对具备雄厚的资金、技术、产品和综合管理优势的外国优势企业，中国企业绝大多数处于相对弱势和劣势，面对如此严峻的国内外市场竞争局面，老子“柔弱胜刚强”的哲学思想为现代企业发展提供了可取的发展取向。要实现由小变大，由弱变强，必须以弱者心态，戒除浮躁心理，变“有为”的刚性管理为“无为”的柔性管理，实施“为而不争”的韬光养晦战略，避免与强大对手的正面交锋，多采用与对方结成战略伙伴的方式，“借力”、“借势”走合作发展的道路，谦虚谨慎，卧薪尝胆，后发制人。

三　老子人本思想与现代企业柔性管理的深度契合

老子思想的核心价值观在于“以人为本”，《道德经》五千言中关于“以人为本”的观念处处可见。我们可与从六个方面探讨老子的人本思想。

一是“域中有四大，而人居其一”（25 章）的人本思想；二是“重人贵生”（13 章和 75 章）观念包含的人本思想；三是“无为而治”（3 章）方略体现的人本思想；四是“以百姓心为心”（49 章）展现的人本思想；五是“天人合一”（81 章）理念蕴含的人本思想；六是“尊道贵德”（51 章）原则展示的人本思想。

在对“以人为本”观念的理解方面，中外不同时代的哲学家有各种不同的说法。但综合当今哲学、经济学、管理学和法学等不同学科的共同点可以发现，在主张人是主体、人是手段和人是目的这三个关键点上是基本一致的。只把人作为主体和目的，或者仅把人看作目的，这些观点都有失偏颇。因为不把人看作主体，人的理性、尊严和价值就无从体现，人就成了只有奴性和受动性的客体；不把人作为手段，也无法体现人的主体性和实现人的目的性，人就不能创造价值。

现代管理模式中的柔性管理方式是在知识经济条件下提出来的管理理念，“柔性管理”是相对于“刚性管理”提出来的。“刚性管理”以“规章制度为中心”，用制度约束管理员工。而“柔性管理”则“以人为中心”，对员工进行人格化管理。“柔性管理”的最大特点，在于它主要不是依靠外力如发号施令，而是依靠人性解放、权利平等、民主管理，从内心深处来激发每个员工的内在潜力、主动性和创造精神，使他们能真正做到心情舒畅、不遗余力地为企业开拓优良业绩，成为企业在全球激烈的市场竞争中取得竞争优势的力量源泉。“柔性管理”的特征：内在重于外在，心理重于物理，身教重于言教，肯定重于否定，激励重于控制，务实重于务虚。

“柔性管理”是现代科学管理的重要管理方法之一，是以基本的人性假设为出发点构造的管理理论，在企业管理中的作用主要表现两个方面：一是激发人的创造性，让员工自觉、自愿地将自己的知识、思想奉献给企业，实现“知识共享”；二是适应瞬息万变的外部环境，让每个员工或每个团队获得独立处理问题的能力，独立履行职责的权利，而不必层层请示。通过“柔性管理”，提供“人尽其才”的机制和环境，才能迅速准确地做出决策，才能在激烈的竞争中立于不败之地。

现代管理科学之父泰罗曾经把管理哲学放在高于管理技术的层面，美国管理史学家丹尼尔·A. 雷恩和英国的奥利弗·谢尔登更是对管理哲学倍加推崇。[①] 其实，细读老子《道德经》，它就是一本很好的管理哲学全书。老子的人本思想虽然很简约，但它为管理者提出了一整套相信人、依靠人、发挥人的主观能动性、施展人的聪明才智的管理哲学，这些思想以独特的思维视角和方式，对于构建符合中国实际的管理科学学，弥补当代西方管理学的某些缺陷，发展现代管理科学无疑都有着积极的借鉴作用。老子管理思想不仅是中国传统思想的重要组成部分，而且必将在知识经济时代对现代管理科学产生非凡的影响。

（作者单位：河南省社会科学院）

① 参见泰罗《科学管理原理》，中国社会科学出版社，1984；丹尼尔·A. 雷恩：《管理思想史》，中国社会科学出版社，1986。

“无为”智慧与企业管理

葛荣晋

什么是道家的“无为”智慧呢？“无为”是道家的核心价值观念，内涵极为丰富。从管理学角度，主要有三层含义：

从管理主体上，所谓“无为”，并不是无所作为的懒汉哲学，而是探讨管理者何者“有所为”、何者“有所不为”，即在管理场中如何正确认识与处理“有为”与“无为”的关系，才是真正的科学管理。

从管理方法上，所谓“无为”，主要是针对兵家的“以智治军”、法家的“以法治国”和儒家的“以德治国”的“有为”型管理模式，主张以道家的“道法自然”的“无为”哲学智慧而实施管理。这是一种“无为”型的管理模式。

从管理境界上，“无为”是人类追求的最高管理境界。《老子》三章云：“为无为，则无不治。”在这里，“为（管理）”是目的，“无为”是手段，“无不治”则是实施“为无为”所能达到的最高管理境界。这是一种以最小的管理行为获取最大的管理效果的高超的管理艺术，也是一种从烦琐事务中解脱出来的潇洒人生艺术。

道家的“无为”哲学智慧，在政府管理、公共管理和现代企业管理中，仍具有重要的指导意义。现在，从五个方面对“无为而治”哲学智慧进行现代诠释。

一 “圣人常无心，以百姓心为心”

根据“道法自然”的原则，要求管理者“顺其自然”有所作为，“逆其自然”则有所不为。所谓“无为”而治，并非是禁绝人们的一切管理行动，只是禁止“逆其自然”的错误行为。

那么，什么是“自然”？这里所谓“自然”，并非是简单地指人之外的自然界（诸如日月星辰、山川河流、动物植物等）。“自然”是指“道”和由它产生的天地万物的本性及其运行规律。“道”和天地万物在其形态、生存需求和运动方式上，都是“自然而然”，本然如此，并非是人为和鬼神使之如此。把这种“自然”人性论思想运用于管理，要求管理者“以辅万物之自然而不敢为。”（《老子》六十四章）老子形象地指出：“治大国若烹小鲜。”（《老子》六十章）要求管理者如同厨师“烹小鲜”那样，在管理上既不能随心所欲地“敢为”，也不能脱离实际地“妄为”，应是“圣人常无心，以百姓心为心”（《老子》四十九章），这就是说，圣心即是百姓之心，管理者必须严格按照客观规律和人的天赋自然本性及其变化实施管理。这是古今中外管理学的根本出发点。

（一）在市场经营上，根据老子的“圣人常无心，以百姓心为心”的原则，要求管理者实施“经营人心”的战略。四川长虹集团公司前总裁倪润峰先生从“得人心者得天下”中悟出一句商道名言：“得人心者得市场”。要求在市场上“经营人心”，以抢占客户、消费者的心智资源，建立企业品牌的美誉度和忠诚度。市场是无情的，但也是公正的，在无情的市场面前，任何企业家都不能随意而行，而必须顺其民心而为之，进行广泛市场调查，真正了解顾客现在喜欢什

么，关心什么，认可什么，讨厌什么，未来需求什么，并且根据顾客的心理和愿望，生产出优质产品和提供优质服务，一切从顾客利益考虑，因顾客之所利而利之，才能赢得顾客的心，占领市场。如果依靠盗窃他人的商业技术情报，依靠坑蒙拐骗，必然会失去顾客，最终也会导致企业倒闭。

（二）在企业管理上，根据老子的“圣人无常心，以百姓心为心”（《老子》四十九章）的原则，要求管理者实施人性化管理。被国际誉为“人本主义心理学之父”的马斯洛先生（Abraham. H. Maslow，1908～1970），在《动机与人格》一书中提出了人生需求层次理论，认为人有五种自下而上的需求，即满足衣、食、住、行、性和健康的生理需求，保护自己免遭来自社会和自然威胁的安全需求，关爱他人也需要他人关爱的社会需求，尊重自己与尊重他人的尊重需求，实现自我价值的理想需求。能够实现自我价值需求的人，是马斯洛心目中的健康人格和理想人格。

根据马斯洛的人生需求层次理论，人性化管理分为两个方面：从正面要求管理者应“顺民之所欲”，建立与健全各种激励机制，以各种激励手段和方法调动部下和企业员工的积极性和创造性。激励方法和激励手段，主要有物质奖励（如工资、奖金、住房、婚姻等）和精神奖励（如颁发证书、奖状、纪念章、晋升、上英雄榜、参与权、休假、自由等）。“好褒恶贬”是人的一种本性。有一位管理大师说过：“有两样东西比金钱和性更为人们所需要，就是认可和赞美。”从反面要求管理者“除民之所恶”，应尽量减少伤害人性之事，诸如不要对员工总找碴、挑毛病，不要做令员工讨厌的事，不要说令员工讨厌的话，不要对员工随意撒谎，不要把失败归罪于部下，不要把部下随意当工具使，不要恃才傲物、随意践踏部下，不要在员工之间挑拨离间，不要以个人好恶判定员工。只有真正做到“顺民之所欲”和“除民之所恶”，才能做到“上下同欲者胜”，达到凝聚人心、招揽人才、增强核心竞争力的目的。

在现代企业管理中，要求管理者要有"顺其自然的智慧"。有一位建筑设计师，当他设计的楼群建成后，楼与楼之间以及楼群之间尚未铺设道路。一位工人问他："道路如何铺设呢?"他回答说："将楼群之间的空地先种上草坪。"建筑工人照此办理。过了一段时间，住户根据他们的实际需要，按照两点之间直线最短的数学原则，自然而然地走出了各种通道。这时，设计师"以百姓心为心"，便叫工人按照自然走出的道路加以铺设，既方便住户，又节约用地。这是一种"顺其自然"的哲学智慧。如果人为地勉强去做，违背人的自然本性和实际需求，是注定要失败的（如"踩小路"现象等）。

台湾奇美集团创办人许文龙，崇尚老子的"以百姓心为心"的人性化管理。他根据老子和马斯洛的人性理论，认为不要简单地把员工当"物"看，而要当"人"看，甚至要求企业家把员工当成"自己的人"看待。当有人问他：奇美的员工个个都很卖命在干活，原因何在？许文龙回答：我把他们当做是"自己的人"。[①] 这里所谓"自己的人"，就是对待员工如同家人一样，不只在生理需求和安全需求上尽量满足员工的要求，而且在社会需求和人格尊重上也尽量满足他们的要求，并且为他们实现自我价值提供广阔的历史舞台。

二　"治大者不治小"

根据黄老道家的"无为而治"思想，管理者应坚持"治大者不治小"的原则，即要求管理者在"小事"上有所不为，而在"大事"上则有所为。只有在"小事"上有所不为，才能保证在"大事"上有所作为。这就是汉代学者刘向所说的"将治大者不治小，成大功

---

① 黄越宏：《观念：许文龙和他的奇美王国》，台北商周出版社，2007，第308页。

者不小苛”(《说苑·政理》)的管理精义所在。

在现代管理中，任何一个管理者，在企业和公共管理中，都会碰到两类事情：一类是事关全局和长远利益的大事，另一类则是无关紧要的琐碎小事。随着组织规模的扩大和部门层次的增多，即便是精明能干、智慧超群的管理者，也无法事事躬亲、样样“有为”。因为管理者也是体力、能力、智慧和时间有限的“人”，而不是法力无边的“神”。所以，面对管理场中的“有限”与“无限”的矛盾，一个高层管理者应不拘泥于小事，尽力做到在小事上“无为”，而在大事上“有为”。

什么是管理者的“大事”呢？管理者的“大事”有两件：一是决策，二是用人。必须使管理者特别是高层管理者牢牢把握住他在管理系统中的这一科学定位。他应成为料理大事的“导演”，而不是扮演具体角色的“演员”；应是音乐演奏会的“指挥者”，而不是具体的“演奏者”；应是指挥千军万马的“将帅”，而不是冲锋陷阵的“战士”。具体地说，要求高层管理者正确处理好“管向”(对企业发展方向的引导)与“管事”(对企业具体事物的管理)、“管总”(对企业全局的管理)与“管分”(对企业局部事务的管理)、“管帅”(厂长、总经理、总裁、董事长)与“管兵”(普通员工)的关系。只有正确处理好上述关系，才能确保管理者集中精力抓好“大事”。如果高层管理者不从全局出发，放弃制定企业长远发展规划，放弃组织和实施这一战略规划，而去参与具体的事务性工作，他就不是一位优秀的管理者，因为他把作为高层管理者的“有为”与“无为”的关系搞颠倒了。这样的管理者只能是一位事无巨细、忙忙碌碌的“事务员型”的领导，是一位头脑糊涂、事无成效的官僚主义者。就他干涉下级工作，造成管理场的严重混乱而言，他犯了“越位”的错误；就他放弃“管向”、“管总”和“管帅”而言，他犯了“缺位”的错误。

（一）问答陈平

西汉王朝是实施“无为而治”的成功典范。汉文帝丞相陈平深谙道家“无为而治”管理之道的真谛。有一次，汉文帝临朝问：“天下一岁处决罪犯几何？天下钱谷一岁出入几何？”右丞相周勃愧不能对，汗流沾背，而左丞相陈平则回答：“有主者（主管官员）。”文帝又问：“主者为谁？”陈平答曰：“陛下即问决狱，责廷尉（相当于现在最高法院院长）；问钱谷，责治粟内史（相当于现在的农业部长）。”文帝反问陈平：“苟各有主者，而君所主何事也？”陈平回答：“主臣（主管群臣）……宰相者，上佐天子理阴阳、顺四时，下遂万物之宜；外镇抚四夷诸侯，内亲附百姓，使卿大夫各得任其职焉也。”文帝非但不责怪他，反而“称善”。（《史记·陈丞相世家》）陈平作为丞相，从长远着眼，放眼全局，紧抓大事，主管群臣，使群臣各尽其责，这就是高层管理者的领导艺术。

（二）丙吉察牛

中国汉代还有一个“丙吉察牛”的故事。丞相丙吉有一次外出考察春耕，他看见一群人在路上斗殴，“死伤横道”，他未下车过问，继续向前走；又“逢人逐牛，牛喘吐舌”，他立刻停车派人前去向赶牛人查问原因。随行者不解丞相之意，认为丞相“前后失问，或以讥之”。丙吉解释说：“民斗相害”，这是长安令、京兆尹“所当禁备逐捕”的事。“宰相不亲小事，非所当于道路问也。”（《汉书·丙吉传》）在他看来，现在正是春耕季节，天气还不很热，看见耕牛口吐白沫，是不是“时气失节”？他认为“三公典调和阴阳，职当忧，是以问之。”“上佐天子理阴阳、顺四时”，国泰民安，这是关系到国计民生的大事，故当问之。“丙吉察牛”这则故事，所揭示的也是道家“无为而治”的道理。

（三）台湾王品集团董事长戴胜益、台湾奇美集团创办人许文龙都把 CEO 定位为思考者

戴胜益根据黄老道家的“治大不治小”的管理思想，他认为快速灭亡的企业都是 CEO 想得太少，管得太多。所以 CEO 的思考力远比执行力更重要，要将 80% 以上的时间用于思考，20% 用于执行即可。戴胜益将自己定位为思考者，“除出席每周五王品集团的高阶主管会议之外，我几乎都在登山”。戴胜益说自己对公司最大的贡献，就是爬百岳。因为爬百岳一趟回来，立刻有三四十条新点子，有助于企业挑战现况、解决问题。[①] 台湾奇美集团创办人许文龙的工作，90% 时间都用在动头脑，一星期只有两个早上进公司，因为待在办公室里会有各种干扰。所以，只好包一条船到海上动头脑。从道家管理哲学的视角看，戴胜益和许文龙都是成功运用“无形”、“无为”的思考力量，激发出“无不为”的组织想象力和创造力，为自己和他人创造出人生圆满的价值。这就是宁静生智慧的道理。

法国社会学家帕斯卡指出：人类对于琐碎事物的敏感和对于最主要的事物的麻木，标志着一种不可思议的错误。然而在现代管理中，这种“不可思议的错误”是屡见不鲜的。日本管理学家占部都美根据“大事有为，小事无为”的管理原则，把那些过于拘泥小事的企业家分为五种类型：（1）身居领导岗位，却无法免除事务人员气质的“事务员型”；（2）失去解决困难问题的热诚，为掩饰虚无感而热衷于开会、不干实事的“会议型”；（3）参加各种轻松愉快的迎来送往的礼仪活动，却偏不干本职工作的“礼仪型”；（4）没有政治或派系斗争，顿感无所事事，即处于虚脱状态的“政治斗争型”；（5）碰到人就老谈过去之辉煌的“回顾型”。这是对那些只抓小事、不抓大

① 尤子彦：《CEO 该花多少时间思考？》，《商业周刊》第 1180 期。

事的无能管理者的真实写照。所以，聪明的管理者善于“抓大事”，而昏庸的管理者则喜于“管小事”。抓好“大事”，则事事都得到治理，事半功倍；样样都管，则事事荒废，事倍功半。这就是“抓大事”与“抓小事”的辩证法。

三　“君无为而臣有为”

高层现代管理者，要想真正做到在大事上有所为，而在小事上有所不为，就必须实行“君无为而臣有为”的科学管理方法，才能达到“君逸臣劳国必兴，君劳臣逸国必衰”的管理境界。

人君要想达到“君逸臣劳国必兴”的管理境界，就必须以“臣有为”为前提，真正做到“任官得其人”。“任官得其人”这一命题，有两层含义：一是在识贤、求贤上要有所作为，二是在用贤上要有所不为。在识贤、求贤上，高层管理者必须学会低调做人，礼贤下士，应该有所作为。要求管理者必须具备伯乐识马的识贤能力，姜太公钓鱼、萧何月下追韩信、刘备三顾茅庐的求贤精神。

那么，如何识贤、选贤呢？《庄子·列御寇》篇作者认为“人者厚貌深情”，险恶人心深深地为厚貌所隐蔽，为人所伪饰，宛如“云山”、“雾海”，是很难测度的。所以，知人比知天还难。在《列御寇》篇作者看来，有时候人的外貌（外在形象）与内心善恶是一致的，有时候二者又是相反的。从本质与现象看，“有貌愿（忠厚、谦虚、老实）而益（通“溢”，骄溢、骄傲自满），有长（貌似忠厚长者）若不肖（内心不肖）；从方圆之道看，有顺懁（通“环”，外貌圆顺）而达（直、伸、内心刚直），有坚（外貌坚强）而缦（通“幔”，内心软弱），有缓（外貌和顺）而釬（通“悍”，即内心凶悍）”。正因为人的“厚貌”与“深情”之间存在着矛盾性，所以，在识贤、选贤时，不能“以貌取人”、“以言取人”。只有“以行取人”，依据他在工作中的实际表现，听其言而观其行，透过现象（或假象）看本质，才可以逐步地把握人心的真面目，寻找到德才兼备的人才。

“委之以财而观其仁”。当他不与钱财接近时，辨别是贪还是廉是相当困难的。只靠口头表态是难以分辨的。只有在他掌握财权之后，考察他是贪官还是清官，则是最容易也是最有效的。“杂之以处而观其色”。只有在男女杂居的情况下，让他与异性充分接触，才能考察出他是否好色。实践是检验贤与不肖、君子与小人的唯一标准。考察人才、识别贤否，只能“以行（实践）取人”。这是一种实事求是的唯物论态度。

其次，在用贤上，要想充分调动与发挥群臣的主动性和创造性，达到“君逸臣劳”的目的，就必有所不为。要求人君对于贤臣必须高度信任，充分放权、授权，真正做到“疑人不用，用人不疑”，决不能越俎代庖。实践证明，管理者只有在用人上“有所不为”，充分调动贤臣的主动性、积极性和创造性，才能在事业上“大有所为”。

这里讲一个故事：有一个人去鸟市买鹦鹉，看到一只鹦鹉前写着：此鹦鹉会两门语言，售价二百元；另一只鹦鹉前则写道：此鹦鹉会四门语言，售价四百元。两只鹦鹉都毛色光鲜，灵活可爱，拿不定主意买哪只鹦鹉。突然发现一只老掉了牙的鹦鹉，毛色暗淡散乱，却标价八百元。他赶紧将老板叫来，问道：“这只鹦鹉是不是会说八门语言?”老板说：“不会。”又问：“那为什么值这么多钱呢?”回答：“因为另外两只鹦鹉叫这只鹦鹉老板。”这则故事告诉我们，真正的管理者，自己的能力不一定比下属有多强。只要懂得信任，懂得放权，珍惜人才，才能团结比自己能力更强的人，只有敢于任用那些能力比自己强的人，才能提升自己的身价。相反地，有些管理者能力虽然很强，认为别人都不如自己，凡事皆必躬亲，犯了“越位”的错位。所以，他不是优秀的管理者。这就是“君无为而臣有为”的辩证法。

美国纽约附近著名的贝尔实验室。贝尔实验室在世界上发明第一部电话机；发明第一架电传机；设计第一个通讯卫星；发明第一只太阳能电池；发明第一部高传真电话唱片；发明第一盘有声唱片；发明电视传真电话等十项世界第一。它何以能够获得如此巨大的成就呢？负责材料物理研究的陈煜耀博士就会告诉你，靠的是他办公桌前所挂的《老子》的“无为而治”的一张条幅。在这句格言下面有他的英语译文，即“最好的领导者是能帮助人，让人不再需要他。”陈博士进一步解释说：“领导者的责任在于既要做到你在领导，又要做到别人并不认为你在干预他。”贝尔实验室的成功，实际上也就是道家的“无为而治”管理思想的成功运用。

中国台湾奇美公司董事长许文龙按照黄老之学的“君无为而臣有为”的理念，推行“不管理学”。通过全部授权的办法，充分发挥组织和下属的积极性，从不作任何书面指令。经常无事干，只好开车到处去钓鱼。他虽居董事长之位，也不过是一个虚位而已。

不管是美国的贝尔实验室还是中国台湾的许文龙所追求的，正是“君无为而臣有为”的最佳管理境界。“君无为而臣有为”的管理思想，从本质上是一种“抽身谋大计”的智慧性管理。这种管理之道，不仅中国管理者精通，而且也为世界各国管理学家所采纳，被他们视为管理科学的珍宝。从这一角度，我们可以说“闲老板是好老板”。

四　“因材质而用众”

根据黄老道学的“因循之道”的原则，在用人上，管理者必须坚持“因材质而用众”的原则。在黄老道学看来，由于每个人的自然特性和后天教育的差异，其材质是不同的。所以，管理者应做到“人得其宜，物得其安”，切忌“乔太守乱点鸳鸯谱”，以免造成人才的巨大浪费。

古人云："天生我才必有用。"每个人都是人才，都有长处也有短处。关键是管理者要有一双识人的慧眼，善于用其长，避其短。正如棋手一样，要根据其特质和作用，摆好与用好每一个棋子。这里，我讲一个"鸡鸣狗盗"的故事。据《史记·孟尝君列传》载：孟尝君囚于秦国，他善于识人、用人，将其一名善于装狗的门客，夜入秦宫，将已献给秦昭王的狐白裘偷出，又献给秦昭王的幸姬。幸姬在昭王面前为孟尝君说好话，孟尝君得以获释。当他跑到函谷关时，关门不开，要等到鸡鸣才开。这时，他的又一名门客装鸡叫，引起群鸡齐鸣，骗得守关者开了关门，才逃了出去。孟尝君所以能够安全逃出，全靠他善于识才、用才。真可谓"得谈仁讲义之徒百，不如得鸡鸣狗盗之雄一"。所以，圣人兼而用之，"无弃才"。

那么，管理者如何"因材质而用众"呢？所谓"因材质而用众"，主要含义有二：一是从理性层面根据人的才能、品格和智慧差异而用人；二是从非理性层面根据人的兴趣、爱好和气质特点而用人。

（一）在理性层面用人，必须坚持"授任必求其当"（"能职匹配"或"职能相称"）的原则。《淮南子·主术训》篇形象地指出：

> 聋者可令嗺筋（削竹制作弓弦），而不可使有闻也；瘖者（哑巴）可使守围（守城），而不可使言也。
>
> 今人之才，或平九州，并方外，存危国，继绝世。志在直道正邪，决烦理挐（整理纷乱），而乃责之以闺阁之礼（执掌皇室内室的礼节），或者奥窔摆放之事；或佞巧小具，谄近愉悦，随乡曲之俗，卑下众人之耳目，而乃任之以天下之权、治乱之机，是以犹以斧劗（剪）毛，以刃（小刀）伐木也，皆失其宜也。

在道家看来，古代圣尧是“因材质而用众”的典范。指出：“尧之治天下也，舜为司徒，契为司马，禹为司空，后稷为大田师，奚仲为工。其导万民也，水处者渔，山处者木，谷处者牧，陆处者农。地宜其事，事宜其械，械宜其用，用宜其人。”《淮南子·齐俗训》这正是圣尧治天下成功的原因，也是道家为世人树立的管理楷模。

在家庭管理中，要求家长根据家庭成员的不同材质，真正做到“授任必求其当”。明代哲学家吕柟（1479～1542）在其《泾野子内篇·西邻五子》一文中指出：西邻有五个儿子，“一子朴，一子敏，一子矇，一子偻，一子跛。乃使朴者农，敏者贾，矇者卜，偻者绩，跛者纺。五子者，皆不患于衣食矣。”这就是说，西邻主人将质朴老实的安排务农种地，将机敏伶俐的安排经商，将双目失明的安排卜算，将驼背的安排搓麻绳，将跛足的安排纺线。结果，五个儿子皆不愁吃穿。这种对号入座、各适其职的做法，实际上，这就是今天管理学上所说的“能职匹配”原则。

在现代管理中，要求管理者在用人上必须做到“授任必求其当”。古人曰：“君子所审者三：一曰德不当其位；二曰功不当其禄；三曰能不当其官。此三者，乃治乱之原也。”要想做到“能职匹配”或“职能相称”，牢记不可重用七种人，即投机者、谄媚者、自命不凡者、权力欲强者、虚荣心强者、空谈理论者和四平八稳者，皆不可加以重用。

（二）在非理性层面，要求管理者还必须善于根据人的兴趣、爱好、气质特性用人。因为人的材质除了人的才能、道德、智慧等理智因素外，还有兴趣、爱好和气质的非理智因素。

所谓气质，是指人先天具有的相对稳定的个性和气度。通俗地说，是指个人的性情或脾气。公元前5世纪，古希腊医生希波克拉底（前460～前377）提出了四种体液的气质学说。他根据哪一种体液在人体内占优势，将人的气质划分为四种不同类型：（1）体液中血

液占优势的多血质（活泼型）。如《西游记》中的孙悟空，俄国作家赫尔岑等；（2）体液中黏液占优势的黏液质（安静型）。如中国现代作家鲁迅先生、俄国著名作家克雷洛夫等；（3）体液中黄胆汁占优势的胆汁质（兴奋型）。如《三国演义》中的张飞、《水浒传》中的李逵，俄国著名诗人普希金等；（4）体液中黑胆汁占优势的抑郁质（抑制型）。如《红楼梦》中的林黛玉、俄国著名作家果戈理等。

人的气质本身本无好坏之分，气质类型也无高下之分。每一种气质都有其积极和消极两个方面，在这种情况下可能具有积极的意义，而在另一种情况下也可能具有消极的意义。如胆汁质的人可成为积极、热情的人，也可发展成为任性、粗暴、易发脾气的人；多血质的人情感丰富，工作能力强，易适应新的环境，但注意力不够集中，兴趣容易转移，无恒心等。抑郁质的人工作中耐受能力差，容易感到疲劳，但感情比较细腻，做事审慎小心，观察力敏锐，善于察觉到别人不易察觉的细小事物。气质虽不能决定一个人活动的社会价值及其成就，但是它对于人生仍有一定的影响。

因此，在任职和择业上，现代管理者在用人时应充分注意到每个人的不同兴趣、爱好和气质的特点。胆汁质的人，通常倾向选择竞争激烈、冒险性和风险性强的职业或社会服务型的职业，如运动员、改革者、探险者等。多血质的人择业时，通常适合于出头露面，交际方面的职业，如记者、律师、公关人员、秘书、艺术工作者等。黏液质的人，一般适用于医务、图书管理、情报翻译、教员、营业员等工作。抑郁质的人一般较适合从事理论研究工作等。只有充分注意到每个人的不同兴趣、爱好和气质特点，才能充分发挥每个人的积极因素，克服其消极因素，最大限度地调动每个人的积极性和创造性。

走进佛寺庙门，首先看到是一尊弥勒佛，笑脸迎客。在他的北面，是一尊黑口黑脸的韦陀。相传他们很久前并不在一个庙里，而是分别掌管着不同的寺庙。两神气质不同：多血质的弥勒佛热情、活泼、快乐，所以来的人非常多，但是他办事马虎，丢三落四，管理不好账务，所以入不敷出。黏液质的韦陀虽然管账是一把好手，但是成天阴着个脸，过于严肃、过度安静，结果人越来越少，最后香火断绝。佛祖在调查香火中发现了这个问题，就将他们两人放在同一个庙里，由弥勒佛负责公关，笑迎八方客，于是香火大旺。而韦陀则铁面无私，锱铢必较，则让他负责财务，严格把关。由于佛祖用人得当，寺庙里一派欣欣向荣景象。在佛祖眼里，没有废人，皆是人才，关键是如何按照“因材质而用众”原则而用人。

五　“不争之德”与“兰海战略”

商场如战场。从本质上，市场经济是一种竞争经济。在市场中，竞争无处不有，无时不有。因此，企业家理应有强烈的竞争意识，并在竞争中不断地扩大自己的市场占有率。老子根据他的“反者，道之动”（《老子》四十章）的辩证法思想，在《道德经》中极力推崇“不争之德”（《老子》六十八章）。按照老子的“不争之德”，要求管理者既要善于“竞争”，又要善于“不竞争”，即根据市场竞争和企业经营现状，适时地推出“不竞争”的退出战略，乃是一种大智大勇的英雄本色。

（一）在市场上，有两种竞争战略：一是“红海战略”，二是“兰海战略”

所谓“红海战略”，是指在当今的世界市场竞争中，不少企业家为了在显在市场中战胜竞争对手，他们以各种不道德、不公平的竞争手段投入到你死我活的“白刃战”中，其结果是某些企业倒闭、工人失业，渲染出一片血腥的红海。这是一场没有硝烟的战争。

目前，在海内外市场竞争中存在着严重的“行业恶斗”现象。

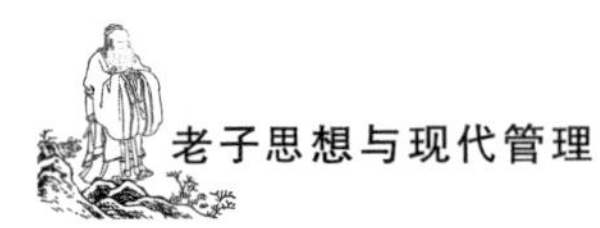

2010年，在中国市场中，“行业恶斗”现象层出不穷。IT业：腾讯、奇虎360、百度、金山等的“3Q大战”；乳品业：蒙牛、伊利和圣元的“诬陷门”；家电业：格力和美的的“促销血案”；电信业：中国移动和中国联通的“苹果之争”；酒业：五粮液和茅台的“涨价潮”等，不但破坏了市场的正当竞争，而且造成了严重的双输局面。要想消除“行业恶斗”，除了提倡企业家自律和竞和精神，全面贯彻“反不正当竞争法”，树立和宣传以道家的“不争之德”为内容的“兰海战略”也是行之有效的对症之药。

《兰海战略》一书作者，通过对一百多年来三十多个产业的150项战略行为的研究，发现“红海战略”并不是市场竞争的唯一模式。在市场竞争中，还存在有尚未开发的市场空间，即无人竞争的一片“兰海”，也就是人类尚未开发的潜在市场。“兰海战略”的基石是“价值创新”。所谓“价值创新”，不是局限于显在市场空间竞争，而是努力寻求新的潜在市场需求；不是为了打倒竞争对手，而是为了让竞争变得毫无意义；不是和竞争对手争，而是和自己争，和客户争。

海尔集团张瑞敏对“兰海战略”有一个形象的现代解读。他讲过这样一个故事：1965年，在他上中学的时候，有一次到中山公园劳动。发现饲养员喂狼的时候，扔给一根骨头，所有的狼都围上来争抢，再扔一根，它们又同时上来抢。如同时扔下五六根骨头，它们也不会每一只狼分一根，总是抢完了一根再抢另外一根。从某种意义上，“红海战略”在本质上是一种动物性竞争。人毕竟不同于动物，如何做一个理性的人呢？海尔集团面对无序的、不成熟的国内市场，采取“不争而善胜”的策略，要求海尔人不要专注竞争对手的言行而专注和满足于客户的需求，一切行动以客户需求为出发点，获取有价值订单，努力创造同行业无法模仿的核心竞争力。想别人没有想过的问题，做别人没有做过的事情，这就是价值创新。从“小小神童”洗衣机到“快乐王子007”冰箱，再到空调无尘安装、冷柜上下开门等，都是海尔技术创新的印证。所谓“不争”不是和对手争，而是和自己争，和客户争。和自己争，就是要不断地战胜自己；和客户争，就是争得他们的潜在需求。只要做到这一点，竞争对手自然落在后面，市场也就会掌握在自己手中。“不争”绝非是无所作为、甘愿落后的消极哲学，而是以“不争”手段泯绝显在市场的形名之争，而获得客户的巨大潜在市场。这是在更高层次上的“大争”。

（二）“不争之德”的现代解读

所谓“不争之德”，主要含义有以下两个方面。

一是“不争而善胜”。老子认为“天之道，不争而善胜。”（《老子》七十三章）他以水为例，认为“水善利万物而不争”，正因为水“夫唯不争，故无尤（怨咎）。”（《老子》八章）所以，圣人“以其不争，故天下莫能与之争。”（《老子》六十六章）这是说，从自然界的水到社会中的圣人，皆善利万物而不争，是一种“善胜”之“大争”。“不争即大争”，含有深刻的辩证法思想，竞争之妙即在“不竞争”之中。

宋太祖赵匡胤建立北宋王朝后，江南的南唐政权仍与北宋对抗。在南唐政权中，学识渊博、名气最大的人物要首推徐铉。有一次，南唐派他来北宋朝贡，北宋宰相想选派一名“押伴使”（陪同官员），而竟挑不出一位理想人物，因为北宋官员都知道徐铉善辩，恐不是他的对手。此时，宋太祖便从十名不识字的侍卫兵中不假思索地选了一个，并告之如何对付徐铉。第一天，徐铉在这位不识字的“押伴使”面前，词锋锐利，妙语连珠，天花乱坠，而他都不置可否。第二天，徐铉摸不清这位“押伴使”底细，还是一个劲地与他高谈阔论，而他仍不予回答。几天过去了，徐铉疲倦了，也就不再说什么了。宋太祖选派侍卫兵当押伴使，是一种以不辩胜雄辩、以“无声胜有声”的斗争艺术。“不争而善胜”，正是老子的“不争之德”的精义所在。

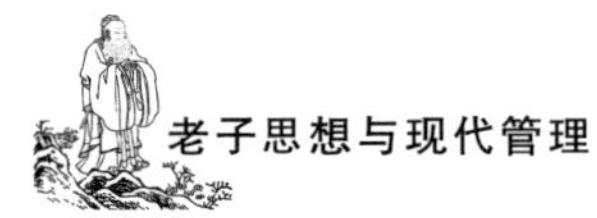

一百多年来，国内外的一些企业家，自觉或不自觉地把老子的“不争之德”成功地运用于企业经营管理。

（1）“牛仔裤大王”。一百多年前，美国加利福尼亚州发现了金矿，成为全世界发财者的淘金之地。有一位名叫莱维·施特劳斯的犹太人，在他一无所获、极度失望的情况下，忽然听到一位矿工抱怨说：“这个鬼地方，裤子破得特别快。裤子破了也顾不上补。”莱维·施特劳斯从怨气中灵光一闪，帆布不是耐磨的布吗？何不用它做裤子。于是，他发现了一片尚未开发的“兰海”。不久，世界上第一条牛仔裤的前身——工装裤就做出来了。而莱维·施特劳斯也就由穷光蛋变成了“牛仔裤大王”。

（2）“乡镇电脑战略”。中国联想杨元庆不愧是销售专家，20世纪90年代，当电脑在大城市厮杀的时候，他以敏锐的眼光提出了“乡镇电脑战略”。他认为在国内市场中，大中城市人口大约是4亿，乡镇人口大约是9亿。乡镇学校和家庭虽渴望拥有电脑，但由于收入低而无力购买。这是一个尚未开发的广阔的市场空间。他决心通过“乡镇电脑战略”，以每台2999元的低价电脑覆盖小城市和乡镇市场，砸开这一“冻土带”。这一农村包围城市的“兰海战略”说明：在市场竞争中，只要善于寻找和挖掘潜在的市场空间，从“红海”进入“兰海”不争之地，就可以创造无限商机和价值。

在市场竞争中，有以下三种情况可以采取“不竞争”的退出战略。

第一，不加入市场卖得正火的产品竞争。聪明的企业家在市场上看见别人卖得正火的产品，从不心动，决不盲目地去抢占“热炕头”，跟在别人后面凑热闹。因为他们清醒地意识到，依据“物极必反”的事物发展规律，市场上卖得最火的产品，是即将退出市场的商品。所以，他们能够自觉地不加入与别人雷同产品的竞争，而总是根据市场需要另辟蹊径，创造出独家具有的新产品，抢占先机，夺取市场，以获取更大利润。

日本索尼公司根据"做别人没有做的事，研制与众不同的产品"的经营理念，通过"无为"而进入"不竞争"的"无人地带"，在不断地推陈出新中，扩大自己的市场占有率。全世界第一台手提录音机、四声道音响、单枪彩电、Bata录影机、随身听等，都是由索尼在"无人地带"首先研制出来的。所以，当其他品牌相继进入市场时，索尼早已据居市场领先地位。"不竞争"的时间维持得越长，它的市场利润就会越高。

四川恩威集团总裁薛永新先生在市场开拓上，总是在"不争之德"上下工夫，深入社会进行调查研究，努力寻找顾客新的需求点，设法满足这些尚未被认识的潜在需求，把全部人力、物力、财力，投放在这个"没有竞争"的需求点上。他根据自己在中草药制剂方面的优势，针对民众对治疗皮肤病、妇科杂症和性病的需要，研制开发出了"洁尔阴"系列产品，深受群众欢迎，为恩威集团创造了巨额利润。

第二，不介入不公平的市场竞争。按照市场游戏规则，市场竞争应在公平原则下进行，但有时也会出现不公平的竞争。所谓不公平竞争，主要是指依仗某种社会政治背景和不正当手段（如商业贿赂、造谣中伤等），取得市场竞争的优势。这种不公平竞争，不仅是违法的、不道德的行为，而且最终也会搬起石头砸自己的脚。比如巨人集团在推销"巨人吃饭香"这一儿童开胃药时，竟在一份广为散发的册子中，攻击当时最为畅销的"娃哈哈儿童营养液内有激素，造成儿童早熟，产生许多现代儿童病"，使娃哈哈集团1995年减少了将近5000万元的销售额，直接经济损失高达670万元。于是，娃哈哈集团向法院提出起诉，后经庭外调解，巨人集团向"娃哈哈"务所公开道歉，还向"娃哈哈"赔偿经济损失200万元。"巨人"的这一公开道歉行为，也造成了巨人经济的大滑坡。

第三，不参与恶性的市场竞争。所谓恶性竞争，主要是指为了击败竞争对手而不惜耗费巨大而又无利可图的竞争。这是一种非理性的“同行恶斗”。例如，1998年劳动节，VCD行业排名第二的“爱多”贸然在上海、北京，向排名第一的“新科”宣战，大搞“买就送”的促销活动，有时候买一台1000元左右的“爱多”VCD，就要赠送电饭煲、剃须刀、焖烧锅、电风扇四件产品，价值竟在700元以上。结果，仅半年时间，“爱多”为打败“新科”投入了1.5亿元，几乎消耗到弹尽粮绝的境地。“新科”在这场恶性竞争中虽然损失惨重，但终因综合势力强于“爱多”，反而意外地达到了消耗最强竞争对手的目的。

（三）“进道若退”

老子的这一命题，意谓“退”是为了更好地“进”，“退”是“进”的一种手段。企业实施“退出”战略，从表面上是“若退”，而在本质上则是“进道”。如果是消极退出而不是前进，退出战略则失去了它的魅力和意义。只有在某些领域有所不为，才能在另外的一些领域有所作为。有所不为，才能有所为，这就是“退”与“进”的辩证法。

（1）山东扳倒井集团。1997年，山东扳倒井集团在山东酒业界还是一个势单力薄的小企业。当时在山东酒业市场上，孔府家酒和孔府宴酒正在进行激烈的竞争，争得难解难分。在这种情况下，扳倒井集团老总尹在鲁依据他的“回避是为了更好地出击”的经营策略，避开与那些酒业大户硬拼，理性地从狼烟四起的市场中抽出来，努力寻找市场空隙，去攻占酒业竞争不甚激烈的我国西南市场，取得了巨大的成功。

（2）“爱立信”根据市场情况，宣布从2001年4月1日起退出手机生产领域，可谓是明智之举。当时，根据美国一家市场调研公司的最新研究报告，由于欧洲市场的手机拥有量已接近饱和，手机黄金时期可能即将过去。由于经营不善，“爱立信”2000年手机共损失16.8亿美元，30%的市场份额转移给诺基亚，使“爱立信”公司损失高达15亿瑞典克朗，它的股票下跌了13.5个百分点；2001年3月，一场大火使“爱立信”又损失4亿美元的销售额，股票价格随之下降14个百分点。面对企业亏损和欧洲手机市场已趋饱和，“爱立信”便宣布设在巴西、马来西亚、瑞典和英国手机制造工厂以及部分在美国的工厂将由总部设在新加坡的一家公司经营，但爱立信公司仍将保持其手机品牌，并负责手机的技术设计和市场营销业务。

“爱立信”在实施退出战略的同时，也积极地推出了一系列的进入战略。“爱立信”深知实施手机在生产领域的退出战略，是为了牢牢地把握自己的核心竞争力，以谋振兴之道。“爱立信”的强项不是手机生产，而是无线电话网络设备。“爱立信”无线电话网络设备占世界市场的38%的份额，占公司经营利润的90%，它的市场占有份额是诺基亚公司的两倍。同时，“爱立信”从手机生产领域退出，就可以把财力、物力、人力集中于新技术的研发上，使“爱立信”的产品和售后服务更加完美，增强市场竞争力。这是企业的安身立命之本，也是企业摆脱目前困境的关键所在。实践证明，“爱立信”不愧是世界的知名企业，该退出时就退出，退出时更讲究策略，从而为企业摆脱困境、创造竞争优势开辟了更为广阔的发展空间，实乃明智之举。

（作者单位：中国人民大学哲学院）

自然和无为观念的现代意义

——老子哲学对于现代管理的启示

陈　静

自然和无为是中国哲学史上的一对重要概念。所谓“自然”，是“自己如此”、“本来如此”的意思，是一个表示状态的语词。中国古代哲人普遍相信，自然的状态是最美好的状态，在这种状态下，每一个存在个体都根据自己的本性，按照自己的方式，处于自己最恰当的存在状态。所以，“自然”的观念提示着一种存在的状态，这种状态被认为是美好的。从“自然”的观念出发，中国古代思想还衍生出了一系列相关的观念，如“自生”、“自化”、“自得”、“自由”、“自在”等。这些观念的共同特点，是采取“自然”之“自”组成不同的词组，从不同的方面发挥和扩展了“自然”的观念。对“自然”及其衍生观念的论说和阐述，是中国古代哲学的重要组成部分。

如果说“自然”的观念涉及存在的状态，那么，“无为”的观念就是关于最佳行为方式的观念。所谓无为，并不是什么都不做，而是以“自然”为前提，承认在“自己”之外，还有一个“他者”，这个“他者”有他的“自然”，他者的自然是行为发出者即“自己”必须关注和尊重的。“自己”承认“他者”的存在，重视“他者”

所提示的客观世界，尊重客观世界的规律和“他者”的存在方式，而不是以个人的意志对之强加干涉，这就是“无为”：不刻意地改造他者。刻意作为的干涉性行为方式往往被称为“有为”，“无为”则与之相对，以不干涉为特点，让“他者”各自“自然”。中国古代哲人认为，在与“他者”的关系中，无为的方式才是最恰当的方式，因为无为不干涉“他者”的自然，所以“他者”才有可能按照自己的方式各得其所。中国古代哲人说，只有让“他者”“自然”，“自己”才能“自在”，否则就会与“他者”对抗，形成彼此纠结和相互干扰的状态。所以，“无为”作为最佳的行为方式，不仅保障了“他者”的“自然”，也保持了“自己”的“自然”，“我”与“他”皆得“自然”，才能够共同达到美好的状态。

由“无为”而实现“自然”，这是中国古代哲人的普遍理想。这个理想通过不同的方式表达出来。在《论语》中，孔子就用了“无为”来称赞舜的统治。孔子说：“无为而治者，其舜也与？夫何为哉？恭己正南面而已矣。”（《论语·卫灵公》）舜是中国古代的圣王，他的统治不是向外干预，为“他者”立规矩，而是管好自己，修养好自己的身心，以此表率天下，以这样的方式达到了治国的最高境界，这种“恭己正南面”的治国方式就被称为“无为而治”。孔子对舜的赞美，实际上把“无为”的方式作为最高妙的行为方式肯定下来了。

自然提示着最美好的存在方式，无为意味着最恰当的行为方式，一个指向理想，一个提示方法。而自然和无为这一对重要的概念，就出自《老子》。

一

“自然”在《老子》中凡5见，分别出自《老子》第17、23、25、51、64章，下面详细分析5处“自然”的具体含义：

功成事遂，百姓皆谓我自然。（第17章）

《老子》在唐代被尊为《道德经》。以《道德经》的名称来看《老子》的汉代文本规模，是《德经》在前，《道经》在后。到了魏晋时代，王弼的《老子注》才奠定了《老子》分为81章而《道经》在前、《德经》在后的规模。随后的《老子》文本都保持了这样的文本规模。据此文本规模来清理《老子》的“自然”观念，可以看到，在第17章里第一次出现了“自然”的概念。

第17章的主题是比较不同的治理方式：“太上，下知有之。其次亲之、誉之。其次畏之。其次侮之。信不足焉有不信。犹（悠）兮其贵言。功成事遂，百姓皆谓我自然。”在这里，上下的关系逐渐从无关系的关系演变成亲近和赞誉的关系，再恶化为畏惧和污辱的关系。在本章的作者看来，最高妙的治理是无关系的关系：在下者仅仅知道自己是有所归宿的，但是并没有与在上者建立起实质性的关系；其次是他们对自己所归属的统领者倾心向往并加以赞美，这时，上下的关系密切了，虽然这种密切暂时处于良好状态；再次是在下者害怕在上者，这时的上下关系更加密切了，但是这种密切已经变质，从亲密变成了严密，以至于让在下者害怕；最后是在下者对在上者加以污辱，因为严密掌控的恶性关系已经让在下者忍无可忍。到这时，革命的可能性就已经在悄悄孕育着了。

在本章的最后，作者表明了自己的立场：“功成事遂，百姓皆谓我自然。”认为最好的治理方式是太上的无关系之关系：成就了一切而百姓认为自己就是这样。似乎一切都没有改变，但一切都各得其所，实现了自己。

从第17章的主题和“自然”观念出现的语境来看，“自然”的观念在《老子》里表达了一种状态，这种状态涉及了上下的治理关系，却又以消解这种关系为无关系之关系为理想。在《庄子》里，有“相濡以沫”的倾情救助，也有“相忘于江湖”逍遥自得，尽管“相濡以沫”令人感动，但是“相忘于江湖”显然更令人向往。《老子》的“自然”观念，就与“相忘于江湖”息息相通，尽管论说的切入点是不同的。

第23章的“希言自然”似乎不太好理解。但是如果放置在《老子》文本的整体背景之下，这句话的意谓还是比较清楚的。这里先看第23章的整章内容：

> 希言自然。飘风不终朝，骤雨不终日，孰为此者，天地。天地尚不能久，而况于人乎？故从事于道者，道者同于道，德者同于德，失者同于失。同于道者，道亦乐得之。同于德者，德亦乐得之。同于失者，失亦乐得之。信不足，有不信。

第23章在首句“希言自然”之后，用天地的飘风骤雨不能持久来说明“人为”的不可持续，然后引出道、德、失的不同行为方式以及它们的对应后果，最后总结说“信不足，有不信”。在第23章中，首句的“希言自然”和最后这句“信不足，有不信”最值得注意。拿这两句话与第17章比较，很容易看到，第17章的“信不足焉有不信，犹兮其贵言”，与第23章的首末句表达了同样的意思。“希言”和“贵言”是相同的，而第23章的“信不足，有不信”只比第17章的“信不足焉有不信”少了一个“焉”字，因此可以说，它们表达的思想是《老子》的一贯思想。“希言”和“贵言”都要求少说话，而“信不足，有不信”显然意识到了取信他人的困难，少说话和取信他人之间又是相关的：语言作为“说出”，其根本作用在于表达自己；表达不是自言自语，而是对“他人”进行说服，取信于他人；但是经验中的任何“说”都是有限的，都不可能充分取信于他人。因此，与其用语言去说服他人却又不可能充分取信于他人，不如让他人“自然”。这几层意思，就是“希言自然”的基本含义。

还可以进一步说明的是，“言”或者“语言”作为言说，提示着一个言说的对象，而无论是老子还是庄子，对于对象性的关系都特别注重了对象之间的相互制约。也就是说，由于言说是有对象的，所以，言说所提示的“他”，就与言说者构成了彼此限制的关系，这也是道、德、失的不同行为方式只能获得与自身相对应之后果的原因。按照老庄的逻辑，即使取消言说是不可能的，也应当把言说降低到最小的程度，以便最大限度地消解言说所形成的对象性制约关系。所以，在《老子》里，除了上文所引的“希言”和“贵言”，还有第2章的“行不言之教”，第56章的“知者不言，言者不知”和否定性的“多言数穷”（第5章）等，对言说加以否定。道家与儒家的区别之一是，儒家相信并依靠语言，例如，朱熹的《中庸章句序》就说：“吾道之所寄，不越乎言语文字之间。”中国古代之所以形成了“文以载道”的传统，就与儒家对语言的理解有关。而道家尤其是老子和庄子，则对语言抱有深刻的怀疑。这是一个比较复杂的问题，这里只是点到为止。

人法地，地法天，天法道。道法自然。（第25章）

这一章，是《老子》文本中最为人详知的一章，也是争议较多的一章。争议之所以发生，就在于，如果把这句话理解为递进的效法关系，“自然”就成为高于“道”的更上一层的实在，而在《老子》中，“道”就是最根本的观念，不可能有“之上”；并且，其他言说“自然”之处，“自然”的含义都是表示状态的，并不是一个表达实在的观念。其次，认这句话为递进的效法关系，还把“自然”名词化了，使之成为与人、地、天、道词性相同的名词，而不再是一个表示状态的词。为了克服困难，有研究者重新断句，把“人法地，地法天，天法道，道法自然”，断句为“人法地地，法天天，法道道，法自然”，这样，所有的“法”都是“人”发出的行为，人不仅效法地的地性，也效法天的天性，对道和自然的效法也是同样，总之所有的“效法”主体都是“人”。这样断句虽然消解了递进效法的理解，但是并没有解决“自然”的名词化问题。我认为，“道法自然”与前面三句并不是顺承的关系，而是独立的一句，这句话解释了前面三层递进效法的理由：道并不强制，而是让一切自然，道的法则就是“自然”。从这样的理解出发，就可以说，老子把“自然”确定为“道”的法则，是从哲学思考的根本处对存在的各得其所加以肯定。

道之尊，德之贵，夫莫之命而常自然。故……生而不有，为而不恃，长而不宰，是谓玄德。（第 51 章）

第 51 章的这句话非常清楚：以“道之尊，德之贵”，都不会用“命令”的方式和态度对存在施加影响，而是让它们保持自己的“自然”。所以，尽管一切存在都以“道”为根据而成为存在，都以“德”为根据而拥有自己的品性，然而，道（德）对于一切存在，都是生成它们而不拥有它们，帮助它们而不把持它们，养护它们而不宰制它们。如果说道（德）也有某种德性，那么，道的德性就是这种“生而不有，为而不恃，长而不宰”的“玄德”。让一切存在保持自己的“自然”，这一点被推举到“道”之“玄德”的位置，由此也可以看到“自然”的观念在《老子》中的重要性。

辅万物之自然而不敢为。（第 64 章）

尽管在《老子》涉及“自然”观念的各章都隐含着“无为”的观念，但是“自然”和“无为”在《老子》中并没有同时出现在同一章中。51 章的“自然”与“为而不恃”相关，可以算是“自然”与“无为”关联比较明显的一章了，而 64 章的“辅万物之自然而不敢为”，更是把“不为”强调为“不敢为”，与辅助万物之自然形成正反论说的关系，由此也使“自然”与“无为”的关联更加明显。

“辅万物之自然”不是无所作为，但这种作为不是“有为”，而是“辅助”。辅助是发挥万物固有的特性，保持它们本来的状态，而“有为”却至少有两种可能，一种是顺应万物的特性因而成就万物，这时的有为相当于无为；另一种更大的可能则是以动作发出者的意志对万物加以强制，使它们不得不服从有为者的意图而不能保持自己的自然。所以，为了避免有为通常具有的强制性结果，《老子》格外强调对万物的辅助，而不是有所作为。

虽然“自然”与“无为”没有同时出现在《老子》文本的同一章，但是我们也看到，“无为”的观念与“自然”的观念是密切相关并隐含在后者之中的。或者说，“无为”以自然的观念为前提，而“自然”的观念内在地要求着无为。这一层意思，王弼的《老子注》说得非常清楚：“万物以自然为性，故可因而不可为也”，准确揭示了自然与无为的内在关系。王弼以“顺自然也”来注释 37 章的“道常无为”，也是对自然与无为之关系的准确理解。

“无为”在《老子》中多次出现，见于《老子》第 2、3、10、37、38、43、48、57、64 诸章。此外还有不直接用“无为”的语词而实际上表达了“无为”观念的章节，例如，第 29 章曰：“天下神器，不可为也。为者败之，执者失之。”这一章就没有出现“无为”的字眼，而实际上表达了“无为”的观念。《老子》中还有“不敢为”、“不为”、“不争”等观念，也都与“无为”的观念有联系。下面列出涉及“无为”观念的《老子》各章：

圣人处无为之事，行不言之教，万物作焉而不辞，生而不

有，为而不恃，功成而弗居。（第2章）

是以圣人之治……为无为则无不治。（第3章）

爱民治国能无知乎……明白四达能无为乎……生而不有，为而不恃，长而不宰，是谓玄德。（第10章）

道常无为而无不为，侯王若能守之，万物将自化。（第37章）

上德无为而无以为，下德为之而有以为……故去彼取此。（第38章）

无有入无间，吾是以知无为之有益。不言之教，无为之益，天下希及之。（第43章）

为学日益，为道日损，损之又损，以至于无为。无为而无不为。（第48章）

我无为而民自化。（第57章）

为无为。（第63章）

圣人无为故无败，无执故无失。（第64章）

这里不再逐章分析“无为”的含义，因为这个含义是相当清楚的。但是有一点值得特别提出，这就是“无为”的主语往往是“圣人”、“侯王”，或者是进行“爱民治国”活动的统治者。联系第17章的“功成事遂，百姓皆谓我自然”，则“无为”之所指，明显与“自然”之所指形成了对应的关系：“自然”是普通人想要保持的状态，而“无为”则是统治者应该具有的行为方式。站在普通人（也可以放大为一般性的受动者）的立场上来看“自然”和“无为”，则是“我”需要保持自己的“自然”，而“你”应当“无为”，因为只有“你”采取了“无为”的方式，“我”的“自然”才可能不被干扰。而站在统治者（或者发出动作的主动者）的立场，则是，“我”应当“无为”，以此来保护“他者”的“自然”。“自然”和“无为”

所关涉的对象显然是不同的，这是我们在理解这一对概念时必须清楚认识的。

二

上一节以《老子》的文本为根据，在中国古代思想的整体背景下对“自然”和“无为”的观念进行了分析，指出“自然”是一个表示状态的观念，而“无为”是一个提示方法的观念。由于自然的状态被认为是最美好的状态，所以，表示状态的自然观念也提示着一种理想：让一切存在各得其所。这样，“自然”的观念就内在地要求“无为”，拒绝干预，而“无为”之所以被认为是最恰当的行为方式，就在于它以不干预为特征，让一切存在“自然”。

“自然”和“无为”密切关联，是中国古代思想中最重要的一对观念，虽然这对观念出自《老子》，具有浓厚的道家意味，却被普遍接受，表征着中国古代思想的一个基本特质。前引孔子对舜的赞美是一个具体的例证，这样的例子还有许多，而中国古代对“（本）性”的讨论，对“教化”和“学习”的讨论，对“风俗”的讨论等，都明显受到了“自然”观念的影响。

在今天，“自然”和“无为”的观念还有什么意义呢？联系此次会议的主题，“自然”和“无为”的观念对于“管理”具有什么意义呢？一般意义的“管理”涉及的方面非常广泛，上到国家大经大法的制定和贯彻，下到一个家庭内部的日程安排，似乎都可以放置在“管理”的概念之下。但是，本次会议的“管理”虽然没有明确定义，却显然具有企业管理的预设。企业管理是现代观念，古老的“自然”和“无为”观念与现代的企业管理能够如何发生联系呢？显然，不太可能在具体的管理条例的设置和贯彻上直接把“自然”和“无为”的观念与现代的企业管理连接起来。也就是说，一个企业在制定自己的管理条例时，不太可能说自己的某条某款规定是根据了“自然”或者“无为”的观念而制定出来的。“自然”和“无为”不是“宪法”，不能作为制定管理条例的根据，但是，“自然”和“无为”的观念作为一种观念取向，对于现代的企业管理仍然是有意义的，因为任何管理都涉及管理者和被管理者的关系，如何保持二者的良性互动，是一切管理都需要考虑的问题，而“自然”和“无为”的观念恰好提示着管理者和被管理者要保持良性关系应当遵循的基本原则。

管理者和被管理者相互依赖，无管理者就无所谓被管理者。但是，就保持二者的良好关系而言，自然和无为这一对密切相关的观念所针对的对象却是不同的。上一节分析说，在上下的关系中，自然是在下者的需求，而无为是对在上者的要求。如果把上下的关系普遍化为动作的发出者和受动者，那么可以说，自然是出自受动者的需求，而无为是针对主动者提出的要求。如果把上下的关系具体化为现代管理中的管理者和被管理者的关系，可以说，自然是针对被管理者而言的：“百姓皆谓我自然”；而无为是针对管理者而言的：“我无为而民自富”。因此，被管理者需要自然，而管理者应当无为，因为管理者的“无为”是被管理者得以“自然”的前提。

那么，为什么被管理者需要自然？既然是被管理者，为何不设想他们俯首帖耳，以驯服和顺从为美德呢？为什么让他们感受到“我自然”是一个重要的事情呢？上文说，无为才能自然，而有为则有两种可能：或者保持他者的自然，此时有为等同无为；或者压制他者的自然，这是有为的通常含义，尤其是在与无为相对应的时候，有为通常是指刻意作为及其消极后果。以有为与无为相对应，设想“无为”管理的反面是强势的压制性管理，那么我们将看到，压制性管理的极致，就是奴役，而处于被奴役、被压制感受下的人是最没有创造性的、最消极的、最容易心愤恨的。因此，压制性管理的极端结果，是极端的无效率，是反抗和对立。如果管理者过于自以为是，并且以这种自以为是的态度来制定管理条例和进行管理，对于被管理者就形成了压制，于是也就在不同的程度上降低了被管理者的工作热情，进入到与被管理者的对抗之中。对抗的力量是相互抵消的，对抗下的积极产出必定是低下的。这是从被管理者在压制性的管理下容易造成消极和对抗而言的。从认识上，任何人的认识都是有限的，即使是能力较强的管理者，也有自己的局限和盲点，如果他们过于自以为是，以为“天下之美为尽在己”，他们在放大一己之美的同时，就抹消了发挥他人积极性的可能；如果他们能够认识到自己的有限，不去钳制被管理者而是让被管理者“自然”，也就是让他们以某种方式自由地发挥出自己的能力，反倒容易形成海纳百川的宏大。

上文已指出，自然的基本含义是自己如此。如果被管理者能够“自然”，认为自己所做的一切都是出于自己的意愿，这就把他们内在的积极性调动起来了。人性的本质是人要成为自己，这是人性的内在冲动，让被管理者“自然”，其实是把形式上处于被管理者的人放到了积极作为的位置上。老子强调无为，并不是袖手不做任何事情，而是强调管理者应该少做，而他们少做的目的恰好是让被管理者多做，让他们自愿地多做。

所以，尽管古老的“自然”和“无为”不是现代企业管理的“宪法”，但却是一切管理包括现代企业管理的内在精神。毕竟，现代的企业管理不是为了奴役人，而是为了最大限度提高企业的效率，也就是最大限度地发挥人的积极性。

古老的中国已经和正在实现现代化。但是，现代化并不是在一张白纸上任意涂画，而是接续传统，以旧邦实现新命，展开中华民族的新未来。更普泛地说，人的生活从来不是从头开始的，而是在已有的文明积累中展开，并且从已有的文明积累出发，走向未来。中华民族是一个古老的民族，我们的民族有着久远而一以贯之的历史，我们的先哲留下了深厚的精神传承和文化积累，无论是老子的自然和无为，还是庄子的逍遥和齐物，或者是孔孟的仁义礼智，都曾经塑造了我们民族的生活，并将继续对我们的生活发生影响。如何在新的时代条件下领悟这些古老的智慧并用于指导我们的生活，是一个重大的话题，而自然和无为的观念与现代企业管理的关系不过其中的一个方面。当然，这是一个很重要的方面。

（作者单位：中国社会科学院哲学研究所）

老子清静无为的管理智慧

柯　可

一　守静复根的统一管理

近年来，以老子为杰出代表的中国古代柔性管理学，在现代管理由第一阶段弹性、任性的人管人，第二阶段阳性、硬性的制度管人，进入第三阶段阴性、柔性的文化管人方式之后，于长期以西方刚性管理哲学为主导的管理学格局中脱颖而出，在外儒内道的东亚文化圈，日益显示出其源文化基因的强大生命力，显示出老子以“清静观”践行恒道玄德的自然法则，对中国管理学产生了深远的哲学影响。

“一”是老子唯道管理哲学的重要范畴。大道至简，“一”的清静境界，体现出老子既和谐清静而又飞扬美妙的宇宙生成观，即所谓“浊而净之徐清，安以动之徐生”（《老子》15 章，以下引该书只注章）。[①] 它既肯定了“清静”的创始化生意义，又不绝对否定“动”

① 与《老子》章节相关的大部分译文，参见柯可《老子九观正义》，广东经济出版社，2008。

和“浊”的积极意义。即天动了才能呼风唤雨，电闪雷鸣，自强不息，成为宇宙“天行健”的生命推动力；地浊了才能凝聚成型，平直广大，厚德载物，成为宇宙“地势坤”的万物承载力。在老子看来，规定事物性质的“清”和描绘空间运动态的“静”，不仅与道和德密不可分，而且与无为和治国的管理之道息息相关。特别是在“道生一，一生二、二生三，三生万物”（42 章）的道体化生过程中，清和静可谓浊和动、阴与阳的对立统一变化，具有道家《清静经》所谓的“天清地浊，天动地静”，“男清女浊，男动女静”，天人合一，自然天成的道本体创生意义，这就是“天得一以清，地得一以宁，神得一以灵，谷得一以盈，侯王得一而以为天下正”（39 章）。

然而，老子所说的“一”看似整齐划一的管理系统模式，实际上并非强求一律，固定模式，而是寻求如同《易经》里的“既济”卦状态，在看似水火既济，阴阳和谐的理想状态中，化解种种尖锐矛盾，进入“未济”的重组整合，借助新一轮运动而达到新的更高的理想状态，将“侯王得一”那种一揽全局的高压一统，转化为泰卦上下通气，安泰和谐的大好局面。老子发现，如把“一”作为完美统一，一成不变的道本体的话，就会发生“裂、发、歇、蹶”等危机，即如果强求统一发展到极致，人们就会说天不要太清澄了，否则恐怕将会爆裂；就会说地不要太安宁了，否则恐怕将会爆发；就会说神不要太灵验了，否则恐怕将会停歇；就会说河谷不要太盈满了，否则恐怕将会旱渴；就会说诸侯王公不要太尊贵高傲了，否则恐怕将会被推倒！老子这种认为在治国管理“一”统，和光同尘理想境界中，不可以绝对清澄的僵化模式，去管束和限制那飞扬灵动千姿百态的生命的自由发展，是与马克思主义有关人的全面发展的主张相一致的。

“静”是老子柔静管理哲学的又一重要范畴，它不仅是与西方狂热、躁动式的刚性管理对立的东方柔性管理的理想范式，而且具有妙然会心的审美意义。“清静”在甲本又写作“清靓”。靓不仅通

“静”，在南方还指“漂亮”，如粤语的靓女、靓仔等美称，《后汉书·南匈奴传》也赞“昭君丰容靓饰，光明汉宫。”故“清靓”即清静可谓内在美和外在美的统一，道德目标与柔静执法手段的统一，可以成为天下的榜样，即所谓“清静可以为天下正”（45章）。老子曾赞美“上善若水。水善利万物而有静”（8章），他认为最伟大的善行就如同利益众生而安静无争之水，它最接近恒道，居住善于选择合适的地方，心情善于保持深渊般恬静，施予善于像天一样的宽厚，说话善于信守诺言，公正善于平和治理，做事善于讲求效能，行动善于顺应时机，所以不会有过错怨尤。①

细察老子所言之“静”，可谓深刻揭示出水的至善本质。由于通行本老子流布已久，不少人或沿用“水善利万物而无争”之句，或改为“水善利万物而有争”。为此，我们必须首先确立一个解读经典的原则。就是正视郭店楚墓竹简本老子古而不全的现实，以迄今最古老最完整的帛书甲本老子为根本，只有当其毁损无解时，才可参照乙本或通行本老子补正。综观《道德经》中“静”字使用11次均意味深长，绝无歧义的事实，甲本此句的“有静”字当为真迹，被乙本漏抄半边误作“有争”，通行本见其不通才强改成“不争”的。尽管如此，未见甲本的通行本还是又犯新错，即把老子极端重要的一个“静”字埋没了。因此，我们理应把通行本以错纠错的“不争”纠正过来，恢复甲本老子善水利众有静的本性。

“复”是老子虚静管理哲学的重要范畴，体现其守静复根的运动模式的辩证法特点，即“至虚极，守静督，万物旁作，吾以观其复。天物云云，各复归于其根，曰静。静是谓复命，复命常也。知常明也，不知常妄，妄作凶！知常容，容乃公，公乃王，王乃天，天乃道，道乃久，没身不殆。”（16章）老子认为，静不是一动不动的死

---

① 参见罗尚贤《老子章段今解》，广东经济出版社，2008，第25~26页。

水一潭，而是静中有动：它通达清虚的心境，就达致身心和谐的极点；心灵守静无欲，就可以缘督而保身。万物在身旁运动作为，我以虚静之心观察它的生息反复。天下万物芸芸众生，都将各自复归于它们的根本，这就叫做虚静。虚静自然，这就是复归本命，复归本命是恒常的天道，知道恒道才是明白人。不知道恒道的太愚妄，妄作非为会带来凶险！知道恒常之道就能心地宽容，心虚容广于是能公正无偏，公正无偏于是能治国，治国于是能顺天行事，顺天行事于是能合道，合乎恒道于是能长久，终身都不会有危险。可以说，老子这种虚以致静，静而致一复根，即归顺大道的柔性管理观，对建立中国古代汉唐盛世的成功管理模式产生了深刻影响。

众所周知，自远古奠定天地万物变化之说的易学根基以来，中国历史上的大多数哲学家，无不肯定天地万物处于运动和变化之中，肯定动与静互相依存、互相蕴含、互相转化的关系，只是对何者为本有不同看法而已。如道家主静尊道，儒家主动崇礼，法家主刑重罚等。而无论是与时俱进，因势利导的易学，还是以静为本、以静制动、以弱胜强的道学，以及力主法术势的法家等，都一致揭示出静可转化为动、柔可转化为刚、弱可转化为强的规律。特别是老子力主的“清静无为”，不仅对道家道教经义的奠定产生了深远影响，成为大汉盛唐主张清心寡欲，凝神静心，顺应自然，不轻举妄动，以道治国的指针，特指一种少私寡欲，恬静闲适，返朴归真，顺应自然，贵身尚柔的道家治国观，而且对韩非集大成的法家思想产生了深刻影响，即明主应保持“虚静之心”，掌握具有典型东方神秘色彩的“术”的冷静与智慧，懂得无为等。

此外，老子的清静观对道儒互补、阳儒阴法的儒家的影响也颇大。长期以来，将视变化为宇宙唯一不变真理的《易经》奉为经典，好动喜功，被尊为封建社会主流思想的儒家眼中，“动”显然具有比“静”更高的意义。王夫之所谓“方动即静，方静旋动。静即含动，动不舍静”之说，就是最受儒家推崇的“动静观”。但自汉武帝度独尊儒术以来，倡导积极入世的儒家有识之士，大都在后来的政治实践中，渐渐发现了老子“主静”的无为管理思想的独特价值。它并非只是表面做到“清静无为”那么简单。清静的背后是智慧，无为的背后是无不为，是由反而正、由静而动、由退而进的统御术。这给了许多只知道鼓吹先发制人，急功近利的大儒以深刻印象。如宋代大儒朱熹，就曾用两句打油诗给老子画了一副画像：“一个老头笑嘻嘻，退后一步占便宜。”含蓄地肯定了老子的清静无为思想与黄老之学，是比儒家狂热躁动，明知不可而为之，好大喜功的统治术更高明的“君人南面之术”。

二　自强自重的无为管理

老子“重为轻根，静为躁君”（26 章）的清静管理哲学，是极有见地的政治智慧。老子认为，自知者明，自胜者强，故清静柔性管理的重任，应由自知、自胜、自重的领袖人物承担并辅佐自然完成。其自知、自胜是指统治者能发挥自身优势，克服短处和毛病，其自重指其在行动中不离辎重行李，借助环卫官员处理杂事，以安静清醒地处理公务，它关系到为政者驾驭全局的水平和作风问题，强调为政者在政治的舞台上要始终保持清醒状态，冷静头脑，才能衡量轻重，分辨得失，抓住全局最重要的战略决策，以免急躁失误失重、失本失位了。

在老子看来，“静为躁君”不仅关系为政管理者的个人处世和身心修炼，而且关系到“以正道治国，以奇谋用兵，以清静无为取得天下”（57 章）的大道管理哲学的根本方针。老子借圣人之口说：我无为而治，人民自然会自由开化；我好静不争，人民自然会遵循正道；我不妄为滋事，人民自然会幸福富足；我不贪求奢望，人民自然会敦厚淳朴。这就揭示出老子清静管理学的实质，首先不在于管好别人，而在于管好自己。管好自己先要管好心，要管好心就要勤修身。只有贵身修德，清心寡欲，才能心静勿躁，清醒地透析各种表面现象，依循正道，真知灼见，安民治国。所谓“伟大的成就看起来总有些缺陷，但它的功用不会有弊端；极丰盈充实的看起来空虚冲淡，但它的功用却不可穷尽。极正直者看起来很扭曲，极灵巧者看起来很笨拙，极富余者看起来很不足，极善辩者看起来很木讷。躁动战胜苦寒，清静胜过狂热，清静无为可作天下大治的表率!”说的就是这个道理。

据交广企业管理咨询公司首席专家谭小芳在《老子智慧——和谐管理之道》一文中介绍：国外命名为“第五级经理人”的美国学者小约瑟夫·巴达拉克在其新著《沉静领导》中认为，真正成功的是那些内向、低调、坚韧、平和，甚至动机混杂，不为人所知的“沉静领导”，其品格特征是低调、克制、谦虚和执著。这与老子独创以“真知明恒道之本，清静守玄德之正，贵身行无为之治”为特色的清静哲学极为相似。只不过，老子有更高的政治理想，其主张的是走正路求正道之法，而不是头脑狂热的争权夺利之法。它能使我们在成就和光同尘的恒道的伟大事业中，求真知，察恒道，修玄德，将外界管理引向内心的心性修为，即将恒道规范的“天动地静”、“男动女静”的外宇宙的万物化生，引向内宇宙的“神清心静”的心境修为。排除刺眼五色，刺耳五音，爽口五味，躁动贪婪的有害的心智干扰。当代心理学家们发现，“生命在于运动”有理，但经常保持清静状态也同样重要。因为唯有清静方能解放身心，调节功能，疗疾治病，生发智慧，孕育生命，它恰是人在混乱、热烈、躁动、焦虑状态下无法达到的。老子曾对清静修为做过最权威的描绘，那就是：“古时善于尊崇推行恒道的人，思虑微妙而精深通达，几乎深不可测。正因为它深不可测，所以只好勉强地描绘它说：慢慢小心啊，就像冬天涉水过河。周密谋划啊，就像畏惧四边的强蛮邻居。严肃恭敬啊，就像招待尊贵的客人。漫漫涣散啊，就像冰凌消融的春泽。混沌无知啊，就像粗朴原木。水深沉沉啊，就像污水浊浪。宽旷深广啊，就像幽深山谷。浑浊的静止净化它，就会渐渐地使它清洁澄净。安滞的不停推动它，就会徐徐地生发它的生机。能够保留坚守此道的，就不会追求盈满。只有虚心而不追求盈满，才能自甘凋敝而不急于求成啊!”（15 章译文）对于这一大道化生的清静特性，田诚阳在《道教传统内丹修炼筑基法——静功与气功》一文中表示认同，一切生命都是从“静”中生长、充沛生命功能的；人体生命活力的保持，同样需要通过静养生息。所以管理上抛却杂务干扰，让心灵归于宁静，也就应对自如了。

古代向有儒法自强，道法自然，佛法自在之说。中国传统社会里儒释道三教兼容，互为阐发也广为人知，故“清静观”亦非道家独有而与佛家“清净观”相通。如老子的“清静”虽是地地道道的道家独创，却与佛教守好六根，持“戒、定、慧”修行，确保一尘不染，进入禅定智慧境界的六根“清净观”极相似。老子的清静其实不仅是外在的无为不妄为，更是指内在的心性清虚、纯正恬静的明慧境界，非易可达。其原因正在人会每时每刻都会受到外界强烈的感官刺激及其诱惑。用老子的话来说，这就是“五色使人目盲，驰骋田猎使人心发狂，难得之货使人之行防，五味使人之口爽，五音使人之耳聋”（12 章）。只有通过感官的“塞其兑，闭其门”，内心的“致虚极，守静笃”，才能清静无为。

三　见素抱朴的小邦管理

老子是恒道的发现者与守望者，他的管理学一贯重视小、弱、阴柔、俭朴的，反对奢侈、逞强、贪欲的。在老子看来，诸侯国王若能遵守道，天下万物都将自然繁衍化生。如谁企图妄为，就要用无名的小“朴”来阻止它。这才不会受到大自然的惩罚羞辱。保持祥和沉静，天地万物将回归正道而自然安定。（37 章译文）这就是老子清静管理学的真谛，体现了道与世界的深刻的本质联系，在人类管理哲学上第一次明确地提出，只有坚持“朴”即“道”的基本原则，人类才不会受到自然规律的羞辱和惩罚，天地才能在道法自然的过程中“自正”——使管理恢复到正确方向上来。这是多么深刻的见解！回想由工业化向信息化时代进军的人类，一方面对环境的污染越来越超出自然界自我恢复能力，致使城市在大量消耗自然资源的同时，排放出巨量惊人的垃圾；另一方面以战争、恐怖活动与镇压的狂热举动，一次次地遭到大自然和社会的惩罚，被推进资源匮乏、经济危机、政治动乱、运动狂热、战争屠杀、人祸天灾的莫大羞辱之中，由此还看不到老子清静柔性管理的好处吗？

同时，老子还根据“朴”虽弱小，如能守住，天下万物都将主动归附（34 章）的道理，提出了著名的“小邦寡民”的理政法，即“以道治国，简政减税，使人民不再贪欲，把几百人用的大型器物闲置不用，使人民看重生命而远离颠沛漂泊，即使有大车巨舟也无须乘坐，有盔甲兵器而不必陈列动用。人民仍然像从前一样结绳记事，甘甜地品尝粗食淡饭，以民族的朴素服装为美，以家乡淳朴的风俗为乐，安住在自觉舒适的居所里，邻国的村庄互相可以对望，鸡犬的叫声也能互相听见，居民们康乐长寿直到老死，也不必互相算计和往来。”（80 章译文）这里之所以将“小邦”解为以道治国，是因为“小”正是道的本质特征，其“小”法则需据不同领域具体分析。从邦道看，“小邦”指的是以小朴之道治国，此即老子说的“朴虽小，而天下弗敢臣。”从邦赋看，“小邦”指的显然是减少民众赋税，因为“人之饥也，以其取食税之多也，是以饥”（75 章）。从邦政看，“小邦”指缩小国家机构，即精兵简政、小政府。从邦法看，“小邦”有减少繁杂苛酷的国家法律之意，因为“法物滋章而盗贼多有”（57

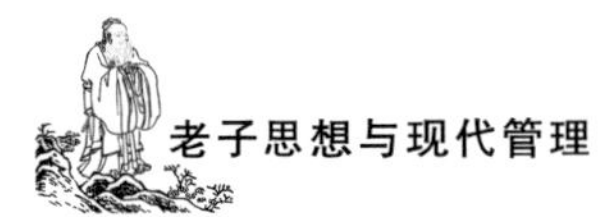

章)。从邦域、邦邑、邦土看,“小邦”指的是缩小诸侯的邦域都邑,反对统治者贪欲无止的侵略扩张。从邦器看,“小邦”指缩小礼乐之器及宗庙祭器等大型邦器,符合“使十百人之器毋用”之意。

至于民之所“寡”,一是指减少并控制人口数量,可谓世界上最早的计划生育国策;二是寡智,即减损心智;三是寡欲,减少刺激贪欲,即老子的“不见可欲,使民不乱”(3 章)。只有为政者清静无为,不狂热不躁动,不崇尚欺世盗名的“贤良”,才能使人民不争名夺利;不看重难得的货物,不去当强盗,不炫耀刺激物欲的东西,才能不贪婪动乱。所以圣人的天下治理法,是以谦虚阔容内心,以食粮充实肚腹,弱化人的贪狠之志,强健人的体魄筋骨。永久地使人民既不狡诈也不贪欲,知道不敢胡作非为,那天下也就不会治理不好了。

值得肯定的是,老子的这种“清静”心态主导下的无为实践,对汉唐盛世的繁荣确实产生过积极影响。西汉初,多年的战乱造成了民生凋敝,为了恢复经济,采用了主张统治国家要简朴循道,减税寡欲,不应多生事端的老子学说作为治国方针,促成了“文景之治”太平盛世的形成。而开创“贞观盛世”直至“开元盛世”的大唐君臣,也无不推崇老子的清静柔性管理。唐太宗不仅虚心接纳了监察御史高季辅关于君主应“杜其利欲之心,载以清静之化。自然家肥国富,气和物阜”的建议(见《旧唐书·高季辅传》),而且颇有心得地总结了自己这样做所取得的政绩说:“夫治国犹如栽树,本根不摇,则枝叶茂荣。君能清静,百姓何得不安乐乎?”① 而他的后任女皇帝武则天,也曾请王公百僚皆习《老子》,将其作为官员考选科目之一,她的孙子道士皇帝唐玄宗,于天宝十三年(754 年)将亲自注释并强调“太君以道德清静龙教”治理天下的《道德经》颁行天下,广为传播。

---

① 参见《贞观政要·政体第二》,上海古籍出版社、中华书局标点本,1978,第 22 页。

在国家外交关系上，老子的清净观也具有很强的现代意义。对这种大国以静制动的外交法，老子有个精辟的比喻：“大的国家，是大河的下游，是天下最柔顺的母牛啊！天下万物的阴阳交合，从来都是柔静的雌性胜过刚强的雄性。这是因为它十分柔静良善，因而适宜居于下面。所以大国谦让小国，就可收取小国民心，小国主动谦让大国，就可从大国索取援助。所以或者谦下以收取，或者谦下而索取。因此强大的国家，只不过想兼收并蓄多一些人民，而小的国家，只不过想归顺大国而服事他人。既然他们都能随心所欲了，那么大国更适宜保持谦下的态度。”（61 章译文）老子主张：在强弱众寡，实力悬殊的情况下，大国如果对小国友好示弱，提供援助，小国就不会有受压迫威胁的感觉，而愿意接受大国的引导和援助。反之，如果大国傲慢无理，恃强凌弱，那它们即使不公开拼命反抗，给大国造成惨重损失，也会离心离德，拉帮结派，另搞一套，破坏世界的宁静和谐局面。这对中国在南海问题上，正确处理好大小国家之间的友好关系，也不无启示吧。

（作者单位：广东省社会科学院国学中心）

老子“无为”思想的现代管理学意义

卫绍生

在《老子》一书的话语体系中，“自然”与“无为”是居于核心地位的两个关键词。老子主张尊重自然，顺应自然，故而把“无为”作为人们对待自然和社会的基本态度。老子主张“无为”，反对违背自然与社会规律的行为，反对逆事物发展的规律而动，所以老子高扬自然的旗帜，主张无为而无不为。“自然”与“无为”像一个硬币的两面，既合而为一，又互为存在之条件。所以，探讨老子思想的现代管理学价值，应紧密联系老子思想的核心内容，从“自然”与“无为”入手，深入分析老子思想对现代管理的镜鉴意义。

一　顺应自然，彰显现代管理要义

现代管理是规律管理和系统管理。所谓规律管理，是指所有的管理行为符合管理学的基本规律，而不能违背其规律。管理学的规律是什么？学术界有不同看法，而且有些看法分歧还比较大。有的学者总结管理学规律，多达几十种，如蝴蝶效应、青蛙效应、马太效应、羊群效应、鲶鱼效应、鳄鱼法则、木桶理论、帕金森定律，等等。其实，这些只是管理学现象反映出来的一些规律性问题，而不是管理学的基本规律。管理学的基本规律，是由管理的性质、对象、目标和任务决定的。所谓管理，说直白点就是管人理事。事情是人做的，人在管理过程中居于核心地位，既是管理对象，同时也是管理主体。所以，管理学的基本规律就是在管理过程中调动和发挥人的最大潜能应遵守的基本法则，管理的基本宗旨就是在一定的时空条件下用合适的人去做合适的事。

人在管理过程中的特殊地位，决定了所有的管理活动都必须紧紧围绕调动和发挥人的最大潜能这一核心问题去展开。在这一问题上，老子尊重自然、顺应自然的思想，对人们很有启示意义。《老子》第二十五章云：“有物混成，先天地生。寂兮寥兮，独立而不改，周行而不殆，可以为天下母。吾不知其名，字之曰道，强为之名曰大。大曰逝，逝曰远，远曰反。故道大，天大，地大，人亦大。域中有四大，而人居其一焉。人法地，地法天，天法道，道法自然。”老子视道、天、地、人为域中“四大”，并以人为基础，形成了“人→地→天→道→自然”五个递进层级，人是五个层级的基础，“自然”则是最高境界。五者之间，由低向高，形成了一种相互仿效取法的关系。这样一种相互仿效取法的关系，实际上是管理和控制关系。只有通过有效的管理和控制，由低向高逐级仿效，才有可能达至自然无为之最高境界。这种以人为中心的思想，对现代管理有积极的启示意义。在整个管理链条中，人是管理的基础，也是管理的核心。要最大限度地调动和发挥人的潜能，就要顺应由低向高逐级仿效的自然规律，尊重自然，顺应自然，而不是违背自然规律，纯粹把人作为管理对象。在现代管理中，要坚持人本原则，把人放在最核心的位置，对人给予最大的尊重、最大的信任，使之处于可以自由发挥的最佳状态。只有这样，才能发挥由低向高逐级仿效的层递效应，才有可能达至现代管理学所要求的最大效益。

顺应自然，尊重规律，是管理的最高境界。顺应自然，就是要尊重规律，按规律办事，不违规律而动，不逆趋势而行，不乱作为，不瞎折腾。这就是《老子》第五章所说的“天地不仁，以万物为刍狗；圣人不仁，以百姓为刍狗。天地之间，其犹橐龠乎？虚而不屈，动而愈出。多言数穷，不如守中”。天地无私，大自然对任何人都没有偏爱，而是任由万物自由生长。“圣人”对百姓没有偏爱，而是任凭百姓自己发展。人们如果明白这个道理，做到顺应自然，尊重规律，那么，不论世间万物还是百姓，就会处于自然发展的和谐状态，世间就少了许多争斗和烦恼。倘能如此，所谓的管理也就不是什么难事了。所以，老子说“多言数穷，不如守中”，告诫管理者不要经常不断地出台各种繁苛的政令，让人们无所适从，疲于奔命，因为这样做必然导致结果与预期相反，无法收到应有的效果。所以，与其不断地发号施令，强化管理，还不如执中守虚，顺应自然，遵守自然规律，让自然规律去发挥其应有的调适和纠偏功能。

老子的核心思想是尊重规律，顺应自然。老子说：“希言自然。”意思是说，要少发号施令，少把自己作为管理者，才符合自然的本真状态。管理学的要义也是尊重规律，顺应自然。从这个意义上说，老子尊重规律、顺应自然的思想，与现代管理学遥相呼应，灵犀相通。因此，无论研究还是从事现代管理，都应善于发现老子思想与现代管理学要义的契合点和相通之处，从而加以吸收和借鉴，努力提升现代管理水平。

二　无为而治，反映现代管理实质

现代管理学的本质，就是在一定时空条件下选择合适的人做合适的事。这一点说起来容易，做起来非常之难。首先，对特定的时空条件要有准确地把握和判断；其次，要明确所做事情的难易程度、重要性及所要达到的目的；最后也是最关键的，是要善于发现和选择合适的人去做合适的事。在整个管理过程中，人是管理的核心，也是实现管理目标的关键。鉴于此，有学者把人本原理列为管理学的第一原理，认为所谓人本原理，主要包括职工是企业的主体，职工参与是有效管理的关键，使人性得到最完美的发展是现代管理的核心，服务于人是管理的根本目的等观点。[①] 现代管理学把企业或单位员工作为中心，强调以人为本，深得管理学之要义。但是，许多人在强调以人为本的时候，并没有把员工置于中心地位，没有把他们作为自主、自在、自为的人去看待，而是以高高在上的姿态去俯视员工，颐指气使地去指挥员工，毫无顾忌地去训斥员工。这样的管理行为已经严重偏离了管理学人本原理的基本要求。

管理学中的人本原理，与老子“无为”思想有相通之处。老子说：“道常无为而无不为。侯王若能守，万物将自化。化而欲作，吾将镇之以无名之朴。无名之朴，亦将不欲。不欲以静，天下将自定。”（《老子》第三十七章）“道”（即自然规律）看起来总是无所作为，但世间万物却无一不是它的作为。统治者如果能够遵守自然规律，按自然规律办事，那么，世间万事万物将会自然化生，社会将会无为而治。假如有不能自然化生的情况发生，就要用“道”（无名之朴）来镇抚之。老子所说的“无为而无不为”，蕴含着深奥的哲理。“无为”不是无所作为，更不是无所事事，而是强调遵循规律；“无不为”不是包打天下，什么事都要做，而是强调“道”对万事万物的规范与化生作用。这种思想对现代管理具有很强的指导意义。管理不是万能的，放任自流，听之任之，不进行管理也是不行的。如何实行有效的管理呢？老子“无为而无不为”的思想可以提供某些借鉴。在进行管理的时候，要充分尊重被管理者，相信被管理者，给予他们

① 参见周三多、陈传明、鲁明泓编著《管理学——原理与方法》，复旦大学出版社，2005。

最大的信任，尽可能多地赋予他们最大的自主权，以此来调动和发挥他们的积极性和创造性，从而达到管理效益的最大化。所谓“用人不疑，疑人不用”。这样做看似“无为”，实际上则是最有效的管理。从管理学的角度而言，“无为”就是最大的作为，就是最好的管理。翻一翻中国历史，著名的西汉“文景之治”和唐初的“贞观之治”，统治者采取的都是无为而治，还权于民，还利于民，还信任于民，最大限度地调动和发挥百姓的积极性、主动性和创造力，这才促成了中国历史上的两大盛世。

“无为”就是给被管理者最大的自由，最大的信任，以此来调动和发挥被管理者的积极性和创造性。从这个意义上说，“无为”就是最大的作为。但是，老子所说的“无为”，对管理者而言，不是无所作为，而是“居无为之事，行不言之教”。《老子》第二章云：“天下皆知美之为美，斯恶已；皆知善之为善，斯不善已。故有无相生，难易相成，长短相形，高下相倾，音声相和，前后相随。是以圣人居（处）无为之事，行不言之教。万物作而不辞，生而不有，为而不恃，功成而弗居。夫唯弗居，是以弗去。”面对纷繁复杂、物欲横流的社会，管理者要想通过管理行为收到预期的管理效果，就不能束手待之，不能无所作为，而应像老子所说的那样“居无为之事，行不言之教”，用自身的行动来示范和引导，也就是河上公所说的“以道治之”、“以身师导之”。①

老子“无为”思想对现代管理学有重要的启示意义。其一，管理要遵循管理规律，不能乱拍脑袋，胡乱作为。遵循规律，就是像老子说的那样“居无为之事”，按照事物发展的内在规律和内在逻辑实施管理，以调动和发挥被管理者的积极性和创造性，使之达到应有的自然状态。这是对现代管理的基本要求。其二，管理者在管理过程中

① （汉）河上公注《老子道德经》卷上。

不能高高在上，俯视众生，而是要融入管理之中，身先士卒，率先垂范，要求别人做到的，自己首先做到；禁止他人去做的，自己首先不做。马克思说过：一个行动胜过一打纲领。身教胜过言教，行动是最好的老师。管理者如果想要最大限度地调动和发挥被管理者的积极性和创造力，最好的方法不是训导斥责，不是激励和惩罚，甚至不是建章立制，而是自身的行动或行为，即老子所说的“行不言之教”。

三　不争思想，体现现代管理原则

“不争”是“无为”思想的另一种表述，它与顺应自然、无为而治一样，是老子思想的重要组成部分，反映出老子对待自然和社会的基本态度。老子说：“上善若水。水善利万物而不争，处众人之所恶，故几于道。居善地，心善渊，与善仁，言善信，正善治，事善能，动善时。夫唯不争，故无尤。”（《老子》第八章）在老子看来，上善之人，其性如水，像水那样善于滋润万物，却不与万物相争。正因为这样的人具有不争之品格，所以他才不会有过失，才没有人能够与之相争。老子把这样一种品德称之为“不争之德”：“善为士者不武，善战者不怒，善胜战者不与，善用人者为下。是谓不争之德，是谓用人之力，是谓配天，古之极。”（《老子》第六十八章）清人徐大椿认为，“不武不怒不与，乃不争之至德。为之下，乃用人之力量”。[①] 在老子看来，人如果能够做到“不争”，就将无往而不胜。他说：“夫唯不争，故天下莫与之争。”（《老子》第二十二章）河上公以为“此言天下贤与不肖，无能与不争者争也”。[②]《老子》第六十六章云：“江海所以能为百谷王者，以善下之，故能为百谷王。是以圣

① （清）徐大椿《道德经注》卷下。

② （汉）河上公注《老子道德经》卷上。

人欲上民，必以言下之；欲先民，必以身后之。是以圣人处上而民不重，处前而民不害。是以天下乐推而不厌。以其不争，故天下莫能与之争。”以谦虚卑下之态度对待百姓，不与百姓争名利，不与百姓争先后，百姓就会尊敬你，拥戴你，支持你，就没有人能够与你竞争。所以，河上公说：“圣人在民上为主，不以尊贵虚下，故民戴而不为重；圣人在民前，不以光明蔽后，民亲之若父母，无有欲害之心也。圣人恩深爱厚，视民如赤子，故天下乐推进以为主，无有厌也。”①

老子所说的“不争”，就是任其自然，有各守其分、各尽其责、不抢位、不越位、不竞争、不倾轧之意。老子说：“不尚贤，使民不争；不贵难得之货，使民不为盗；不见可欲，使民心不乱。是以圣人之治，虚其心，实其腹，弱其志，强其骨，常使民无知无欲。使夫知者不敢为也，为无为，则无不治。”（《老子》第三章）河上公对“不争”的解释是：“不争功名，使返自然也。”② 苏轼的解释更直白：“尚贤则民耻于不若而至于争；贵难得之货，则民病于无有而至于盗；见可欲，则民患于不得而至于乱。虽然天下知三者之为患，而欲举而废之，则惑矣！圣人不然，未尝不用贤也，独不尚之耳；未尝弃难得之货也，独不贵之耳；未尝去可欲也，独不见之耳。夫是以贤者用，而民不争难得之货，可欲之事，毕效于前，而盗贼祸乱不起。是不亦虚其心而不害腹之实，弱其志而不害骨之强也哉?”③ 圣人的“无为”，主要表现为“不争”，就是所谓的不尚贤、不贵难得之货、不见可欲。老子所说的“行不言之教”，主要表现在这三个方面：不崇尚贤才，不授予他们高官厚禄，百姓就不会为此而争斗；不把金玉珠宝当做宝物，百姓就不会去珍重它；不喜好声色犬马，百姓就会少了很多欲望。在这种情况下，天下之治就是可以期待的了。老子的

① （汉）河上公注《老子道德经》卷下。

② （汉）河上公注《老子道德经》卷上。

③ （宋）苏轼《老子解》卷上。

“不争”思想，对现代管理学具有以下两个方面的启示意义。

一是现代管理要慎用激励手段。现代管理把激励作为一条重要原则，认为通过激励措施能够激发人的内在潜力，使每个人都能做到尽其所能，展其所长，自觉地努力工作。这只是看到了问题的一个方面，而没有看到激励措施所造成的负面影响。为了鼓励工作出色、业绩突出的员工，给他们以必要的激励是可以的。但是如果把激励作为一条重要原则，迷信“重赏之下必有勇夫”，大搞物质刺激，动辄以重金搞重奖，则未必能够收到应有的效果。应该清楚，不是所有的人都那么看重名利等身外之物，更何况激励还可能带来许许多多的负面效应呢？所以，现代管理最重要的就是要在最大限度地调动和发挥员工的积极性和创造力的前提下，让合适的人去做合适的事情。从这个意义上说，老子“无为”思想蕴含的“不争”原则，恰巧与现代管理原则相吻合。

二是现代管理引入竞争机制要慎之又慎。竞争机制是市场经济的产物。在强调市场竞争的时候，人们似乎忽略了竞争的负面作用。尤其是在市场经济还不充分的当下，缺少诚信，不守规则，追名逐利，几乎成了通病。这就要求管理者能够遵从事物发展的内在规律，以自然的态度去管理事务，不要让被管理者相互竞争，更不要让他们为了某种利益而勾心斗角，相互倾轧。因为那样做的结果不仅不会强化管理，提高效率，反而会诱发被管理者心理中的负面因素，以至于为了获得所谓的竞争优势，而丧失道德底线和心理底线，为了追逐利益而蝇营狗苟，甚至无所不用其极。所以，在现代管理中，要有“不争”意识，遵从规律管理，以自然的态度和手段进行管理，倘能做到这一点，员工焉有不尽职尽责之理？员工的积极性和创造性调动起来了，还有什么样的管理目标和任务不能实现和完成呢？

（作者单位：河南省社会科学院中原文化研究中心）

略论老子的“三宝”与管理之道

高秀昌

一　老子的“三宝”：“仁慈”、“俭约”、“居后”

牟钟鉴先生曾将老子的“大道”解读为“生道、善道、公道、和道、通道的统一”。老子在《道德经》六十七章提出了“三宝”，即“慈”、“俭”、“不敢为天下先”。这“三宝”其实也是三种“道”，即“慈”之道、“俭”之道、“不敢为天下先”之道，若用今天的话说就是“仁慈之道”、“俭约之道”和“居后之道”。这三种具体的“道”，“通”于也“同”于老子的自然“大道”，具有“生”、“善”、“公”、“和”、“通”的特质。为政者修“德”进“道”，为人处事（或为人处世），应该也必须持守老子“仁慈”、“俭约”、“居后”之“三宝”，方能够成“大器”，即成就一番伟大的事业。

1. “仁慈”之道

老子之“爱”，其内涵包括“大道”之爱、“仁慈”之爱、“正义”之爱与“和平”之爱四义。尊道而贵德，生养万物、施予万物；爱人爱物而不求回报，自然纯朴；以人为本，公而无私，宽而爱人，公平正义；“以德报怨”，泯除怨仇，反对攻伐，天下太平，世界和平。这便是老子道家的“爱”之真义的当代启示。

最能够代表老子“爱”的精神的就是“慈”，其基本含义是“爱”。《说文》云：“慈，爱也。”老子只讲圣人治理天下之“不有”、“不恃”、“不长”，从来没有提到百姓应该如何回报圣人，甚至连感谢也不需要。老子所倡导的“慈爱”是自然的爱，而不是形式之爱。譬如母亲养育子女，即完全出于本性之自然，没有一丝一毫的私心杂念，可谓是“大慈不慈”、“大仁不仁”。父慈子孝、相亲相爱本来是人的自然天性，如若固执为必须遵守的道德规范就会失去其本意。老子希望剔除虚伪的道德说教，强调真正的慈孝之亲情乃是排除虚夸之后人的本然状态，才是率真的自然大爱。在老子思想中，“慈”从“道”而来，慈德是无心之德、自然之德、施予之德和不争之德。

老子说：“圣人无常心，以百姓心为心”（四十九章）；“圣人常善救人，而无弃人”（二十七章）；“上善若水：水善利万物而不争，处众人之所恶，故几于道”（八章）；“圣人不积，既以为人己愈有，既以与人己愈多”（八十一章）。老子的这些名言所集中强调的就是，为政者要以“仁爱”之心治理天下，非如此不足以治天下。为政者必须要有“慈”心。“慈”心即慈爱之心，它包括：敬畏之心、兼爱之心、感恩之心等。对于天、地、人、物、我的敬畏之心，对于民众的兼爱之心，对于自然、社会和个人的感恩之心、回馈之心和责任之心。为政者更应当做到将心比心，以心换心，心心相印，才能功成事遂。

2. “俭约”之道

老子提倡“致虚守静”、“少私寡欲”、“返朴归真”的生活理念和生活方式，而反对“贪欲”、“甚欲”、“奢侈”、“奢靡”的生活理念和生活方式。前者是“尊道”、“贵德”的自然无为、顺任自然的生活理念和生活方式，后者是“离道”、“叛德”的违背自然、反对自然的生活理念和生活方式；持守前者，就能够达到“生”、“善”、“公”、“和”、“通”的光明坦途，而执守后者，则只能跌入“死”、“恶”、“私”、“争”、“塞”的罪恶深渊。

“崇俭”、“俭约”是中华民族所最崇尚的优良品德。为政者应当也必须持守遵循老子的“俭约”之道，非如此便不能成就功业；相反，即使一时成功了，最终还将是一事无成、一败涂地，甚至是陷入万劫不复的深渊。其实，奉行“俭约”之道，不仅能够使自己“收敛”、“内蓄”，聚集能量，而且，它同时还能够使整个社会大众克勤克俭，“收敛”、“内蓄”，聚集能量，上下一心，共治天下。

3. “居后”之道

若从字义上理解“不敢为天下先”，好像它是教人保守消极、不思进取，不鼓励创新，是一种消极退守、陈腐落后的人生哲学。如果从老子的真意来看，“不敢为天下先”是跟他的“自然无为”、“无为而治”的思想是相通的。老子所说的自然大道是循着“大”、“逝”、“远”、“返”的规律运行的，是“周行而不殆”的。天地万物都是在循环往复的圆道上生生不息地演化发展着，所以“不敢为天下先”的真实含义就是要在遵循自然规律的前提下，该“为”时就积极“作为”，不该“为”时就“退守”；顺应时势而“为”，也顺应时势而“不为”；也就是“有所为”，“有所不为”。因此，这里的“不为先”，也就是“无过无不及”的中庸之道。“不敢为天下先”也表达了一种审时度势的智慧，这与孔子的“过犹不及”、“三思而后行”的思想有异曲同工之妙。

老子倡导“不为先”、“处下不争”的人生原则，这是老子辩证智慧的体现。老子为我们指出了正确地认识和处理“有与无”、“虚与实”、“大与小”、“上与下”、“舍与得”、“盈与虚”、“祸与福”

“善与恶”、“宠与辱”、“贵与贱”、“进与退”、“争与不争”、“言与不言”、“有为与无为”等关系之道，这就是“居后”之法。根据老子的辩证智慧，为政者应该也必须“居后”而“不争先”，这样反而能够“居先”而获得成功。

二　老子的管理之道及其现代价值

《老子》所包含的丰富智慧中，治理、管理之道是其重要的内容。近年来，学术界、政界、企业界、商界的人士等，对治理、管理之道的含义进行了广泛而深入的探讨，并有企业家、著名商人等还在实践着老子的管理之道。事实上，老子之道既可以用于治国理政，也可以用于管理企业、参与竞争。这里，从不太严格的意义上讲，可以把老子的管理之道区分为“无为”之道、“不争”之道、反向思维之道、“双赢”之道、“知止”之道等，并就现代企业管理思想中所包含的老子智慧加以比照，以揭示老子思想的现代价值与意义。

1.“无为”之道

老子说：“道常无为而无不为”（三十七章），“道法自然”（二十五章）。在老子看来，无为就是取法自然之道，任万物依照自己的规律生长，不施加干预。治理国家、管理人事，最重要的是让民众自治、自化、自行其是，这样才顺乎自然，合乎人情。所以，老子所说的“无为”不是“无所作为”，而是“有所为，有所不为”，或者是“有所不为，才会大有作为”。曾经被美国前总统里根先生在《国情咨文》中所引的老子名言“治大国若烹小鲜”，意思是：国君管理百姓要像煎小鱼那样，不扰民，不生事妄为，这样爱民治国才能受到百姓的拥戴。老子的“无为”之道给现代企业的管理者的启示是：必须讲求管理策略，要善于“抓大”、“放小”，即“抓大事”而“舍小事”，做到有为于大事，无为于小事。这就是高明的经营管理者的

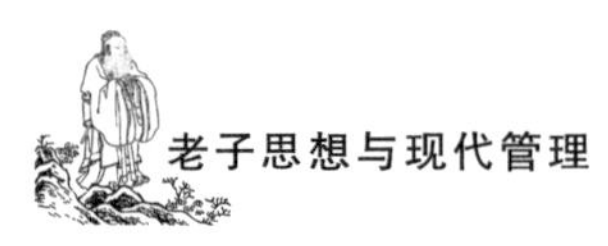

无为之道。

2. “不争”之道

老子认为：“天之道，不争而善胜”（七十三章）；“圣人之道，为而不争”（八十一章）；“夫唯不争，故无尤”（八章）；“夫唯不争，故天下莫能与之争”（二十二章）。老子的“不争”是争的一种手段，是管理艺术的体现。对领导者来说，不争是不争功，不争私欲，不争五色五味。老子讲“天下莫柔弱于水，而攻坚强者莫之能胜”（七十八章），“柔弱胜刚强”（三十六章）。在现实社会生活中，不可能做任何事都一帆风顺，尤其是在竞争激烈的市场经济时代，遇到各种困难是非常普通的现象。在这种情况下，可以听听老子的劝告：“曲则全，枉则正，洼则盈，敝则新，少则得，多则惑”（二十二章），“处下”、“不争”乃常胜之道。“江海之所以能为百谷王者，以其善下也”，“以其不争，故天下莫能与之争”（六十六章），“善为士者不武，善战者不怒，善胜者弗与，善用人者为之下，是谓不争之德”（六十八章）。这实际上是后而为先，不勇而勇的策略；以退为进，以不争为争，不战而屈人之兵，实在是巧胜对手的妙计，对现代企业在竞争中求胜有借鉴的意义。恩威集团总裁薛永新先生就有一套独特的竞争观。他主张变“竞争”为“竞赛”，主张“不争之道”。① 他在其专著《大道·无为》中写到：“因一个‘争’字，就把人们带到了邪路。所谓商场如战场，你死我活，不择手段，尔虞我诈，这种血淋淋的经济对社会无任何好处。我认为，应该把竞争变成竞赛，来一个市场大竞赛，相互帮助，相互学习，市场自然会和谐地繁荣。”② 这是深谙老子不争之道的现代企业家的管理艺术。

3. 反向思维之道

老子有句名言叫“反者道之动”（四十章）。老子发现，大道运

---

① 参见孙利川《论老子思想在企业经营管理中的作用》，《经理日报》2009 年 6 月 12 日。

② 参见薛永新《大道·无为》第一章，四川人民出版社，1996。

行的方向是：大、逝、远、返，即一个圆道，或循环之道。这是事物发展的规律。按照这一规律行事，就是要处处、时时、事事，都要遵循相反相成之道。具体说就是：要用非常规的、发散的、出其不意的创新思维来思考、处理事情。我们都知道龟兔赛跑的故事。正常的思维是：跑得慢的乌龟，只有在兔子打盹时经过自己坚持不懈的努力追赶并超过兔子。而大企业家、联想集团主席柳传志先生则反其道而行之。他曾在解释联想缘何收购 IBM 公司个人电脑业务时提出了自己的“龟骑兔”理论。他说，在国际市场上竞赛，中国这只迟来的乌龟，与其与外国兔子硬碰，倒不如借助兔子的力量到达终点。乌龟骑在兔子身上，由兔子带着我们去跑。① 这就是出奇制胜的超胜之道，可以说是对老子“反者道之动”之理的绝妙运用。

4. “双赢”之道

老子讲人己关系时说，“既以与人，己愈有；既以为人，己愈多”（八十一章）。欲取先与，欲拿先给。这就是说，自己的利益是跟他人、社会的利益密切相连的，而只顾自己的利益而不顾他人和社会的利益，是做不好任何事情的。企业的经营管理之道也是如此。在企业的经营活动中，不仅要考虑自己的利益，同时也要主动地考虑员工、顾客以及社会的利益。要在企业中贯彻“我有利，客无利，则客不存；我利大，客利小，则客不久；客我利相当，客久存，我久利”的双赢理念。要始终记住客户的增长是企业发展的源泉。像同仁堂这种百年老店之所以能经久不衰，就是因为它不仅考虑双赢，而且还提出宁可自己吃亏，也要让顾客满意的理念。② 作为一家企业，买进来的便宜，卖出去的贵，赚你应该赚的利润，这一点大家都同意。但是，你还应当让利，即积极主动地分利给顾客及社会，这样，

---

① 参见英宁：《柳传志提出联想龟骑兔理论，参与国际竞争》，《硅谷动力》2005 年 1 月 5 日。

② 参见任卫东、周宁《药火长旺靠“吃亏”》，《新华网》2011 年 10 月 7 日。

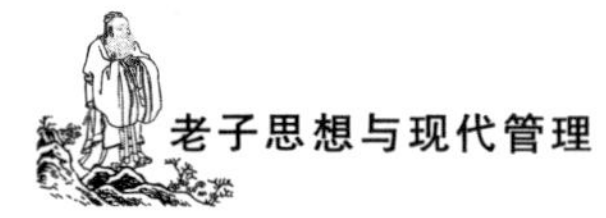

你才能无往而不赢、无往而不利。大凡一个成功的企业家都是一个伟大的慈善家，顾客就是上帝，等等，这其中贯穿的就是“双赢”之道。

5. “知止”之道

老子说，“知足不辱，知止不殆”（四十四章），“知止可以不殆”（三十二章），“知足者富”（三十三章），“功遂身退”（九章）。知道什么时候该进是一种智慧，知道什么时候该退，什么时候该止，这是一种更高的智慧。香港富豪李嘉诚先生曾说：“经营企业‘知止’两个字最重要。我从十二岁就开始投身社会，到二十二岁创业时就已经过了十年非常刻苦的日子，到今天我已工作六十多年了。在香港我看过有些人成功得容易，但是掉下去也非常快，是什么原因呢？‘知止’是非常重要的。全世界很多企业之所以失败，最少一半都是因为贪婪。”[①] 这里的“知止”即“知足”、“不贪婪”的意思。“知止”还有一个意思是“功成身退”，即知道急流勇退。例如，联想集团总裁柳传志先生有个著名的战略思想：搭班子，定战略，带队伍。其核心，就是人事战略的巧妙布局。柳传志的主动让贤所表现出的急流勇退和甘为人梯的精神，就是一种大智慧，是一种知止的精神。他使得联想长久保持一种旺盛的生命力。联想成功收购 IBM 个人电脑业务也说明了这一点。

（作者单位：河南省社会科学院哲学研究所）

---

① 参见《李嘉诚答问：过犹不及、知止不败》，《中国企业家》2005 年 7 月 6 日。

老子“将欲夺之，必固与之”的现代解读

——以经营哲学为视角

高建立

《汉书·艺文志》说：“道家者流，盖出于史官，历记成败、存亡、祸福、古今之道，然后知秉执本，清虚以自守，卑弱以自持。此君人南面之术也。”认为道家对历史上的成败得失、存亡祸福和古今变化进行了总结，概括出了清虚卑弱以自守的治国理政思想。老子是道家学说的最重要创始人，其以“道”为核心的哲学思想和丰富的辩证法对后世产生了深远影响。老子之后，道家沿着“无为而治”的政治哲学和“崇尚自然”的人生哲学两条道路发展。随着中国传统文化研究的不断深入，老子思想的发掘也愈来愈得到学界重视。人们结合现时代发展的需要，从老子思想中深入挖掘了其具有时代精神的管理思想，并使这一思想在社会经济建设中发挥了超乎寻常的积极作用，成为古为今用的重要思想范例。

关于老子的管理思想，学界做了较为深入的研究，并且取得了丰富成果，如中国人民大学的葛荣晋先生、山东大学丁原明先生、华侨大学的李天锡先生以及西安建筑科技大学的赵安启、山东科技大学的张秉福、湖南省社会科学界联合会的王鹏等，都对老子的管理思想进

行了有益探索。本文在以往学术研究的基础上，从经营哲学的角度，对《老子》第 36 章“将欲夺之，必固与之”进行现代解读，以期从中寻出与现代社会市场经济条件下经营思想的契合之处。

一 “将欲夺之，必固与之”的哲学诠释

1. 道法自然的价值法则

老子是把“道”这一概念引入哲学领域的第一人，在老子看来，道无形、无声、无象、无嗅，是天地万物的本源，赋予“道”以本体论意义。而自然是道的诸种特性之一，是老子哲学的重要概念。《老子》第 25 章说：“人法地，地法天，天法道，道法自然。”51 章说：“道之尊，德之贵，夫莫之命而常自然。”意思是说人取法于地，地取法于天，天取法于道，道纯任自然，如葛洪《抱朴子·内篇》所言：“天道无为，任物自然”，意即天道不加干涉，而让万物顺任自然。无论是老子所说之道，抑或葛洪所言之道，皆是认为道具有规律性特质，只有顺应自然规律，事物方能够自然有序地得到良好发展。《老子》第 36 章中的“将欲夺之，必固与之”，从一定意义上就是对道法自然的哲学诠释。因为“夺”、“与”之道即含有遵循规律的内涵和特质，无论是违背规律的“夺”，还是背反规律的“与”，都涵括有破坏规律的内质，只有遵循规律，适度把握“夺”与“与”的规律和尺度，方能在“自然”基础上实现价值。

2. 守柔不争的价值取向

《吕氏春秋·不二》认为，“老聃贵柔”。从一定意义上道出了老子哲学思想是弱者的哲学思想，正如许抗生先生所言，老子是站在弱者的立场上说话的，其思想为弱者由弱变强、以弱胜强提供了精神和智力支持。老子以犀利而深邃的眼光看到了柔弱表现的背后所潜藏的强大力量，认为“兵强则灭，木强则折，强大处下，柔弱处上”（76

章)，并得出了“守柔曰强”(52章)、“柔弱胜坚强”(36章)的结论。老子以水为喻，指出：“天下莫柔于水，而攻坚强者莫之能胜”(78章)。老子清楚地洞察到了柔弱与刚强二者的对立统一关系，指出守柔只是手段，目的在于达到胜刚强的最终目标，以实现自己的价值。基于此认识，老子提出了其行事的谋略——“为而不争”，以作为守柔的原则。老子认为“道常无为”，人应该“处无为之事，行不言之教”(2章)，如此则“无不治”(3章)。老子所言的无为，并非是一概不作为，而是不妄为，是一种在遵循事物发展规律基础上的自然之为，是合乎规律的作为。不争则是做到不妄为的重要方法和手段。所谓不争，老子的本意一如不妄为，是不妄争，是“生之畜之，生而不有，为而不恃，长而不宰”(51章)因此，老子认为，“人之道，为而不争”(81章)。“将欲夺之，必固与之”思想的提出正是以此作为价值取向的，以“与”为先，以“柔”处之，以不争实现无与之能争，从而达到“夺”之目的。

3. 正言若反的负向思维

“正言若反”是老子思维的重要特征，丁原明先生将之称为否定性思维。[①] 老子通过以反求正的方法，从而实现由否定达到肯定，如说：“大成若缺，其用不弊；大盈若冲，其用不穷”(45章)；“将欲歙之，必固张之；将欲弱之，必固强之；将欲废之，必固兴之”(36章)。老子深刻认识到了事物的两面性和矛盾性，以对缺、冲等否定方面作为比照，从而达到成、盈的肯定；以对张、强、兴的反向思维，实现事物矛盾方面的转换。此外，老子还列举了“曲则劝，枉则直，洼则盈，敝则新，少则得，多则惑”(22章)，揭示了事物发展中矛盾普遍存在的深刻性。“将欲夺之，必固与之”则恰好符合了老子认识事物的负向思维，体现了老子理性思维的技巧和智慧。

---

① 丁原明：《论老子哲学思维方式及其现代价值》，《理论学刊》2010年第12期。

二 “将欲夺之，必固与之”的现代解读

“道”范畴的提出是先秦哲学思维发展的里程碑。老子以道为万物本体，以道法自然作为其哲学基础，在认识论和方法论方面提出了丰富的辩证思想。无论是道法自然的价值法则、守柔不争的价值取向，抑或是正言若反的负向思维，都为“将欲夺之，必固与之”的“夺”、“与”之道提供了哲学诠释，从而使得老子这一辩证思维充满了理性价值判断。成书于战国时期的《管子》一书，作为稷下学派的论文集继承了老子的哲学思想，成为老子哲学在战国时期发展的重要一支①。《管子》中的取予之道是对老子“将欲夺之，必固与之”的极好注脚。《管子·国蓄》篇说：“民予则喜，夺则怒，民情皆然。先王知其然，故见予之形，不见夺之理。”夺与予是相对的两个矛盾概念，是相反的，是对立的，是矛盾的两方面，但在一定条件下，又是可以转化的。如果把“予”作为手段，那么只要把这一手段有效利用好，则可以以“予”实现“夺”，或者是通过“予”实现最终的目标“取”。因为“予”是赢得民心的最好方法。在《管子·形势解》看来，“欲来民者，先起其利，虽不召而民自至”。以给予的策略让利于人，顺应人心，满足人之需要，先予后取，做到“见予之形，不见夺之理”，是从政的最佳状态。老子“将欲夺之，必固与之”的辩证思想在《管子》中得到了充分体现。这一思想从宏观上讲是治国理政之道，微观上讲则是经营管理之术，是一种经营哲学。这一思想在当代社会依然起着重要的启迪和借鉴作用。

1. 经营战略上的“夺”、“与”之道

老子所言的“将欲夺之，必固与之”，实质上讲的就是取予之

---

① 萧萐父、李锦全：《中国哲学史》，人民出版社，1982，第159页。

道。取与予是矛盾的两个方面，是相反相成、对立统一的关系。予是手段，而取则是目的。犹如兵法上所讲的以退为进，是具有战略性的思想。予是近期的、暂时的，而取则是长远目标和最终战略目标。予是有条件的，是一种战略缓冲，实施予，主旨在于积累实力、壮大力量，以完成战略上的取。这一思想用在商业经营上则体现为积蓄力量，待条件成熟，伺机而动；而其核心用力处，则在于提高自身素质，积累非物质资本，为实现商业经营的长远利益奠定坚实基础。

（1）提高经营者的综合素质，积累非物质资本。现代社会，竞争日趋激烈，商海浮沉，要求现代企业家必须要具备多元复合素质，方能在商海中把稳航舵、扬帆远航。多元复合素质中，最核心的素质包括经营能力、经营理念和道德品质，这也是现代企业家所应具备的非物质资本。形成这一素质的前提就是重视知识文化的投入，一方面要在学习经营管理知识方面花大力气、下大工夫，重视现代信息技术、管理知识的学习，提高自己在商业经营中的敏锐性和洞察力，提高科学决策能力和市场应变能力；另一方面是要努力培养自己的信念、胆识和意志力，勇于开拓创新、敢作敢为；同时还要善修其德，如老子所说：“修之于身，其德乃真；修之于家，其德乃余；修之于乡，其德乃长；修之于邦，其德乃丰；修之于天下，其德乃普”（54章）。企业家要以德树立在商界的形象，以诚信行天下，方能长久而立于不败之地。明清时期，晋商之所以迅速崛起，并统治商界200余年，与其加强自身教育、主张诚信经营密不可分。无论是经营技能的学习，还是道德品质的养成，其实都是经营中的战略投资，是放长线钓大鱼。懂得了这一点，才真正懂得了为商之道，懂得了商业经营中的长久之道。

（2）善于分析、预测市场行情，迅速捕捉和利用商机。老子认为，“天地尚不能久，而况人乎”（23章），认为自然和社会都处于不断发展变化之中，懂得变之道，才能应付变化中的社会和人事。特

别是现代社会，市场风云变幻，瞬息万变，关系极为复杂。如何在多变的市场中把握商机，是企业家的重要素质体现。把握商机的前提，是企业家能够准确分析变化波动中的市场行情，透过波动的表象看出市场发展的方向和规律，在此基础上进行缜密分析并综合市场信息，谋划出“以变制变”的策略；同时要在掌握市场发展信息和缜密分析的基础上，善于把握有利商机，并以强大魄力，抓住战机，全力出击，赢得主动权。预测商机，必须一切以大局为重，以长远利益为本，正确处理“夺”与“与”二者之间的关系。菲律宾富豪陈永栽，一生喜好《老子》，并且自己还写了《老子章句解读》一书。他就非常善于分析预测市场行情，并能够及时捕捉利用商机。1995 年，他以数亿美元收购了当时正处于严重亏损的菲律宾航空公司的 50.5% 的股份。当时该航空公司连年赤字，举步维艰，有人劝说他尽早抛出这块“烫手的山芋”，但陈永栽看准了其发展的未来，又果断注资 40 亿美元，陆续更新了 40 架飞机，开辟了新航线，并对公司进行大刀阔斧的改革，使菲律宾航空公司很快摆脱困境，进入一个全新阶段，同时也为他赢得了巨额利润。此外，中国历史上，无论徽商还是晋商，在此方面亦不乏其例，于此不再冗陈。

2. 经营策略上的“夺”、“与”之道

战略是统领性的、全局性的谋略、方案和对策，而策略是较为具体的行为方针和行动方法。人们常说商场如战场。兵家以退为进，应用到商战中，即可释为取予之道，亦是制胜的法宝。

（1）以赞助、捐赠回报社会的方式塑造企业形象，增强商业信誉。老子的“将欲夺之，必固与之”，“与”是手段，“夺”是目的。之所以“与”，目的是为了“夺”。老子说：“圣人常善救人，故无弃人；常善救物，故无弃物”（27 章），救人救物，而不弃人弃物，体现了圣人的高贵品德，也正因此品德而成就了圣人之圣。应用在企业经营管理中，则表现为企业回报社会的赞助或捐赠。全国道德模范、江苏黄埔再生资源利用有限公司董事长陈光标向慈善事业捐款捐物累计近10亿元，一方面作为企业回报了社会，为社会救助和保障事业作出了积极贡献，同时，也由于陈光标的大力捐助，使得他本人和公司赢得了良好的社会声誉，扩大了企业的社会知名度，增强了商业信誉，同时也有力促进了企业长远发展。

（2）关心员工工作和生活，将员工团结到企业发展的共同目标上来。常言道，凡事将心比心，换位思考。人是肉体的人，同时也是精神的人，是有感情的高级动物，都希望他人能够关心自己，都希望得到更多的关注和关爱。老子说：“我有三宝，持而保之：一曰慈，二曰俭，三曰不敢为天下先”（67章）。其中的第一宝——慈，讲的就是企业家要有宽广、豁达的胸怀对待社会和周围的人与事，一方面要发扬民主作风，多听员工的意见和建议，做到兼听则明；另一方面要与员工同舟共济，同甘苦共患难。孙子说：“视卒如婴儿，故可与之赴深谷；视卒如爱子，故可与之俱死。”[①] 孙子的话告诉我们，企业家应该在企业内部倡导和谐的人际关系，努力营造互相信任、相互关爱的内部氛围，多关心员工生活，设身处地为员工排忧解难，给予员工以兄弟姊妹般的关爱，让员工感受到家庭般的温暖，彰显她们主人翁的地位，这样自然就会赢得员工对企业发展的无私支持和奉献，积极主动投身到企业建设和发展当中去。这种软管理，其效果甚至会超过硬性的规章制度。香港金马企业有限公司董事长冯桂林说过一段话：“要激发员工的工作热情，就要以员工的角度出发去‘换位思考’了解他们的想法、要求和希望，多给他们一点关心、鼓励和帮助。‘女为悦己者容，士为知己者用’，你对员工付出了，才能从他们身上得到回报。”冯桂林的这段话就是对老子“将欲夺之，必固与之”的夺与之道的现代释解。

---

① 吴九龙、梅戈臣：《孙子校释》，军事科学出版社，1991，第180页。

总而言之，《老子》一书蕴含有丰富的经营管理思想，这一思想不仅体现在治国理政上，而且也被运用于企业运作和市场经营管理中，取得了良好的效果。《老子》作为中国传统文化的元典文化，对中国几千年的社会历史都产生了重要而深远的影响。我们坚信，21世纪是以自然和谐为发展主题的世纪，《老子》崇尚自然、道法自然的思想必将在新的世纪大放异彩，必将为人类社会的发展作出更加有益的贡献。

（作者单位：商丘师范学院学报编辑部）

《老子》道治学说之要则

——“圣人处无为之事，行不言之教”考述

丁　巍

老子系春秋末期诞生于中原大地河南鹿邑、活跃于被誉为人类文明“轴心时代”[①] 最具思想创造性的哲学家、思想家、道家学派创始人。《老子》一书蕴含的哲学思辨、人生艺术、性命养生、治国理念、经济学说、管理思想、艺术精神、用兵之道、生态智慧等经久而不衰。全书以道为核心概念，以“道法自然”、“尊道贵德”、“清净抱朴”、“无为而治”等为基本原则，构筑了宇宙论、本体论、人生论和价值论的哲学体系，涵盖了宇宙、自然、社会、人生等各个方面，对中国乃至全世界的历史文化发展均产生了重要影响，故被古今中外共推为百科全书式的东方智慧宝典。

此次论坛的主题为“老子思想与现代管理”，探讨老子思想与《老子》一书中所蕴含的领导与管理智慧。当前，我国正面临着新的态势和新的任务，对于构建具有中国特色的现代领导与管理学、不断提升中国的领导科学与管理水平，深入贯彻落实科学发展观，着力构

---

① 〔德〕卡尔·雅斯贝尔斯：《历史的起源与目标》，1949。

建和谐社会，具有重要的理论价值及现实意义。本文拟以《老子》今通行本第二章中的“圣人处无为之事，行不言之教”为题，就其中的几个相关问题做些梳理和探讨，以求教于大家。

第一，选题缘由

据史书记载，历史上曾有汉桓帝刘志①、魏文帝曹丕②、唐高宗李治③、唐玄宗李隆基④、后梁太祖朱晃⑤、宋真宗赵恒⑥、宋徽宗赵佶⑦、金章宗完颜璟⑧等八位帝王亲临鹿邑太清宫朝拜老子。不惟如此，尚有南朝梁武帝萧衍《老子讲疏》六卷⑨（久佚）、《老子注》四卷（久佚），北魏周文帝拓跋宝炬《老子注》二卷（久佚）、《老子义疏》四卷（久佚），南朝梁简文帝萧纲《老子义》二十卷⑩（久佚）、《老子私记》十卷（久佚）、《老子玄生》（久佚），梁元帝萧绎《老子讲疏》四卷（久佚），唐睿宗李旦《老子注疏》（久佚），唐玄宗李隆基《御注道德真经》二卷、《御制道德真经疏》十卷，宋徽宗赵佶《御解道德真经》二卷、《宋徽宗道德真经解义》十卷，明太祖朱元璋《御注道德真经》二卷、清世祖福临《御注道德经》二卷等九位帝王竞相为《老子》注疏，计约十五种。其中九种佚阙，今六种尚存⑪，即：唐玄宗《御注道德真经》、《御制道德真经疏》，宋徽

① 《后汉书·孝桓帝第七》、《后汉书·祭祀中》具载：延熹九年（166年）秋。

② 北周武帝时释僧勔《难道论》载：黄初三年（222年），见《四库全书》明人梅鼎祚《释文纪》卷三十七。

③ 《新唐书·高宗纪第三》载：乾封元年（666年）二月。

④ 《新唐书》载：天宝元年（742年）三月。

⑤ 《旧五代史·梁书·太祖纪第一》载：光启三年（887年）。

⑥ 《宋史·本纪·真宗三》载：大中祥符七年（1014年）正月。

⑦ 《宋史·本纪·徽宗四》载：靖康元年（1126年）十二月。

⑧ 《金史·列传·章宗诸子》。

⑨ 阙，唐敦煌写本残卷，罗振玉旧藏。民国十三年《敦煌石室遗书三种》景印本和《东方学会丛书·初集》排印本。

⑩ 阙，《蒙文通文集》第六卷《道书辑校十种·晋唐〈老子〉古注四十家辑存》，巴蜀书社，2001。

⑪ 均收入熊铁基、陈红星主编《老子集成》，宗教文化出版社，2011年5月，整理校点本。

宗《御解道德真经》、《宋徽宗道德真经解义》，明太祖《御注道德真经》，清世祖《御注道德经》。如此众多的帝王竞相注释《老子》，除了他们个人的崇尚、偏爱之外，必有其所处社会历史、政治、文化诸方面背景及原因使然，这是我国老学思想史、文化史、文献学史上的一个奇特文化现象，颇值得关注和深入探究。唐玄宗李隆基称：《老子》“其要在乎理身、理国。理国则绝矜尚华薄，以无为不言为教。理身则少私寡欲，以虚心实腹为务。”① 宋太宗赵光义谓：“伯阳五千言，读之甚有益，治身治国，并在其中。”② 明太祖朱元璋言：“朕虽菲材，惟知斯经乃万物之至根，王者之上师，臣民之极宝。”③ 清世祖福临讲：“老子道贯天人，德超品汇，著书五千余言，明清静无为之旨。然其切于身心，明于伦物，世固鲜能知之也。”④ 以上四帝所论，或为我们揭示了千百年来《老子》受众群体中居于统治阶层的帝王一系是如何领会、界定、解读、阐释《老子》一书大旨精义和功用奥秘之所在。

经查，“圣人”在《老子》今通行本计约27章中出现，占全书的三分之一。若再加上“王”、“王公”、“侯王”、“王侯”（约在10章中出现）等关键字词，几乎占了全书章节将近一半。由此，我们也可清楚地感觉到“圣人”在《老子》一书中所居位置和所含分量。《老子》所言说的主体或主要对象应是“圣人”，即那些身居帝王之位，权重一方的统治者、管理者。

“无为”一词，《老子》中共出现13次，不少直接或间接与“圣人”有关。如“圣人处无为之事，行不言之教”（2章），“是以圣人之治，虚其心，实其腹，弱其志，强其骨，常使民无知无欲。

① 唐玄宗：《御制道德真经疏》。
② （南宋）李攸：《宋朝事实》卷三《圣学》，《丛书集成初编》本。
③ 明太祖：《御注道德真经·自序》，明正统十年《道藏》洞神部。
④ 清世祖：《御注道德经·序》。

使夫智者不敢为也。为无为，则无不治”（3 章），“爱民治国，能无为乎”（10 章），“我无为而民自化”（57 章），“圣人无为，故无败”（64 章）。“无为”作为治国之道与处世之方，其要在于“爱民治国”，而“无为”的施行者其主体即“圣人”。

在“圣人处无为之事，行不言之教”中，“圣人”与“无为”两个关键词均第一次在《老子》今通行本第 2 章中同时出现，而且两者在一句中相联、并用。有人认为第一章是全书的总纲，也有人认为前两章是全书的引言，全书的宗旨皆在其中了。而“圣人处无为之事，行不言之教”则是第二章的中心论点，也是全书的精义所在，以后各章的论述似乎大都围绕着“无为之治”和“不言之教”展开的。

第二，词语撮述

“圣”字，甲骨文数见[①]，另有金文史料[②]。《说文·耳部》：“圣，通也。从耳，呈声。”《书·洪范》：“睿作圣”；《书·大禹谟》：“乃圣乃神，乃文乃武。”《孔传》：“圣，无所不通。”《诗·小雅·巧言》：“圣人莫之。”《管子·四时》称：“听信之谓圣。”周代之前多称三皇五帝为圣，如神农、伏羲、黄帝、尧、舜、禹、汤王、文王、武王等；春秋战国时期，“圣”的含义则从圣明的君王渐次延伸至思想极为精深、道德极为高尚者。后世也称学问、技术有特高成就者为“圣”。

“圣人”，《易·乾》：“圣人作而万物睹。”《礼记·大礼》：“圣人南面而治天下。”“圣人”在中国传统文化中的定义，主要指那些知行完备、至善至高之人，是超越时空与地域在有限世界中无限存在者。《说文》：“圣，通也。从耳，呈声。”圣从耳，意为“耳顺”，

---

① 《汉语大字典》第 4 卷，第 2789 页著录：存 1376、乙 5161、林 2·25·14。

② 《汉语大字典》第 4 卷，第 2789 页著录：禹鼎、井人钟。

能“闻声知情”。楚简圣、声相通，是其明证。所谓“圣通”即通晓语言，能够先知。孟子：“大而化之之谓圣。”荀子：“圣人者，道之极也。”韩非：“能象天地是谓圣人。”诸子之言，由自然天道直说到社会人道。儒家的圣人是典范化的道德人，道家的“圣人”则体任自然，拓展内在的生命，以“虚静”、“不争”为理想的生活，鄙弃名教，扬弃一切影响身心自由活动的束缚（甚至包括伦常规范在内）。道家的“圣人”和儒家的圣人，无论对政治、人生、宇宙的观点均不相同，两者不可混同看待。[①] 钱钟书先生言：“老子所谓圣者，尽人之能事以效天地之行所无事耳。”[②] 台湾严灵峰在其《老子达解》[③] 中则直称为“有道的人”。《老子》对“圣人”诸多论述，应是春秋末期之前诸子典籍中出现最早且影响最大者，道家学派所理想的“圣人”指那些领悟“道”，有“上德”之人。

“无为”，即因顺自然而不强为、不胡为、不妄为，不做违反自然之事。“无为”乃《老子》所特有的术语，是老子哲学的重要范畴和根本价值主张。它不仅成为后世不少统治、管理者的治国之道、爱民之法，也成为仕人乃至百姓间自觉或不自觉的处世方式，并成了我们民族传统文化的重要因子，当然也融入了我们民族的文化—心理结构。《老子》37 章：“道常无为也，侯王若能守之，万物将自化。”3 章：“为无为则无不治。”48 章：“无为而无不为。”57 章：“我无为而民自化，我好静而民自正，我无事而民自富，我无欲而民自朴。”

“不言”按字义来说，似乎是不说话，但此处之“言”字具有特殊的意义，指“自我炫耀”。“不言”之义乃“不妄虚言”、“不自炫耀”，不发号施令，不使用政令。“言”，指政教号令。“不言之教”，

---

① 陈鼓应：《老子注译及评介》，中华书局，1984 年 5 月，第 66 页。

② 钱钟书：《管锥篇》第 2 册，中华书局，1979 年 8 月，第 421 页。

③ 严灵峰：《老子达解》，华正书局，1982 年 8 月。

意指非形式条规的督教，而为潜移默化的引导。故，叶梦得在《老子解》中指出："号令教戒，无非'言'也。"

第三，注释辑要

关于"圣人处无为之事，行不言之教"一句的注释，这里选择了先秦至唐诸家注以及现存世的四位皇帝《御注》中的相关内容，看看他们是如何注释的。

《文子·自然》："王道者，处无为之事，行不言之教，清静而不动，一度而不摇，因循任下，责成而不劳。谋无失策，举无过事，言无文章，行无仪表，进退应时，动静循理，美丑不好憎，赏罚不喜怒。名各自名，类各自以，事由自然，莫出于己。"

《庄子·知北游》："知者不言，言者不知，故圣人行不言之教。"

汉严遵《老子指归》："由此观之，帝王之事不可以有为为也。"①

汉河上公《老子注》："以道治也"；"以身帅导之也"。②

三国吴葛玄《老子节解》："谓自然也。"③

三国魏王弼《老子道德经注》："自然已足（案《永乐大典》"足"作"定"），为则败也。""智慧自备，为则伪也。"④

唐成玄英《道德经开题序诀义疏》："圣人者，体道契真之人也。亦言圣者正也，能自正己，兼能正他，故名为圣。治，理也。即此圣人慈悲救物，转无为之妙法，治有欲之苍生。所治，近指上文。能治，属在于下。仍前以发后，故云是以圣人治也"；"言圣人寂而动，动而寂。寂而动，无为而能涉事。动而寂，处世不废无为。斯乃无为

---

① 王德有：《老子指归译注·老子指归辑佚》，商务印书馆，2006，第370页。

② 王卡点校《老子道德经河上公章句·养身第二》"校勘记"：影宋本"帅"字原作"师"，《治要》、顾本、《集注》本俱作"帅"，案作"帅"字是，今据改。又《治要》、《道藏》本"导"字并作"道"。《道藏》本句末无"之也"二字。中华书局，1993，第7~9页。

③ 严灵峰辑校《辑葛玄老子节解》，《无求备斋老子集成初编》第一函。

④ （魏）王弼：《老子道德经注》，楼宇烈校释，中华书局，2008，第6页。

即为，为即无为。岂有市朝山谷之殊，拱默当涂之隔耶？故言处无为之事也”；“妙体真源，绝于言象。虽复虚寂，而施化无方。岂唯真不乖应，抑亦语不妖默。既而出处语默，其致一焉。端拱寂然，而言满天下。岂曰杜口而称不言哉。故《庄子》云：言而足者，则终日言而尽道；言而不足者，则终日言而尽物。”[①]

唐李荣《道德真经注》：“缅观万古，或浇或淳。遐览百王，时不时骤。未有纪尊号于金简，照圣录于王篇。皇上应千年之运，隆七百之基，不用干戈，乐推无厌，是以宗圣远彰于未兆，先定于无形。故言是以圣人治，处无为之事也。猛士上将，承威以定四方，宰辅阿衡，论道而清百揆，化不以言。故云行不言之教也。”[②]

唐玄宗《御注道德真经》：“无为之事，无事也。寄以事名，故云处。不言之教，忘言也。寄以教名，故云行也。”[③]

唐玄宗《御制道德真经疏》：“是以者，说下以明上也。夫饰智诈者，虽拱默非无为也。任真素者，则终日指撝，而未始不晏然矣。故圣人知诸法性空，自无矜执，则理天下者当绝浮伪，任用纯德，百姓化之，各安其分。各安分则不扰，岂非无为之事乎？言出于己，皆因天下之心，则终身言，未尝言，岂非不言之教邪？”[④]

唐无名氏《道德真经次解》：“圣人以无为而治天下，不烦言教，万物自然。万物兴而不与争光，所行倚恃于道，成功立事，不处其中。”[⑤]

---

① （唐）成玄英：《老子道德经开题序诀义疏》，熊铁基、陈红星主编《老子集成》第一卷，宗教文化出版社，2011，第 289 页。

② （唐）李荣：《道德真经注》，熊铁基、陈红星主编《老子集成》第一卷，宗教文化出版社，2011，第 351 页。

③ 唐玄宗：《御注道德真经》，熊铁基、陈红星主编《老子集成》第一卷，宗教文化出版社，2011，第 417 页。

④ 唐玄宗：《御制道德真经疏》，熊铁基、陈红星主编《老子集成》第一卷，宗教文化出版社，2011，第 452 ~ 453 页。

⑤ （唐）无名氏：《道德真经次解》，熊铁基、陈红星主编《老子集成》第一卷，宗教文化出版社，2011，第 515 页。

唐李约《道德真经新注》："置心于清静中"；"正身以率下也"。[①]

唐王真《道德经论兵要义述》："夫物既有名，人既有情，则是非彼我存乎其间，是非彼我存乎其间，则爱恶起而相攻矣。爱恶起而相攻，则战争兴矣。夫战争者不必皆用干戈斧钺也，至于匹夫之相手足，虫兽之相爪牙，禽鸟之相觜距，皆争斗之徒也。然至于王侯之动，即无不用其金革矣，为患之大，莫甚于斯。故偃武修文，兴利除害，其事既理，故曰无为。其教既行，故曰不言，是以圣人处无为之事，行不言之教也。夫无为之事，盖欲令潜运其功，阴施其德，使百姓日用而不知之，此之谓无为也。夫不言之教，盖欲令正身率下，而不欲使躬之不逮也。古者言之不出，同此义也。夫王者无为于喜怒，则刑赏不滥，金革不起；无为于求取，则赋敛不厚，供奉不繁；无为于爱恶，则用舍必当，贤不肖别矣；无为于近侍，则左右前后，皆正人也；无为于土地，则兵戈不出，士卒不劳矣；无为于百姓，则天下安矣，其无为之美利，信如是哉。"[②]

唐陆希声《道德真经传》："圣人将复其性，先化其情。善者因己善，不善者吾亦因而善之，使善。信者因己信，不信者吾亦因而信之，使信。故用无弃物，教无弃人，使在物无恶，在人无不善，而天下不治者未之有也。《易》曰：其道甚大，百物不废。此之谓也。是以圣人体无名则无为而事自定，用有名则不言而教自行。使万物各遂其性，若无使之然者，如天地之生万物而不有其用，如百工之为器用而不恃其成，如四时之成岁功而不居其所。夫唯如此，是以其道可长，其名不去也。"[③]

唐杜光庭《道德真经广圣义》："注：无为之事，无事也。寄以

① （唐）李约：《道德真经新注》，熊铁基、陈红星主编《老子集成》第一卷，宗教文化出版社，2011，第540页。

② （唐）王真：《道德经论兵要义述》，熊铁基、陈红星主编《老子集成》第一卷，宗教文化出版社，2011，第564页。

③ （唐）陆希声：《道德真经传》，熊铁基、陈红星主编《老子集成》第一卷，宗教文化出版社，2011，第587页。

事名，故云处。不言之教，忘言也。寄以教名，故云行。疏：是以者，说下以明上也。夫饰智诈者，虽拱默非无为也。任其素者，虽终日指挥而未始不宴然矣。故圣人知诸法性空，自无矜执，则理天下者当绝浮伪，任用纯德，百姓化之，各安其分，安分则不扰，岂非无为之事乎？言出于己，皆因天下之心，则终身言未尝言，岂非不言之教邪？义曰：夫圣人者，与天地合其德，日月合其明，四时合其序，鬼神合其吉凶，谓之圣人也。略而言之，凡有五种。一曰得道之圣，太上老君、诸天大圣是也。二曰有天下之位、兼得仙之圣，伏羲、黄帝、颛顼、少昊、尧、舜是也。三曰有天下之位、而无得仙之圣，殷汤文武是也。皆廓清六合，不言升天矣。四曰博赡之圣，无天下之位，周公、孔子制作礼乐，垂范百王，而无九五之位，而皆具天地合德之美也。五曰有独长之圣，而无博赡之名，亦不具上众美者，谓伯牙、师文为鼓琴之圣，子卿、绥明能棋之圣，钟明、延州知音之圣，韩娥、秦青讴歌之圣，龚叔、文挚智洞之圣，离朱、师旷视听之圣，张芝、钟繇草书之圣。今《经》中明者，指言理天下之圣也。理天下之圣，垂衣裳恭己南面而已矣。何为哉？所谓处无为之事也。原天地之美，达万物之理，顺四时之行，君无为于上，物自化于下，可谓行不言之教也。理国如此，则人安其居，乐其俗，与道合矣。”①

宋徽宗《御解道德真经》：“处无为之事，《庄子》所谓无为而用天下也。行不言之教，《易》所谓以神道设教而天下服也。为则有成亏，言则有当愆（音 qiān），曾未免乎累，岂圣人所以独立于万物之上，化万物而物之所不能累欤？”②

明太祖《御注道德真经》：“圣人笃其已成之大道，己再不他为，

① （唐）杜光庭：《道德真经广圣义》，熊铁基、陈红星主编《老子集成》第二卷，宗教文化出版社，2011，第 43～44 页

② 《宋徽宗御解道德真经》，熊铁基、陈红星主编《老子集成》第三卷，宗教文化出版社，2011，第 262～263 页。

曰无为。以不言之教，云不欲使民暴称扬耳。故下文万物作而不辞，是生长万物，不言其能也。”[①]

清世祖《御注道德经注》：“以常道处事，而道由于无为”；“以常名行教，而教出于不言。”[②]

第四，本文小结

《老子》一书其中心论旨乃“自然无为”。其他如“弃智”、“主静”、“希言”、“守柔”、“去欲”、“戒矜”等论述，悉由“自然无为”引申而来。“自然”是老子所推崇的最高境界，而要达到“自然”则必须“无为”。无为，其实就是无己主观臆断的作为，非人为之妄为，一切行为遵循于客观规律。凡事要循道之理，顺天之时，随地之性，因人之心，切勿违反道常、天时、地性、人心，切不可凭主观愿望和想象行事。那些领悟“道”，有“上德”的“圣人”之所以成为“圣人”，就因为他具有“无为”的品性，能够不反常而守常：接物任自然而不强加干预，处事从实际出发而不凭主观意志，待人谦虚谨慎而不居功自傲。“知”、“行”合一，以“无为”处事，以“不言”行教。圣人云：“我无为而民自化，我好静而民自正，我无事而民自富，我无欲而民自朴。”（57 章）只要统治者能做到清静无为、无事无欲，就毋须施予而有仁，毋须言说而有信，毋须求取而有得，毋须法令而成治。

很长一个时期中，我们在生产建设中时而凸显以个人私欲践踏自然造化，以矫揉造作代替真性，以主观意志背离客观规律的种种“有为”和“妄为”，一再造成经济停滞、资源恶化以及环境破坏，使我们交了一笔笔昂贵的“学费”。其后果令人触目惊心。进入 21 世纪，尤

---

① 《大明太祖高皇帝御注道德真经》，熊铁基、陈红星主编《老子集成》第六卷，宗教文化出版社，2011，第 3 页。

② 《清世祖御注道德经注》，熊铁基、陈红星主编《老子集成》第八卷，宗教文化出版社，2011，第 593 页。

其近些年来，许多有识之士转向老子、关注老子、走近老子、叩问老子、聆听老子“圣人无为”、“圣人不言”的教诲，认真记取他那“不知常，妄作，凶”，“美言不信”、“多言数穷”的疾呼与警告！

（作者单位：河南省社会科学院文献信息中心）

附记：

6月18日，“2012·首届老子文化天津论坛”刚结束返回郑州不几天，便见及一则报道，与此次论坛主题似有遥相呼应之势，遂补录并附记于此：

6月23日，现任全国政协经济委员会副主任，国务院国有资产监督管理委员会前主任李荣融继银监会前主席刘明康受聘为中山大学岭南学院名誉院长之后，成为受聘中大的又一位部级高官。在其受聘仪式之后，李荣融专门为中山大学学子做了题为《我理解的管理》专题演讲。

作为昔日“国资总管”的李荣融，最为外界熟悉的是积极的国企改革、对央企的重组整合，以及建立起一系列对国有资产监管的体制。李荣融在演讲中多次提到国有企业遇到的普遍难题。他认为，国企没搞好，责任在政府，而不在企业。政府管得多，又不符合规律，不承担责任，“一个没有责任的领导去干事，能干出好事来？不可能！”“专项治理”是打自己耳光，不管、少管的政府，才是好政府。李荣融说，他所理解的管理并不复杂，“管理就是提高资源配置效率，发展生产”。“管理的最高水准是少管、不管，而不是越管越多。”他此番深有感触的言语深得《老子》“圣人处无为之事，行不言之教”，“取天下常以无事，及其有事也，不足以取天下”（四十八章）之要旨！

老子“道法自然”生态智慧的现代意义

陈大明

老子“道法自然”（《老子》第25章）的生态智慧是将自然、社会、人类融而为一并交互作用、和谐运行的大智慧，它上承《易经》“与时偕行”、“顺天应时”的基本法则，下启中国传统文化与自然和谐相处的价值取向，对中华民族的思维方式和行为方式产生了广泛而深远的影响。研究老子“道法自然”生态智慧的深刻内涵，把握老子“道法自然”生态智慧的积极影响，认清老子“道法自然”生态智慧的时代价值，有利于古为今用，建设生态文明，实现人类社会的包容性增长和全面协调可持续的科学发展。

一　老子生态智慧的深刻内涵

老子生态智慧具有丰富而又深刻的内涵，它形成了系统而又深邃的观念体系，并有渊源流长的思想来源。

1. 生态智慧的核心是“道法自然”

“道法自然”是老子对其生态智慧最具概括性的表述，是其生态智慧观念体系中的核心命题。以楚简《老子》为据，看看老子对“道法自然”的解说。“道”在楚简《老子》中居于中心地位。楚简《老子》开宗明义，在第一篇第1章就将其对“道”的基本理解揭示出来：

> 有状混成，先天地生。寂兮寥兮，独立不改，周行而不殆，可以为天下母。吾不知其名，强字之曰“道”，强为之名曰“大”。大曰逝，逝曰远，远曰反。故道大，天大，地天，人亦大。域中有四大，而人居一焉。人法地，地法天，天法道，道法自然。

“状”，今本作“物”，“物”乃具体事物。《说文》：“物，万物也。”《列子·黄帝》：“凡有貌声色者，皆物也。”在老子思想中，“道”显然不是具体之物。从本章看，“道”是一种状态。那么，“道”是一种什么样的状态呢？本章提供了答案：“道法自然”。何谓自然？

先看“自”字。朱骏声《说文通训定声》云：“自，鼻也……自之通训当为始，即本义之转注。《方言》十三：‘梁、益之谓鼻之初，或谓之祖。’《说文》‘皇’、‘篆’下：‘自，始也。’俗以始生子鼻子为自子，后世俗说谓人之胚胎，鼻先受形。”另外，《韩非子·心度》云：“故法者，王之本也；刑者，爱之自也。”亦将“自”与“本”作为同义词。这就是说“自”字由本义转注为本始、本初。再看“然”字。王引之《经传释词》卷七曰：“然，状事之词也。若《论语》‘斐然’、‘喟然’、‘俨然’之属是也。”这个作为“状事之词”的“然”字，相当于今语“……的样子”。可见，老子“自然”的本义为初始的样子、本来的样子、本然。老子之所以用“赤子”、“朴”来形容“自然”，那是因为“赤子”乃人之初，而“朴”为未加工成器的木材，亦即未经雕饰、仍保持本来样子的木材。

“道法自然”是说“道”效法其本来的样子、本来的状态。对此，老子用“无为”、“朴”来表述。他说：“道恒无为也”（楚简《老子》第二篇第7章），这里的“恒”，春秋战国时期有两种形体，形别音异义殊，一读如“héng”，一读如“gèng”。秦始皇统一天下后，车同轨，书同文，读如“héng”之“恒”流传下来，读如“gèng”之“恒”不传。但楚简《老子》中所用之“恒”系读如“gèng”之“恒”。许慎认为“古文恒从月”（许慎《说文解字》），系会意字，表示月之上弦、下弦两种相互对立的含义。老子所用正是其相对的、对立统一的引申义以阐述其对“道”和“无为”的辩证理解。依此分析，效法其本来样子的“道”的“恒无为”乃有为与无为的对立统一；“道”的“恒无名”乃有名与无名的对立统一。诚然，“恒无为”使我们更容易把握“自然”的意蕴，它们是一对相辅相成的概念。如要保持“自然”，就一定要“无为”。相反，如果“为”，就必然不能保持“自然”。他又说：“化而欲作，将镇之以无名之朴”（楚简《老子》第二篇第7章）；“道恒无名，朴虽微，天地弗敢臣”（楚简《老子》第二篇第10章）。从行文看，这里的“朴”皆指“道”。此外，老子还用“素”、“虚”、“中”等概念来阐述“自然”。总之，在老子思想中，“道”是一种状态，所以在谈到“道”的形成时，他说“有状混成”。

老子通过对其生态智慧核心概念“道法自然”基本内涵的界定，水到渠成地揭示了它的基本特征。

一是“混成”。此乃“道”的本质特征。即“道”是混沌的，是以其本来的样子为效法的。对此，人们只能意会不能言传。甚至，它本来就没有名称。对此老子论述颇多。如上文所引“未知其名，字之曰道，吾强为之名曰大”，“无名之朴”，“道恒无名。朴虽微，天地弗敢臣”。这些论述可以归纳为两个方面：一方面，就其本性而言，“道”是“无名”与“有名”的对立统一；另一方面，由于它效法自身本来的样子，整体“无名”，而人们又不得不谈论它，故不得已而勉强对它加以命名，于是有了“道”、“大”、“朴”等名称。二是“寂寥”。河上公曰：“寂者，无声音；寥者，空无形。”“寂寥”是说“道”寂静无声，空廓无形。三是“独立”。“道”不受外物支配，绝对独立。在老子生态智慧中，“道”是最高概念，在“道”之外，不存在任何别的权威，所以它不可能也没有必要接受其他权威的命令和支配，从而它是卓然独立、无牵无挂的，是一种绝对自由的存在物。四是“不改”。“道”的至高无上的地位，决定了它只能是顺其自然，不因任何事物、任何理由改变自己的本态，这便是“道”之“不改”的特点。五是“柔弱”。“弱也者，道之用也”（楚简《老子》第一篇第6章）。“道”的这个特点是与其自然无为的特点相辅相成的。一种事物既然是自然无为的，它就不可能是刚强的；反之，一种刚强的事物不可能是自然无为的。①

可见，老子生态智慧是客观、中观、微观相契合，天道、人道、治道相统一，以“道法自然”为核心，以“混成”、“寂寥”、“独立”、“不改”、“柔弱”为特征，主张自然无为，引导并顺应万物依靠自己的力量，“自化”、“自宾”、“自均安”、“自富”、“自正”、“自朴”，自发地达到生存和发展最佳状态的大智慧。

2. 生态智慧渊源流长的思想来源

老子生态智慧具有深远的思想来源。总的说来，它和中国文化一样起自源始。《易经》以太极阴阳理论说明宇宙万物以及时间空间的统一性。太极者，阴阳未分，时间与空间合而为一。因时间与空间极其微小，不能形成立体的象数，而只能以二者浑然一体的太极为其标志。太极者，乃生生之始，成物之因，万象之法，宇宙之本也。“生

① 郭沂：《郭店竹简与先秦学术思想》，上海教育出版社，2001，第675～678页。

生之谓易”，易之能生者，是有太极之故也。“易有太极，是生两仪”，两仪者是为阴阳之分。生生者，指时间之变，即时间尺度之变换；易者，指空间之化合，即空间之形象。万物生于时间与空间之变易，而且，万物的形象在时空中，又有形上与形下之别。时空合而分，是谓形下，生成有形之物；时空分而合，是谓形上，生成无形之道。“是故形而上者谓之道，形而下者谓之器，化而裁之谓之变，推而行之谓之通。”这种时空的整体性、统一性、变易性，成为《易经》哲学的本体论，也成为中国文化的基础。

《易经》的于阴阳两两相对而又相互转化中，探索自然、社会、人类产生、发展、变化的内在规律，从整体的辩证思维方式上深深地影响着老子。尚中求和的和谐思维，在《易经》中表现得尤为突出。它具现为三个层次：第一个层次是在宇宙自然的宏观意义上，乾道刚健以生物，坤道柔顺以成物，宇宙整体是和谐而有序的。第二个层次是在人与自然的关系上，天地为自然，人为自然而生，又反过来体悟和确证自然。从自然界到人类社会都因阴阳交融而和谐有序，生生不息，人道“仁义”德性伦常与天道阴阳、地道柔刚贯通一体，天地人圆成会通。此乃“天地感，而万物化生。圣人感人心，而天下和平。观其所感，而天地万物之情可见矣。”第三个层次是在人与人的关系上，主张亲附、聚合，高扬“同人”之道；在人个体自身，主张心身协调，倡导“安其身而后动，易其心而后语，定其交而后求”的君子平衡保全之策。

具体来说，中国古代先哲以及《易经》基于“与时偕行”、“顺天应时”大法则所表述的人与自然和谐运行、共同发展的基本观点如下。

一是强调万物一体。在中国先哲的眼中，世间万物是一体的，自然万物的存在有其合理性，人是天地万物的一部分。人类要以平等意识尊重自然万物的存在与个性。这表明了中国古代先哲已从宇宙的高度来认识和把握人类的意愿。万物一体的主张告诉人们，与自然要和谐相处，营造和谐共生的生态文明的社会。

二是强调生而不有。此与万物一体相关联，是中国先哲对天地产生万物而不占有万物的道德发现。先哲们认为高尚的道德在于繁生万物而不据为己有，帮助万物而不自恃有功，引导万物而不宰制它们。正是有这种高尚的道德，才保证了世间事物持续平衡发展。这一生而不有的主张揭示的是人类要顺应自然，效法自然法则，对于自然的索取要适度，使自然资源既可利用，又可再生，实现可持续发展。如果强行占有，就会破坏生态平衡，出现生态环境的危机。

三是强调曲成万物。指出天道与地道是相对峙而又相协调的，其协调是由人来作中介的。人作为天地的中介与协调者，既要顺应自然，又要对自然变化作出制约，加以引导，以曲成万物。这是中国先哲闪耀着超越时代智慧之光的生态意识。

四是强调和而不同。西周末年的史伯告诉世人：“夫和实生物，同则不继。以他平他谓之和，故能丰长而物生之，若以同裨同，尽乃弃矣。故先王以土与金、木、水、火杂以成百物。是以和五味以调口，刚四肢以卫体，和六律以聪耳，正七体以役心，平八索以成人，建九纪以立纯德，和十数以训百体……周训而能用之，和乐如一，夫如是，和之至也。”在此，史伯用实例说明，多样的事物和因素组织融和，以他平他，就达到多样而统一，丰富而多彩；如果是完全相同的事物和因素组合，以同裨同，事物只能同一，就失去了多样性。其揭示的哲理是：“和实生物，同则不继。”和而不同的主张，帮助人们认识到世间万物多样性存在的意义：保护了事物的多样性，就能可持续发展。

五是强调大壮恒久。《易经》探索了人类社会可持续发展的目标是“久”和“大”。“大”在《周易·大壮卦》中有阐释：“大壮，大者壮也。刚以动，固壮。大壮利贞；大者正也。正大而天地之情可

见矣。”“刚以动”就是发展，发展就大壮，发展大壮是自然变化的法则。“久”在《易经·恒卦》中有解说：“恒，久也。刚上而柔下，雷风相与，巽而动，刚柔皆应，恒。恒亨无咎，利贞；久于其道也，天地之道，恒久而不已也。利有攸往，终则有始也。日月得天，而能久成，圣人久于道，而天下化成；观其所恒，而天地万物之情可见矣！”这里所要揭示的道理是，只有“久”，才可以使人类持续发展。那么，怎样才能够达到“大”、“久”？《易经》指出了两个途径，其一是“九二贞吉，以中也。”其二是“中正以通。天地节而四时成，节以制天下，不伤财，不害民。”综括说，就是具有中正的德性，效法天地，用制度节制人的无穷欲望，不造成对自然与人类的伤害，才能达到“大”和“久”的目标。《易经》还强调这是圣人之智、之德，是圣人之业。

六是强调循环再生。中国古代先哲在资源的有续利用、生态系统的良性循环等方面，还研究了如何循环再生的问题。如在生物资源上，东周的管仲认为“山林菹泽草莱者，新蒸之所出，畜之所起。故使民来之，因此怜之”，才能使生物资源物质循环再生。人与生物资源相处，要进行物质交换。进行物质交换不是强行占有，而是对自然作顺应与调适。先哲还告诉人们：“用文不掩尽群，不涸泽而渔，不焚林而猎。”在土地资源的开发利用上，管仲提出了“因地制宜”、“地尽其利”的思想，根据这样的思想，先民在江河湖滩沼泽地开发土地不是填水，而是用沟洫法，并建立起完备的沟洫农业制度；开发山地时，不是平山，而是修筑梯田。在农业生产方面，先民利用先哲“上因天时，下尽地力，中用人力，是以群生逐长，五谷藩殖”的自然循环主张创造出“桑基鱼塘”的高效生态经营系统。循环再生的主张使中国古代物质再循环和资源的合理利用获得了科学性。

综上，老子以“道法自然”为核心内容的生态智慧源于中国古代先哲尤其是《易经》，而以其基本观点及具体主张为源头，并在此基础上作了淋漓尽致的发挥，终致形成了较为完备的生态智慧的体系框架，界定了自然、人类、社会和谐相处，共谋发展，与时偕行的价值取向。

二　老子生态智慧的积极影响

老子以“道法自然”为核心的生态智慧对中国传统文化和中华民族思维方式、价值定位的影响是无形的，它已经深深地融入了中国传统文化和中华民族思维方式的内在构成中，成为中国传统文化和中华民族在进行价值定位和超越时的主流价值取向与标准。

1. 老子生态智慧的影响首先及于道家

郭店竹简中重要的道家文献《太一生水》涉及的因素非常全面、非常丰富。既有本体（太一），又有现象（水、天地等）；既有精神因素（神明），又有物质因素（水、天地等）；既有时间因素（四时、岁），又有空间因素（天地）；既有自然界的性质（阴阳），又有自然界的状态（冷热、湿燥）。它认为“太一”存在水中，并在时间的长河中运行，这种思维方法乃受老子“譬道之在天下，犹川谷之于江海”（《道德经》第32章）的启发。在老子看来，道存在于天下万物之中，而在《太一生水》看来，太一存在于水中。二者都是在谈最高形上实体的存在方式。《太一生水》的作者认为，太一的运行方式主要有二：一是“周而复始”；二是“一缺一盈”。前者直接来自老子的“天道员员，各复其根”（楚简《老子》第一篇第3章）、“反者道之动；弱者道之用。”（《道德经》第40章）的“恒道”论。后者则来自作者本人对一些自然现象或者说“天道”（如月亮的盈缺变化）的观察。关于太一与万物的关系，《太一生水》也谈了两点：一是“以己为天下母”，这是说太一为万物的创生者，取自老子的“（道）可以为天下母”之说；二是“以己为万物经”，这是说太一

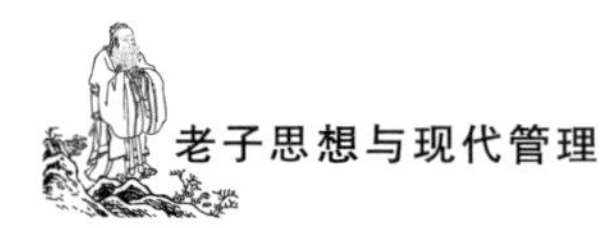

为万物之大法，取自老子“人法地，地法天，天法道，道法自然”（《道德经》第25章）之论。以上诸点，皆为太一恒常不变之本性。故作者称：“此天之所不能杀，地之所不能厘，阴阳之所不能成。”太一的这种特性，类似于老子之道的“独立不改”。

《太一生水》作为现在能够看到的最早的道家文献所反映出的与老子学说血脉相依的关系，充分证明老子生态智慧价值取向对道家学说及其思维方式、价值标准的深刻影响。

2. 老子生态智慧的影响其次及于中国传统文化

究其实质，老子生态智慧作为对中国古代诸学说之精华的集大成，是春秋战国的诸子百家及其以降诸学说之源，中国传统文化中“天人合一”、人与自然和谐发展价值观的根在老子那里。欧洲中世纪重农学说创始人魁奈在《自然法则》一书中曾说：“自然法则是人类立法的基础和人类行为的最高准则。”“但所有国家都忽视了这一点，只有中国例外。”斯言诚是。受老子生态智慧影响，中国人形成了整体统一的宇宙观，以这种宇宙观观照世间万物，皆是有情、有义、有生命的体现。天地含情，万物化生。人与天地自然相互联系，相互依赖。天赖人以成，人赖天以久，正因如此，整个宇宙的大化流行才得以实现。

老子以降的中国传统文化认为，自然宇宙的生命情感具有和人类一样的诚明之德。“诚者，天之道”，“天无私覆也，地无私载也，日月无私烛也”（《吕氏春秋·无私》）。天地自然把自己至善至美的道德价值赋予人类，人类又可以通过善性的道德修养去领悟自然宇宙之真谛。这个真谛即是天道、地道，也就是现代人所说的自然法则、自然规律。认识了这种法则和规律，即如庄子所说“原天地之美而达万物之理”，达到精神境界的至高无尚，在自然宇宙中“逍遥遨游”。或如孔子所说的“知天命”，达到对天地自然和人生的大彻大悟。因为人的生命是有限的、短暂的，而自然宇宙的生命则是无限的、持久的，要使人的生命趋于完善和伟大，就必须和宇宙生命相联系、相融通，从大自然中吸取智慧和力量。古之圣人并非天生伟大，只是因为他们能够“法象天地，赞天地之化育”，能够“通神明之德，类万物之情”。伏羲氏所以能王天下，就是因为能仰观天文，俯察地理，中通万物，懂得自然宇宙必变、所变、不变之大法则，掌握了自己知变、应变、适变的本领，做到了“与天地合其德，与日月合其明，与四时合其序”，所以才成为不朽的圣人。

中国传统文化向来强调“天人合一”、“天人感应”、“天人和谐”。人们爱莲，是因莲有出污泥而不染的纯洁德性。孔子观水，而产生“逝者如斯夫”的人生感叹。苏轼观竹，有“其身与竹化”之联想。李白观月，有“低头思故乡”之意念，等等。这些都是天人感应意境的体验。人与自然和谐的思想，在中国传统文化中对历代诗歌、绘画的影响尤为突出。寄情山水，向往田园风光，崇尚大自然之美的作品举目皆是。人们从中体察造物主之生意，领略自然宇宙的生物气象，得到大自然的仁爱，“与天地同流，与万化同归”（孟子语），“与天地同寿，与日月同光”（屈原语），使人的精神境界达到出神入化，生命的意义和价值更加完善和完美。人与自然能和谐相处，人不是被动的、消极的，而是主动的、积极的。因为在“天—地—人”这个整体宇宙系统中，人居其中起着重要作用。人与天地既鼎足而立，又与天地合而为一；既受天地自然的制约，又有驾驭、统领、管理天地自然的本领。人能够统合天地，弥合天地自然之不足。

这里特别强调的是，中国传统文化对大自然的创造力，不是盲目的、不是功利性的、不是强制性的、不是破坏性的，而是“顺天应时”的。即通过对天地自然规律的体认和把握，加以巧妙地开发和利用。荀子强调做事要“顺其天政，养其天情，以全其天功。如是，则知其所为，知其所不为矣”（《荀子·天论》）。《周礼·考工记》

则认为："天有时，地有气，材有美，工有巧，合此四者，然后可以为良。"这个"巧"字，就包含着人类的智慧，或者说早期的科学技术。中国人做事向来强调天时、地利、人和，既要尊重客观规律，又要重视人的积极因素，如是，则可"事半功倍"、"巧夺天工"。

由上述基本观点出发，中国传统文化形成了独特的自然价值取向。

一是从对大自然的和谐观念出发，引出对大自然的亲近、友好、爱护之情。天人合一、天人相通的观念已经成为中华民族精神结构的重要一端。在人与自然的和谐生存中，山林是文人士子最重要的精神家园。陶渊明所描绘的桃花源已经融入中国人的精神谱系中，成为后世文人一个挥之不去的梦影。高官巨贾也罢，文人骚客也罢，"采菊东篱下，悠然见南山"始终是他们魂牵梦绕的向往。宦海沉浮，名利得失，世事荣辱，人情悲欢，原不过是过眼烟云。只有在山林的啸声中，疲惫的心灵才得以慰藉；只有在田园的翠色里，紧张的精神才可能松驰。"白发渔樵江渚上，惯看秋月春风。"所以，范蠡功成后即归隐山林，泛舟于西湖；王维位居右丞，还是常常"怅然吟式微"；苏轼文坛泰斗，官至翰林，却也时时想"江海寄余生"；就连壮怀激烈的岳飞，也流露出"痛饮黄龙"后解甲归田的意愿。

二是由对大自然的热爱又进一步推及保护大自然。儒家的仁爱是待人与接物的统一，由仁爱而引发的社会管理原则和处世准则，基点在于保障人事的和谐，进而推及保障人与自然的和谐和保障大自然内部的和谐。如荀子提出的"群道原则"即包含人、自然及人与自然之间一个方面的和谐平衡，他说："君者，善群也，群道当，则万物皆得其宜，六畜皆得其长，群生皆得其命"（《荀子·王制》）。"善群"就是善治，"群道当"就是治理有方。同时，荀子又主张对大自然的取用要和养护相结合，建立合理的生态结构，要畜养杀伐不失其时，注意保护自然资源，他说："草木荣华滋硕之时，则斧斤不入山林，不夭其生，不绝其长也。"只有保障人与自然资源之间两者相持而长，才能使“相食养者不可胜数，固有余足以食人”（《荀子·富国》）。

保护生态平衡的思想，在中国传统的农业生产中尤为突出。如农业的撂荒、休闲、轮作等，都是用养结合，维护农业生态平衡的重要措施。中国历代王朝，都注意防止滥捕、滥伐、滥杀。据《礼记·月令》记载，每年的春季，当草木繁茂生长之时，政府都采取“祀山林川泽，牺牲无用牝。禁止伐木，无覆巢，无杀孩虫胎夭飞鸟”，“无竭川泽，无漉陂地，无焚山林”等保护生态环境的措施。在中国的传统中，植树造林，修桥补路，一向受到人们的赞扬，大力提倡。历代政治家也都注意植树造林。如汉宣帝时渤海太守龚遂劝民农桑，三国时魏郡太守郑浑令百姓植树为篱，北魏孝文帝《均田令》中对植树的具体规定，明初朱元璋令屯边军士每人植桑百株，近代孙中山更是大力倡导植树造林，至今我们仍把孙中山逝世的3月12日定为植树节。

三是在人与自然和谐观念下形成了有着真正经济学意义上的超然卓识的财富意识。在中国人看来，财用出于山川，百物生于大地，大自然所提供的一切，包括山川、河流、海洋、草原、森林、空气、阳光等，即现代人讲的整个生态环境，都是宝贵的财富，都是大自然对人类的恩赐。孔子说：“天何言哉，四时行焉，百物生焉”（《论语·阳货》）。大自然默默地为人类提供着丰富的生存资料，具有奉献者的美德，我们怎能再去贪得无厌地掠夺呢？至于人们通过各种手段聚敛的钱财，与大自然所拥有的巨大财富相比，简直微不足道，不值得去贪婪地追求，因为那样不但损害人的美德，而且也妨碍了自然生命的完善。所以，中国人向来崇尚节俭，反对奢侈浪费。这种民族性格应该说是中华民族基于对自然财富的价值取向而形成的一种高度的、超越现实物质享受的民族自觉，是对大自然的深层次的文化认同。这种自觉和认同把物质财富的增长、经济的发达、社会的发展，都置于人与自然持久和谐、共同增长、共同丰富、共同完善的原则下，规范着人们的行为。从这里也可以看出，中国长期存在的“均平”思想，不单指人间分配的均平，应当还有更深层次的人与自然之间的均平，强调人对自然财富的取用要有节制，要与自然财富的增长相适应，以达到人与自然同步、和谐、持久地共同增长。

四是中国人对科学的价值判断来自对自然的价值取向。中国人认为，发展科学技术的目的在于体认人与自然宇宙的关系，在于把握人在天地自然中的地位、作用和命运，在于完善人的心灵，也在于完善自然生命，更在于人与自然的持久和谐。如中国的天文学，目的在于体认天的客观规律，使人更好地适应之；农学则在于认识地理及四时的变化规律，人们适时地运用这个规律，使万物得以繁盛，这一方面丰富了自然生命，另一方面也为人类自身生命的丰富提供了可靠的物质保证；至于中医学，更是把个人小宇宙和整体大宇宙相联系，调整人体与自然的错位，找到医治的方法，寻求养生之道。同时，中国很早就注意到了科技的负效应问题。道家的返朴归真思想，庄子提出丢掉功利意识，不为物质所役的思想，不能简单地理解为对科学技术的反动。它是世界上最早体察和预见到科技负效应的理论，只不过是一种早熟的、超前的理论。但它反映了中华民族的才智，有其合理的内核，对净化人生、防止科技的非伦理化有着深刻的启示。

人类精神生活的最高追求是真善美，但在追求中又有各自民族的特点。中华民族总的来讲，是追求善美真，把善放在第一位。善的含义不单在于人间的善，还在于自然生命的本善，更在于深层次的人与自然之间的和善。因此，善是最博大的、涵盖一切的。科技发展的最高价值判断，只能是善。汲取老子生态智慧价值取向的精华，中国传统文化始终是把善作为科技发展的最高价值判断标准的。它体现了中华民族、也体现了整个人类对自身命运和自然命运的终极关怀。

3. 老子生态智慧的影响还穿越时空，及于域外

老子生态智慧作为一种以天人合一、天人和谐、天人相通为特点的整体思维方式，已穿透历史的重重帷幕，跨过时空局限，对西方人的思维方式产生重大影响，并由此而引发了一场旨在重新确立人与自然新关系的关于自然价值观或宇宙观的革命。

在西方文化传统中，家园观念同样是以自然环境做底子的，生态学（Ecology）一词本就是从希腊语词根“Oikos”（家园、住所意）演变而来。彼得大帝在圣彼得堡的冬宫，由于地处市区，无法像他的夏宫那样遍植大树，或许仅仅是由于离不开树木的原因，竟把整个屋顶装成绿色，远远望去，特别是从高处往下看，宛如一片森林。由此看来，在人类的精神殿堂里，从来不缺乏大自然的位置，人类或许从一开始，就知道绿色是生命的颜色。“圣雄”甘地说，地球可以满足人类的需要，但地球满足不了人类的贪欲。在人类追求更丰裕的物质生活的过程中，在由农业文明进入工业文明的过程中，森林锐减、物种灭绝、沙漠蔓延、干旱频繁、水源污染、酸雨肆虐、臭氧层破坏、温室效应加剧，人类有史以来从未遭受过大自然这样无情的报复。正如恩格斯所指出的那样，人类对大自然的每一个胜利，都遭到大自然的无情报复。严酷的现实促使西方的有识之士把目光投向中国，投向中国以老子“道法自然”为核心的生态智慧为基准的传统文明。

20 世纪初，德国社会学家马克斯·韦伯在考察了中西文化之后，提出了一个著名论断。他认为，中国文化的理性主义是对世界的合理适应；西方文化的理性主义则是对世界的合理宰割。应该说，中国文化的自然价值取向，对当代的环境保护与社会发展是适应的，因而是合理的；西方文化的自然价值取向，对世界的宰割，特别是对大自然的宰割是确实的，因而是不合理的。英国当代生态学家爱德华·戈德史密斯把人类对大自然功利性的宰割称之为第三次世界大战，由于这场战争，“大自然在崩溃、在衰亡，其速度之快以致让这种趋势继续

发展，自然界将很快失去供养人类生存的能力”[①]。当代芬兰学者佩克·库西则从另一个视角指出，人类已被失去理性的发展信念冲昏头脑。以铁面无情的竞争为主宰的统一市场经济，把我们绞入了它那庞大机械的齿轮之中，于是我们陷入了最冷酷的文明旋涡里。

沉痛的反思伴随着观念的转换。在西方，人与自然的关系被重新评估与认识，征服自然的观念正被守护自然的观念所矫正，人与自然相对立的传统正为人与自然相协调的意识所取代。同样是在20世纪，以柏格森、怀海德为代表的生命哲学，第一次提出了自然宇宙是有生命的有机体的观念，到了20世纪20年代，阿尔贝特·史怀泽提出了“敬畏生命”的哲学观念，突破了“人类中心论”的局限，给了地球上一切生灵以平等的生存地位。此后，在30年代莱奥波尔德又提出了大地伦理思想，对人类给地球带来的污染与破坏提出了警告。由于这些文化成就，一场以保护自然为主调的“生态伦理”运动在西方渐渐兴起。为此，在老子提出“道法自然”、人在自然界面前应“无为而无不为”两千多年后的1972年，以研究与解决“人类问题复合体”为己任的罗马俱乐部，发表了它的第一份报告《增长的极限》，提出令世人震惊的“世界末日模型”，猛烈抨击了向大自然无节制索取、人与自然对立的传统增长观念，把环境保护观念提到了一个前所未有的高度。到了1987年，挪威首相布伦兰特夫人在一份名为《我们共同的未来》的报告中，明确提出要把经济发展与环境保护统一起来。五年后，全世界100多位国家首脑和政要云集巴西里约热内卢，第一次给了社会、经济、环境的协调发展较均衡的考虑，给了当代人、人类子孙以及地球上一切生物物种的利益公平的地位。这一新的动向表明，一个从破坏自然回归到保护自然的新理念渐成共识，人类也将继农业文明和工业文明之后，进入到生态文明的新阶段。

---

① 转引自《人民日报》1991年4月19日。

正是上述大背景，促使人们在进入21世纪之后，相当强烈地意识到人类的未来完全取决于如何学会使自己的基本功能与伟大的自然进程相适应，完全取决于人类是否能够建立起与自然的亲和关系。于是，人们对老子以“道法自然”为核心的生态智慧价值取向所张扬的人与自然相和谐的价值观产生了浓厚的兴趣。《物理学之道》一书的作者弗·卡普拉认为，东方哲学有机的、生态的世界观，无疑是中国文化最近在西方，特别是在青年中被推崇的重要原因。因为在我们西方文化中，占统治地位的仍然是机械的、局部性的世界观。他甚至声称，西方能否真正地吸收东方的有机哲学，以突破西方机械世界观的框架及其文化构成，是一场关系到西方文明能否生存下去的真实意义上的文化革命。

西方学者的宇宙生成理论与老子关于“有物混成，先天地生”的宇宙创生思路颇多暗合共通之处。就宇宙起源而言，老子所提出的“道”，与当代英国著名理论物理学家霍金在阐述宇宙起源的大爆炸理论时所运用的“奇点”概念具有内在的一致性。霍金认为，宇宙在“奇点”处发生大爆炸，在初始的几秒钟内，生出诸种基本粒子，然后无限膨胀，生出宇宙万物，然后才有各种星体包括地球，然后才有地球上的各种生命存在包括万物灵长——人类。这与老子的“道”是整个宇宙的最早产生者，它有开端，次于道而产生的是天地，次于天地而产生的是万物的观点何其相似乃尔。霍金还认为，茫无际涯的宇宙天体就时、空而言，有始点（奇点），也有终点即坍塌收缩后仍归于奇点，并开始新一轮漫长的循环。他在宏观层面对宇宙演化的阐释，颇得老子“天道员员，各复其根”、“反也者，道动也”之真传。1988年，霍金在其首版的代表作《时间简史——从大爆炸到黑洞》中所阐释的广义相对论和宇宙论，与老子在2500多年前所提出的“道法自然”的天才命题有异曲同工之妙！古代老子的以“道法自然”为核心的生态智慧与当代霍金对宏观世界的科学研究，在20世

纪80年代发生了一次穿越时空的、瑰丽的共鸣，并由此引发了理论物理学和人们宇宙观划时代的革命。无怪乎霍金对中国心向往之，在21世纪初，他以残疾之躯来中国访问时，以巨大的热情和忘我的精神向中国的同道和大学生们展示了神奇超凡的科学理性的力量并引起轰动，在中国引发了一场霍金热。谁又能说，这一迄今传遍全球、持久不断的霍金热，其热源不在中国的老子及其以“道法自然”为核心的生态智慧那里？事实上，从哲学层面上说，老子思想比西方霍金等学者更进一步。老子认为“有物混成，先天地生”，“有生于无”，世界是从“无”开始的，而西方哲学和科学则认为世界是从“基本粒子”，从“有”开始的。

综上，崇尚自然主义的老子以“道法自然”为核心的生态智慧最能代表“从来不把人和自然分开”的古老传统。这种传统虽然同儒家思想一样都主张“天人合一”，但不同的是，它并不认为人有什么特别的不同，从来不主张对自然界“物畜而制之”，而是把人看作是自然界的一部分，强调人与自然的和谐相处。老子以“道法自然”为核心的生态智慧所张扬的对待自然的这样一种态度，对于当今人类保护环境的主题思想和走可持续发展之路，以及实现生态文明，无疑具有重要的参考意义和广泛的应用价值。

三　老子生态智慧的时代价值

老子以“道法自然”为核心的生态智慧具有独特的时代价值。当代人类面临着诸多问题，最深层、最根本、最迫切需要解决的问题在于人与自然、人与自身、人与社会及其相互关系的认识和协调，而老子“道法自然”所提供的基本思路，为从根本上解决此类问题提供了世界观与方法论指导，这正是老子生态智慧的时代价值之所在。

1. 老子生态智慧是正确处理人与自然、人与自身、人与社会关系的指路明灯

人既是社会发展的主体，又是社会发展的价值目标。人类社会的发展和进步总是集中表现在人的发展上，如满足人类的生存和发展的需要，提高社会成员自身素质和能力等。但是，人类社会的存在和发展是以丰富的自然资源和自然环境的存在和发展为前提和基础的。因此，正确处理人与自然、人与自身、人与社会的关系，就成为社会发展和人民幸福的基本条件之一。在中国传统文化中，老子生态智慧对人与自然的关系以及如何正确处理人与自身、人与社会的关系有着充分的认识和细致的阐释。他认为，天地万物虽然形态各异，但它们在本源上是相同的，自然与人类也是平等的关系，正所谓“天地与我并生，万物与我为一”。因此他主张，人们在改造自然的过程中，应充分认识并尊重自然界的规律，让宇宙万物“自足其性”，自然地得到发展，而不横加干涉；人类与天地万物共生共存，就应与天地万物保持和谐。这样，才不会扼杀宇宙的生机，人类社会的生存和发展才会成为可能。如果反其道而“妄作”，对自然界过分掠夺，势必会危害人类自身。老子以及道家还把万物是否“皆得生息”，也就是环境是否处于自然状态看作是否富足的标志，“天以万物悉生出为富足”，非常强调保持环境对人类发展的重要性。

应该说，当今世界日益严重的生态危机，就是人类为了自身的发展而对自然资源和自然环境进行过分掠夺而没有采取适当的保护措施造成的，它正在破坏着人类与自然环境之间的协调平衡发展的辩证关系。要化解人与自然之间的这种矛盾状态，维护生态平衡，解决人类日益严重的生存危机，当然要依靠今天的高科技手段，但同时也必须看到，老子生态智慧在这方面有其独特的利用价值。老子关于天人同源、道法自然的理念不失为一盏指路明灯。

2. 老子生态智慧是人类文明新形态的理论基石

无论是以一代哲人海德格尔“诗意地居住”为重要内容的生态伦理学，抑或是作为可持续发展中介的环境伦理观，还是当前提出的建设生态文明的伟大目标，它们都是吸取老子生态智慧价值取向之精华并以之为理论基石的。

当人类为享有工业文明带来的繁荣和富足而自我陶醉的时候，海德格尔冷静地看到了文明背后的危机。为消解人类的生存困境，海氏提出了“诗意地居住”的理想境界，其思想的先锋性，在于为人类正视生态危机、生存危机发出了必要的警报。面对环境的日益恶化，他提出“居住”的概念，认为“居住”是指人作为短暂者存在于大地上。从这里出发，他指出：居住设立于和平，意味着和平地处于自由，保护和守护着每一事物本性的自由领域之中。居住的基本特性就是这种保护和保存，它充分地体现在居住的整个范围。一旦我们深思到人类存在于居住，而且短暂者居于大地上的居住意义时，这一范围便向我们显示了自身。海氏以哲人的敏锐看到了人与自然关系的恶化，是以焦虑的心态来纠正人类自己设下的误区。在他看来，人类反自然的结果只能是自食恶果，要想达到和谐（居住的理想境界）就必须终止人对自然的功利行为，换而言之，人类应该用自己的聪明智慧避免自然界进化链条上的断裂，通过和解来达到人与自然和谐相处的诗意境界。具体地讲，这就是他面向文学，从诗人荷尔多林那里获得灵感，提出了“诗意地居住”的理想境界。要达到海氏“诗意地居住”的理想境界，人类就要有勇气走出人类中心主义的价值向度，向客观向度靠拢。首先要做的事情，就是将人的价值向度由向自然索取，转化为平等存在的客观向度，通过取消人对自然的主宰意识，将自然视为平等对话与交流的伙伴，进而将人类征服自然、改造自然的价值实现改造为人类不能离开自然而存在、不能离开自然而发展的价值理念。亦即短暂者（人类）在大地上居住时，应淡化功利，向非功利靠拢，将人类文明的创造与观照自然界的生存方式结合起来，以协调人与自然相互依存的生态环境和生存方式。

环境伦理观是可持续发展的中介。它是由老子的生态智慧到生态文明再到实现可持续发展的不可或缺的重要环节。只有人人皆牢固树立环境伦理观，才能在人的主观能动作用下，逐步实现可持续发展。可持续发展环境伦理观的建构是以促进人与人之间以及人与自然之间的和谐，使人在进行自己的行为时，会发自内心地自觉考虑和顾及自己的行为对他人、社会、后人和生态环境的影响，从而实现这几者的和谐互惠共生为目的的。环境伦理观的产生将伦理学的视野从人与人之间扩展到了人与自然之间，不仅丰富了伦理学的基本思想，而且扩大了人的责任范围，为人类重新认识自身的价值和意义提供了一种全新的尺度。人的一举一动被放到了人—社会—自然这一大的坐标系之中，使得人能够逐渐对人与自然的关系进行多面整体的认识和把握，对人类行为可能给自然界造成的多种结果进行全面的认识和把握，以及对人类所应承担的对自然的责任和义务进行整体认识和把握，为可持续发展奠定了坚实的思想基础：使人们有一种全新的环境道德观，以此来约束人们的一言一行，一举一动，协调人与自然环境的和谐关系。

由老子“道法自然”及其以降的生态智慧，到当代倡导建设生态文明，标志着中华民族认识自身与自然界关系上的一次重大的质的飞跃。生态文明观念既是对老子以降中国古代文明观念精华的吸取，又是站在21世纪全人类面临生态不平衡诸多挑战的角度，提出的新思想、新观点，表明了中华民族在这个问题上与时俱进的科学态度。从传统工业文明向新的生态文明转变，是一场文明革命。唯物辩证法告诉我们，人类文明的发展过程是进化与分化的统一。新的文明形态问世并不完全消灭旧的文明形态，而是以新文明对旧文明的改造并使之成为新文明的要素、因子。与此同时，还必须看到，新文明取代旧

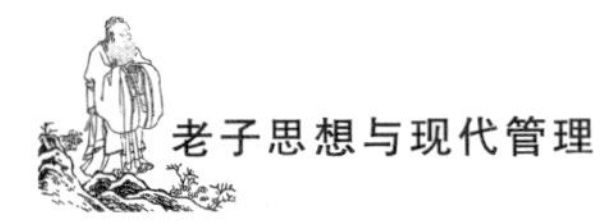

文明，是人类文明的一场革命，它要求改变目前高消耗、高污染的生产方式，形成新型的生态工业、生态农业、生态服务业等一系列生态产业；要求改变不平等的充满生存斗争的社会关系，形成理性的平等合作的社会关系；要求改变物质性的无限膨胀人的物质欲望的过度消费的生活方式，形成有助于丰富人的精神世界、促进人的全面发展的适度消费的生活方式。可见，生态文明的崛起将是一场涉及生产方式、生活方式和价值观念的革命，是一场人类文明史的伟大创新运动。中华民族应该在这场新文明革命中有所作为，将最伟大的创新成果奉献给人类。

3. 老子生态智慧是生态文明建设中实现生态化转变的价值准则

在全面建设小康社会的伟大征程中，建设生态文明，必须实现社会生产方式、生活方式，特别是人的思想观念的生态化转变，而老子“道法自然”则为实现这种转变提供了基本的价值准则。

一是变人在自然界之上为人在自然界之中。人类一诞生，就被置于与自然对立的位置上，受自然界奴役；与此同时，人作为万物之灵，又以其特有的能动性开始了改造自然的历史，其能力成为衡量社会进步的客观尺度。随着近代自然科学的发展，人类在“征服自然”的凯歌声中，不仅能严格控制其他生物，亦能在更广阔的层面上改造自然，创造了一个又一个引以为豪的奇迹。人类由过去畏惧和服从自然变得凌驾于自然之上。然而，日益恶化的自然环境以其惨遭破坏的身体不断对人类进行报复，以一种新的存在更为深远地影响和制约着人类。事实表明，不管人类的能力有多大，毕竟还是在自然界之中，是自然的一部分，靠自然界生活。为此，应从根本上端正人对自身及其与自然关系的态度，变人在自然界之上为人在自然界之中，以自然界一分子的身份来审视人类的活动及其结果。

二是变生产仅为生存服务为既为生存更为提升人服务。迄今为止，人类改造自然的生产活动主要是为生存服务的。然而，生产不仅仅是为了人的生存。西方工业社会极大地提高了人的生产能力，创造了丰富的物质财富，人的生存却陷于严重的内外困境之中。事实提醒人们，人类不仅要改造自然，同时要改造人类；人类改造自然的生产活动既要为生存服务，更要为改造人、提升人服务。环境严重恶化的负效应要求突破生产只为满足生存需要的狭隘眼界，走上为改造人、提升人服务的新道路。这样，人与自然相一致的生态工业、生态农业、生态服务业等新兴产业才能应运而生，一个环境优美的新世界才会到来，进而有助于人的改造和人的全面发展。

三是变为生存服务的本能文化为促进人的全面发展的自由文化。人是动物性加文化性的统一体。动物性是人先天就有的，文化性才是人之为人的本质属性。正是语言、工具等文化创造使人从动物界分离出来，不断发展的文化改造和提升着人。然而，迄今为止，物质生产及消费在人类社会生活中居于主导地位，由此制约乃至决定着人类文化本质上仍是为生存服务的物质型文化（本能文化）。一味追求消费享乐，无限膨胀人的动物性，导致了西方学者所痛心疾首的“五个消失”，即理想消失、真理消失、正义消失、尊严消失、价值消失。一言以蔽之，人的文化性丧失，人性应有的品质丧失。弗洛姆指出：食欲是与生俱来的肉体机能，而内在的良心则需要人和原则的指导，这只有靠文化的进步来促进。所谓“靠文化的进步来促进”，最根本的是要变革为人类生存服务的本能文化，代之以张扬人性，充实心灵，促进人的全面发展的自由文化。

综上，老子生态智慧所折射出的时代价值是全方位、多侧面、多层次的，正是这种全面性，反映出老子思想家、哲学家、大哲人的大智慧。我们在由衷地赞叹钦佩之余，应当大力弘扬老子以“道法自然”为核心的生态智慧及其独特的价值取向之精华，全身心投入建设社会主义物质文明、政治文明、精神文明、生态文明的宏大实践之中，作出理应由老子的后代子孙和中华民族作出的，无愧于伟大时代、无愧于全人类的新贡献！

四　老子生态智慧在当代中国社会的借鉴意义

老子生态智慧的核心是强调尊崇自然，依大化宇宙、茫茫自然本身固有的运行发展规律行事，反对违背自然规律的造作妄为。通过尊重自然规律，顺应自然发展大趋势的作为，进而达到人与自然相互依存，共生共长，和谐发展的目的。老子的生态智慧与党的十七大首次提出的在建设物质文明、政治文明、精神文明的同时，也要建设生态文明的执政理念有着异曲同工之妙。党的十七大首次将生态文明与物质文明、政治文明、精神文明并列写入党代会的报告，这是党的执政兴国理念的新发展。在现实领导工作中，必须将生态文明建设摆在经济社会发展的首要位置，积极创新思路，不断强化领导工作举措，形成能够节约能源资源和保护生态环境的产业结构、增长方式和消费模式。

1. 以产业结构调整为主线，大力发展生态经济

生态经济首先应该是一种低消耗、低污染、高效益的经济模式。只有把产业结构调整贯穿于发展的全过程，大力发展生态经济，才能从源头上减少资源消耗和污染排放。一是要大力发展生态工业。按照新型工业化的要求，着力抓好重点行业和重点企业的节能减排，力争用最少的原料和能源投入，以及最低的废弃物排放量，达到既定的生产和增长目的。按照循环经济发展的要求，鼓励企业循环式生产，推动产业循环式组合，通过企业和产业间的废物交换和循环利用，减少或杜绝废弃物的排放。制定和完善节能减排指标体系、监测体系和考核体系，加大投资结构、产业结构和产品结构的调整力度，采取市场、法律、行政等多种手段，关闭和淘汰一批原材料消耗大、环境污染重、能源消耗高、产品附加值低的企业，鼓励企业进行技术创新，不断提高资源利用率和产品附加值。二是要大力发展生态农业。遵循“整体、协调、循环、再生”的原则，积极构建生态农业循环体系，巩固提升特色产业，逐步实现农业产业结构合理化、生产技术生态化、生产过程清洁化、生产产品无害化。同时，积极探索中小型生态农业园模式，大力推广以鱼塘为中心、周边种植花木蔬菜的生态农业园，按科学方法建设动植物共育和混养的生态农业园，种植、养殖和沼气池配套组合的生态农业园，不断推动传统农业向生态农业转变。立足农村实际，当前尤其要以沼气工程为纽带，使农业生产的废弃物资源循环利用和能源建设工程紧密结合，努力实现发展清洁能源、节省燃料、减少废弃物、改善农村生活环境、延长农业生态产业链、促进农村经济发展的“多赢”目标。三是要大力发展生态服务业。生态服务业是优化产业结构和降低能源消耗的重要力量。因此，要大力发展以生态旅游、绿色商贸、绿色物流为重点的生态服务业，积极培育和发展一批具有市场竞争能力、经营规模合理、技术装备水平较高、生态效益明显的连锁企业和生态物流企业，努力促进旅游业、社区服务业、现代金融保险业和信息服务业成为生态服务业中的主导产业。

2. 强化主体意识，切实保护生态环境

始终将生态环境保护摆到重要的战略位置，充分发挥政府、企业和社会的主体作用，大力实施“四大工程”。一是实施“蓝天”工程。要围绕改善大气环境质量，启动实施一批大气污染治理项目，将污染大户搬出城区，严令污染企业限期改造，全部实现烟尘达标排放；取缔街头燃煤炉灶，全面实施农村能源改造，大力发展沼气、太阳能等清洁能源，尽量减少对大气的污染。二是实施“碧水”工程。以保护饮用水源安全和河流污染防治为重点，深入开展“整治违法排污企业，保障群众健康安全”专项行动，切实加强饮用水源和供水水质监控，坚决取缔关闭危害群众饮水安全的污染企业和其他排污

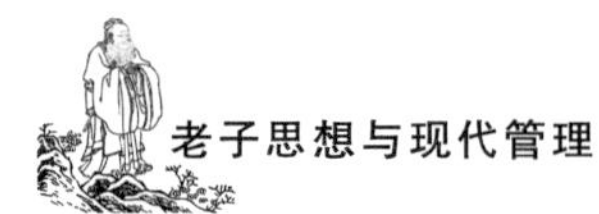

口。建立健全农村饮用水源保护区管理制度，切实加强大河流域的水质保护。三是实施“绿水”工程。狠抓植树造林，抓好林业分类经营，改进营育林方式。在加快发展中要坚守三条底线，即森林覆盖率、活立木蓄积量只能增加不能减少，高消耗、高污染、低效益的企业只能下马不能新上，生态环境建设只能加强不能削弱，确保森林生态资源持续有效增长。四是实施“节俭”工程。教育引导全民牢固树立“节能减排、保护环境”意识。弘扬勤俭节约的传统美德，培养健康、文明、节约、环保的生活方式，努力在每个家庭乃至全社会形成“简约就是时尚”、“节约能源光荣”、“污染环境可耻”的新理念。

3. 以核心价值传播为主旨，积极弘扬生态文化

生态文化是物质文明和精神文明在自然与社会生态关系上的具体体现，是人与环境和谐共处、持续生存、稳定发展的文化，是生态文明建设的一项重要内容。加强生态文化建设，必须以传播、宣扬核心价值观为根本宗旨，切实为生态文明建设营造良好的文化基础和环境氛围。一是要加强生态心态文化建设。教育引导人们充分认识到，人类不仅要利用自然、开发自然，更要爱护自然、尊重自然，努力提高全民的环保意识和参与环境保护与建设的自觉性、积极性。充分发挥新闻媒体的主渠道作用，通过多种形式对环保政策法规进行宣传，认真组织有关环境保护的纪念活动，大造声势，增强效果。二是要加强生态体制文化建设。健全的生态法律制度不仅是生态文明的重要标志，而且是生态保护的最后屏障，其作用在于用刚性的制度约束和惩罚人类的不文明行为。当前，要严格落实环境责任追究制度，加大对违法超标排污企业的处罚力度，严惩环境违法行为。同时，要加快建立健全生态法律法规制度体系，明确界定环境产权，并建立独立的不受行政区划限制的专门的环境资源管理机构，克服生态治理中的“地方保护主义”行为。三是要加强生态文化建设。以挖掘弘扬生态文化为切入点，认真整理中国传统文化，尤其老子以“道法自然”

为核心的生态智慧的精华，为我所用，为世所行。通过多种手段、多种形式，营造浓厚的生态文化氛围，引导人们在潜移默化中受到影响和熏陶，从而树立生态文明新观念。

4. 以活力实力魅力为主调，努力建设生态村镇

一是要建设生态城。围绕建设“生态文化名城”，切实把握好三个层次：在自然生态层次，按照人与自然和谐发展的要求，大力实施城镇绿化、美化工程；在社会生态层次，始终突出以人为本，坚持在空间布局上满足人的活动要求，在生态环境上满足人的生理健康要求，在人际关系上适应人的交往要求，在文化氛围上符合人们陶冶情操的要求，在日常生活上符合人的方便要求，将人的社会生活有机地融合到城市这个有机体之中，共同形成一个基本完善的城市生态系统；在文化生态层次，无论是城市空间布局，还是局部的群体设计和重要建筑的单体设计，都要与民众风格、历史文化底蕴有机结合起来，力求一栋建筑一个标志、一条街道一个品牌。积极开展文明市民、文明家庭、文明单位、文明小区、文明城市创建活动，不断丰富市民的精神生活，增强市民的生态意识，使整个城市生态系统的运行由外在控制变为内在调节。二是要建设生态镇。在努力突破小城镇建设投入“瓶颈”的同时，切实处理好几个关系：首先要处理好突出重点与整体推进的关系。采取“重点突破，梯次推进”的战略，搞好小城镇建设的中长期规划，集中物力财力，重点抓好人口较多、地理位置优越、工商业较发达的建制镇建设，实现由注重量的扩张到狠抓质的提升的转变。其次要处理好发展经济与生态保护的关系。在城镇规划和产业建设中，要引进生态学的观点，做到基础设施建设、产业建设与生态项目建设统筹兼顾，避免以牺牲环境为代价来发展经济，保证小城镇的可持续发展。再次要处理好硬件建设与环境优化的关系。按照统筹城乡发展的要求，着力完善配套小城镇政策环境、投资环境、人文环境，努力创建“文明型”、“诚信型”和“开放型”

小城镇。三是要建设生态村。结合新农村建设，选择一批基础条件较好、群众素质较高的自然村作为生态村建设的试点，积累经验后以点带面，全面推开。要始终以发展生态经济、优化生态环境为重点，引导各村把创建活动与调整产业结构、发展区域特色经济结合起来，努力促进文明生态村建设与经济发展的共同进步。要以生态文明促进精神文明，以精神文明带动生态文明，从而提高农村的整体文明素质。

综上，在现实的领导工作中认真借鉴和吸取老子以“道法自然”为核心的生态智慧精华，并有机地融入实现党的十七大提出的建设生态文明的宏大目标之中，才能调动人们接受生态文明理念、实践生态文明理念的主动性、积极性和创新热情，从而掀起波澜壮阔的生态文明创建热潮，促使老子以“道法自然”为核心的生态智慧之树结出丰硕的生态文明建设之果，进而实现全人类的包容性增长和全面协调可持续的科学发展。

（作者单位：中国老子文化研究中心）

老子的哲学智慧与“柔道”管理

——读《老子》札记

周德丰

一

老子、孔子、墨子，在20世纪初叶曾被著名思想家梁启超称作“中国古代三大圣”。照此观点，老子是给中国文化奠基的三大圣哲之一，其地位必须高度重视，他的排座次至少不应在孔、墨之下。近些年，随着“国学热”的发展，孔子思想的普及度已经达到较高的水准，但老子思想尚未得到应有的普及。如以孔老相比，愚窃以为：从哲学上讲，孔子代表中国文化与哲学的表层结构，老子才代表中国文化与哲学的深层结构，老子远比孔子更深刻、更玄远、更幽深。中国文化与哲学，如果没有老子道家，就像大树没有根、房屋没有基一样。因此，在推进“国学热”进展的过程中，重视老子思想的推介与普及，对于提高国人的认知能力、智慧程度，更广泛深入地弘扬民族优秀文化，是大有益处的。

二

老子并不姓老，司马迁《史记》中提到的三个老子（老聃、老莱子、太史儋）都不姓老，但是时人称其为“老子”。以老聃为例，《史记·老子韩非列传》云：“老子者，楚苦县厉乡曲仁里人也，姓李氏，名耳，字聃，周守藏室之史也。”“老”是什么意思？无非是老成持重，老谋深算，以及老练的思想，老到的方法，老辣的手段，等等。大抵各个时代皆有该时代的“老子”，即智者大师是也。

三

《老子》五千言，充满深沉的智慧之言，真可谓字字珠玑。有几则评老的断语令人过目不忘：

> 章太炎：老子如大医，遍列方剂，寒热、攻守杂陈而不相害，不能尽取。
>
> 曹聚仁：《老子》是思想的钻石，有着多面的光辉。
>
> 钱穆：孔墨均浅近，而老独深远；孔墨均实在，而老独玄妙。
>
> 尼采：《老子》犹如一座永不枯竭的深井，只要你放下汲桶。唾手可得甘泉。

总之，老子哲学真是一个具有无限可对话性、无限可诠释性的文化存在，值得我们现代人继续探寻。

四

中国的文化元典和哲学经典有一异乎西方文本的显著特点，这就是言约义丰，言简意赅，有论纲式的表达方式。据统计：《老子》只有5000字，《孙子兵法》只有6000字，《易经》只有4157字，《论语》只有12700字，但字字玑珠，妙语连珠，那真是智慧的结晶体。老子《道德经》是其中的最上精品。这一最上精品包含着一个巨大的哲学思想体系，以笔者浅见，这一体系可以八大命题概括之：

（一）设“大”、“道”以论本体；（二）标“道”、“德”以阐规律；（三）举阴阳涵盖矛盾；（四）以“反动”概括极则；（五）称柔弱能胜刚强；（六）辨功用看重虚无；（七）重玄览而轻感知；（八）为无为而无不治。

夜深人静，河汉照天，你可以仔细想一想老子这种古老哲学体系所体现的空灵超脱的涵盖性和逻辑结构的简洁性，可以使你心灵宁静，智慧滋长，境界提升！

五

《老子》这部书主要是写给谁看的？拙见以为：五千言主要是写给管理者看的。老子曰：“上士闻道，勤而行之；中士闻道，若存若亡；下士闻道，大笑之，不笑不足以为道。”（第四十一章）老子及道家所言“大人”、“真人”、“上士”之属，皆系指高层管理者，包括高层政治管理者，高层行政管理者，以及我们今天所说的企业高管。这些人士认识“道”、把握“道”，按照“道理”办事的极端重要性，是不言自明的。韩非子《解老》有云：“夫缘道理以从事者，无不能成……夫弃道理而要举动者，虽上有天子诸侯之势尊，而下有倚顿、陶朱之富，犹失其民人而亡其资财。”这话说得太好，深得老子精髓。我们处于21世纪的现代型企业家，若想为今日世界作出更大贡献，就不仅要贡献我们的劳动力，也不仅要贡献我们的知识、技术和技能，更要贡献出我们的智慧和思想。而做到这一点，更需要我们的现代企业家，进一步努力探索新的大道，准确把握新的大道，在新一轮竞争中扶摇直上，击水三千，而屹然立于不败之地。这些人士下些功夫读通《老子》，实有百益而无一害。

六

谈到老子的柔性管理思想，不能不谈老子的辩证法观念。老子的辩证法在中国古代哲学中是戛戛独造的，可以与之比肩的只有《易经》和《孙子兵法》。正如晚清大哲学家魏源所概括："夫经之《易》也，子之《老》也，兵之《孙》也，其道皆昌万有，其心皆照宇宙，其术皆合天人，综长变者也。"（《〈孙子集注〉叙》）老子辩证哲学的地位由此可见一斑。

老子的辩证法涉及三大命题：（一）万物负阴而抱阳；（二）反者，道之动；（三）弱者，道之用。这些观念都是老子柔性管理思想的辩证思维基础，大体而言，老子柔性管理涉及刚与柔的辩证关系，进与退的辩证关系，高与下的辩证关系，快与慢的辩证关系，取与予的辩证关系，迂与直的辩证关系，动与静的辩证关系，小与大的辩证关系，一与多的辩证关系，等等，处处皆能显现柔性管理的思想睿智。《老子》的高超智慧与《易经》、《孙子兵法》并驾齐驱，堪称中国古代辩证思维三大渊薮，至今值得我们认真研习。

七

老子是"柔道"高手，有丰富的柔性管理思想。老子主张：以柔克刚，以弱胜强。这绝不是反对刚健有为，自强不息的精神，恰恰相反，在老子的思维中，刚健有为与以柔克刚相辅相成，相得益彰，就实现了百炼钢化为绕指柔的最佳效果。愚窃以为，对老子“柔道”哲学总体而言，应作如是观。《老子》柔性管理思想似可概括为四个方面：

（一）尊道贵德，无为而治

《老子》第五十一章云：“万物莫不尊道而贵德。”又说：“故道生之，德畜之，长之育之，亭之毒之，养之覆之。生而不有，为而不恃，长而不宰，是谓玄德。”“道”与“德”这两个层次具有不尽相同的功能作用。道创生万物，德养育万物，所以万物没有不尊崇“道”而珍视“德”的。没有谁给他们加上尊号，他们之所以被尊崇、被珍视完全是自然形成的。“道”和“德”创生万物、养育万物、却不据万物为己有；做万物的统领，却不干涉、傲视它们，这才是深厚悠远的大德（“玄德”）。

从管理的角度可以认为：“道”是最高的统摄层次，“德”是各领域、各部门的次高层次，再往下是具体的层次。每个层次各有其职能，各有其任务，可以相互配合，相互圆融，不可相互替代，不可越俎代庖。这就是管理学上所强调的分层管理原则，在此原则下，各层管理者皆可做到，不凌不替，各擅其长，各司其职，有序运作，即老子津津乐道的“圣人处无为之事，行不言之教”（第二章）。老子所憧憬的“治大国若烹小鲜”的理想其秘诀无非是分层管理而已。

（二）上善若水，柔弱取胜

老子有一著名思想，叫做“柔弱胜刚强”。“柔弱”何以能胜“刚强”？从老子的论述来看有其独特的论证。论证之一，从水之特性得来。“上善若水。水善利万物而不争，处众人之所恶，故几于道。”（第八章）“天下之至柔，驰骋天下之至坚，无有入无间，吾是以知无为之有益。”（第四十三章）“天下莫柔弱于水，而攻坚强者莫之能胜，以其无以易之。弱之胜强，柔之胜刚，天下莫不知，莫能行。”（第七十八章）论证之二，从赤子之特性得来。“专气致柔，能婴儿乎？”（第十章）“含德之厚，比于赤子……骨弱精柔而握固。”（第五十五章）“人之生也柔弱，其死也坚强……故坚强者死之徒，柔弱者死之徒……强大处下，柔弱处下。”（第七十六章）论证之三，从牝性之特征得来。“天下之父（原作‘交’，据高亨《老子正诂》改），天下之牝。牝常以静胜牡，以静为下。”（第六十一章）论证之四，从刚者常败得来。“物壮则老，是谓不道，不道早已。”（第三十章）“强梁者不得其死，吾将以为教父。”（第四十二章）“兵胜则不强，木强则折。”（第七十六章）要之，水的特性是貌似柔弱而实则有能量积累之特长，赤子的特性是貌似弱小而实则有成长性的优势，雌性动物的特性是貌似孱弱实则有厚德载物、繁衍力强的功能。这在管理思想上也是颇具启发性的。

（三）低调无痕，谦卑取胜

老子是最低调的人，《史记·老子传韩非列》即有名言曰：“良贾深藏若虚，君子盛德容貌若愚。”《老子》第四十二章云：“人之所恶，唯孤、寡、不穀，而王公以为称。故物或损之而益，或益之而损。”第三十九章还提出了“贵以贱为本，高以下为基”的深刻思想，主张“至誉无誉”，“不欲琭琭如玉而珞珞如石”。老子还以“江海处下而为百谷王”的事实，告诫人们不要“自矜”、“自伐”、“自是”，对“满招损，谦受益”的真理作了充分的发挥，具有永恒的哲理的价值。历史经验反复垂鉴：恃功而骄，得志猖狂，得意忘形，在政治上必然会自取杀身之祸，在人际关系上必然会众叛亲离，在商场上离关门大吉也就近在咫尺了。

（四）功在不舍，贵在持续

如前所述，老子重视水的功能，水的力量实则体现在能量的积累，即荀子所说：滴水穿石，功在不舍。老子认为一切事功都有一个积累的过程，不可急于求成。《老子》第六十四章云：“合抱之木，生于毫末；九层之台，始于垒土；千里之行，始于足下。”第五十九章还有一则更深刻的论述：“治人、事天，莫若啬，是以早服。早服谓之重积德；重积德则无不克；无不克则莫知其极；莫知其极，可以有国；有国之母，可以长久。是谓深根固柢，长生久视之道。”老子还有一则名言，叫做：“企者不立，跨者不行”（第二十四章），其意与孔子“欲速不达”异曲同工。把这些精彩论述，结合管理之道就启示我们：各项建设都要循序渐进，依理而行，绝不可以主观自是，好大喜功，应少谈跨越式腾飞，更不要企图把需几十年完成的大业“灭此朝食”、顷刻搞定！

八

老子的哲学智慧和管理思想毕竟是25个世纪以前的古老思想，让它在21世纪重放异彩，就必须让老子思想与现代政治管理、行政管理、企业管理生活结合起来，和现代先进思想观念结合起来，或者说，必须给古代的老子以现代的解说和诠释。作如是观，我们会认识到，老子的柔性管理思想在现代社会管理、行政管理、企业管理中之所以还会有良效奇验，有现代价值，重点在于：

柔性管理靠智慧高超、理念先进及对客观规律的认知把握；柔性管理靠长效机制、制度完备、分工管理、分层管理、井井有条、纲举目张、有序运作；柔性管理靠管理者、领导者虚怀若谷、谦虚谨慎、防骄破满、虚己接物、善待群众，保持上下和谐、通力合作；柔性管理靠战略眼光、大局观念、着眼动态发展、保持动态平衡、重视可持续性；柔性管理靠洞察先机、动静有时、收放自如、知足知止；柔性管理靠刚柔结合、进退有度、积蓄力量、适时调整。

（作者单位：南开大学哲学院）

论老子“柔”思想的当代价值

王伟凯

“柔”作为老子思想的重要内容，历代学者对其多加关注，并进行了深刻诠释。如当代著名学者任继愈先生认为：“老子脱离了条件去看柔弱胜刚强的原理，因而把柔弱胜刚强抽象化、绝对化。他看到一些柔弱的事物目前虽不够强大，后来居然战胜了强大的敌人，他说：‘坚强者死之徒，柔弱者生之徒。’但是他没有区别垂死的、腐朽的事物的衰弱，与新生事物的柔弱在性质上的区别。”[①] 卢育三先生认为：“在老子看来，事物在发展过程中总有两个相互对立的方面，如阴阳、刚柔、强弱、雌雄、贵贱、祸福、大小、多少、曲全、枉直等，这些对子可以概括为阳刚、阴柔两个极端，阳刚属于盈满一类，阴柔属于冲虚一类。这两个极端的性质和前途不同，阳刚由于属于盈满一类，没有发展前途，必然向反面转化。为了防止转化，就必须损其有余。阴柔由于属于冲虚一类，有发展余地，因其不足，所以补不足。”[②] 两人的分析虽然各有侧重，但基本上是从辩证的角

---

① 任继愈：《老子新译》，上海古籍出版社，1985，第51页。

② 卢育三：《老子释义》，天津古籍出版社，1987，第20页。

度来看待“柔”的。

应该说这些学术前辈的论述和诠释可谓把握了真谛，将“柔”的思想不是孤立地看待，而是结合了老子的其他思想进行综合分析得出的结论，是毫无疑义的。但如果我们将老子“柔”的思想放大开来，与形而下的具体的人的生活状态和工作思路进行比照，有可能会使得老子的“贵柔”能够更进一步服务于人们的认识，因为在老子眼中，“柔弱从来不是虚弱无力的表现，只有最有生命力的事物，才能表现为柔弱”[①]。为此，笔者不揣浅陋，拟从一个新的角度对这一思想进行点滴分析，以求证于方家。

一　《老子》中“柔”字的分布及释义

在《老子》一书中，“柔”字共出现了11处，虽然“弱”作为“柔”的近义词乃至同义词，在书中也多次出现，但若从文字学角度来看，其在不同语句环境中，有时含义还略微有些区别。所以本文便仅就“柔”字而论，仅将“柔”字摘出，并对之进行粗浅的释义。

1.“专气致柔，能如婴儿乎？”（10章）对这一“柔”字，任继愈和卢育三先生都解释为“柔和”，意为“专精守气，致力柔和，能像无欲望的婴儿吗？”老子认为婴儿具有三个特点，一是柔弱，二是无知无欲，三是天真淳朴。对这句话的理解，一些学者从批判的角度，认为这体现了老子消极的政治观。实际上并非如此，老子用反问的形式阐明，即使人“专精守气，致力柔和”，也不可能回归到婴儿的状态。应该说这其实体现了老子发展的观点，他已经认识到人成长发展到一定阶段，是很难回归到最初状态的，所以人性之所以恶，就

① 张敬梅：《事实与价值的双重诠释》，《黑龙江社会科学》2008年第6期。

是“因为人后天有了知和欲，会采用智术以及有为和相争的方式满足自身的欲望”，[①] 根本不可能再像婴儿那样质朴。

2. “是谓微明，柔弱胜刚强。”（36 章）对这一“柔”字的内涵，学者们的解释比较一致，即“柔弱”。是“将欲歙之，必固张之；将欲弱之，必固强之；将欲废之，必固举之；将欲夺之，必固与之”的结论，意为这就叫做深沉的预见，也就是柔弱必定战胜刚强的道理，因为刚强迟早会转化到自己的反面，所以柔弱胜过刚强。应该说这是老子辩证思想的体现，“是一种充满智慧的思想”，[②] 虽然强调“柔弱胜刚强”，但他也不否认“刚能克刚”，所以又提出“国之利器不可以示人”，也就是说不要耀武扬威，自己要遵循“德”。这种思想显然并非有些人批判的消极处世，而是启发人们要意识到“知强守弱”所能带来的好处，所以说老子的这一观点恰恰是其智慧所在。

3. “天下之至柔，驰骋天下之至坚。”（43 章）此“柔”字意为“柔弱”，本句话的含义是力图表明柔弱的好处，因为“最柔弱的东西能够在最坚硬的东西里穿行无阻”，实际上是老子进一步阐述了“柔弱胜刚强”的道理，进而言之“无为”的价值。柔弱是无为，刚强属有为，既然最坚强的东西阻挡不住最柔弱的东西，所以在他的潜意识中就力图向大家表明：“坚强不如柔弱，有为不如无为。”虽然这其中蕴涵着老子可贵的辩证思想，但我们对他的表述认知不能绝对化，因为事物的相互转化固然是存在的，但处于极端的两个事物的发展是否都向彼此方向走去，应该说还值得探讨。

4. “见小曰明，守柔曰强。”（52 章）此“柔”字意为“柔弱”，本句话的含义是“能观察细微，才是明，能保持柔弱，才是强。”老

① 田云刚、张元洁：《老子人本思想研究》，中国社会科学出版社，2005，第 55 页。

② 柳振群：《老子管理思想研究》，天津古籍出版社，2008，第 77 页。

子认为只有这样才能“无遗身殃”，即“不给自己留下祸殃”。为什么说保持“柔弱”才是真正的强，是和前文“天下之至柔，驰骋天下之至坚”论述密切相关的，应该说这是老子对事物观察的认识论的总结。柔和强固然存在着转化，但转化是需要条件的，如果漠视条件的存在，一味地认为二者必然要转化和“守柔”就是强，那在某钟程度上有可能演变为自我麻木、掩耳盗铃的状态，对发展会起到一定的认识阻碍。

5.“骨弱筋柔而握固。”（55章）此“柔”字意为“柔和”，本句话的含义是“骨弱筋柔，而握持得牢固”。在本段话中，老子把道德涵养高尚者比喻为初生的婴儿，婴儿虽然骨弱筋柔，但“无心握拳而握自固”。这里又一次讲到“柔弱”和“坚固”的关系，但从语境中还可以发现另一含义就是对老子对“自然之道”的推崇，认为原生态、纯自然的物质的力量是无穷的，正如任继愈先生所言：“老子宣传无为的处世哲学，教人们回到愚昧无知的原始状态。认为只有像无知无欲的婴儿那样才算最符合道的标准，经常保持柔弱、无知的状态，才可以避免灾祸，否则就不符合道的原则，就要死亡。”[①] 应该说老子的这一观点可视为哲学的诠释层面，但在形而下表述中却很难操作，如婴儿固然能“握固”，但所谓的“固”是有一定程度的，即一定的“量”，当超过了这个量，也就不可能“握固”了。

6.“人之生也柔弱，其死也坚强。万物草木之生也柔脆，其死也枯槁。故坚强者死之徒，柔弱者生之徒。是以兵强则灭，木强则折，坚强处下，柔弱处上。”（76章）本段出现了四处“柔”，可以说是对“柔”思想的集中诠释，四个“柔”字的含义基本一致，除了第二个“柔”字为“柔软”之意外，其余三个皆和“弱”字连用，意为“柔弱”。这一章是老子对“柔”和“强”关系的集中归纳，并总结出了

---

① 任继愈：《老子新译》，上海古籍出版社，1985，第96页。

一条普遍原理：柔弱的东西最强大；强硬的东西最脆弱，接近死亡。就像活人的身体，生前柔软，死后尸体却变得僵硬；活着的草木枝干柔软，死了却变得又干又硬。所以他的人生处世哲学的中心就是：“强硬不是好事，它接近死亡；柔弱才有生命力。”[①] 对这一观点，学者们评价不一，任继愈先生批判了这一思想，认为老子只看到了问题的一个方面，并把它绝对化，因为事物的强弱要看它是新生的还是腐朽的，新生的事物即使目前柔弱，以后也会强大，如果是腐朽的事物，不论它目前是否强大，只有死亡一途。实际上若通过《老子》全书来看，这里应该是老子欲强调“物极必反，强弱转化”的道理，所以本章以“坚强处下，柔弱处上”结尾，也就是说，自以为强大，最终必然处于下位，以柔弱自处，最终必居于上位。其最终还是要表明他前文已述的观点：柔弱胜刚强。所以卢育三先生总结本章的主旨为：坚强是走上死亡的途径，柔弱是走上生长的途径，柔弱胜刚强。

7. “天下莫柔弱于水，而攻坚强者莫之能胜，以其无以易之。柔之胜刚，弱之胜强，天下莫不知，莫能行。”（78 章）第一个“柔”字与“弱”字连用，意为“柔弱”，第二个“柔”字，与下句“弱”字对应，意也为“柔弱”。本句话的含义是“天下没有比水更柔弱的东西，而攻击坚强的力量没有能胜过它的。因为没有什么能代替它，柔之所以能胜刚，弱之所以能胜强，天下没有人不懂，可没有人肯照着去做。”这里老子再一次阐明了“柔弱之物与刚强之物”的关系，并推论说：柔弱、谦下似乎可卑，但却能胜过一切，表面上看来是吃亏了，实际上却占了便宜。天下人虽然都知道这个道理，但按这种思维去做的人却几乎没有。应该说，由于老子身处动乱纷争的时代，所见所闻都是逞强好胜，造成彼此之间杀伐争斗，所以他希望执政者能够具备水一样的德行，要尚“柔”，以“柔”胜万物，反映了

① 任继愈：《老子新译》，上海古籍出版社，1985，第 224 页。

老子“不争”的思想认识。

通过对上面11处“柔”字的分析，可以看出，基本上同一地反映了老子“柔弱胜刚强”的观点。不容否认，由于老子看到世间诸多事物的灭亡总是因为其过于强大，所以劝戒执政者不要总看到强大或强盛的一面，而要重视用“柔”政，要意识到“柔”的价值，通过“柔”来达到“强”的目的。虽然他的这一观点存在着抽象化和绝对化的缺陷，但却对后世人们的生活方式和行为方式产生了一定的影响，“以柔克刚”、“刚柔相济”、“韬光养晦”的处世哲学成为一些人提倡的基础，如明嘉靖文人陈眉公就说：“舌存，常见齿亡，刚强，终不胜柔弱。”[①] 可见，这一思想逐渐被封建士大夫、文人乃至整个民族所吸收融化，沉淀为中国心理文化的重要组成部分，进而成为人们为人处世的精神支柱和调剂自身生活状态的原则。此外，他的这一观点也影响了其他民族的认知，如英国历史学家卡莱尔说：“最弱的人，集中精力于单一目标，也能有所成就；反之，最强的人，分心于太多事务，也可能一事无成。”[②]

二 《老子》“柔”思想的价值探究

任何存在的事物，都有一定的价值，虽然老子的“柔”思想中有不合理的成分，但其能流传下来，并对后世人的生活哲学产生较大的影响，这足以说明该思想的价值所在。

第一，“柔”蕴涵着一种处世方式，这种方式在人类的生活哲学中是难以绕开的。人作为生产力中最活跃的因素，其对事物的分析判断并由此做出的决策和选择，肯定是希望以最小的成本和代价得到最

① （明）陈眉公：《小窗幽记》，希望出版社，1991，第188页。

② 〔英〕卡莱尔：《英雄和英雄崇拜》，上海三联书店，1998。

大化的效果。但最小的成本与最大化的效果之间的路径选择，不是只有靠“强”才能完成，有时就必须以“柔”为桥梁，刚而能柔，是用刚的方法；柔而能刚，是用柔的方法；强而能弱，是用强的方法；弱而能强，是用弱的方法。在处理天下事时，有以刚取胜的；有以强取胜的；有以柔取胜的，也有以弱取胜的。所以外国学者曾评价中国的这种处世方式为“非凡的技艺”，并且很羡慕地说：“这种技艺在盎格鲁—撒（撒）克逊民族中，是一门早已失传的技艺，或者确切说，这种技艺从未体现过。”[①] 也正因为如此，著名哲学大师罗素对中国人的性格做出了这样的评判：“各个阶层的中国人都要比我们所熟悉的其他一切民族更乐观旷达。他们随时随地寻找到闲情逸致，用一句玩笑就能化解纠纷。”[②]

第二，“柔”是“刚”另外一种实现方式，是达到“强”目的的另一条路径。一些学者认为老子的“柔”就是单纯的软弱，其实这并不符合老子思想的实际，“柔”并不等于“懦弱”，只是通过“柔”走到自己的对面，实现自己的预期。自然界中弱小者之所以能够靠柔韧战胜强大，就因为刚与柔具有内在的一致性，只是表现方式不同而已。柔弱胜刚强，“胜”有战胜的意思，但更多的当是“超过”之意，也就是说，运用“柔”的办法取得的效果有时会远远超过用“强”的办法。这一点在军事战争中的表现尤为突出，如毛泽东在分析“退却”问题时就说：“及时退却，使自己完全立于主动地位，这对于到达退却终点以后，整顿队势，以逸待劳地转入反攻，有极大的影响……战略退却的全部作用，在于转入反攻，战略退却仅是战略防御的第一阶段。全战略的决定关键，在于随之而来的反攻阶段之能不能取胜。”[③] 此处的“退却”当是“柔”的另一种表现形式。

① 〔美〕明恩溥：《中国人的特性》，戴欢、代诗圆译，长江文艺出版社，2011，第50页。

② 〔英〕罗素：《罗素自选文集》，戴玉庆译，商务印书馆，2006，第182页。

③ 《毛泽东选集》（第1卷），人民出版社，1991，第213～214页。

可见，“刚”与“柔”就像鸟的两只翅膀、车子的两个轮子一样，缺一不可。只刚就容易方，只柔就容易圆。为人处事，只有方圆并用，刚柔并济，才能取得成功。

第三，“柔”是一种战略，更是一种智慧。“以柔克刚、以弱胜强”是中华民族智慧的象征，老子用“弱者，道之用”来表明“柔”与“道”的关系，也就是说，“柔弱”是“道”的作用与体现，而道又是万物存在的依据，[①]“德者道之舍。物得以生，生知得以职道之情。”[②] 所以对“柔弱”的含义，俄罗斯华侨学者、新道家研究专家杨兴顺这样论述：“在老子看来，生是现实中不可遏制的力量，万物所从属的，所向无敌的道的法则，就是生的基础，谁破坏这一法则——生的法则，就会过早死亡，生的力量是自然界最强大的力量，生的力量强大到不可以战胜，是因为力量是凭借自身内在迸发出来的力量，而不是依赖外力产生的力量。”[③] 在说到“柔”时，老子曾用“水”来形象地举例，目的就是表明“柔弱”是灵活、流通、运行、善变化和不凝滞，是含有一种看待事物和处理问题的智慧在其中的。所以孔子对弟子们这样评价老子：“鸟，吾知其能飞；鱼，吾知其能游；兽，吾知其能走。走者可以为网，游者可以为纶，飞者可以为矰。至于龙吾不能知，其乘风云而上天。吾今日见老子，其犹龙也。”[④] 可见，孔子对老子智慧的景仰。

第四，“柔”是培养个体道德情操与涵养，实现修身的一种法则。一个人道德情操的形成，固然受其先天基因和自身性格的影响，但后天培养和磨炼的效能有时却能够弥补其先天的不足，也就是说：“道德要取得某些进步，可能会遇到生物学的障碍。毫无疑问，存在

---

① 卢育三：《老子释义》，天津古籍出版社，1987，第9页。

② 郭沫若、闻一多等：《管子集校》，科学出版社，1956，第642页。

③〔俄〕杨兴顺：《中国古代哲学家老子及其学说》，杨超译，科学出版社，1957。

④ 司马迁：《史记》（卷63），中华书局，1982，第2140页。

心理学的和社会的障碍，其中有些可能具有生物学的原因，但这并不使他们成为不可逾越的。”[①] 随着社会的进步和经济的发展，就个体而言，“柔”的思想在纷杂的社会中更显出了独特的魅力，表现出来的是谦虚谨慎和戒骄戒躁，只有这样，才能把握住全面，才能在竞争中有更多的胜算。所以老子说：“豫兮，若冬涉川；犹兮，若畏四邻；俨兮，其若客；涣兮，其若凌释；敦兮，其若朴；旷兮，其若谷；混兮，其若浊。”（15 章）这就是善于处事者“柔”的仪表和道德的体现，像冬天涉水过河那样谨慎，像提防邻国围攻那样反复考虑，像做客那样严肃，像春冰将融那样疏脱，像未经雕凿的素材那样淳厚，像长江大河那样的包容浑浊。这就是善于处事谨严的心境，如果能做到这一点，其道德修养的程度自然就不可再语。

“柔”作为老子“道”的重要特征，其从人和草木生灭前后的自然性状以及水的天然本性中，认为“柔”是最可贵的，“凡事要避免走向灭亡，如物老、兵灭、木折等，就必须‘守柔’”。[②] 并通过“柔”来实现最终的刚，“老子贵身爱生，因此主张守柔。他认为守柔，不仅利己，还可利人。”[③] 但我们在强调老子“柔”思想的合理价值时，也不能抬“柔”而贬“强”，将“强”视为导致事物走向灭亡的必然，那就从根本上违背了老子表述的初衷。通过《老子》全书可以看出，其虽然强调了“柔”，但并没有否定“强”，而是将“柔”与“强”作为互相依存的共同体，所谓“见小曰明，守柔曰强”。可见，其强调的是“柔”和“强”的相互转化以及和谐存在，并非存此灭彼。毕竟任何事物都存在“柔”和“强”的两个方面，只有把握住这两个方面，才能符合客观规律的要求。此外，老子关于“柔”与“强”的论述，也促进了人们逆反思维的形成，这一思维方

① 〔美〕托马斯．内格尔：《人的问题》，万认译，上海译文出版社，2004，第 158 页。

② 刘正球：《“守柔”、“中庸”、“持满”辨析》，《桂海论丛》2000 年第 1 期。

③ 张元洁：《老子守柔思想的现代价值》，《山西省委党校学报》2008 年第 1 期。

式客观地起到了引领人们反对世俗的作用，不但“对当时的人类文明进程起到了重要的刺激作用”[①]，而且也颇受后世人的青睐。

三　小结

“柔”固然是为人处世的重要哲学，但不是说越“柔”越有价值，因为任何事物都有一定的度，我们说“强”达到一定程度，物质就会损坏，但如果“柔”到了一定程度，也会起到相反的效果。倘若世上只有柔，那就可能会成为可悲的柔弱，它就可任意扭曲，像一根在水里浸泡了许久的藤条一样，正如曾国藩所言：“太柔则靡，太刚则折；刚自柔出，柔能克刚。”[②]

当代战略学中有一种被称为“柔性战略”，意为企业必须有效地响应变化着的竞争环境中的不同方面的各种不同能力，表现为企业通过创造柔性而提高在不确定环境中成功和生存的机会。管理学中也有一种被称为“柔性管理”，目的是最大限度地激发员工的创造力。但这种战略和管理模式也并非可以广而用之的，只有当企业处于多变的竞争环境中或员工对企业的刚性管理出现抵触时，运用这一战略和管理形式才有可能取得较为明显的效果。所谓“员工个体被赋予了很大的决策权和自我管理权，整个组织中高度集权的层级管理演变为高度分散的自我管理，在企业里形成人人参与创造、人人参与管理的氛围”。[③] 应该说，这种状况若想发挥出应有的效力，必须具备诸多配套因素，如员工对共同价值观的认可、企业文化的凝聚等，如果没有这些作为依托，柔性管理就可能会出现问题。

所以我们重视“柔”，拥有“柔”，但绝对不可放弃“强”，无

① 张岱年、成中英：《中国思维偏向》，中国社会科学出版社，1991，第156页。

② 梁启超：《曾文正公嘉言钞》，中国书店出版社，2012，第57页。

③ 张沁悦：《老子”守柔“思想与现代柔性化管理思想的比较》，《经济师》2006年第7期。

论"柔"和"强"的运用与把握都有一定的支撑底线，超越了这一底线，就会走向事物的反面。因此，客观认识老子"柔"的思想，以之来丰富人类的系统思维、辩证思维和逆向思维，同时，通过"柔"的思想，不断提升思维水平和丰富工作经验，也才能为人类实现自我的价值奠定应有的基础。

（作者单位：天津社会科学院哲学研究所）

王夫之《老子衍》及其现代管理启示

张枫林

《老子衍》成书于顺治十二年，王夫之时年 37 岁，这也是王夫之放弃军事诉求，学术创作的开始[①]。根据王之春《船山公年谱》记载，18 年后，当王夫之的哲学思想更加成熟时，他又对《老子衍》进行重定，并写了后序，可是重订的《老子衍》稿本被他的弟子唐端笏带回家中，不小心毁于火灾。因此现在所见的《老子衍》是根据王夫之 37 岁时所写的稿本刻印。

一 《老子》与《老子衍》

《老子衍》作为王夫之完成的第一本学术著作，限于时代要求和学术背景，他对道家的态度是批判地吸收。无论是《老子衍》中的“衍”，还是《庄子解》、《庄子通》中的“解”和“通”，都揭示了

① 据《王夫之年谱》记载，王夫之于顺治十二年（1655 年）开始撰写《老子衍》和《周易外传》，其中“八月《老子衍》成”，在此之前其作多为词章。见王之春撰，汪茂和校点《王夫之年谱》，中华书局，1989，第 54 页。

王夫之对道家的态度：一方面说明王夫之具有极深厚的道家学说的功底，另一方面虽有否定，但亦有批判的吸收。

（一）王夫之对《老子》性质的评定

王夫之从本质上来说是反对《老子》[①] 的。他曾说："盖尝论之，古今之大害有三：老、庄也，浮屠也，申、韩也。三者之致祸异，而相沿以生者，其归必合于一。不相济则祸犹浅，而相沿则祸必烈。"[②] 虽然他也承认老庄能"节取其大略而不淫，以息苛烦之天下，则王道虽不足以兴，而犹足以小康，则文、景是已。"[③] 在其后的老庄流变中，则出现过张道陵、寇谦之、叶法善、林灵素、陶仲文之流，他们这些人并不是真正的老庄，却托附于老庄之内。王夫之提到"自晋以后，清谈之士，始附会以老、庄之微词，而陵蔑忠孝、解散廉隅之说，始熺然而与君子之道相抗。"[④] 这是道家与儒家分歧的开始，也是宋明理学中道家学说向儒家渗透的开始，所以王夫之接下来就对唐宋以来道家思想进入儒学进行了批判，"唐宋以还，李翱、张九成之徒，更诬圣人性天之旨，使窜入以相乱……于是而以无善无恶、销人伦、灭天理者，谓之良知；于是而以事事无碍之邪行，恣其奔欲无度者为率性，而双空人法之圣证；于是而以廉耻为桎梏，以君父为萍梗，无所不为为游戏，可夷狄，可盗贼，随类现身为方便：无一而不本于庄生之绪论……"[⑤] 王夫之认为，此三害就是中国传统社会最大的流弊，是盛衰之乱的根源，他进一步以此论来解读明朝灭亡，发现承接佛老

① 下面行文中凡涉及《老子》，都带有书名号，以区别现代学术界的老子研究，因为王夫之对老子本人无考据，其批判也是依据《老子》一书开展的。

② 王夫之：《读通鉴论·卷十七·梁武帝》，中华书局，1975，第1316～1317页。

③ 王夫之：《读通鉴论·卷十七·梁武帝》，中华书局，1975，第1317页。

④ 王夫之：《读通鉴论·卷十七·梁武帝》，中华书局，1975，第1318页。

⑤ 王夫之：《读通鉴论·卷十七·梁武帝》，中华书局，1975，第1318～1319页。

余绪的王门后学，也是为祸明末思想界的异端，这也是为什么王夫之的第一本学术著作会是《老子衍》，因为《老子》虚玄之始，是社会混乱之源。

（二）实用地吸纳老庄精华

本着实用的态度，王夫之没有将老庄一概否定，而是选择性地吸收。王夫之对老庄矛盾的态度在《庄子解·叙》中体现得最为明显，他说："己未春，避兵楂林山中，麇麏之室也，众籁不喧，枯坐得以自念：念予以不能言之心，行乎不相涉之世，浮沉其侧者五年弗获已，所以应之者，薄似庄生之术，得无大疚愧？然而予固非庄生之徒也，有所不可、'两行'，不容不出乎此，因而通之，可以与心理不背；颜渊、蘧伯玉、叶公之行，叔山无趾、哀骀它之貌，凡以通吾心也。心苟为求仁之心，又奚不可？"[①] 王夫之首先说明了自己的生活状况，世事艰难，"避兵楂林山中"，人迹罕至之处静坐，他觉得自己的作为"薄似庄生之术"，并自问有没有"大疚愧"，然后说明自己的"庄生之术"与"庄生之徒"的区别。王夫之的"庄生之术"的基点是儒家的仁心，有了这份"求仁之心"，"又奚不可"。

王夫之认为之所以会沉迷老庄而不能自拔，主要是心失其"大中至正之则"，因此王夫之对《老子》的态度也就可以理解了：以儒家的仁心为基点，在生活中对诸家学说进行吸纳和消化，在现实世界中政治诉求不能如愿，生活艰辛困苦的时刻，以道家的某些隐逸思想找到梦想与现实的平衡点。但在思想中由于对儒家现世理想的追求，他又不会真正归于道家，并在其后的人生中，奋发图强，在思想上形成了庞大的理想体系。

---

① 王孝鱼：《老子衍·庄子通》，中华书局，1962，第75页。

二　王夫之《老子衍》之思想

《明遗民录》中说“夫之生逢乱离，崎岖岭表，发党论，攻险邪，备尝艰辛。既知事不可为，乃退而著书，窜伏穷山四十余年，一岁数徙其处，故国之凄，生死不忘……夫之刻苦似二曲，贞晦过夏峰，多闻博学，志节皎然……”① 王夫之的学术生涯带有浓郁的悲情主义，一方面在于世事艰辛，另一方面又矢志不渝。王夫之无论是前期的组织武装抗争，还是后期的著书立学都是为了“故国之凄”，王夫之曾说“明人道以为实学，欲尽废古今虚妙之说而返实。”梁启超将王夫之等为代表的这类从现实出发来进行思考的学说概括为经世致用学。

（一）王夫之《老子衍》的理学背景

张舜徽在《清儒学记》中大赞“船山继承和发扬了我国二千多年来的唯物主义传统，对各种唯心主义和宗教神学理论进行了深入的、有力的批判。”② 评论王夫之要考虑到其现实的社会环境，苟且不论其唯物主义性质，王夫之确实对以王学为主的心学及与心学相呼应的佛老之学进行了严厉的批判，而且其学术思想也是从批判发端的。曾有人认为“历代存在着玄虚的学风，是有着它的社会政治根子的。心学的最后走向，是融佛老于自身，以镜花水月、谈玄说虚为特征，有它的历史必然性。通过对理学空疏学风的认识，其深刻之处是超越了同时代知识分子的。”③ 这段论述是符合王夫之学术特征的。

---

① 孙静庵：《明遗民录》，浙江古籍出版社，1985，第 84 页。
② 张舜徽：《清儒学记》，华中师范大学出版社，2005，第 200 页。
③ 朱义禄：《逝去的启蒙》，河南人民出版社，1995，第 231 ~232 页。

梁启超比较喜欢用“王学”之反动来解读清初思想界，他认为顾黄王颜都是“王学”之反动。[①] 他说：“船山和亭林，都是王学反动所产生人物。但他们不但能破坏，而且能建设。拿今日的术语来讲，亭林建设方向近于‘科学的’，船山建设方向近于‘哲学的’。”[②] 从梁启超的“哲学的”论断来看，王夫之的理论建构确实是清初各思想家中最卓绝的。

（二）王夫之《老子衍》中的哲学思维

王夫之针对程朱理学中的“理在气先”，继承了张载的气本论思想，提出了“体在用中”、“理在气中”、“道在器中”的理念。王夫之认为整个世界并不是统一于“理”，或者“心”，而是统一于“气”，这个气即是张载的“太虚”。他说：“太虚者，气之体。太虚之为体，气也。气未成象，人见其虚，充周无间者皆气也。”[③] 他进而批评老氏：“若谓虚能生气，则虚无穷，气有限，体用殊绝，入老氏有生于无自然之论，不识所谓有无混一之常。”[④] 所以“老氏以天地如橐龠，动而生风，是虚能于无生有……有无混一者，可见谓之有，不可见遂谓之无，其实动静有时而阴阳常在，有无无异也。”[⑤] 从这个意义上，王夫之首先严格区分了“有无”，否定了老子的“无”本体论，以“有”为其整个哲学体系的基石。

在“有”的基础上，王夫之开始了其整个思想体系的建设。嵇文甫概括船山思想为八个字“天人合一，生生不息”[⑥]。由“天人合一”引申出“天即理”，“天就在人心中，心安即理得”，从天人关系

① 梁启超：《饮冰室合集·清代学术概论》，中华书局，1989，第16页。
② 梁启超：《中国近代学术史》，东方出版社，2004，第87页。
③ 王夫之：《张子正蒙注》，中华书局，1975，第338页。
④ 王夫之：《张子正蒙注》，中华书局，1975，第9页。
⑤ 王夫之：《张子正蒙注》，中华书局，1975，第9页。
⑥ 嵇文甫：《王船山学术论丛》，生活·读书·新知三联书店，1962，第98页。

到天理人欲，王夫之极其赞赏胡宏的“天理人欲同行而异情”说，“饮食男女，皆有所贞”，他既反对人欲，又肯定人欲的价值。针对人欲，他教人“合上下前后左右”各方的“欲”立出个“矩”来，以“整齐其好恶而平施之”。由“生生不息”引申为“动静不拘”、“性命日生”、“理与势合”、“常与变合”、“体用合一”、“博约合一”等。

（三）《老子衍》体现出的学术态度

《老子衍》的“衍”的意思是水流入大海。李申认为王夫之是“要顺着老子的思维逻辑，把老子的思想展开，使它发展，贯彻到底，看能得出什么结果，从而暴露老子思想的谬误。”[①] 这确实是《老子衍》想要展现的一部分。对于《老子》，王夫之提到其本身对自身思想有解读，他说“老子之言曰‘载营魄抱一无离’，‘大道泛兮其可左右’，‘冲气以为和’，是既老之自释矣。”（《老子衍·自序》）[②] 然后是庄子对《老子》的解读，进而是历代思想家对《老子》的解读，他认为这些解读，有很多是支离补缀，牵强附会，对《老子》虚造妄说，甚至援引佛教思想对《老子》进行解读。从王夫之的态度来看，他比较倾向于还原《老子》本身的观点，展现原本的《老子》思想，无论是便于吸纳还是便于批判，他反对“强儒以合道”和“强道以合释”，这些行为都是“诬”（《老子衍·自序》）。

在王夫之看来，《老子》有三个比较大的问题：“激俗而故反之，则不公”，因不满于世俗之见而故意唱反调，就很不容易做到公平；“偶见而乐持之，则不经”，偶尔有所得就抓住不放，就不能长久；“凿慧而数扬之，则不祥”，过于展现自己的聪明，是犯错误的前兆。而这三个问题，在《老子》中都能找到。（《老子衍·自序》）

---

① 李申：《〈老子衍〉今译》，巴蜀书社，1990，第5页。

② 王孝鱼：《老子衍·庄子通》，中华书局，1962。因为《老子衍》中引用较多，下面只在行文中列章节。

虽然《老子》中有这么多的问题，但不代表王夫之就一概否定。钱穆认为王夫之虽然名义上反对《老子》，但其政治思想中有不少思想来自于《老子》，他说："船山论治论学，旨多相通。惟论学极斥老庄之自然，而论治则颇有取于老庄在宥之意，此尤船山深博处。其取精用宏，以成一家之言者，至为不苟。"[①] 王夫之在其思想体系中将《老子》思想进行了改造，如"慈也，俭也，简也，三者于道贵矣。而刻意以为之者，其美不终……简以行慈，则慈不为沽恩之惠。简以行俭，则俭不为贪吝之谋……不忍于人之死则慈，不忍于物之殄则俭，不忍于吏民之劳则简。斯其慈俭以简也，皆惟心之所不容已。"[②] 王夫之将老子三宝"慈、俭、简"赋予仁心的后盾，从而使《老子》思想在王夫之的体系内焕发了生命力。

三 《老子衍》中的管理启示

王夫之在《老子衍》中对《老子》进行了批评和改造，其中《老子》中很多辩证的思维火花，其概念张力被王夫之进行了延伸，为现代管理提供了启示，现取其不仁与仁、静与动和取与舍来进行简要分析。之所以取这三对概念，是基于不仁与仁体现了境界与规范的统一，静与动体现了状态与走势的统一，取与舍体现了目的与方式的统一。

（一）不仁与仁：境界与规范的统一

《老子》提出"天地不仁，以万物为刍狗；圣人不仁，以百姓为刍狗"《老子》第5章，而王夫之则认为"仁者，天之气，地之滋，

① 钱穆：《中国近代思想史》，商务印书馆，1997，第132页。

② 钱穆：《中国近代思想史》，商务印书馆，1997，第132页。

有穷之业也。”（《老子衍·第五章》）《老子》之“不仁”原指天地本来没有什么私亲偏爱之心，但在王夫之看来，若真如此，则“道缝其中，则鱼可使鸟，而鸟可使鱼，仁者不足以似之也。”所以他认为仁者是有穷尽的事业。

《说文解字》“仁，亲也。从人从二。”徐铉说：“仁者兼爱，故从二。”《老子》提出“不仁”，也即是“不亲”，实际上用不亲于一私来表达“大亲”、“大仁”，这种“大仁”延伸到万物时，貌似“不仁”，实际上是一种境界。而王夫之的“仁”，则是亲于一私，即使是天地，也是带有偏爱的，所以他才说“天下畏不仁，而我不敢暴；天下畏不智，而我不敢迷”（《老子衍·第四十章》）。因此带有道德的规范性。

通过仁与不仁的启示，提示管理者既要有“不仁”的境界，又要有“仁”的规范。“不仁”的境界，可以给我们提供不同的视野，这在某种程度上是“太上”的意境，“下知有之”的和谐状态。“仁”的规范可以给我们的行为提供良好的指向。现代企业管理实际上是对人的管理，人是企业最核心的资源以及竞争力的源泉，而其间最为关键的就是要做到以人为本。以人为本是人力资源管理的重心，对提高人员工作效率和敬业精神均有重要意义。

（二）静与动：状态与走势的统一

《老子》重视“静”，在文中一再论述静的美和善，把静提升为一种状态。《老子第十六章》说：“致虚极，守静笃。万物并作，吾以观复。夫物芸芸，各复归其根。归根曰静，静曰复命。”提出只有虚心弱志才能实现无欲无求，进而将其作为通向极致的最高境界。《老子第二十六章》又说“重为轻根，静为躁君。”厚重之物居下，轻浮之物居上，因为有了重物，所以轻物才能安于上；虚静无为乃是事物的常态，物品躁动扰乱需要虚静来掌管。《老子第三十七章》说："不欲以静，天下将自正。"再如《老子·第四十五章》说："清静为天下正。"都是说若"上之人"能心中不生贪欲而能虚静无为，天地间就会阴阳相合，四时相应，风调雨顺，百姓安乐。

王夫之由于其自身的儒家特色，虽然也认同"静"的状态，但更多地是讲求"日生日长"的乾动之势。他在衍解"反者道之动"时说："方往方来之谓反。气机物化，皆有往来，原于道之流荡，推移吐纳，妙于不静。"（《老子衍·第四十章》）道自身不断运动，有来有往，有往有来，永不停止。《老子》基于此认为既然运动一定要返回，因此就以"无为守静"来面对运动；而王夫之则反对"无为守静"，而是积极地参与道的运动过程，在运动过程中寻找机会做到刚健有为，所以说："动者之生，天之事。用者之生，人之事……然而知道体之本动者鲜矣。唯知动则知反，知反则知弱。"（《老子衍·第四十章》）在运动过程中，因势利导，创造有利的环境，并最终达到《老子》所要达到的理想状态。

企业管理者要达到静动统一，这是一项极高的要求。因此王夫之又说："静于动，则动于静，动静两用而两不用。"动静相互存在于对方中，两者往往一起起作用，也一起失去作用。他进一步说："静于动，则动可名为静；可名为静，静亦乐得而归之；所谓'守静笃'者此也。动于静，则静可名为动；可名为动，静与周旋而不死；所谓'反者道之动'者此也。"（《老子衍·第五十章》）动静可以相互变化，也可以相互改变称呼，动就是静，静也是动，恒动静也就是《老子》的"守静笃"，因为动静恒生而不死，所以也就是《老子》的"反者道之动"。企业管理者在《老子》处守静则为一种状态，可以保持良好的心态，在王夫之"日生日新"中则可以把握机会创造更好的业绩，从而实现大有为的良好发展。

（三）取与舍：目的与方式的统一

《老子》的取舍非常奇特，他是用“舍”来获“取”。从根本思想上来说，他想要“取”，因为他在文中一再提到“取天下常以无事，及其有事，不足以取天下”（《老子第四十八章》）、“以正治国，以奇用兵，以无事取天下”《老子第五十七章》、“故大邦以下小邦，则取小邦；小邦以下大邦，则取大邦”《老子第六十一章》。可见《老子》表达的争强好胜之心还是非常浓郁的，从根本上来说无论是其“仁与不仁”，还是“守静笃”，最终目的还是“取天下”。而《老子》这种理想的获取方式，在很大程度上带有一定的非现实化，他说“我无为，而民自化；我好静，而民自正；我无事，而民自富；我无欲，而民自朴”（《老子第五十七章》），这种思想状态在现实生活中是不可能出现的。

在“取天下”这点上，王夫之的认识是非常到位的，但对《老子》所提出的“取天下”的方法却不敢苟同：“犹且詹詹然以前识之得为墨守，则日见益而所失者积矣。”如果沾沾自喜的固守成见，只会错过良机。“夫天下无穷，取者恩而失者怨，取者得而失者丧，此上礼之不免于攘臂，而致数舆之无舆也。”（《老子衍・第四十八章》）取得的会高兴，失去的会怨恨，这就是为什么虽然我们讲究礼节却不免兵戎相见，王夫之的这些见识是符合历史发展过程的。王夫之认同《老子》的“以正治国”，他衍伸为“天下有所不治，及其治之，非正不为功。”但他进而认为：“正必至于奇，而治国必至于用兵。”“故无名无器，无器无利，无利无巧，无巧则法无所试。故欲弭兵者先去治。”（《老子衍・第五十七章》）在这里王夫之比《老子》更进一步，主张连“治”一起消灭，也表达了其对祸乱兵灾的愤恨。

《老子》说“为学日益，为道日损”，作为企业管理，首先是要增加企业的收入，是一个“日益”的行为，在这个行为中就不可避免地会采取一些方法，这给《老子》的“心机权谋说”留下了足够的空间。“将欲歙之，必故张之；将欲弱之，必故强之；将欲废之，必故兴之；将欲取之，必固与之。”（《老子第三十六章》），虽然结合全文，该论述的基础是“道”，但仍然给人一种毛骨悚然的感觉，把“机”渲染得太重，很容易滑入纵横流，而这一负面作用又被现代企业管理者所津津乐道。王夫之对这些问题进行了揭示，他认为《老子》之易流于心机权谋，乃在其执于虚，执于机。因此要达到“日益”，就要化虚为实，变机为宏。同样，企业管理者在“日益”的过程中，要找到“日损”的可能，从而达到精神世界的满足，这也是一个取舍的过程。

四　结语

王夫之的《老子衍》并非他的核心著作，而且由于是其第一本学术著作，其中还带有一定程度的不完善，加上肯定和批判并存，对其真正态度的甄别也有一定的难度，但《老子衍》已经初步奠定了王夫之的学术态度，批判道、释、申韩，反驳王学流弊，修正程朱理学，发扬张载气学。《老子》本身的丰富辩证思想，使王夫之的整个解读过程也带上了极强的发散性和创新性。

文化管理是中国现代管理中亟缺的一环，除了西方引入的管理理念，从中国传统文化中汲取养分也是一个不错的方向，特别是中国传统文化的社会基础（如人们的价值取向、社会方式等）还存在，这给传统文化参与现代管理体系建构提供了足够的空间。但在某种程度上，传统的管理理念的目的和方式与现代社会有很大的冲突，需要进行转化后再进行吸纳，可以说这种建设是任重道远。

（作者单位：南开大学哲学院）

《老子》的社会管理思想及其对现代管理的启示

代　云

《老子》作为中国第一部哲学“专著”，虽只有短短五千言，却包含着作者对宇宙、社会、人生的深刻思考。两千多年以来，《老子》一书就像一个智慧宝藏，吸引着后来人带着不同的问题、从不同的角度对其进行探索、挖掘，其中《老子》社会管理思想对现代管理的意义就是一个重要方面。本文尝试以“管理”的概念①为分析框架，在考察《老子》社会管理思想的基础上，探讨它对现代管理的启示。

一　社会管理对象：以身为本的自然型社会共同体

管理活动的前提是一定的社会组织的存在，在《老子》中，这

① 关于“管理”的定义，目前学术界并没有达成一致的看法。毛国涛、余俊波在列举了中外管理学家对“管理”的六种定义之后，提出了自己的看法。管理就是指组织在特定的环境下，通过计划、领导、控制、创新等职能，对组织的人、财、物、信息等相关资源进行合理整合以达到组织预期目标的动态过程。（毛国涛、余俊波编著《管理学概论》，经济管理出版社，2006，第4～5页。）本文取这个定义。

一组织是以身为本的自然型社会共同体。这一结论是通过对《老子》第54章的解读得到的：

> 善建者不拔，善抱者不脱，子孙以祭祀不辍。修之于身，其德乃真；修之于家，其德乃馀；修之于乡，其德乃长；修之于国，其德乃丰；修之于天下，其德乃普。故以身观身，以家观家，以乡观乡，以国观国，以天下观天下。吾何以知天下然哉？以此。（第54章）①

老子这段话第一句是说若要家国天下延续不断，方法（善建、善抱）很重要。接下来讲他的方法。他也讲修身，不过修身的目标是归真，回到人本来的样子，即自然的样子。下面的“馀”、“长”、“丰”、“普”都是量词，表示归真的范围是从家到乡、国、天下，越来越广，最后是天下归真。这就是说，“真”或者“自然”是德之体，“馀”、“长”、“丰”、“普”是德之量。家中的每个人都归真，则家就自然了，则家之于乡、乡之于国、国之于天下，也是这样。从这里可以导出老子社会秩序建构的原则，即以身为本。它的内容有如下两个方面：

第一，身是社会共同体的基本单位，没有身，则家、乡、国、天下就只是抽象的名词。人与人之间基于身的差别是自然性的、生理性的，是有限的，就算有差别，也不会超过人与动物的差别。这样，以身为基本单位构成的人们的共同体就不存在社会性的等级差别，这就在组织中排除了等级制的存在。西周宗法制讲究“尊尊”，它是用政治关系人为地隔断自然血缘关系的结果，礼则是一套符号化的象征系统，它把不同等级的人的名分待遇仪式化，这套系统不仅在作为政治

① 本文所引《老子》原文，依据的是（魏）王弼注，楼宇烈校释的《老子道德经注校释》，中华书局，2008。引用时只引文字，不标注页码。

单位的国与天下中运行，在家这个基本共同体中也发挥作用，即以礼在家中将家庭成员的关系等级化。但是在老子这里由于以身为本，没有谁比别人更高贵，因此在家庭中，人们之间有基于道生万物的平等关系，有基于血缘的“亲亲”，而没有人为的“尊尊”。

第二，乡、国、天下不是政治单位，而是比家更大的地缘单位（相当于社区）。由于家不是基层政权，乡、国、天下也不是政权机构，从家向乡、国、天下的推扩既不必要，也不可能。同时这也意味着这些大小不同的单位之间没有政治关系，不存在上下间的超经济强制。这也许就是老子提出“有德司契，无德司彻”（《老子》第79章）的根据，“契”是债权凭证，但按老子的主张，“执左契而不责于人”，就是说它不是用来讨债的。放了债却不去主动讨要，这是“损有余而补不足”的“天之道”（《老子》第77章）的表现。“彻”是周代的农业税，有了凌驾于社会之上的政权机构才需要抽税，它是“损不足以奉有余”的“人之道”的体现。“天之道”是自然，因而“有德”，“人之道”是人为，因而“无德”。

综上所论，可以认为，《老子》社会管理的对象是以身为本的社会共同体，它是否定等级制、去政治化的自然型社会组织。

二　社会管理目标：人向自然生成

社会管理目标就是指组织目标，《老子》以身为本的社会共同体的目标是什么？这由组织的价值追求决定。在《老子》中“道”是最高范畴，但是“道”的价值取向要由“自然”来规定：

> 有物混成，先天地生。寂兮寥兮，独立不改，周行而不殆，可以为天下母。吾不知其名，强字之曰道。强为之名曰大。大曰逝，逝曰远，远曰反。故道大、天大、地大、人亦大。域中有四

大，而人居其一焉。人法地，地法天，天法道，道法自然。（第25章）

这一章的最后一句“道法自然”对于理解老子思想非常重要，但历来歧解甚多。其中关键在于对“法”与“自然”的理解不同。对于“道法自然”的理解，笔者同意刘笑敢的观点，即“法”用作动词，作谓语，“自然”用作名词，作宾语，“道法自然”是一个主谓宾结构的判断句。从“人法地”，到“地法天”，到“天法道”，到“道法自然”，四句之间层层递进，“自然”成为最高规定。[1] 这里的问题是：“自然”是实然还是应然？或者说“自然”指的是物理自然还是人文自然？“自然”若为物理自然，则“道”所取法的对象就是实然之物理世界，那个世界中，没有意志，没有价值判断，不存在“应如是”的问题。如果是这样，则物理自然中的弱肉强食法则是否也要为“道”所取法？统观《老子》全书，绝无此主张。因此老子虽常言物理之自然，但不能认为“道”所取法的就是实然的物理世界，准确地说，只有当物理之自然符合老子所认同的价值时才成为“道”取法的对象。

在《老子》中，由于“道法自然”，“自然”就成为最高规定，它规定道的价值取向，也成为社会组织的价值追求，即社会管理目标是人向自然生成。

三　实现社会管理目标的方法：以“身”为准做减法

管理目标是人向自然生成，使人成为自己本来应该有的样子，即

---

① 刘笑敢编著《老子古今——五种对勘与析评引论》（上卷），中国社会科学出版社，2006，第288～289页。

去掉人为之后的样子，哪些东西是人为的？多余的东西，也就是对于人的身体需要而言多余的东西。由于在《老子》那里“身”是自然，“心”是人为，向自然生成就意味着让“心”向“身”看齐，以“身”为准，管控人的欲望和需求，不去追逐超出基本需求之外的东西：

> 五色令人目盲，五音令人耳聋，五味令人口爽，驰骋畋猎，令人心发狂，难得之货，令人行妨。是以圣人为腹不为目，故去彼取此。（第 12 章）

“为腹不为目”就是以身体需要为准，反对超出基本生存需要的欲望，这是老子寡欲主张的体现。老子的这个主张有它的深刻之处。因为人的存在本身就包含有欲望，可以说，有身就有欲，这与动物无异，但“身”的需要是有限的，那么是什么造成人们之间的争夺？除了资源的局部和暂时的匮乏之外，更多的时候是基于“心”的无穷需要。为了满足“心”的无穷需要，人们开动自己的智力，做各种发明创造。作为文明成果，它们在方便了人的同时却又催生出人的更多需要，如此一往不返，没有止境。在老子看来，这样的“文明成果”实为人类堕落的标志，因为人被自己创造的东西裹挟，不自由了。为此，他主张去知（智）：

> 绝圣弃智，民利百倍；绝仁弃义，民复孝慈；绝巧弃利，盗贼无有；此三者，以为文不足。故令有所属，见素抱朴，少私寡欲。（第 19 章）

对于已有的成果，他主张置而不用：

> 小国寡民，使有什伯之器而不用，使民重死而不远徙。虽有

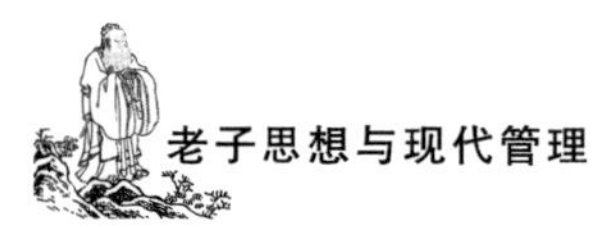

舟舆，无所乘之；虽有甲兵，无所陈之；使民复结绳而用之。甘其食，美其服，安其居，乐其俗。邻国相望，鸡犬之声相闻，民至老死不相往来。（第 80 章）

因此，可以看到，老子的以自然之“身”规定人为之“心”具体体现为去知寡欲主张。通过去知寡欲，人才能向“德”即人的本性回归，成为人本来的自然的样子。

四 《老子》社会管理方法的有效性：矛盾及其解决

管理方法的有效性是相对于管理目标而言的，有效性指的是以身为准做减法、去知寡欲能否实现人向自然生成，或者说实现人的本性。在这里《老子》社会管理思想要面对的难题就出现了。从上面的分析可以看到，这种管理方法实际是在同人的社会性欲望作斗争，与文化发展、社会分化作斗争，是想把问题解决在萌生期的努力。从第 37 章来看，老子对其主张的难度是有清醒认识并有应对办法的：

道常无为，而无不为。侯王若能守之，万物将自化。化而欲作，吾将镇之以无名之朴。无名之朴，夫亦将无欲。不欲以静，天下将自定。

这一章第一句讲道的作用（无不为）及表现（无为），然后讲它在社会管理中的应用，即无为而治，令万物（包括人）自化。这些都是《老子》中一再阐述的主张，不难理解。最难解释的是下面一句“化而欲作，吾将镇之以无名之朴”，“难”在如何理解“自化”

与“欲作”之间的关系。任继愈在《老子新译》中译为：“（万物自动）归化了，如有欲望发生时，吾将用‘无名之朴’来镇服它。”[①]从这个翻译中看不出万物自化与欲望发生的关系。他在《老子今译》中的翻译则不同：“（万物自己在）变化了而有欲望发生时，吾将用‘无名之朴’来镇静它。”[②] 这里的译文中万物自化与欲望发生之间有了先后、因果关系。高亨对这一句的翻译是：“人们在生长变化中，物质生活的欲望可能发生，我将要用‘无名之朴’（道）来镇定他们，使他们都过着朴素的生活。”[③] 陈鼓应译为：自生自长而至贪欲萌作时，我就用道的真朴来安定它。[④] 刘笑敢的解释比较充分，他认为：“镇之以‘无名之朴’是因为万物不满足于‘自化’，因而‘欲作’，即为更多的欲望驱使，一般的侯王就会用刑罚或兵刃镇压，但守无为之道的侯王则会用‘无名之朴’来‘镇’之。‘无名之朴’是道，就是‘法自然’原则的体现，所以，‘无名之朴’的‘镇’实际是使人警醒，重新回到自然无为的立场上，化解大家的不满和过多的欲望。”[⑤] 李零的解释是：“万物自化后，人欲横流，还要用不发展的道理在上面镇着压着，不要让人欲失去控制。”[⑥] 这几种解释中都肯定了自化与欲作存在先后、因果关系，但任、高将“欲”理解为欲望或物质欲望，似不当。因为根据本文前面所论，老子并不是一般地反对人的物质欲望，“有身就有欲”这个道理很浅显，老子不可能不懂，也无法反对，他反对的是多余的欲望。因此，陈鼓应、刘笑敢、李零对“欲”的理解更妥当，即指超出基本需求的欲望。“无名

① 任继愈：《老子新译》（修订本），上海古籍出版社，1985，第 139 页。

② 任继愈：《老子今译》，古籍出版社，1956，第 28 页。

③ 高亨：《老子注译》，河南人民出版社，1980，第 85 页。

④ 陈鼓应：《老子今注今译》（参照简帛本最新修订版），商务印书馆，2006，第 213 页。

⑤ 刘笑敢：《老子古今——五种对勘与析评引论》（上卷），中国社会科学出版社，2006，第 385 页。

⑥ 李零：《人往低处走——老子天下第一》，生活·读书·新知三联书店，2008，第 123 页。

之朴”即指道，李零则根据道的要求进一步解释为不发展的道理，明确指出老子社会管理主张与文化发展、社会分化之间存在的矛盾。

为解决此矛盾，老子主张用“无名之朴”即用道来镇之，即警醒之、引导之、安定之，使人们的欲望止于基本需要的满足，不作更多的追求，知足而止。可见老子社会管理目标的实现需要依赖于管理者的示范、引导，以及人们对社会管理目标的接受、认同，并不能自动实现。

五 《老子》的社会管理思想对现代管理的启示

这里所探讨的《老子》的社会管理思想对现代管理的启示不是指具体技术操作层面的借鉴，而是指针对管理学的中心议题即“如何实现组织内的有效管理”在管理理念上对现代管理的启发，据前所论，主要有 3 个方面：

1. 如何处理资源的有限性与欲望的无限性之间的矛盾

管理产生的根本原因就在于这一对矛盾（物与人）的存在。它的目的是通过科学的方法来提高资源的利用率，力求以有限的资源实现尽可能多（或高）的目标。这是从“物”的一面着手缓解这一对矛盾，它一方面满足了人们不断增长、扩展的欲望，推动社会发展进步，另一方面又制造更多的需求、更多的欲望，使人在欲望的扩展中不断向前追索，往而不返，逐渐失去简单的快乐。

相比之下，《老子》则是从“人”的一面着手解决问题，即从规范人的欲望出发来解决矛盾，让人们满足于基本的生活需要，不作更多的追求，不炫耀、不攀比，当然也不发展、不“进步”。相比较而言，《老子》的办法虽然显得有些消极但有其深刻之处。深刻之处在于它清醒地看到人的欲望之多及其可能带来的后果，过多的欲望会驱使人们以欲望的不断满足为目标不停向前，没有止境。在这个过程中，人们可能会忘记发展、进步的初衷，以发展、进步本身为目标，人反而成了实现目标的工具。这种近乎无限的直线式运动会使人产生迷茫感、焦虑感，只能在与其他人、其他国家（地区）的比较中来判定自己的发展进步程度，肯定自己发展进步的努力。对于人来说，这似乎不是一个令人向往的前景。据此，可以说，《老子》的社会管理思想在今天仍有其价值，它可以提醒我们在发展竞赛中偶尔回头看一看、想一想，我们为了什么而发展，所谓的进步又如何界定、如何实现。

2. 组织内的价值共识如何达成

组织内价值共识的达成即组织文化的形成，现代管理强调有意识地引导以建立良好的组织文化，它是实现组织目标的思想基础。在这个问题上，《老子》主张上下一致，圣人与百姓都是自然生成，寡欲主张不是只针对被管理者而言，但它首先是针对管理者的，因为它要求管理者带头寡欲：

> 以正治国，以奇用兵，以无事取天下。吾何以知其然哉？以此。天下多忌讳，而民弥贫；民多利器，国家滋昏；人多伎巧，奇物滋起；法令滋彰，盗贼多有。故圣人云，我无为而民自化，我好静而民自正，我无事而民自富，我无欲而民自朴。（第57章）

这一章重点在讲圣人如何“以无事取天下”，在列举了种种“有为”的社会管理措施的弊端后，老子讲了自己的主张，“我”是指有道之人，即圣人、理想的社会管理者，“民”是社会管理对象，将“我”的作为与“民”的表现对举，意在说明上位者的作为对下民的决定性影响。最后一句“我无欲而民自朴”，强调管理者首先自己要约束、规范自己的欲望，否则就会上行下效，无以为治。

3. 管理者的权威从何而来

管理者的权威涉及的是领导艺术问题。现代管理学理论认为，领导者的威信来自他人的认同，与其在组织中的地位没有必然的联系。在《老子》中，管理者不是靠宗教、道德、法律，更不是靠暴力树立权威，《老子》主张的权威是在消除了权力的强制性之后被管理者对管理者的自然而然的认同与服从，管理的结果是让被管理者感觉不到被管制：

> 太上，下知有之。其次，亲而誉之。其次，畏之。其次，侮之。信不足焉，有不信焉。悠兮其贵言，功成事遂，百姓皆谓我自然。（第 17 章）

这段话第一句“太上，下知有之”是站在百姓的立场对最好的社会管理者的描述，仅仅知道有那么个位置和那么个人存在，但是没有更多的感受。接下来是等而下之的几种管理方式给民众的观感。最后“功成事遂，百姓皆谓我自然”高亨解释为：所以最上等的国君，实行无为的政治，功成业就，百姓都说这是我们自己做到这样的，而觉得国君对他们没有什么作用，只知道有国君存在而已。[①] 高亨的翻译不是逐句对译，而是将文本暗含、省略的意义发掘出来，从而便于完整理解句意。根据他的解释，则“百姓皆谓我自然”是百姓对最好的治理，即“太上，下知有之”的主观感受，这是以不治为治的管理效果，是最高明的管理境界。

（作者单位：河南省社会科学院哲学研究所）

① 高亨：《老子注译》，河南人民出版社，1980，第 50 页。

《老子》的社会管理原则与制度建设要求

——“道法”制度生命观

袁永飞

《老子》一书是中华民族早期原创思想文化的综合汇集成品，到目前为止，它在中国传统文化典籍中后人对其注释和研究仅次于儒家的《论语》，而在西方现代社会中人们对它的传播和欣赏略逊于基督教的《圣经》，堪称为一部影响深远又涵盖众多领域的智慧宝典。当代学术界对老子思想有很多解读且各具特色，其中有两种相对完整并作了系统论证的哲学解读：一种是明确提出它的宇宙哲学、人生哲学和政治哲学的三位一体，如崔大华等人合著的《道家与中国文化精神》①；另一种是逻辑推演其本体论哲学、认识论哲学和社会历史观的高度统一，如朱晓鹏的《老子哲学研究》②。他们理论阐释的共同内涵是：从根本的自然之道出发，领悟到高明的生活辩证法，追求理想的无为而治的社会。前者主要沿着纵向的中国文化历史考察，属于

---

① 参阅崔大华等《道家与中国文化精神》，河南人民出版社，2003。

② 参阅朱晓鹏《老子哲学研究》，商务印书馆，2009。

其思想片段的融合分析，侧重对老子生活辩证法的人生意旨的传统内涵挖掘；后者主要是采用横向的西方哲学现实分析，集中关注老子思想领域的哲学批判和系统构建，着重说明其自然之道的形上意蕴。他们把老子无为而治的政治理想原则，当作了世俗国家和社会生活中难以企及的管理智慧，这是很多研究老子政治哲学或思想而讲管理或社会管理的一个基本看法，即“自然无为”或“清静无为”的领导艺术是无所不为的管理哲学的高度体现。如杨伍栓编著的《管理哲学新论》认为：“《老子》的管理思想主要是‘我无为而民自化’，也就是清静无为。”① 张廷伟从企业战略管理角度说老子的管理智慧是“道法自然、适可而止、圣人治国”，即符合企业之道、适时适当作为和增强员工凝聚力及认同感。② 其他学者对此或许有更深更细的研讨，但基本视角一样，主要是从文化判断角度对老子思想进行管理方面的静态阐释，明显携带了西方现代科学管理的文化内涵，虽从某种程度上破解了中国传统社会管理存在的难题，但也直接破坏掉传统管理理念的完整性与崇高性。成复旺受西方后现代文化思潮启发，对中国传统文化精神的基本认识作了文艺理论方面的梳理与阐发，把宇宙看成一个生命的大家庭：“无论天文、人文，亦无论绘画、书法、音乐、诗文，以及戏曲小说，诸般文与文艺，无不被视为生命的显现”③。对人类生命来说，生命和文化密不可分而后者的创造进化以前者的存在发展为基础，失去生命的文化将会变成抽象符号和虚无寄托，失去文化的生命将只是原初事物的形态变幻和本性扩张。中国传统社会注重历史文化的财富积累而抑制现实生命的创新发展并沉浸于儒家复古的经典生活世界，西方近代社会强调现实文化的价值创造而篡改历史生命的本质存在并满足于自然科学的对象化认识世界，由此

① 杨伍栓编著《管理哲学新论》，北京大学出版社，2003，第 40 页。

② 参阅张廷伟《国学中的管理智慧》，中国言实出版社，2008，第 40 ~ 42 页。

③ 成复旺：《走向自然生命：中国文化精神的再生》，中国人民大学出版社，2004，第 50 页。

造成完整绵延的生命世界的存在关系僵化和发展形式分化，而不利于生命本身的自由呈现与无缝对接。柏格森《创造进化论》[①] 提出生命意识流绵延不休的观点，以抗争机械论和目的论支撑的科学理性的静态生命观对自然生命世界的分割与扭曲，但其本能直觉的生命暗流同样需要智力推理的文化知识的尽情观赏和技术推进。所以，基于自然生命的无限涌动，任何一种人类社会管理制度的设计和建设，其在历史与现实两个文化向度所具旺盛不衰的生命力，正在于其制度本身是一个整体绵延的文化生命，即从自然的生命文化流向人文的制度生命，以此贯通每一社会个体而持久不衰地传承下去。从这一理路探讨老子“道法”思想的社会管理原则和制度建设要求，以阐明其制度生命观的主要内涵是自然原则和整全要求。

一　“道法”给人类社会管理提供的基本原则：自然

在老子思想中，“道法”的含义是什么？我们应该怎样理解“道法”的制度功能与社会作用呢？它是不是人类社会管理中一个原则性概括呢？或者，它真是人们从普遍抽象的认识高度推扩到特殊具体的经验领域的应用法则吗？它与“自然”的意义关系又是什么呢？它们能不能在某种意义上共建一个适合人类社会生存和发展的理论认识模式呢？这一系列的问题可用老子“道法自然”命题给予适当应答。当然，不可否认也不会忘记的是，近些年来对此命题研究说明的不少，而它们主要集中在“道”的基础内涵考察和“自然”的核心价值定位上，直接或间接体现了传统注释者如河上公、王弼等的基本认识成果和现代诠释者如陈鼓应、刘笑敢等学者的高度理论总结。笔

① 参阅〔法〕柏格森著《创造进化论》，肖聿译，华夏出版社，1999。

者曾在2008年提交的硕士论文《先秦“道法自然”新见——政治哲学探析》中，对此作过一定程度的梳理与辨析，并从政治视野围绕天地人三“道”对“自然”的人文创造性和客观规律性进行了统合性理解，但未深入分析“自然”的内在性和外在性、形上性和形下性、现实性和终极性等辩证关系，也同样不可避免地迎合着现代社会各类学科如哲学、文学、历史学、管理学、生态学等的理论需求和实际表现。不管怎样，只要言之有据、成理、动情、载道、求真、利众、适时、赋义以表达作者的良知、洞识与善意，一般没有人会特别反对和禁止而宁愿提倡大家保持沉默，更何况如今人们思想、言论和行为都在致力追求自由的时代风范，让每一位学人能从多角度、多领域、多层次等思考与分析自身关注的社会问题，也是文化繁荣的一种有效途径和必然选择。这里将对老子思想中“道法”作社会管理方面的意义探析，既希望弥补自己原来认真研究和学术思考的某些缺憾，又能应对现在亟待提升和增进的社会需求，也算是个人一种善意的理论表达和努力的有益尝试吧！

（一）原则上的自然：道法自然

1. 整体定位

回顾过去，人们比较重视《老子》第三十八章的意义分析，如韩非子《解老》的道德性法理求证和王弼《老子注》的道德性义理探讨，但韩非子并没有分章细说而侧重于阐发自己实际的法理认识，王弼则是对老子通篇八十一章作了分门别类的注解发挥和崇本息末的主旨说明。回到现在，由于近现代西方哲学文化的学科体系的影响，人们更注重《老子》第一章的价值发掘，如刘小龙《老子原解》[①] 分“道论”、“德论”和“政治论”而层层推进其系统论证，朱晓鹏

① 参阅刘小龙《老子原解》，新星出版社，2006。

《老子哲学研究》利用此章“道”的妙门打开其本体论系统建构的思路。前者主要通过它逐章解析其意蕴，以突出总体性思路和创造性发挥；后者希望确立其哲学整体框架，从不同学科领域拓展文化思想和生命价值。面对当代，随着生态环境日趋恶化和科学技术发展进入困境，人们开始注意到《老子》第二十五章“大道流行”和“道法自然”的深刻内涵，如2010洛阳老子文化国际论坛文集《老子思想与人类生存之道》社会科学文献出版社，2011中第一、二篇都围绕“道”和“自然”进行讨论，其中有高秀昌的“《老子》‘道法自然’的真义”和许抗生的“老子的圣王论——无为而治的国家管理学说”，分别从解读老子作品的问题存在和“内圣外王”的“自然无为”进行了深度分析。在此会前，笔者也写过一篇《老子的生态文化意蕴》论文，对其生命、生存、生产、生活、生态、生化与生灵的原生内涵作了初步的理论阐释和系统构建，后收录在《老子文化及其当代价值》一书中。可见，此章重要性逐步突显而大有如刘笑敢等人把“自然”作为中心价值统领《老子》全书的意味。原文如下：

> 有物混成，先天地生，寂兮寥兮，独立而不改，周行而不殆，可以为天下母。吾不知其名，字之曰道，强为之名曰大。大曰逝，逝曰远，远曰反。故道大，天大，地大，王亦大。域中有四大，而王居其一焉。人法地，地法天，天法道，道法自然。

这一章在现代老子出土文献长沙马王堆帛书和荆门郭店竹简中，都有比较完整的文字记录，应当早于第一章并优先于第三十八章而具备奠基老子思想的功能。但通常对此分作三段解析，第一段从开头到“反”谈宇宙生成论，第二段由“故”到“一焉”讲王道政治论，第三段是“人”到“自然”概括为人类法则说。分歧在于

“道”的物质性或精神性，哪一种属性是其基本属性并处于优先主导地位，还有“周行而不殆”一句的有无，“王”和“人”的异同与融贯是否一致，以及标点断句引起意义的微妙变化会不会妨碍整体把握。笔者认为，结合第二十四章“有道者不处”的原则立场，和第二十六章“重为轻根……奈何万乘之主而以身轻天下”的行为表现，第二十五章应当是二者正本清源的理论分析，其第一段和第二段的分界应在第一个“大”字之后，它首先阐述作为本源之道而具有功能之大，然后推扩到政治社会的王道功能，最后总结出人类社会的自然法则，这可表明其“道者”的基本原则和“王者”的根本依据而承上启下。因此，笔者认为它指向了人类政治社会管理的核心问题，即管理者应按照什么原则作为才更合适，体现这一核心问题的基本命题是“道法自然”。

2. 道法阐释

从单纯的词语构成分析“道法自然”这个命题，通常有三种可能：一是“道、法、自、然”四个单词，二是“道、法”两个单词和“自然”这个短语，三是“道法”和“自然”两个短语（一般不会以“道法”这个短语搭配“自、然”两个单词，这让人感到别扭）。第一种是文字学工夫而考察其字形、字义和用意等，第二种是哲学思考重点而分析其范畴、内涵和拓展等，第三种是社会制度形态而阐释其原则、根据和功能等。前两种已有人作了充分的说明而不再赘述，这里主要探讨第三种意义解释的可能情形。稷下学者著作《管子》和帛书《黄帝四经》中有“道生法”和“君生法”的说法，荀子在《致士》篇说：“无道法则人不至，无君子则道不举……道之与法也者，国家之本作也；君子也者，道法之总要也，不可少顷旷也。”韩非子在《饰邪》篇说：“故先王以道为常，以法为本，本治者名尊，本乱者名绝。而道法万全，智能多失。”这些都表明“道法”的制度形态和功能。其实，在先秦原著中，荀子以“治人”和

“治法”对举并直接突出“师法”优先“道法”，这完全符合他“以圣统王”的儒家礼法制度理念；韩非子用法术势体系和道理相应原则高度阐明其“道法”优于“君法”，更特别反映了他“以法治人”的法家法律制度理念。后世还归纳为人治与法治以对应“师法”或“君法”与“道法”，另黄宗羲《明夷待访录·原法》中也强调“治法”优先于“治人”的实质意义。可见，“道法”作为社会或国家管理的根本形态或形式是有历史依据和现实基础的。就老子文本此章原意看，也能进行一定程度的合理推测，如天地人的“三法”可概括为“道法”，作为“王法”并成就王者伟业，违背此法就会败坏基业，这是前后章节理论脉络透显的深刻内涵。《老子》第十四章[①]有更直接的说明，“道法”即“道纪”，从不可名又无形无象且无始无终的“古道”的认识理解，到可名也有形有象且有始有终的“今有”的社会管理原则，体现了这个根本性的制度规范以应对和处理人事的变化、发展的可能性。由此，“道法”是人类社会管理的主要法度而指向其基本原则“自然”。

3. 自然原则

在对老子自然的一些研究中，可作适当总结和一定引申。刘笑敢就《老子古今》一书用五种版本校勘和评析，对老子思想进行了历史学和哲学的深度探索，进而以“人文自然”作了定向诠释，其特性主要包括自发性（自己如此）、原初性（本来如此）、延续性（通常如此）和可预见性（势当如此）[②]。成复旺就《走向自然生命》一书参照西方后现代文化提出“生命模式”的认识标准，试图融摄科

① 《老子》十四章：“视之不见名曰夷，听之不闻名曰希，搏之不得名曰微。此三者不可致诘，故混而为一。其上不皦，其下不昧，绳绳不可名，复归于无物，是谓无状之状，无物之象。是谓惚恍。迎之不见其首，随之不见其后。执古之道，以御今之有，能知古始，是谓道纪。”其中“御”为“治”。参见（魏）王弼注，楼宇烈校释《老子道德经注校释》，中华书局，2008。

② 刘笑敢：《老子古今：五种对勘与析评引论》（上卷），中国社会科学出版社，2006。

学理性泛滥的“技术模式”而重振中国传统文化精神，进而区分“内在自然”和“外在自然”以指向自然生命，认为“自然”意味着“至真、至美、至法”。高秀昌《〈老子〉“道法自然”的真义》一文，比较分析王蒙文学性讲解老子自然思想的得失，认为这个自然不是指称一客体或某东西而是道与物的存在方式和状态，以此可推导“形上自然”和“形下自然”而辨识其内在的真意。他们最终都不得不落脚在老子自然思想原有阐明的“自然而然、自己如此”的自因内涵上，这是迄今为止大多数学者反复推敲老子自然含义后所表现的共同宿命。笔者虽然不能打破这种认识宿命，但可以更清楚地表达一点扩张性的理解。如果说，人文自然是“人法”现代意义的推扩与提炼，那么，从“地法”、“天法”的比附推导中可得出“地文自然”、“天文自然”，这样，我们可理解成：人文自然是一种应然而表达了人类文化的价值追求，地文自然是一种实然而描述了万物生命的本来存在，天文自然是一种超然而展望了宇宙整体的可能发展。这就是说，老子的自然包含了人类的应然、万物的实然和宇宙的超然三重意蕴而圆融无碍。总体上讲，现实社会的实然存在就是历史社会的必然发展，文化生活的应然追求就是人类生命的适然要求，宇宙整体的超然存在就是生命事物的本然依据，一切由不分内外也无间隙和间断的自然原则保持着这种天然联系。哈耶克曾认真考察现代资本主义社会的商业市场经济的运作规律而总结出自由秩序原理，笔者认为，先秦时期东周史官老子完全可能凭借丰富的历史知识和深沉的现实关怀，全面分析中国古代农业社会生存规则而概括出基本的自然秩序原理即自然原则，这是“道法自然”命题具有生命普适意义而推广到人类社会管理方面的关键因素。这样，老子不仅为人类社会确立这种自然原则，还应用到万事万物和人类的生活行为中，说明其应有的存在状态和发展方式，这在《老子》第十七、二十三、五十一、六十四章中有适当说明，下面详述之。

（二）实践中的自然

现代管理学告诉我们，管理的直接主体和客体都是人，管理者和被管理者的有效中介除了制度、条令、程序、模式等原则性内涵外，还需要具体方式、方法、手段、过程、工具、材料等示范性操作和可能性条件。如有界定说："管理学所探讨的是与组织机构本身有关的管理问题，它包括组织内的管理者、管理者与下属、组织的行为、组织与组织之间以及组织与外部环境之间的关系等。"[①] 还有人更大胆指出管理学的三次革命即物本、人本、心本，断言"物本管理在美国、人本管理在日本、心本管理在中国"，其心本六大方面即超经济的价值观、管理者心灵自我修炼、自燃型员工、同心圆团队、幸福经济学、哲商，有效运用在于如何管理好自己、他人、工作、事业、变化、危机。[②] 管理学的发展已细致地涉及人们生活的方方面面，但其管理的文化规范本质并无实质性改变，这是人类生命实践现有选择的管理取向。事实上，老子思想中已具备这种社会管理活动的大体认识，它明确针对人类现实社会的最高管理者即王者提出，王者只有遵循宇宙中这种原有生命根本的自然原则，才可在其政治生活中有效作为而不导致严重的社会弊病，全面展开自然秩序的社会管理功能。由此而言，相对上述"原则上的自然"，这可称之为"实践中的自然"，具体表现在以下四个方面：第一，配合万物自然的社会管理，如："是以圣人欲不欲，不贵难得之货。学不学，复众人之所过。以辅万物之自然，而不敢为。"（六十四章）这是说，作为社会管理中一个最优秀的典型代表圣人，不要过于放纵自己的生活欲望而看重难得的社会财货这类物质利益，懂得吸取文化大众这方面失足和失误的经验

---

① 罗珉：《管理学》"导论"部分，机械工业出版社，2006，第1页。

② 参阅吴甘霖《心本管理》，机械工业出版社，2006。

教训，尊重和辅助万物合理发展的自然生命，不过分作为和强求。这其实是告诉社会直接管理者即王者的行为示范模式，如老子在六十三章中分析天下大事与小事、难事与易事的辩证转化关系，在六十五章中比较用或不用“智”处理国家日常事务的治乱情状，这些都表明管理者在具体对待万事万物上，不仅要遵守自然规律也要采取自然作为，按照自然原则协助性管好和用好宇宙事物。这应是一种生态管理，它并不反对和违背当今的科学管理原则，相反，现代社会的科学管理应建立在这种生态管理基础上，这样才更有利于保障事物的合理发展和人类的合适需求。第二，成就百姓自然的社会管理，如：“功成事遂，百姓皆谓我自然。”（十七章）有人把“我”解释为“百姓”而表示他们适宜的生存状态和内心情绪，体现圣人“无为而治”的最高境界和实际可能。笔者认为，这个“我”指社会管理者如圣人或王者，因为在十六章说“容乃公，公乃王，王乃天，天乃道，道乃久”，已经表明王道贯穿天地人物而展现大公无私和恒久不衰的特质，又在十八章从反面阐述了“大道废，有仁义；慧智出，有大伪”的不当作为，这些明显是背离了自然要求的真实、真诚、真纯而强加给社会的虚假、虚伪、虚妄。显然，作为一个高明的社会管理者，他肯定不希望自己带领大众弄虚作假、欺上瞒下、阳奉阴违、胡作非为，而愿意帮助大家成就诚实守信、公正无欺、表里如一、理所当然的合适作为。第三，保持言语自然的社会管理，如：“希言自然……故从事于道者，道者同于道……同于道者，道亦乐得之。”（二十三章）“希言”可以有两种解释，即“大言”和“少言”，也即大大称赞自然本身的伟大存在和尽量少说无用的废话而获得自然，这是两种看似矛盾却又合情合理的认识。笔者认为，“希”按照十四章定义即“听之不闻名曰希”，这意味着听者和说者应遵从自然的道理，不混淆视听和信口开河，以致说者无心插柳成荫、听者有意想入非非。这说明管理者和被管理者具有相称的言语互动尤为重要，否则以讹传讹而丧失管理本意，搞得管理双方都不舒服也难以接受各自指令讯息，这既不利于管理指令的畅行无阻，也不便于下情上达的改进建议。第四，采取行为自然的社会管理，如："道之尊，德之贵，夫莫之命而常自然。"（五十一章）其中"命"，多数都认为是"命令或指令"，这放在社会管理者角色上说笔者也认同，但决不是说管理者不用命令或指令就可以自行完成管理的全过程和所有细节，应当是尽量不采取命令式的管理而更符合自然原则的生命内在要求，这更有利于大家能尊重管理之道的程序化实施和爱惜管理成果的有效性转化。归结为一句话，即老子"道法"的"自然"不仅是社会管理制度的基本原则，还是社会管理行为的具体表现，管理者应该真正把这种最高原则贯彻落实到物、人、言、行之上或之中，这是宇宙命运发展的共生共有态势和人类明智的互利互惠做法。

二　"道法"制度建设

从上述分析可以推知，老子思想对社会管理的认识处在圣王高端地位，比较抽象而具有普遍性，比较笼统而具有模糊性，比较直接而具有单纯性，比较深刻而具有基础性。它没有直接从人文自然的应然管理方面即管理者应进行的管理作为，提供给人类社会丰富的文化管理内涵，推定社会管理的操作细则和总结管理过程中的成败得失，构成十分明晰的管理学系统和创建比较完善的管理制度。它是根据天文自然的超然管理模式即管理者不应进行的管理作为，提出了人类社会遵守的基本管理原则，尊重宇宙生命事物的自然存在方式和构建了人类社会发展的生态管理类型，体现最高管理者对人、对物良好的生命态度及其一言一行合适的作为形式。即是，它并不从人类社会群体的特殊利益需求和价值追求来反复权衡管理外在的生活愿望，而是由宇宙生命事物的整体存在与和谐发展来无限考量管理固有的根本目标。

因此，老子思想倡导的社会管理实践，首先考察实然即实际的管理作为表现，然后直接提出超然的管理原则态度，最后大体建设应然的管理制度模式，这体现“道法”作为一种生命制度的总体要求，进而推动其社会功能的全面实现。

（一）“道法”制度建设的整全要求：大制无割

如果说老子“道法”制度是通过文化圣人的智慧头脑，为人类社会设计了一个关于宇宙自然生命的管理原则，那么，它又借助现实政治王权的有效势力，进而为人类社会建设一个关于人类文化生命的制度系统，致力于实现人们后来殷切希望达到的圣王一体合功的理想社会目标，这当是“道法”制度建设的必然要求。体现这一要求的文本依据是《老子》第二十八章，原文如下：

> 知其雄，守其雌，为天下谿。为天下谿，常德不离，复归于婴儿。知其白，守其黑，为天下式。为天下式，常德不忒，复归于无极。知其荣，守其辱，为天下谷。为天下谷，常德乃足，复归于朴。朴散则为器，圣人用之则为官长。故大制不割。

关于这一章，出土文献考证的古本和通行本存在两个重大区别：一是“守其黑”到“知其荣”这段文字的有无，二是“大制”是“不割”还是“无割”，可参考张松如《老子校读》的有关说明。除了中间和结尾的文字问题，前后部分基本一致，反映在社会管理活动中可这样说，管理者既要当爹又要当妈（即雌雄合体），像养育和爱惜自己的亲生子女一样（即婴儿）善待被管理者，应在管理者和被管理者间建立一种纯朴、博爱、完整的生命联系（即“天下谿”、“天下谷”），其执行具体管理应建立完整的管理制度才完美无缺。对于“大制”，王弼注“大制者，以天下之心为心，故无割也”，楼宇烈解释这是："以道制裁万物，是顺万物自然之性。"[①] 高亨《老子正诂》说："大制因物之自然，故不割，各抱其朴而已。"[②] 林语堂在《老子的智慧》中译为："善于治理国家的人，不需隔裂事理，只是让万物都各遂其性罢了。"[③] 从这些注解和意译看，一是以政治管理为体而探求"天下之心"和国家事理，一是以生态管理为体而保持"自然之性"或"生命之朴"，但林语堂将此二者合为一体。这可以说，"婴儿"前部分讲管理的自然生命根据即"复归于婴儿"，"朴"前部分讲管理的社会基本原则即"复归于朴"，"朴"后部分讲管理的制度建设要求即"大制无割"，这三部分从自然根据、社会原则和制度建设三方面层层推进，表达管理的生命整体不可分割的本质特性，也告诉管理者不要对"道法"断章取义、任意作为而破坏其制度完整性。这种"无割"的制度特征，是"道法"制度对自然生命的实际体现和社会管理的整全要求。

（二）圣人对"道法"制度建设的整合方式

笔者的硕士论文坚持认为，《老子》第二十五章中"人法地……道法自然"的"人"指"圣人"，它前面所说"域中"四大之一的"王"成其大，原因在于"王法圣"。也就是说，在"道法"制度建设过程中，圣人是其理想的设计者而拥有绝对的解释权，王者是其实际的执行者而拥有最高的决定权，二者同心协力并浑然一体才成全"道法"制度。其王者的有效执行可以求证于后来汉初"文景之治"的"清静无为"，虽然"清静"相对于整体的"自然"更注重内在自然而要求外在应然，但已经十分神似，仅仅形异而无损于其核心主旨。可圣人如何成就"道法"，并区别于先秦儒家孔孟荀"君法"，

---

① （魏）王弼注，楼宇烈校释《老子道德经注校释》，中华书局，2008，第74、76页。

② 高亨：《老子正诂》（重订），古籍出版社，1956，第67页。

③ 林语堂：《林语堂讲国学》，吉林人民出版社，2008，第164页。

这一直以来是争论不休而各持己见并指向“道治”和“德治”，即使他们在圣王的统合上并无根本区别，但对“成圣”和“为王”的认识却根本不同。这里无意对儒道两家的社会制度管理原则作深度的比较分析，重点说明老子“道法”制度建设的整合情况如何。老子说“圣人执一以为天下式”而“天下莫能与之争”并“诚全而归之”（二十二章），这个“一”正好是“道生一”（四十二章），而“道”是自然之道，由此成就了遵守自然原则的“道法”制度模式。而且，“常知稽式，是谓玄德”以致于“大顺”（六十五章），可以避免“智”的社会文化管理方式的缺陷而体现“朴”的社会生命管理方式的完美。这种“圣人之治”，是“为无为，则无不治”（三章），让民无知无欲和智者不敢为，没有争、乱、盗，“甘其食，美其服，安其居，乐其俗”（八十章），过着“知足”、“恒足”（四十六章）的社会生活。这些似乎都只说明了“执一”后“无争”和“成全”的美好社会景象和个人愿望，对于如何才能“执一”而一统天下和造福万民，没有清楚地交待而只能意会其玄妙、无法感知其真谛。因而，一般人甚至大多数人都会不断追问：“爱民治国，能无为乎?”（十章）也就是说，对待民众和国家，管理者真能够始终如一地做到“自然无为”吗？老子马上告诉我们大家说“生之畜之，生而不有，为而不恃，长而不宰，是谓玄德”（十章），这样就能做到自然无为，呼应了五十一章“莫之命而常自然”的行为自然的“玄德”，也照应了六十五章“朴”的生命治理方式所大顺天下的“玄德”。这就是老子整合“道法”制度建设的基本方式，通过制度设计者圣人参悟自然之道的玄机进而确立基本的管理原则，指导制度执行人王者用此无为方式以成就其大治大顺，使宇宙生命事物和人类社会生命在生存上和同（即十四章的“混而为一”）、在生活上和谐（即四十六章的“恒足”）、在生态上和美（即十九章和二十八章的“朴”）、在生命中和融（即十六章的“常容”）。

由此可见，老子“道法”制度管理的自然原则是针对实际情况而提出超然的管理理念或精神，反对或取消不应发生或存在的管理行为而坚持本然的生命作为。但它面临着三大管理难题：第一，“道法”制度设计者圣人是如何培养成圣的？第二，该制度执行人王者不实行或发生偏差怎么办？第三，该制度受益群体即大众不遵守或违背了怎么办？第一个难题是孔孟的“成仁”力求破解的，第二个是墨子、稷下学宫黄老学者、庄子后学、荀子的“圣王一体”奋力解决的，第三个是荀韩的“礼法”和“法术势”采用的奖惩手段全力破解的。他们都难免受到生命理想主义的社会管理方式的影响，最后都不能有效地应对管理设计者、管理执行人和管理受益群的互动制衡，直到后来汉代黄老学者的管理理念融合和儒法执行者的管理制度整合，才建立相对有效并且具有连续作用的制度管理体系。如果说，老子“道法”制度管理是一种生态管理，以具体的生命形态确立社会管理的理念、原则、制度、方法、手段、目标等，坚持自然理性标准；那么，儒家“礼法”制度的管理是一种关系管理，以具体的社会关系确立社会管理的理念、原则、制度、方法、手段、目标等，坚持道德理性标准，而西方近现代法律制度的管理是一种对象管理，以具体的认识对象确立社会管理的理念、原则、制度、方法、手段、目标等，坚持科学理性标准。老子这种生命自我管理是把人类的管理制度看成自然生命不可逆的本身作为，是一种减法式的管理，它致力于排除制度系统不必要的管理约束而追求超越的管理境界，看起来很简单而像放任自流的无所作为，实际上很难做到却要因应自然的无所不为。后两种可称为文化群体管理，是把人类管理制度看成社会文化应有的再生式功能作为，是一种加法式的管理，致力于加强制度系统的必要约束而判断实效的管理过程，做起来很复杂并要求面面俱到，学习和复制却特别容易以致常迷失其基本精神。不论用加法还是减法的社会管理，都不能一减或一加到无限程度，不需动用任何管理行为或进行一切管理作为便能实现其管理目的，应保持在一定适度范围而相互配合并且共同发挥管理作用，否则出现管而不理的管理过多现象和理而不管的管理不足现象。笔者宁愿相信，老子自然管理原则和整全制度要求，无非是告诉高明的管理者，成功的管理不在于精心制造名目繁多和花样百出而使自己完全主宰一切的管理技巧和手段，而在于始终坚持其真正服务大众和造福大众并让大家共同参与的管理原则和生命精神。

总之，从生命整体的绵延视角而不是文化判断的静态抽象解读老子“道法自然”命题，推引《老子》文本的“道法”制度生命观，它展现在人类社会管理的基本原则是自然，具有三个不可分割的主要意向即超然、实然和应然，要最高或最大管理者即圣人或王者必须保持万物自然、百姓自然、言语自然和行为自然。这个基本原则，反映在人类社会制度建设中的总体要求是整全，以此实现管理者和被管理者之间无缝的生命对接，由管理的实然状态进入其超然境界即“玄德”，减除那些不必要、重复的人为管理形式；更不可采取其应然形式而无限推崇它文化标识人们的差异性功成名就即名利，增加个体在社会生活中身心无穷的欲望干扰。但无论管理者最终坚持生命超然式的减法管理还是文化应然式的加法管理，都必须在实际管理行动中把握一个相对确定的适度原则即“知足”，这样才能进行有效的社会管理而产生必要的制度作为。

（作者单位：河南省社会科学院哲学研究所）

老子的管理理念与新时代管理变革的契合与弘扬

任晓莉

“管理理念”即管理在理性方面的概念。企业管理理念是指导企业管理活动的指导思想。工业经济时代，土地、劳动、资本是最基本的生产要素，企业管理思想是以物为中心的。当今世界，知识及知识的主要载体人员在生产产品和服务的过程中起着越来越重要的作用，企业管理要求围绕企业的人员及知识展开，因此，企业管理理念正在从工业经济时代的以物为本向新环境下的以人为本、以知识为本转化，以人为本的管理理念正逐步代替以物为本的管理思想。

为了充分开发和有效利用企业的知识资源，进行以创新为目的的生产，需要迎合新时代管理变革的要求，提升管理理念，将企业的知识资源融入产品或服务及其生产过程和管理过程。管理理念的提升实质是一种管理哲学思想的娴熟运用，而管理哲学的一项重要任务就是总结和探索管理实践中的智慧。智慧来自对生活实践的观察，也来自先哲们的沉思默想。从先哲那里获得灵感，寻找社会生活包括管理实践的智慧，是一条方便的法门。老子，就是一个其精神依然生活在我们当代的先哲。老子的道家思想主张的是“无为而治”的领导艺术，

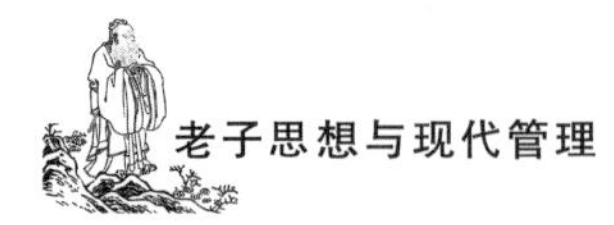

老子的“治大国者烹小鲜”，直至无为而治等方法论，是管理的至高境界。思考老子的管理理念，并将其合理的成分融合到现代管理理念中，对于现代管理有重要的启迪和参考价值。

一　老子管理理念的核心要素诠释

在我国诸多优秀的古代典籍中，老子的《道德经》是一部极其丰富、精妙的充满智慧的著作。在书中，老子以其独有的视角、独特的思维方式极其智慧地探究了宇宙的形成、万物的本源、国家的治理等一系列重大的哲学和政治问题，并且提出了“道”、“自然”、“无为”等著名的哲学概念，成为中国哲学的基石之作。

1. 老子“无为”思想的渊源

老子认为，天地万物都是由道化生的，而且天地万物的运动变化也遵循道的规律。人类一切事务必须遵从自然之道：“人法地，地法天，天法道，道法自然。”老子的“道”是作为宇宙万物本原的最高实体，“道生一，一生二，二生三，三生万物”、“无名，万物之始也；有名，万物之母也”。“道”作为老子的核心思想，简单理解就是一种宇宙的法则、生命的基本规律。在老子看来，为人处事，修心炼性，都应以自然无为为本，避免有为妄作。老子说：“是以圣人处无为之事，行不言之教”、“上德无为，而无以为；下德有为，而有以为”、“为学日益，为道日损，损之又损，以至于无为。无为而无不为。”在老子看来，在自然无为的状态下，事物就能按照自身的规律顺利发展，人身、社会亦是如此。可见，道的最根本规律就是自然，即自然而然、本然。老子认为，人们尊重道，就会天下太平；背离道，就会遭殃。“故从事于道者，同于道；德者，同于德；失者，同于失；同于道者，道亦乐得之；同于德者，德亦乐得之；同于失者，失亦乐得之”。因此，遵照大道，天下归顺；天下归顺，百姓才能过上安泰的生活，社会才会和谐稳定，“执大象，天下往。往而不害，安平大。”也就是说，道以自然为本，人们对待事物应该顺其自然，无为而治，让事物按照自身的必然性自由发展，使其处于符合道的自然状态，不对它横加干涉，不以有为去影响事物的自然进程。如果人为干涉事物的发展进程，按照某种主观愿望去干预或改变事物的自然状态，其结果只会揠苗助长，自取其败。因此，明智的人应该采取无为之道来养生治世，也只有这样，事物才能正常存在，健康发展；也只有如此，才能达到预期的目的。“是以圣人居无为之事，行不言之教，万物作而弗始也，为而弗志也，成功而弗居也。夫唯弗居，是以弗去。”意思是说：因此圣人用无为的态度对待世事，用不言的方式施行教化：听任万物自然兴起而不为其创始，有所施为，但不加自己的倾向，功成业就而不自居。正由于不居功，就无所谓失去。

“道法自然”是老子整个社会政治思想的立论基石和本体论依据。他的“无为而治”、一视同仁主张、包容思想和柔弱谦下治术等都是从“道”引申而来的。

2. 老子“无为”管理思想的三重涵义

老子的“无为而治”的管理理念，并非无所作为，而是一种人生的更高智慧：它描述的是一种主动接受的状态，一种灵活的态度，意味着顺其自然，遵循事物的规律，在承认困难和问题的前提下冷静客观地寻找解决的方法，其真正涵义是管理要达到“道”的层面，凡事应顺应事物的自然规律，抓住问题的实质和关键，从而达到自己的目标。所以，尽管老子的管理思想内容丰富、思想深刻，不过，老子的智慧不是可以即学即用的工具，而是一种思想的启迪和方向的指引。

一是无为而不敢为。“不敢为”是指不敢强以人为而伤自然人性与天道，在人类的管理活动中，要“去甚、去奢、去泰”，去除一切人为的自作聪明，或贪、或嗔、或痴等，但也不是放任而以随波逐流的方式来服膺于原始的自然，而是人文化的自然、体现对现实社会关爱的自然、包含“有为”成分的自然。

二是无为而无不为。无为而不为，不是一无所为，不是什么都不做，而是不妄为，不随意而为，不违道而为，所为之为要“辅万物之自然”，要出自事物之自然，发自自然，顺乎自然，要自然而为，而不是人为而为。只有这样的为才能顺应事物的自然进程和自然秩序，有利于事物的自然发展和成长。

三是不自见，不自是，不自伐，不自矜。老子强调一种以人为本、强调管理者的责任和义务基本精神的管理艺术，认为“不自见，故明；不自是，故彰；不自伐，故有功；不自矜，故长”。“不自见”，是主张看待与处理事物时，应当以局外人的心态出发，不要一味地固执己见；“不自是”，是主张博采众长，不要自以为是；“不自伐”是主张保持宠辱不惊的心态，不要自吹自擂、自我炫耀；“不自矜”是主张时刻保持谦虚谨慎的心态和忧患意识。“不自见，不自是，不自伐，不自矜”的“四不”思想，是无为而治思想中的精华。

“无为”只是老子的一种手段，其目的则在达成“有为。”经由这种无为而治，天地万物各归其本位，各随自然而生，这就是无为而治的效果。

二　西方企业管理对老子管理思想的推崇与契合

现代西方企业管理经过了4次大的变革，第一次变革是从经验式管理进入科学管理的阶段，即把雇用工人当作“机器人”看待的“泰罗制”管理模式兴盛时期。第二次变革是从以生产为中心的管理模式转变为以市场为中心的管理模式，即从把雇用人员作为“机器人”转为把雇用人员作为“经济人”看待的时期，企业管理更多的是用激励的手法调动雇用人员的积极性和才干的发挥。第三次变革是企业职业经理人开始出现，职业经理人也成为企业的股东，职业经理人的利益和企业主的利益捆绑在一起，即从“经济人”管理时代转变为“社会人”的管理时代。这三种模式都是以一个比较固定的目标作为追求和实现的目标进行管理，基本上还都是程序化管理模式。随着日新月异的科技进步，人类进入追求创新、时尚和不断进取的知识经济时代，西方现代企业管理现在已进行了第四次变革，由“社会人”管理阶段上升到“文化人”管理阶段。“文化人”管理时代最显著的一个特点，就是给公司员工一定的独立自主决定权，使公司的每一位雇员在一定的岗位中，都有适应市场条件变化的选择权、调整权和创新权利，“文化人”管理模式是一种用万变的管理机制适应千变万化的市场和知识经济时代而产生的新型管理形式。

从西方企业变革的历程，我们可以发现，人的因素越来越被重视，这与老子学说中的管理理念不谋而合。根据老子“道”的思想，最佳的管理之道是遵循企业管理的客观规律，因时、因地、因人、因境而定的“道”，即“人法地，地法天，天法道，道法自然”。

由于经济全球化和市场竞争的加剧，越来越多的西方管理学家关注中国道家，尤其是老子的管理思想和管理原则，学习研究老子思想的热潮历久不衰。他们认为《老子》“像一个永不枯竭的井泉，满载宝藏，放下汲桶，垂手可得”，许多企业注意从《老子》中汲取营养而加以利用，分析其经营管理理念中可以看出其中体现着老子的管理哲学。

1. 美国麦格劳希尔集团创始人哈罗德·麦格的“无为而治”管理思想

美国的麦格劳希尔集团是世界500强企业之一，始建于19世纪中叶美国工业革命期间。一个多世纪以来，麦格劳——希尔集团凭借其真实可信的信息和分析成为信息服务领域的领导者。集团经营了众多在全球业界赫赫有名的品牌：标准普尔（Standard & Poor’s）、麦格希教育（McGraw-Hill Education）、杰迪保尔商务咨询（J. D. Power）、普氏能源资讯（Platts）、麦格希建筑信息（McGraw-Hill Construction）、航空周刊（Aviation Week）等。目前，集团在全球 40 个国家设有 280 多个办事机构，所属员工约 21000 人。这家如今年销售达 63 亿美元的信息服务公司，旗下拥有着全球最为知名的评级公司标准普尔和著名的 Bloomberg《商业周刊》杂志。在全球知识经济发展背景下，麦格劳－希尔集团的成功与坚持创始人哈罗德·麦格劳倡导的管理理念有莫大的关系。哈罗德·麦格劳认为，“一个领导所真正能做的唯一的事情就是营造一个有利于持续进步的环境”。

环境决定一个企业的建设与发展。企业管理者作为企业的“领军人物”，其思想方法和行为方式，对企业的经营环境具有直接的导向作用。现代社会的商业竞争，已经演变到了一个新的阶段和层次，由单极转向多极，从区域遍及全球，科技日新月异，信息层出不穷。在这种竞争日益激烈的情况下，随着企业生产规模的不断膨胀，部门不断增加，人员不断扩充，企业活动所涉及的层面也越来越广，越来越深，即使再精明能干、智慧不凡的领导者也无法面面俱到、事必躬亲，样样“有为”。所以，在现代企业管理中，作为一名睿智的管理者，营造一个良好的环境，使下属和企业员工主动、自觉地干好工作就可以了，不要就管理而开展管理，领导者在决策上应“有所为，有所不为”，能辨别轻重，分清主次，在有关全局和长远利益的“大事”上有所为，而在无关紧要的琐碎“小事”上则有所不为。这其实就是“无为而治”管理思想的另一种表述。

2. 惠普公司管理理念与老子的无为而治思想的契合

惠普公司和众多美国的大型优秀企业一样有着众多值得学习的公司管理理念。而这其中最值得称道的是属于其管理核心的“惠普之道”。“惠普之道”的核心是强调人本管理的理念，相信每个员工都有他的重要性，在经营中相信、尊重个人，尊重员工，强调公司的成功是靠大家的力量来完成，并不是靠某个人的力量来完成。惠普公司认为“企业只有一项真正的资源，就是人。”人力资源是企业可持续发展的核心因素。为此，他们在实践方面非常注重企业自身文化与外来优秀的当地传统文化相结合，形成了平等、尊重、宽容和稳健的人性化氛围，吸引了众多不同文化背景的优秀人才，使他们的梦想和公司的目标紧密结合，实现最大程度的公司发展和个人提升。

以这种惠普观念为基础，惠普公司形成了其独特经营策略及管理方式。这与老子强调的以人为本、强调管理者的责任和义务基本精神的管理艺术是相通的。老子主张“处众人之所恶”，要像江海一样，“以其不争，故天下莫能与之争”体现了“无为”这一本质内在，一种“以人为本”、调动人的主观积极性的管理思想。“有道者遵照万物之自然而不敢为”，即循“道”而为，而不乱为，善于将日常事物的决策权下放，充分调动员工的工作积极性，以人为本，通过激发下级自身潜力来提高效率，另一方面也可以“劳天下而自逸”。这就要求企业管理者本身必须具备虚怀若谷，胸襟开阔的素质；必须要有“容人、容事”的气度和风范；必须在识贤、求贤上要“有所为”，在用贤上“有所不为”。

3. 微软公司在管理中体现的老子管理理念

美国微软公司无疑是世界上聪明人云集的地方，微软的成功关键在于它一直致力于创造一种相互信任、相互协助、高效率的工作氛围，培养员工们“个人成功服从公司成功”、“任何人的工作都是为了公司发展”、“责任至上、善始善终”的企业理念，支持人人平等，增加所有员工的主人翁精神，并对员工进行一种有效的人格化管理，吸引了一大批富有创造力的人才到微软公司工作。同时，微软公司一贯倡导员工终生学习的理念。职位意义上的培训只是员工终生学习的一种方法。公司的学习理念是：70%的学习在工作中获得，20%的学习从经理、同事那里获得，10%的学习从专业培训中获得。微软公司

“善待他人，信任部属”的管理艺术使人以心悦诚服地自觉完成规定目标，能容常人所不容，行众人所难行。使员工养成对组织的忠诚、信任和责任感，而这些优良的心理素质和工作态度才是组织生存和发展的源泉，是管理成功的内在动力。可以说这是“以人为本”的现代管理思想的本质要求。美国微软公司的管理理念也与老子以人为本的管理主导思想一脉相承。

综上分析，可以看出，在企业的管理活动中，管理思想是支配人们管理行为的灵魂，是决定管理成败的关键；而管理思想，即管理哲学，由此，管理与哲学之间就自然地结下了不解之缘。西方发达国家的成功企业实践证明，一位优秀的管理者，一位优秀的企业家，同时也是一个优秀的哲学家，是一个善于将哲学原理与管理实践相结合的跨学科人才。

三　现代管理变革与老子管理思想的弘扬与借鉴

我国的企业管理尽管也有许多成功的先例，但与西方发达国家的成功企业相比，还存在不小的差距。在经济全球化背景下，要实现企业的跨越发展，企业管理必须和时代要求紧密结合，必须调整过去老的管理模式、管理方法，创新管理理念，转变管理策略，在学习西方先进的管理文化的同时，注意挖掘和汲取我国古代先哲们的思想精华。老子的管理思想体系包含着丰富、精妙的管理智慧，时至今日它们仍对现代企业管理有着非同一般的深远影响和启迪，只要我们能将老子的管理思想与现代的管理思想结合起来，完成中国传统管理思想的现代转化，就能有效地促进企业的发展和管理效能的提升。

现代社会，新的思想、新的理念、新的创造、新鲜事物、新的文化不断涌现，社会知识也在不断更新，正如前面所述，西方现代企业管理在历经四次变革后，正由“社会人”管理阶段上升到“文化人”

管理阶段。此阶段最突出的特征是重视员工的自由发展，这与老子的管理思想是一种新的契合，也是我国企业管理变革的核心思想，即管理中要以人为本，实现“无为而治”。

1. 在企业管理实践中，致力培养一种“不知有之”的状态

“不知有之”是指“居于领导情境中心的是被领导者，领导者只是提供服务，提供支持，提供环境，提供规则，被领导者感觉不到自己被管理，然而早已有之的领导作用却施加到自己身上。”具体到企业管理实践中，就是强调企业的高层管理者的管理应以企业员工为本位，充分发挥其主观能动性，而不是企业的领导者、管理者高高地凌驾于员工之上，这样的管理才能产生预期的效果和持久的效应。

其实早在1997年世界管理大会上，就有人提出了未来企业管理的十大趋势之一——没有管理的管理。这个观点与老子的“太上，不知有之，其次亲而誉之，其次畏之，其次侮之。信不足焉，有不信焉，犹兮其贵言。功成事遂，百姓皆谓我自然”也有相通之处。意思是说，最好的领导者，因为善于调动属下的积极性，常常使人感觉不到他的存在。从这可以看出，老子认为管理的最理想效果是国家有了管理而百姓却“皆谓我自然”；“不知有之”——有了管理却不让人感觉到，才是管理的最高境界，而不是亲之誉之，更不是畏之侮之。可以看出，今天“没有管理的管理”的观点与老子的观点在本质上是完全一致的。

由于诸多缘由，我们对于老子“无为而治”智慧的运用还一直处于初级阶段——“少为”，而不能把“无为而治”在管理中所能达到的最高境界——“不知有之”完全体现出来。企业管理者要达到由“无为”进而“不知有之”的管理境界，管理者必须树立“无为”的态度，积极地探索管理的规律，用符合规律的“无为”的方法进行管理，按照“无为而治”的要求，不断加强自身修养，提升素质，修炼自己的操行，提高领导艺术，通过高超的领导艺术达到

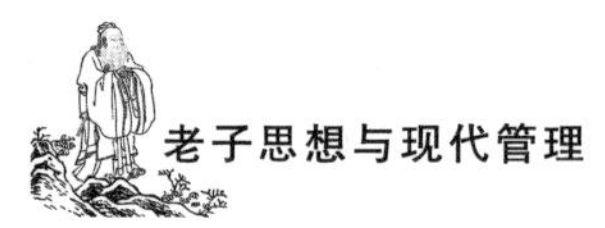

“无为而治”的目的。

2. 在企业管理实践中，致力于达到“无为管理”的境界

无为的目的是为了无不为，正如不争是为了更好地去争一样，就是要遵循客观规律，让自然按自己的规律去运动，而人不去妄加干涉。就是管该管的事，不该管的就不要去管。将老子的无为思想运用到现代管理艺术中，就是将日常事务的决策权下放，充分调动下属的工作积极性，管理者致力于战略方针的确定，各司其职、协力前进。管理者不置身于琐事，不费力于细节，而以自身的模范行动影响组织的共有价值观，在平和自然的气氛中实践组织的目标，达到一种“无为管理”的更高的境界，使人人都成为管理者，人人都是重大决策的参与者，也是决策的执行者。

要达成“无为管理”的境界，管理者一要善于集权，在重大问题的决策上，要善于当机立断，不为纷纭的议论所干扰；二要善于分权，对于决策的执行过程，管理者没有必要频频过问，要给员工充分的自由度，让他们尽情地施展才能，以保持他们高涨的工作积极性。管理达到如此境界，才能使管理者摆脱日常事务，面对未来，综观世界，审时度势，筹谋大计，貌似无为，事实是更加有为，更加有效率。

3. 在企业管理实践中，善于“知人善任”用好人才

睿智者知人，知人善任才能进行有效的管理。知人善任，包括知人与善任两个相互联系的层面。“为政之本，在于选贤”，选贤务必知人善任。知人就是要了解人，善任就是要用好人；知人是善任的前提，善任是知人的目的；用人的前提是知人，唯有知人，才能明智用人。管理者能识人用人，大才大用，人尽其才，才能无为而治。

能否真正做到知人善任，既是对企业管理者品行修养与管理能力的检验，也直接关系到一个企业的兴衰成败。老子认为“圣人常善救人，故无弃人”，一个好的管理者，善于发现被用者的长处和优点，这样世上就没有遭遗弃的废人。“人无完人，金无足赤”，用人应该用其所长，避其所短，不可求全责备；世上无不可用之人，只有未被发现的人才和不会用人的人。“知人”要不以好恶而取才，有惜才之情、容才之怀；不以妒谤而毁才，爱才护才；不以卑微而轻才，既要发现那些崭露头角的人才，也要挖掘那些尚没有机会展露才学的人才；不以小过而舍才，“有大略者不问其短”，“有厚德者不非小疵”，切忌求全责备。“善任”要坚持德才兼备，重用人才，用人所长，注重实绩，明责授权，做到“用人不疑，疑人不用”，权责统一。善于用人的领导人处于低位势，遇事能先顾及他人，尊重他人，与他人相处融洽的人，如山之谷，水必往低处流，于是众人从之，可谓势在必然。这是一种成功的管理之道。

总而言之，在现代企业管理中，要“功成事遂”，就必须追求一种“无为而治，道法自然”的境界。唯有如此，才能全面提升我国企业的管理水平，实现技术创新和管理创新，企业才能立于不败之地。

参考文献

严遵：《道德真经指归·卷八》。
老子：《道德经》。
余秋雨：《千年文化·古道西风》，中国盲文出版社，2008。
黎红雷主编《中国管理智慧教程》，人民出版社，2006。

（作者单位：河南省社会科学院《中州学刊》杂志社）

以道为本：道家管理智慧与现代管理的对接*

邢宝学　程　江

一　从管理本体论的缺失谈起

（一）管理到底是什么

如果以泰勒的科学管理诞生为起点，现代管理已经走过100多年的历史。在这100多年里，管理理论得到了不断丰富和发展。尤其近几十年来，管理理论进入了丛林时代，大量的管理理论以及相关文章、著作应运而生。然而，如果有人问我们“管理到底是什么”，我们能够说得清楚吗？有人或许会说：当然能够，管理就是为达成一定的预期目标而开展的活动。当然，这也是人们对管理内涵的一种普遍界定，也就是管理只是一种服务于目标的活动。然而，从现代管理诞生以来，管理的总体目标就是以效率为核心，以经济利益为导向。在这样的理念指导下，人、财、物、自然等都要臣服于效率和经济利

* 本文所使用的“以道为本”管理思想，源自笔者的导师齐善鸿教授。本文也是在导师的指导下完成的，在此特向齐老师表示衷心的感谢。

益，人甚至都成了管理的奴仆，成了被控制的工具。可是，如马克思所说的，人的本质在于人的自由自觉的活动[①]，这种活动的自由性体现了人的主体性。然而，在传统的管理定义中，主体性的人却被异化为被控制、被奴役的客体。在异化了的管理下，不仅人的主体性丧失，而且出现了人与人、人与物、人与自然之间的对立，出现了环境的破坏。这显然不应该成为管理的本质要求。那么，什么样的管理才是管理的本质要求呢？

（二）管理能以人为本吗

为了弥补我们对管理本质认识的不足，管理学者和实践者们提出了管理要“以人为本”的观点。然而，“以人为本”在恢复了人在管理中的地位和尊严的同时，又可能会矫枉过正，陷入“人类中心主义”的误区（后现代主义的观点），而且“以人为本”到底应该以什么人为本，以人的什么为本等问题都无法准确回答。最后，“以人为本”仍然解决不了人的异化以及人与人、人与物、人与自然之间的对立问题。

由此可见，尽管现代管理理论已经发展了100多年，但是一些管理学的基本问题还没有得到有效的回答。现代的管理理论研究，也少有文章对这些基本的问题进行深入探讨，大多数是在一些细枝末梢上修修补补，而无法从管理的“根目录”出发找出问题的答案。我们把这一问题称之为“管理本体论的缺失”。因为管理本体论的缺失，人们对一些管理的概念、命题、判断和推理是否科学缺乏判断的标准，也无法判断自己的想法和行为是否正确。这很容易导致管理行为出现偏差，并带来较为负面的后果。管理到底是什么，应该以什么为根本，这是管理学必须要追问和回答的问题。

---

① 马克思：《1844年经济学哲学手稿》，刘丕显译，人民出版社，1978，第54页。

二　管理主体论认识上的错误

（一）只有管理者是主体吗

为了实现组织目标，管理活动需要整合人、财、物和信息等管理要素。在这些要素中，人是最核心的要素，操纵着财、物和信息等并使之发挥作用。因而，人是管理活动的主体，其他自然就是管理活动的客体。然而，长久以来人们一直把管理者当作唯一的管理主体，而把被管理者当作管理的客体——对象、工具和手段。这一定位导致了以下两个问题：

第一，被管理者服务于管理者，管理者服务于老板，老板和管理者发布命令，被管理者被动地执行命令。被管理者服务于管理者和老板是天经地义的事情，至于谁服务于被管理者（包含下级管理者和员工）则被轻视。于是，被管理者通常会被动地等待命令，缺乏工作的主动性和创造性，而且经常会抱怨、怠工、甚至反抗。

第二，权力过于集中于老板和管理者手中，而被管理者尤其是一线员工除了承担一些操作性的工作外，其他的权力十分有限。实际上一线员工随时都在面临问题，他们决定着管理或服务的效果是否令客户或者顾客满意。权力的集中虽然保证了管理者的地位和权威，但同时也降低了被管理者的积极性，降低了管理的效率和效果。

（二）组织中每个人都是管理主体

在实践中，一些老板和管理者发现这些问题后，开始尝试转变角色，由管理者变成服务者，比如一些制造企业把二线部门放到一线，快速解决一线员工面临的问题。也有一些老板和管理者尝试授权，如有些餐饮企业把打折权、免单权、赠送礼品的权力等授予员工，还有很多企业让员工参与企业管理等。但是，这些做法并没有从根本上转变只有管理者是管理的主体的认识，以至于管理总是捉襟见肘，究其原因就是对管理主体的认识存在重要缺陷。

管理主体是指拥有一定权力、能够主动开展工作的人。从这个意义上讲，在一个组织中，不仅管理者是管理的主体，每个人都应该成为管理的主体。让与组织相关的每个人都成为管理的主体，应该成为现代管理对管理主体的基本定位。当然，现实中不同的管理主体之间存在一定的角色、权力等方面的差异，为不同的管理主体定位，发挥各自的作用是一个具体的管理问题。

三　管理要以道为本，以每个人为主体

管理本体论的缺失以及主体论的错误，是引发现代管理诸多问题的原因。除此之外，现代管理出现了一些新的问题，一些新的现象需要得到有效回答。解决和回答这些问题，根本在于对管理本体论和管理主体论的认识，因为前者决定了管理的概念、判断、命题和推理等内容，而后者则因为主体在工作中占主导地位，支配其他所有的管理要素，决定着管理工作的成效，所以也非常重要。然而，从上面的论述中我们可以发现，现代管理对管理本体论——管理到底是什么，管理到底应该以什么为本等的研究是不够的，对管理的主体的定位也是错误的，这就影响了我们对现代管理问题的认识和理解。

那么，答案从哪里去寻找呢？西方现有的管理学理论并无法有效地回答和解决这些问题，于是人们开始从中国传统管理智慧中去寻找答案。这几年兴起的国学与现代企业管理的研究就是人们在试图寻找解决现代管理困惑的尝试。在我国传统管理智慧中，对本体问题的探讨主要体现在“道”这一核心概念上，从群经之首《易经》的“一阴一阳之谓道”，到道家老庄对“道”的系统阐述，法家的“道、天、地、

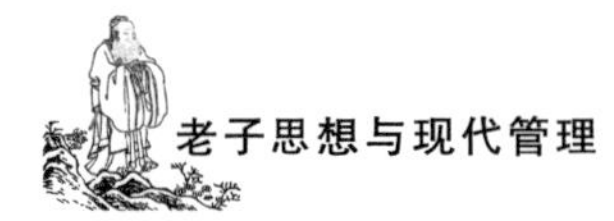

将、法”，再到儒家的“中庸”思想等，都是围绕“道”这一核心概念展开。尤其道家思想对“道”进行了系统阐述。根据道家管理智慧，并融合各家各派的思想共性，我们提出了“以道为本”的管理理念。

（一）管理要“以道为本”

从管理科学发展的历史看，管理经历了“以物为本”和“以人为本”两个阶段：“以物为本”的管理视人如工具，人变成了其他人、制度或机器等的奴隶；随着社会的发展，以物为本失去了存在的土壤，继而出现了“以人为本”的理念。以人为本的理念使管理从“利用人”的工具理性转向了“为了人”的价值理性，强调尊重人、理解人、关心人、调动人的积极性，促进人的发展，这是具有进步意义的。然而，如前所述，“以人为本”的管理是存在局限的。管理到底应该以什么为本，这是必须要解决的问题。在这一认识的指导下，我们以道家管理智慧为基础，提出了“以道为本”的管理思想，强调管理应该建立在人心规律的基础上，同时人心规律又必须与自然法则相一致。如《老子》中所讲的“道”，为宇宙万物之本、为万相之实、为万动之律，而以道为本，顺道而行，才是人类的至高理性。以道为本，要在“大自然”中开悟灵性，以“道”心来认识人和人的行动以及人与自然的关系，这是一种超越人类有限理性的文明管理。

“以道为本”主张管理应该将人、文化、技术等置身于客观规律之下进行思考，以“道”文化为基础，尊道爱人，破除管理强势控制枷锁，激活人的主体性，使管理从外部制约转化为以内律为核心的服务式成长支持的管理。在此基础上实现人人健康发展，也完成管理者自身的解放，真正实现用管理文明推动社会文明进步的目的。[①] 具

① 齐善鸿、邢宝学：《解析道本管理的价值逻辑——管理技术与文化融合的视角》，《管理学报》2010 年第 11 期。

体特征体现在以下几个方面：第一，提取我国道家管理智慧的核心因子“道”，围绕人类对“道”的认识，构建管理理论，从而使管理活动更加符合客观规律的要求。第二，将人、文化、技术等置于“道”即客观规律之下思考管理，避免夸大人、文化或技术的地位，导致人与人、文化与技术、人与自然等之间的关系对立。第三，不仅要改变传统管理的强势控制，而且要激发人的主体性，让人的自我管理、自我控制能力得到极大提高。第四，追求管理者自身的解放以及每一个被管理者的健康发展，并通过管理文明的进步推动社会文明的进步。

（二）管理中的“五类主体”

人是管理活动中的核心要素，管理在坚持“以道为本”的同时，要在人、财、物、信息和情境等之间建立起“角色与情境互动”的系统。在这个系统中，要重点发挥好人的主体作用。同时，根据人、财、物、信息和环境之间的运行规律开展管理活动。

前面已经提到，传统的管理仅仅把管理者视为管理主体，其实组织中的每个人都应该成为管理主体。以人的主体性本质为指导，总结管理实践经验，我们认为组织中具体存在 5 类管理主体：第 1 类主体是每个人自己，即每个人都可以进行自我管理；第 2 类主体是管理者，既然每个人都能够进行自我管理，那么管理者在实践中也就变成了服务者，服务、支持下属的成长和进步；第 3 类主体是被管理者，他们除了进行自我管理之外，还发挥对被管理者的监督和评价作用；第 4 类主体是第三方利益相关者，在组织中发挥监督和咨询等职能。第 5 类主体是每个人内在的精神、道德和良知，因为人是在精神、道德和良知的驱动下工作的，不同的精神状态、道德和良知水平所带来的工作状态和结果不同。管理活动应该在尊重“道”即客观规律的基础上，充分发挥这 5 类管理主体的作用，在人、财、物、信息和情境等之间建立起“角色与情境互动”的良性系统。

同时，必须要指出，管理主体的工作与其生活是密不可分的，人的工作会影响生活，反之人的生活也会影响工作。我们不仅要让人在工作中发挥主体作用，而且在生活中也要发挥人的主体性，这样人们才能生活好，比如家庭不和谐，缺乏情感和道德，很难想象这样的管理主体会做好工作，反之也是如此。只有当管理中人的主体性与生活中人的主体性一致，人们的生活和工作实现有机统一时，管理才能最大限度地发挥人的主体功能，这时“天道与人道（道与人性）”、“生活和工作”便达成一致。这一点的重要性在现代管理中已经非常突出。

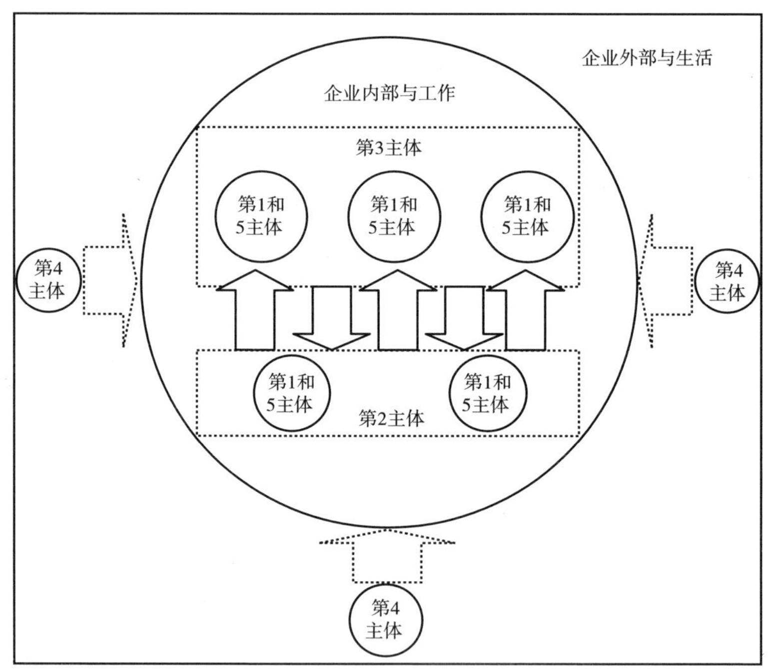

图 1　管理五主体论及“角色与情境互动”管理系统示意图

资料来源：根据齐善鸿、程江、焦彦《道本管理“四主体论”：对管理主体与方式的系统反思》，《管理学报》2011 年第 9 期，第 1298 ~ 1305 页改编。

管理要“以道为本”，以“五类主体”为核心，在人、财、物、信息和情境等之间建立起“角色与情境互动”的良性系统。如果管理能够如此，第一，可以超越技术与文化关系的权宜思考，将自然意志移植到人的主观中，把握住管理的根本；第二，可以超越人本主义的局限及其相对于道家自然主义哲学的低级以及由此带来的问题；第三，不再仅仅争执东西方文化的优劣，而是站在人类共同文明因子——“道”的高度思考管理，从而促使管理向人类文明的高度发展；第四，彻底走出管理异化的怪圈，走向人类与自然的和谐，在遵循人性和自然规律的基础上，充分发挥人的主体性；第五，不再仅仅局限于管理效率与人的感受的冲突，而是转至管理的根本使命：促进人的文明成长，回归人类文明的主线。[①]

这样，“以道为本”就将道家管理智慧与现代管理进行了有机连接，既凸显和发扬了传统管理智慧，又可以有针对性地解决现代管理面临的问题。下面通过具体案例进行证实。

四　以道为本，以“五类主体”为核心的“角色情境互动”管理系统案例分析

在管理实践中，以道为本，以人为主体，发挥管理“五类主体”的核心作用，建立起“角色和情境”互动的管理系统，已经有一些典型的案例，虽然没有成为主流，但是可以证明上述观点的科学性，并为现代管理提供了可供参考的案例依据。

案例一：“海底捞”的成功与员工主体性的发挥

“海底捞”从1994年四川简阳只有4张桌子的麻辣烫小店发展

① 齐善鸿，邢宝学：《解析道本管理的价值逻辑——管理技术与文化融合的视角》，《管理学报》2010年第11期。

为拥有50多家直营店、4个大型现代化物流配送基地和1个原料生产基地，员工1万多人，营业额近15亿元（2010年）的大型连锁餐饮企业。更让人赞叹的是，在中国连锁餐饮业员工流动率高达28.6%的情况下，它的员工流动率却一直只有10%左右。

“海底捞”成功的原因很多，但其中最重要的原因是它顺应管理的规律，尊重和激发了所有员工的主体性。“海底捞”的董事长张勇把信任作为管理的真谛，倡导管理“不是管理员工的手脚，而是激发员工的大脑”。他把“海底捞”定位为员工的成长平台，希望每个员工都能在这个平台上通过劳动改变自己的命运。“海底捞”给每位员工以充分的信任。一线服务员被授以很大权力，哪怕是普通员工都可以为客户免单。当然，这种信任有机制作为保障，每个员工都有一张卡，员工在店里的所有服务行为，都通过刷卡记录在案。一旦发现这种信任被滥用，则不会再有第二次机会。

“海底捞”重视员工的自主创造性，鼓励每位基层员工参与创新。公司对员工提出的每项创新建议都要求有专门的记录和片区经理的意见以及总经理的评价。“鱼滑”、“虾滑”等现在已被“海底捞”广泛推广的专用制作模具的发明就是员工创造性的成果。

“海底捞”为每一位员工搭建了成长的平台，即使没有管理才能、没有创新能力的员工也会受到重视和尊重。员工只要愿意把本职工作做好，通过任劳任怨的苦干也可以得到认可。如果普通员工做到功勋级，工资收入只比店长低一点。

“海底捞”对被管理者主体性的尊重除了体现在工资、职务待遇方面，还体现在生活的细节中。如服务员和经理住的是一样的公寓套房……对员工的信任和尊重换来的是员工一心想把工作做好的状态。“老板处处为我们着想，我们能不好好工作吗?”“海底捞”

的一位员工说。“海底捞”的成功，很好地诠释了被管理者主体性的重要。

案例二：保险销售人员的业绩考核政策与第2类管理主体

在保险业销售激励的制度设计中，管理人员的成功需要建立在其下属成功的基础上，因而，管理人员都会尽全力去帮助自己的下属成功。以湖南平安寿险公司销售人员激励制度为例，管理人员收入中有以下几项：

（1）增才奖金。由行销主任增加的试用销售人员，自聘任之日起3个月内累计FYC（当月承保初年度佣金）大于等于3200元，且新人留存3个月以上，则在第4个月，其推荐人可获400元增才奖金；新人自聘任之日起6个月内累计FYC大于等于6400元，且新人留存6个月以上，则在第7个月，其推荐人可获得800元增才奖。

（2）育成津贴。分为直接育成津贴和间接育成津贴。直接育成津贴自晋升月份起，依晋升的主任本组达成的FYC，第1年按11%，第2年及以后按7%的比例核发；间接育成津贴自晋升月份起，依晋升的主任本组达成的FYC的3%核发。

（3）辅导津贴。分为直接辅导津贴和间接辅导津贴。各级销售主任所属销售人员晋升为行销主任或其育成的各级销售主任转任为各级行销主任时，自晋升月份起，依晋升的行销主任本人达成的FYC，第1年按11%，第2年及以后按7%的比例核发直接辅导津贴；各级销售主任所属销售人员晋升为行销主任或其育成的各级销售主任转任为各级行销主任时，自晋升月份起，依晋升的行销主任本人达成FYC的3%核发间接辅导津贴。

从以上可看出，在这种机制下，管理者的成功程度取决于他帮助被管理者取得成功的程度。保险企业的这一业绩考核制度对第二类管理主体的服务、支持和引导作用进行了很好的诠释。

案例三：360 度反馈（考核）与第 3 类管理主体

360 度考核是近几年被国内外众多企业广泛采用的人力资源考核模式。1994 年，财富杂志发表了名为“360 度反馈评价能够改变你的生活”的文章。文中介绍，几乎所有财富杂志所列的 500 强企业，都在使用该方法来评价管理者的行为表现。360 度考核理论中下属对上级的评价，形象地诠释了第 3 类管理主体要发挥的作用和作用机制。

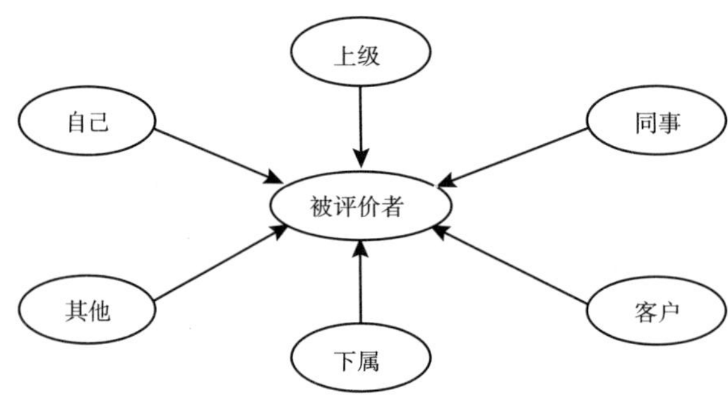

图 2　360 度反馈评价模式示意图

资料来源：根据齐善鸿、程江、焦彦《道本管理“四主体论”：对管理主体与方式的系统反思》，《管理学报》2011 年第 9 期，第 1298～1305 页整理而成。

案例四：“神秘顾客”的力量与第 4 类管理主体

神秘顾客是由企业聘请的独立第三方人员。这些人员以普通顾客的身份到企业服务现场进行真实的体验，获取直接的顾客感知，从而发现企业管理中存在的问题。神秘顾客方法自 20 世纪 80 年代开始在欧洲得到广泛的应用。据英国一家调查机构统计，接受他们调查的商业性公司中，有 88% 的公司应用过神秘顾客方法对自己的公司、竞争对手或两者同时进行过调查。2008 年 7 月，中石化北京石油公司委托国内最大的加油站行业神秘顾客供应商对其加油站进行了神秘顾客检测，经过1年多的调整运行，取得了很好的效果。加油站的销售业绩、服务质量、整体环境和员工形象有了较大改善。神秘顾客对第4类管理主体及其作用进行了很好的诠释。

案例五："家文化"与第5类管理主体

中国文化强调"家文化"，小到一个人，大到整个民族都可以称之为家，所以中国企业更重视在企业塑造"家文化"。其管理模式可以概括为：

（1）培育家庭关系。家文化的前提是要在人与人之间建立一种人人平等的家庭关系。比如有的企业把同事称为"家人"，有的企业倡导"领导是自己请来的父母，同事是自己请来的亲戚，客户是自己请来的朋友"，这就拉近了人与人之间的情感距离。"海底捞"的成长速度与其倡导家庭文化，在员工间建立家庭关系也密不可分。公司主张上级与员工是伙伴关系，企业把员工当作衣食父母；为了能够让从农村来的员工了解城市生活，为顾客提供家庭般的亲情服务，公司还专门为员工提供城市居民生活培训；最让人感动的是，公司还为每一个员工的父母发工资，员工获得的薪酬越多，父母拿到的工资也就越多。这样，企业和员工之间、员工和顾客之间就建立了紧密的家庭情感关系。

（2）承担家庭责任。"家文化"不是笼络人心，对人进行精神控制，而是要真正担负起家庭责任。在我国，这样的企业越来越多，比如，福耀玻璃工业集团确立了"员工享受终身的治疗费用，费用数额不封顶"的家庭责任观，公司曾经发放给一位员工100万治疗费用。北京汇通汇利公司为一位身患重病的员工支付所有医疗费用，还承诺只要员工的生命在，就永远不停发工资，并保留员工的办公桌。这些企业得到了员工和社会的高度认可。

家文化顺应了人心规律，从人的内心深处满足了人的情感、精神和道德需求，相对于物质刺激而言，更能够激发人的主体性。可见，充分认识和发挥好第五类主体，也可以称之为精神主体的作用非常重要。

（作者单位：南开大学商学院）

以老子“阴阳观”解析“以道为本”企业文化对企业发展的重要作用*

李亚楠

引　言

进入21世纪以来，企业间的竞争已从先前的生产竞争、营销竞争、战略竞争阶段进入到了文化竞争阶段。因此，企业文化也被专家学者和企业家们提高到了前所未有的高度。但是对于我国企业来讲，普遍还存在忽视、漠视企业文化的现象，其中一个重要的原因在于企业文化是根源于国家文化与商业文化的特殊产物：一方面无法“移植”，我国企业不能照搬国外的“先进”企业文化，企业引进企业文化失败的案例比比皆是；另一方面我国本土企业文化的研究不足，我国企业进入了“忽视”企业文化建设的困局。企业管理中最复杂的问题都是系统性的，“牵一发而动全身”，仅作部分的调整无法解决问题。而企业文化则是“企业系统”内部运行的逻辑，当“治标”的方法均宣告无效时，就必须从“治本”的角度深刻研究企业文化

* 本文是在笔者的导师齐善鸿教授的指导下完成的，在此特向齐老师表示衷心的感谢。

的问题，建立先进的企业文化，才有可能真正实现系统优化，减少发展阻力，凝聚正向推动力。

一　老子“阴阳观”对当今社会的重要指导作用

1. 阴阳辩证思维与当今社会发展

老子的《道德经》[①]（以下引该书内容直接标明章节名称），是中华传统文化重要的基础典籍，是中华文明的源头之一。老子认为“道”是宇宙的本体，主要是指形成世界万物的本原和构成世界万物的本体以及世界万物运动变化的规律，“道生一，一生二，二生三，三生万物”（42 章），以极简练的语言描述了宇宙万物的生成。老子还首次明确地提出：“万物负阴而抱阳，冲气以为和。”（42 章）通过列举“有无”、“难易”、“高下”、“前后”、“长短”、“进退”、“美丑”、“生死”、“刚柔”、“祸福”、“损益”、“贵贱”、“动静”、“攻守”、“正奇”等成对现象，说明对立统一是存在于万事万物的普遍现象，并将对立面抽象为“阴”和“阳”的普遍命题，以“阴阳二气”的和谐作为万物得以存在的根据，使“阴阳”概念获得了本体意义。“阴阳”既是对立的又是统一的，统一是对立的结果，没有对立也就没有统一，没有相反也就没有相成。如果这种相互依存关系遭到破坏，便会导致“孤阴不生，独阳不长”。

老子的《道德经》承载了不可计数的人生智慧，“无为”、“不争”、“上善若水”等对人生价值的深刻领悟在世界上传播深远，在各种领域中发挥着广泛的指导意义。在 21 世纪的今天，随着知识经济时代的到来，信息网络化和经济全球化不断发展，企业面临着全新的竞争环境，企业的核心竞争力不再是企业生产的产品等有形的资

① 文中《道德经》的直接和间接内容都取自于陈鼓应《老子今注今译》，商务印书馆，2003。

源，而是从设备配备、技术实力与产品结构等的“硬件”的竞争逐渐转向组织结构、创新能力与价值观等“软实力”的竞争。软实力的核心正是企业价值观，即企业文化的核心关注点。企业文化从上世纪 70、80 年代开始被广泛研究，著作丰厚，但是与中国传统哲学智慧相结合的研究还不够完善。不容忽视的是，我国企业文化的实践必须要立足于本国文化。所以，在不断地学习西方先进思想理念的同时，也要积极从我国传统文化中吸取养料，为建立创新型企业注入新的活力。

“阴阳”的概念最早由西周末年伯阳父提出，“夫天地之气，不失其序。若过其序，民之乱也，阳伏而不能出，阴迫而不能蒸，于是有地震”（《国语・周语上》），揭示了阴阳与自然界、人类社会的关系，间接论述了阴阳平衡的重要性。在《道德经》中，又将阴阳互根、相互转化的关系概括为：“反者，道之动”（40 章），“祸兮，福之所倚；福兮，祸之所伏”（58 章），亦强调了事物之间的对立统一规律。又如：“有无相生，难易相成，长短相形，高下相倾，音声相合，前后相随”（2 章），认为一切事物皆处于阴阳发展变化之中。由此可见，老子的“道”既强调了阴阳的循环性、运动性，又突出了阴阳的相互转化。

2. 阴阳辩证思维反映了运动变化的本质

老子所持的阴阳辩证思维，建立在“道”的基础上。通过分析“道”与“阴阳”的关系来论述“阴阳”的“此消彼长”的作用机理，并明确了“阴阳消长”背后的终极规则——“道”，作为世界的本原“生发”万物的宇宙创生过程。“道生一，一生二，二生三，三生万物”，“道”在世界尚未出现之前是一个浑然一体的东西，是世界的原本状态，在创生宇宙的过程中，“道”形成了“阴阳未分”的混沌，即为“一”。“一”自身潜藏着两种对立统一的力量——“阴”、“阳”，即“一生二”，在“周行而不殆”的运动中，阴阳这

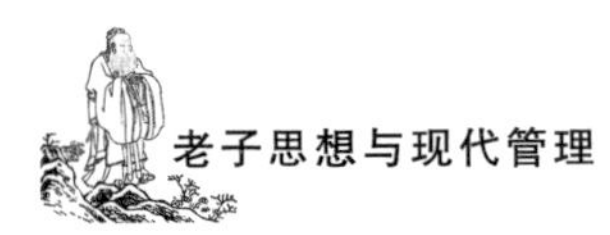

两种相反相成的对立力量此消彼长，相互作用，由此化生出天地万物。“阴”、“阳”代表一切事物的最基本对立面，“阴”，为寒、为暗、为聚、为地、为月，“阳”，为暖、为明、为化、为天、为日。“阴”、“阳”的位置是不断变化，周而复始的。

老子“道生一，一生二，二生三，三生万物”的论述，实际上是描述了形而上的“道”向形而下的“器”转化的过程，解释了宇宙的本原是如何“生发出”万物的。所以，世界上实际存在两种“相”，一种相是“阴”，指可以被人体的感觉器官或科学仪器“认识”到的“有”的存在，有其形体，比如高山河流；还存在一种只能依靠人的理性思维来认识的“阳”，比如道、智慧等，没有形相，是“精气神”等精微的物质。“阳”不是“什么都没有”意义上的“无”，而是一种特殊的“有”，一种没有“相”的“有”。鉴于存在这两种“相”，人们对事物的考察必须是“故常无欲，以观其妙；常有欲，以观其徼”（1 章）。只有把握阴阳对立两面，即既看清其“实”、“显”的“外象”之“有”——阴，又参透其“虚”、“隐”的“内质”之“无”——阳，才能对事物达到全面而深刻的认识。而且，“故有之以为利，无之以为用”（11 章），任何事物的发生发展，都是其内质的“阳”与外在的“阴”共同作用的结果，即阴阳对立、阴阳转化、阴阳消长、阴阳互根。

二　老子“阴阳观”对现代企业的根本借鉴意义

1. 企业的生存发展与“阴阳”

企业是从事生产、流通、服务等经济活动的盈利性经济组织，作为由人类构成的组织，作为一种存在，不仅是“道”的一种特殊的体现，也遵守着“阴阳”共同作用的规律。企业既有像市场占有率等描述“权力”的指标，也有利润、利税等对于所拥有“金钱”的考察办法，而且在目前的知识经济体系下，每个企业所掌握的“知识”都是可以用人才构成、专利量等指标来衡量的。企业在这些方面的表现都可以清晰地量化为数字，且不同的公司之间，只要有一定的相似性，也可以采用相同或相似的标准。对于这些有形质、能够测量的方面，我们将其统称为“阴”。而对于企业的“情感”、“创意”和“经营哲学”这些方面的考量，则是非常困难的，因为这些都是企业的“无”，没有“相”的“阳”，但只有这些精微的“阳”存在，企业才能够存在，离开了情感、创意与经营哲学，企业便丧失了生命力，成为了一堆厂房、文件等事物的机械组合[①]。在企业存续经营的任意时间点上，不仅企业的“阴”是存在的，企业的“阳”也是存在的，只不过一直以来，我们关注的都是可以被量化为数字的“阴”的可测量实物的表现而已。

老子对于阴阳关系的论述，使我们认识到，在某一时间点上，虽然阴阳的力量可以用一个定值来描述，但是就像时间不会停留在一个点上，阴阳是一个动态系统，始终在向未来变化。只要存在变化，就可以用“趋势”来描述下一个时间点上事物的状态与这一时间点上事物状态的比较。为了便于讨论，本文将“阳”变化的趋势称为“阳势”，将“阴”变化的趋势成为“阴势”。企业的阳势包括“员工的情感——对企业的认可及工作投入的程度，创意——员工所表现出的创造力、经营哲学——企业全员上下表现出的与企业之外的人员与组织的关系”这三者变动的趋势；阴势包括“市场控制能力、企业的财务状况、掌握知识的数量与质量”这三者变动的趋势。

当一个企业最初创办的时候，创办人已经为该企业积累了一定的阳势，创办人必须想好“办企业的目的”、“赢得市场的途径”以及

① 李德昌：《信息人社会学——势科学与第六维生存》，科学出版社，2007，第10页。

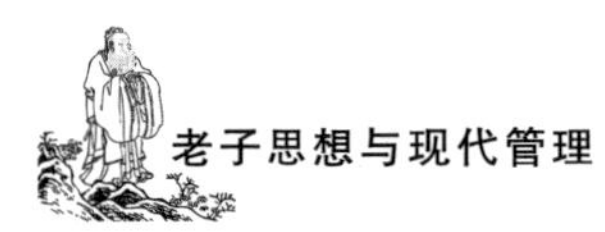

“员工激励方法”等，只有这样，才可能在企业创办初期，克服困难，将这些阳势转化成阴势，转变为对市场的控制力，转变为实实在在的金钱，转变为知识资源。根据老子阴阳转化、阴阳消长的思想，阳势越大，阴势也越大，因为“阳”向“阴”的转化能力越强。也就是说，企业具有越高的创新能力，越有激情的员工，越高尚的经营哲学，这个企业就能发展得越好。同样，阴势也能转化为阳势，企业越有实力，越可能加大对研发等部门的投入，越可能有力量提高员工福利，越可能重视企业的社会责任等。通过阴势的转化，阳势又得到了增强。阳势得到增强后又会再反过来提高阴势，阴阳不断良性循环、相互促进，企业的可持续发展自然而然能够得到实现。按照阴阳运动的规律经营企业，就是尊重了老子所说的“道”，是“合道”的行为，必然可以得到良性发展。

2. 企业阴阳的相互转化过程

关于企业阳势与阴势具体相互转化过程的描述，本文引用中医六经的方法做一简要类比。《素问·阴阳离合论》记叙阴阳离合时说：“是故三阳之离合也，太阳为开，阳明为合，少阳为枢。”这里引用了一个门户的概念，门若要开合，需要靠枢的作用，将门户这个总概念分解开来，就是开合枢三部分，没有开合，不能成其门，而要开合自如，没有枢又不行。三阳有三阳的开合枢，三阴有三阴的开合枢，阴阳变化中共有两个门，一个是三阳主宰的阳门，一个是三阴主宰的阴门。三阳主的阳门，其实是生长之门；三阴主的阴门，其实就是收藏之门。太阳开启，万物得到滋养、生发，但是太阳不可能总处于生发释放的状态，所以，开到一定的时候，就有一个关闭的机制，将阳门逐渐关闭，使这个“蒸蒸日上、升发释放”的过程减弱下来，这种状态就是阳明的“合”。太阳的开，阳明的合，靠少阳枢机的作用。太阴开机启动后，阳气就真正进入到收藏状态。收藏到一定的程度后，这个状态就要慢慢地减下来，收藏的门户要慢慢关闭，慢慢关闭的状态表现出来就是厥阴。太阴开，厥阴合，少阴的作用是枢转开合①。

企业文化就是“阳”，企业文化对于企业发展的潜在推动力，就是“阳势”。企业文化是企业精气神等企业组织的“形而上”精微能量。在“太阳”的阶段，企业文化阳气推动企业各项活动的发展，到达释放的最高点后逐渐减弱，进入阳明“合”的状态，这个过程中的枢机“少阳”主管着“太阳开”与“阳明合”两个方面：“太阳开”，即企业将企业文化转化成实际生产力的能力。企业文化在推动企业发展的过程中，其能量是逐渐释放的，虽然企业文化可能从长期来讲存在对企业的持续推动力，但是“长期”是由多个“短期”组成的，每一个“短期”中，企业文化都存在能量释放的增与减的过程，这个“减”的过程，即为“阳明合”。同理，企业的当前实际表现即为“阴”，阳气升发释放到一定的程度后，就会逐渐减弱，这个时候阳气回头，要从升发转到收降，从出转到入，由浮转到沉。收藏的阴门此时需要打开，不能将阳气拒之门外，即“太阴”打开。由此可见，“太阴”指企业文化的逐渐涵养收藏的过程。企业文化的涵养收藏到达一定的程度后，这个状态就会慢慢地减下来，收藏的门户慢慢地关闭。阴门的枢转靠“少阴”，“少阴”负责“太阴开”与“厥阴合”两个方面，而对于这两个方面，从企业角度理解，两者的重点在于“太阴开”，即利用企业目前存在的资源推动企业文化建设。

目前的一些企业，不太重视企业文化的建设，不太重视企业“阳气”的培养。阳气不足，“太阳”亦缺乏能量释放，对企业发展的推动就会乏力，企业的表现自然也不会令人满意。“阳”缺乏，“阴”的涵养再好也无法促进企业的发展，更何况“阳”缺乏的时候，“阴”也无法饱满。还有一些企业，对企业文化的建设虽然注重，但是因为所倡导的“企业文化”不符合“道”，或者不能完全

---

① 刘力红：《思考中医》，广西师范大学出版社，2006，第6页。

“合道”，存在“太阴病”——某种企业文化虽然推动企业暂时发展了，但企业发展之后的果实不能涵养企业文化的再一次收藏，阴阳的循环只绕了前半圈便结束了，企业文化不能够长期持续地推动企业发展。凡是有“太阴病”的企业，都证明目前企业里实施的企业文化，是不合道的企业文化，是不科学的企业文化。实施“以道为本”企业文化的企业，无疑“阳”的一面是充足的，且不存在“太阴”的病症，因此可以全面激发企业文化对企业发展的长期推动力。不仅如此，“阴”的有效涵养能使“阳”的能量至少不会衰减，而“太阳”的转化也会更加充分，实际表现即为企业的各项发展指标健康稳步提高。

3. 提高企业文化“阳势”是企业发展的必然选择

梳理了企业“合道”经营的逻辑，下一步要做的就是弄清楚如何能够提高企业的阳势。“阳”所包含的内容，均与企业组织的成员——“人”息息相关：员工所表现出来的对于企业的忠诚和投身于工作的决心，对于创新的热衷与创新实践的展开全部都取决于员工如何看待企业，如何看待自己，以及如何看待自己与企业的关系。这些内容都是企业文化所包含的，是企业文化建设的目的。企业文化的根本任务是解决人心的问题，良好的企业文化，能够充分调动员工的积极性，极大地增强阳势，不仅能够积极培育创新能力，酝酿真善美的经营哲学，还能使员工长期保持良好的工作状态。不仅在阳势转化为阴势的过程中推动企业发展，还能在阴势向阳势转化的过程中，使企业越发重视员工的成长，并激发员工自身的使命感与荣誉感，更加愉悦地投入工作中去。

三　“以道为本”企业文化对企业发展的推动机制

老子的“道”是客观存在的，是自然之道。“道”具有多个层次的内涵，作为“无极”，它蕴含着宇宙产生的可能性与万物运动的总规律；宇宙生成后，“道”的作用的显化则为“德”，“道”是万物的本质，“德”是万物所呈现出来的道的特性，万物由“道”而生，由“德”而长。遵循“道”的规律，合乎“德”的要求，事物才能得到生成与养育。要遵“道”合“德”，就必须做到老子所强调的“无为”。“无为”思想根植于老子形而上学的哲学理论中，体现了自然主义与无为主义的统一。老子的“无为”，是指人们在做任何事情时，都不要对事物有不合道的干预，应当顺应事物本身的规律。

企业管理的最高境界是“无为而治”。天地并非刻意地追求什么，却在无意间实现并滋养了万物。企业也应当像大自然一样，以“无为”的态度实行管理，处处顺应自然的规律，不背离大道去片面地追求已经偏离“道”的个人的、小团体的利益，这样的管理就是“以道为本”的管理。“以道为本”不同于“以人为本”，人作为世界万事万物中的一环，不能想当然地将自己居于中心的位置，而应当争取以“道”的高度，全面客观地观察自身与世界的关系，按照事物的本来规律办事。以如水般的胸襟对待事物，滋养万物，却不与万物相争，以“柔弱”、“处下”来成就别人，对人有益处又“光而不耀”。管理的目的是服务于他人，成就他人的成长，管理的出发点是众人的利益，管理的手段是贵柔不争，此种以道为本的管理才是真正的管理，是企业文化所要塑造的企业真正的精神内核，是激发员工主动性与创造性的重要保证，是任何企业实现可持续发展的必经之路①。

企业的阳势可以转化为阴势，为了提高企业的绩效，即企业的阴势，必须努力提高企业的阳势，而提高阳势的必然选择就是建立“以道为本”的企业文化。“以道为本”的企业文化是从企业文化的

① 齐善鸿：《新管理哲学：道本管理》，东北财经大学出版社，2011，第 8 页。

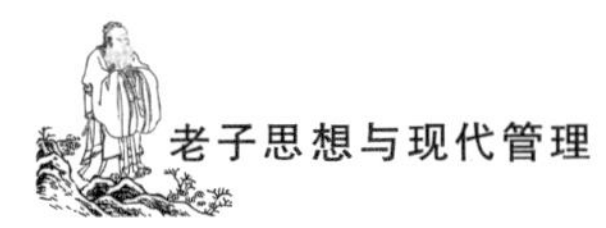

最高层次——精神层来建立的，包括企业精神、企业价值观和企业道德。企业从生命阶段来讲可以分为创业期、成长期、成熟期与衰退期，每个阶段企业文化的“外显”内容都可能不同，即物质层、行为层和制度层的表现可能不同，但是各个阶段企业文化的精神内核都应当是“一以贯之”的，这个“一”就是“道”。企业文化的精神内核符合“道”，所以恒常不变，能够始终对企业的发展提供正向推力。

以道为本的企业文化可以最大限度地“解放”、“激发”阳势，使阳势获得最大能量，并能完全无碍、能量无损地向阴势转化。而非以道为本的企业文化，也可能部分地、阶段性地增强阳势，但是推动的程度、推力的持久性均无法与以道为本的企业文化相提并论。不仅如此，以道为本的企业文化还能够对阴势向阳势的转化提供推力，而非以道为本的企业文化则可能仅是单向的，只对阳势向阴势的转化提供推力，或者即便能部分地作用于阴势向阳势转化的过程，转化的能量也有较大散失。

我国的企业，尤其是中小型民营企业，生存时间普遍较短，创新能力较差，竞争能力亟待提高。结合老子《道德经》智慧与当今信息时代特征提炼出的以道为本的企业文化，无疑是解决我国企业可持续发展瓶颈的有力途径，是提高我国企业创新能力、增强企业竞争力的最有效的途径。建立以道为本的企业文化，是关乎企业命运的大事，决定了企业是否能够可持续发展，关乎企业“向什么方向去”、“能走多远”的根本性生存问题。我国企业应尽快认识到企业发展的内在动力传导机制，早日将建立以道为本的企业文化提上日程并加以实施，在“优胜劣汰、适者生存”的竞争丛林中，成功汇聚众人之力，变逆境为顺境，稳中有升地持续成长，最终立于不败之地。

（作者单位：南开大学旅游与服务学院）

从《老子》道的视角看“以人为本”的企业管理理念*

徐　明

一　“以人为本”的企业管理理念的产生及实践中产生的问题

人本管理的企业管理理论的出现，是为了在管理过程中把人从传统的工具性管理方式的束缚中解脱出来，以避免管理过程中管理工具对人类自身的伤害，具有其时代的进步性与科学价值。但实现其目标所经手段的根本立足点偏差，导致在实施以人为本的管理过程不可避免地对外部环境造成了破坏，环境污染又反过来伤害人类自身，造成了“二次污染”。

（一）以人为本管理的根本目地——解决管理对人自身的伤害

从现代西方管理理念产生之初，以人为本的管理理念就与科学管理的理论伴生，并随着管理学理论的发展发挥着重要的补充作用。现代管理中“效率至上”管理理念危机的加剧，使人本管理的理念在

* 本文是在笔者的导师齐善鸿教授的指导下完成的，在此特向齐老师表示衷心的感谢。

国外和国内蓬勃发展起来。

1. 古典管理理论中的人本管理思想

在西方古典管理学派中存在着人本管理理念倾向，泰勒在国会听证会上的阐述直接地指出了其科学管理理论中的人本因素：所谓科学管理，不是一套效率机构，不是一套计件给酬劳的制度，也不是奖金和红利制度的科学管理，乃是工作于某一机构或产业的员工的一种完全的心理革命，它是一种关于管理层对同仁、对员工责任的完全的心理革命。[①] 任何制度都离不开人，在采用了最好的制度之后，成功与否取决于管理人员的能力、坚韧和权威。在雇主和工人之间，应该常保持良好的互动关系。上司应该找工人谈心，应当让每个工人都有自由发表意见的机会。[②] 泰勒以维护雇主与员工共同利益的角度，试图化解双方的冲突和矛盾，为人本管理思想的发展奠定了科学管理理论的基础。法约尔强调：鼓励首创精神和责任感、对所做工作给予公平而适当的报酬、对过失和错误实行惩罚、使大家遵守纪律、使个人利益服从集体利益。[③] 以法约尔为首的“组织理论”学派从管理中人的特殊性角度，协调个人与组织的关系。巴纳德进一步将组织特性与人类特性相结合，在其《经营者的职能》及《管理与工人》等著作中将人际关系学、社会学的概念融入对组织结构逻辑上的分析，从而将西方古典管理理论中的人本管理思想推向了至高点。

2. 现代管理中“效率至上”管理理念的危机与人本管理理论的兴起

彼得·德鲁克指出，“管理者的职责就是使工作高效率。‘高效’

① 〔美〕泰勒：《泰勒在国会特别委员会上的作证词》，哈伯兄弟出版公司，1911，第36～37页。

② 〔美〕泰勒：《泰勒在国会特别委员会上的作证词》，哈伯兄弟出版公司，1911，第30页。

③ 〔日〕松本正德：《经营管理理论》，王志国、钟亚军、于学儒译，中国人民大学出版社，1988，第57页。

和‘管理’毕竟是密切相关的。”[①] 近百年来，管理学以其对人类活动中效率性追求，得到理论与实践上的认可。但效率性以及与之相关的经济性毕竟只是人类多维活动的一个方面，这种对人类活动片面化的理解，导致管理学对人的“物化”及人性的一种扼杀。在泰勒和法约尔之后的几十年里，管理学家们进一步阐释了他们对管理学理论和实践的认识，但从总体看来，都还没有突破泰勒和法约尔的“效率为本”的理论核心框架。如以梅奥、马斯洛、麦格雷戈等为代表的行为管理学派，虽然强调要重视企业中的人际关系，重视对员工心理与行为的研究，但其实质还是为企业提高生产效率创造条件。根据《1857～1858年经济学手稿》中马克思的“三形态”理论，明确提出人的全面自由发展是历史的产物，阐明了人的发展过程与社会发展的统一，经历“三形态”：前资本主义社会的“人的依赖关系”，资本主义社会的“物的依赖关系”，共产主义社会的“自由个性”、21世纪必然是人类挣脱“对物的依赖性”、向更高的或更加自觉的层面上谋求自身的“全面发展”时期。作为人的存在方式之一的管理活动，其使命必然要把人类从管理链条下的束缚中解脱出来。

20世纪80年代初，出现了以汤姆·彼得斯为代表的管理的“非理性主义”思潮，他们认为必须进行一场“管理革命”，使管理重新回到以“人”为核心的这个“基点”上来，而且彼得斯等人把批判的矛头直接指向了传统管理中的理性面，并主张从管理的多样性、不确定性、不一致性方面研究管理。[②] 这就是“以人为本”的管理理念，虽没能全面揭示出人的现实的完整本性，但以人的感性或非理性的一面为依据，向传统的理性至上的管理学发起了冲击，并意在把管理学之本回归到“人”这个基点上来。迈克尔·汉默和詹姆

① 〔美〕彼得.德鲁克：《有效的管理者》，钟少光译，新世纪出版社，1986，第1页。

② Tom J. Peter & Nancy Austin, *A Passion for Excellence*, New York, Harper & Row, May, 1985.

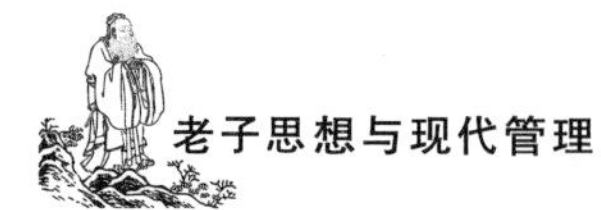

斯·钱辟为代表的“再造理论”，奠定了“流程或作业适应于人”、“管理服务于人”的人本管理思想基础；“学习型组织”虽不能像传统组织那样给人以清晰的或可操作的组织架构，但能“让大家在组织内由工作中活出生命的意义”的以人为本的组织理念。国内复旦大学管理学院芮明杰教授认为，目前人们对人本管理的理解可区分为两个层面①。第一个层面“把人的因素当作了管理中的事实上的首要因素和本质因素，即首先确立人在管理过程中的主导地位，继而围绕着调动企业人的主动性、积极性和创造性去展开的企业的一切管理活动”。第二个层面“通过以人为本的企业管理活动和以尽可能多的产出的实践，来锻炼人的意志、脑力、智力和体力，通过竞争性的生产经营活动，达到完善人的意志和品格，提高人的智力，增强人的体力，使人获得超越受缚于生存需要的更为全面的自由发展”。

人类在从事具体的生产和生活活动时，不断地克服各种各样的异化行为，逐步对自身本质深入认识。管理活动是人类的一项基本的实践活动，与人类的政治、经济、文化、科学等活动密切相关，是人类特有的活动方式或存在方式，管理的目标只有直指以人为本的方向，才有可能最终使人类摆脱其活动对其自身的伤害。

（二）实践中以人为本管理目标的背离——人类破坏环境从而又伤害了自身

以人为本的管理理念虽然没有忽视人和环境的协调发展，但其在具体应用过程中，出现了管理的最终目标与达到目标的手段没有很好地有机结合的问题，从而使人对周围社会环境及自然环境造成破坏，并且环境又反过来伤害人类自身。

① 芮明杰、杜锦根：《人本管理》，浙江人民出版社，1997，第4~6页。

“将欲取天下而为之，吾见其不得已。天下神器，不可为也。为者败之，执者失之。故物或行或随，或歔或吹，或强或羸，或挫或隳。是以圣人去甚，去奢，去泰。”（《老子》第二十九章）这句话是说：想要治理天下并取得成功，我看他是不能够达到目的了。天下这个神圣的存在，不能够违背其规律强而为之。否则用强力统治天下，就一定会失败；强力把持天下，就一定会失去天下。万事万物都秉性不一，有的走在前面，有的跟在后面；有的气势恢宏，有的处境悲凉；有的势力强大，有的软弱无力；有的增益，有的损毁。因此，圣人要除去那种极端、奢侈的、过度的东西。

如果违背了规律，以人为本的管理目标是不能实现的，当人类过度关注自身，极易陷入人类中心主义的理念中。即把人类的利益作为价值原点和道德评价的依据，有且只有人类才是价值判断的主体，从而导致环境污染、气候异常、资源匮乏、生态危机。管理活动的“甚”、“奢”、“泰”导致了人类生存环境的不断恶化，从而威胁人类的生存，与人类造福自身及子孙后代的目标背道而驰，甚至连人类赖以生存的空气、饮水、食品都不再安全。我国人口众多，资源缺乏。近年来我国经济高速增长，是因为承袭了西方传统工业文明的发展模式，同时也得益于西方先进的管理理念。但也应看到在经济高速增长，人民群众物质文化水平不断提高的同时，资源过度消耗，垃圾成堆，环境污染和环境破坏严重。这与以人为本的目标在实施过程中社会和谐发展手段的不健全存在直接的因果关系，人们狭义地理解“发展才是硬道理”，企业管理过度关注满足人眼前欲望的盈利行为，错误地认为先污染后治理，先破坏后恢复是经济发展的必然规律，一些开发和建设活动不尊重客观规律、不考虑环境的承受能力。只注重满足人类自身不断增长的物质需求，忽视社会和环境的和谐发展，人们的头脑中缺乏科学的发展观，缺乏对忽视规律所造成的环境的“二次污染”的深刻认识。

二　以道为本管理理论的构建及对以人为本的管理理念的解构

任何一种经典的管理理论的产生、运用和发展都有其历史的必然性和时代的进步意义，同时，其理论的本身及实践的运用都有其自身无法克服的弊端。要避免管理理论的弊端，真正实现以人为本等管理理论的目标，使个人、社会与自然和谐发展，就必须遵循自然万物的本源规律“道”，相应地归纳出为各种管理理论本源的管理理念——道本管理理念。

（一）道本管理的概念及其方法论的逻辑构建

世界万物皆有其规律，此为道。人类的管理，是典型的人类干预外部世界的行动。因此，基础必须是对规律的尊重，这包括了对自然规律和社会规律的尊重，也包括了对人性规律的尊重。以对规律的尊重为前提的管理，称之为“以道为本的管理——道本管理”①。

“道可道，非常道”（《老子》第一章），由于“道”是终极的形而上的概念，无论用何种方式表述，都是一种不断接近其内涵实质的过程，永远无法达到其“名”与其“实”的完全统一。所以，我们需进一步用逻辑构建的方式对“道”进行方法论层面上的探索，从而达到更好地指导管理实践的目的。

“道生一，一生二，二生三，三生万物。万物负阴而抱阳，冲气以为和。”（《老子》第四十二章）“道”产生了自然万物的本源一，这个本源一又产生出阴阳对立统一体，两者相交生成一种交融和谐的状态，这种内涵“三”的状态变化、产生出千差万别的各种自然的

---

① 齐善鸿：《道本管理：精神管理学说与操作模式》，中国经济出版社，2007，第73页。

事物形态。自然万物背阴而向阳，两者互相激荡而成新的混合体。“物本”与“人本”为阴阳对立统一的伴生物，必归于其载体“负阴而抱阳”的“自然”万物并回归于自然规律的大道。《老子》中对道的阐释暗合了马克思主义辩证法及现代管理研究方法论的内容，主要体现在：

1. “万物负阴而抱阳，冲气以为和”，阴阳对立统一，共生转化。指出任何事物都包含着矛盾，矛盾着的各个方面既对立，又统一，并在一定条件下相互转化。黑格尔在《逻辑学》中首先阐述辩证法的三大规律，其中，基本规律、核心规律是对立统一规律。

2. “道法自然”，“三生万物”，“万物负阴而抱阳”。“自然”与“万物”的法则，是人类应该遵循的总规律。马克思主义哲学方法论从人的主观能动性与规律的客观性的视角论述了人类在发挥主观能动性的规程中必须遵循客观规律。

3. “道生一，一生二，二生三。”从“三”到“一”及从“一”到“三”，体现了个性到共性、共性到个性的归纳与演绎过程。与华莱士（W. L. Wallace）的科学研究推理模型基本理念相合。

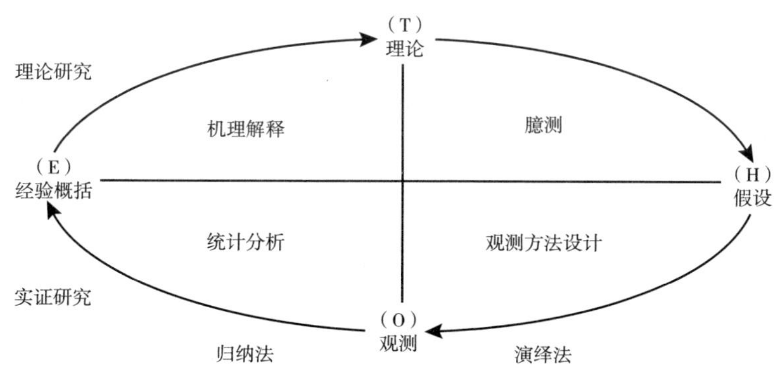

图 1　演绎与归纳的关系*

* 资料来源：李怀祖：《管理研究方法论》，西安交通大学出版社，2004，第 70 页。

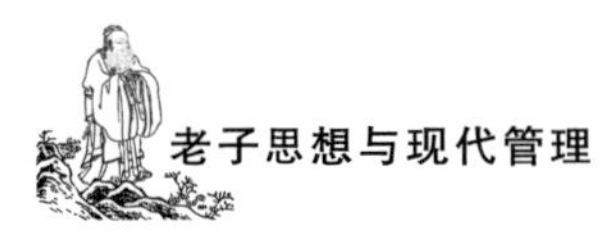

（二）对以人为本的管理理念的方法论视角的解构

只有从道的视角对以人为本管理理念重新审视并重视规律，人本管理所要达到的目标和实现其目标的手段才不会相背离。所以，道本管理理念是人本管理理念能真实、完整地实践的基础。

1. 管理以道为本要求“阴”“阳”平衡互补

从道的角度去管理，追求的是一种矛盾双方对立统一共生的发展方式。所以，道本管理对于人本管理理念不是单纯的支持，更不是单纯的批判。以道为本的管理理念要求“人本”与“物本”的和谐统一。人性化管理与非人性化管理的统一运用，科学管理方法与精神管理方法的和谐运用，管理理念中西、古今涵化，同时技术与文化完美结合。[①]

2. 管理以道为本要求人的意志统一于自然规律、社会规律、人性规律这三大规律

以人为本的管理理念要求顺应了社会的进步及知识经济时代的需要，使人们在管理过程中不再被被动驱使和控制，使人们的自我价值、人格与尊严得以实现。道本管理进一步提升这一理念把人的意志与规律统一起来，即“从心所欲”又“不逾矩”，以服务于人为根本的管理方法，必须尊重自然规律、社会规律、人性规律这三大规律。

道本管理理论把人本管理理论的立足于人，提升到直指人心规律的层次。首先应在心理契约这个层面上认识管理，从构建心理契约入手进行管理。在充分确立和尊重员工主体地位的基础上，通过多种形式进行广泛的沟通与培训，增进企业和员工之间的相互期望与义务了解，不断提高双方的认同度和满意度。同时，充分开发和利用各种传播媒介和宣传手段，加强企业对外沟通与传播，提高企业的社会认同度、满意度和影响力。人本管理理论并不排斥传统管理理论所奉行的

---

① 齐善鸿等：《新管理哲学——道本管理》，东北财经大学出版社，2011，第231～258页。

“弱肉强食，优胜劣汰”的丛林法则。以道为本的管理追求扬善抑恶、扶弱济困、共同发展的原则与方法。为员工的自我管理提供基本资料和搭建平台，培养优秀的组织风气。将传统意义上的管理者转变成服务者，从而达到个人目标与组织目标的共同实现，促进人与企业共同发展。①

3. 管理以道为本要求归纳“术”入“道”，演绎“道”入“术”

以人为本的管理方式与传统的管理方式一样，都没有将具体的管理方式和策略从“术”的层面上升到“道”的境界。只有通过归纳与演绎的现代管理思维逻辑，把人本管理的理念提升到道本管理的层面，再从道本管理的层面衍生出人本管理的理念，使道本管理理念作为人本管理方法等理论指导根基，才能使人本管理等管理方式在实施过程中扬长避短，发挥其最优的效果。例如，由于人的自主性的存在，一旦人受到不情愿的控制，就会产生对抗的情绪。基于人本柔性管理也不过是控制技术上的新工具，只有服务于人的全面发展，服务于社会的全面发展，服务于自然的全面发展，才能将人导向正常健康的发展之路，造就文明人和发展文明管理，推动国家和世界的文明事业的进步。②

本文以《老子》提出的世界万物的总规律“道”为视角，分析了以人为本的企业管理理念的产生发展过程中存在的问题，并对以道为本管理理论的构建和对以人为本的管理思想的再认识，指出只有将管理提升至“道”的境界，以人为本的管理目标才能真正实现。管理只有以科学方法论为依据，发掘优秀传统文化“道”的作用，并作为企业管理理论的文化基础，西方优秀的管理理念才能真正植根于中国。

（作者单位：南开大学旅游与服务学院）

---

① 齐善鸿：《道本管理：精神管理学说与操作模式》，中国经济出版社，2007，第 77 页。

② 齐善鸿：《道本管理：精神管理学说与操作模式》，中国经济出版社，2007，第 76 页。

寻找经济运营中的“极”

——老子辩证法应用一隅

刘仲宇

《老子》一书，是谈哲理的，但因为谈的是世界运行的总规律，人生的根本法则，其间的精华可以运用到各个不同的领域，当然包括经济领域。经营管理，如果从企业行为看，属于微观经济学的范畴，但是经营者却需要有中观的甚至于宏观经济的头脑。特别在经营中，经营什么，市场如何，自己的资金、技术、市场占有率处于什么区位，都不只是闷头生产就能行的。这些都是中观经济的内容。而产业发展的前景如何，如何调整自己的产业结构，如何适时转变，更需要与宏观经济的整体观察相联系。在这过程中，需要有辩证法的使用，去掌握经营领域中瞬息万变的态势。所以，近数十年来，有识者开始注意到《老子》思想中潜藏着的经营谋略、指导经营管理的深刻智慧和常新的启示。

关于老子在经济领域中的指导作用，探索者亦已多。但是，大家对于老子本身的研究中，关于他强调要注意物极必反的那个“极”，却关注得不算多，这一思想在经营管理中的应用，则同样不多，乃或阙如。

一

道家本质上是主张辩证法的。在道家眼里，一切相互对立，都是相比较而言的，它们既对立，又相辅相成。同时，相互对立，又能相互转化。老子说：

> 故有无相生，难易相成，长短相相，高下相盈，音声相和，前后相随，恒也。(《老子》第2章，以下引该书只注章)

不仅如此，他还认为“反者道之动”（40章），道的运动不是一条直线，而是经常地走向反面的。他有句名言：

> 祸兮福之所倚，福兮祸之所伏。孰知其极？其无正邪？正复为奇，善复为妖。(58章)

对这段话，人们做了很多的诠释。《淮南子》为之讲了一个“塞翁失马”的故事，而毛泽东在《关于正确处理人民内部矛盾的问题》中引用了它，说明坏事能变好事。不过，许多人可能没有注意到其中四个字“孰知其极”，在我看来，这是道家辩证法思想的点睛之笔。

老子说的“孰知其极”，一方面是肯定了这一极的存在，另一方面也指出，找到这一“极”很不容易。谁能知晓？谁能发现？就是一个关键。不管你是否发现它，但“正复为奇，善复为妖”正是发生在这一“极”。极，就是祸福发生转化的那一关节点，事物只有发展到一定程度，才会发生根本性的变化。笔者提出“孰知其极”，就是要人注意这个极点。老子的后继者进而将之概括为：“极而反，天之道也。”物极必反的格言，十分典型地表达了道家辩证法的精义。

正如一切事物的发展变化都有物极必反的规律一样，在经济领域中也不能避免这一点。只有经常地注意到发展当中的问题，特别是对某一企业，或某一行业，乃至于经济运营的全局，若是发生振荡变化时，关注那一“极”的出现，把住运营的脉搏，才能及时调整自己的状态，避免出现难以掌控的后果。经营中常常遇到成功的喜悦与失败的沮丧，个人的感受其实受整个经济变化制约，而这种制约又常与宏观的变化相激荡。这里不妨举一个我国棉纺织业的例子。

众所周知，中国人很早就在棉花纺织、丝绸纺织等领域长期领先于世界。自从元代黄道婆从海南回到家乡上海，改进了棉花纺织技术，原来的江南松江府、苏州府成为中国棉纺织业的中心。江南地区也由之成为全国最富庶的地区。但是随着鸦片战争，洋布的冲击波，江南的土布也随之凋落，这又促成了中国农村破产。当时的变化之“极”在鸦片战争之后的特定环境中才出现，其实其酝酿是在英国工业革命期间，自瓦特发明了蒸汽机，由动力革命开启的纺织业的革命就不可避免地发生了。只是由于长期的中西隔绝，这一场革命带来的影响，只有在列强纷纷进入中国，才真正发生。上海开埠以来，主要由外国资本开办的棉纺织厂，纷纷落户黄浦江、苏州河沿岸。同时民族资本也进军这一领域。纺织业成为中国民族资本成长的重要支点。而整个纺织业，又是上海工人阶级集中成长的重要平台。新中国成立之后，纺织业一直是上海的支柱产业之一。20 世纪 80 年代初，为了改善民生，国务院还作出过发展纺织业的决定。不久，使用了 30 年的“布票”，终于从中国老百姓的生活中消失。然而至 90 年代，沿海城市赖以成长起来的纺织业，变成了最大的负担，亏损，下岗，成了家常便饭。作为具体企业的当家人，陷入深深的苦恼。到了极点，路不能按常规走下去了，不得不做出痛苦的抉择：压锭，转型。这次在政府主导下的转型，显得有些被动，却是正确的，尽管当时上海 55 万的下岗工人一时成了城市的沉重负担。这是当代世界经济发展中必然出现的转折点。当代经济越来越依赖于科学技术的应用，不能不牵涉到世界的全局。随着信息时代到来，原来的劳动密集型的纺织业，必然衰败。当时全上海55万纺织工人，一年的产值还不及一个中国派出伦敦的股票交易员一人的收入。纺织业经历了压锭、向内地转移等断然措施，不仅释放了上海等沿海城市的生产力，特别是为上海作为全球经济、贸易、物流和金融中心的形成，创造了条件，也为纺织业的技术更新换代提供了可能，同时也为内地的产业发展提供了条件。纺织业的发展历程，非常好地诠释了主动运用物极必反规律的重要性。这是从宏观上一个产业说，其实从一个具体的经济体说，也不例外。到了极点，事物不能不转化，经营中若是忽视这一“极”，难免出大事。极到时，无所作为，不知所措，也难免被淘汰出局。

二

极而反的思想，要求我们注意转折点到来的时机。时机不成熟，不能拔苗助长，时机到来时不能优柔寡断。我们可以在天时地利人和相配合的条件下，促进时机的到来，但不能人为地“跑步前进”。积极的态度，还要与客观的时机合拍。同时，还要注意，成绩很大，近于盈满之时，可能也是容易出问题之时，须保持高度的警惕。一旦倾侧出现，就要及时补救。黄老帛书《十大经·观》[①] 中提到：

圣人不巧，时反是守。

时反，即时机走向反面，或者说是事物走到极点向反面转化的时

① 《十大经》，或释为《十六经》。因所引出处为文物出版社1978年版《经法》，故随其所释。此书实综合马王堆汉墓帛书《老子》乙种本前的四篇古佚书，因其第一篇可以确定为《经法》，遂以之为名。该本释其第二篇题为《十大经》。

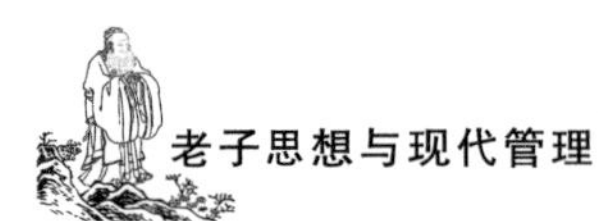

机，即今天常说的时间节点。所以极而反的观念，本质上是从时间的流程中加以把握的。在中国的经济发展中，有过不管时机、乱指挥、瞎胡闹、自乱阵脚的沉痛教训。20世纪50年代末的大跃进、人民公社化运动等错误的做法，不仅没有“跑步进入共产主义”，反而造成了农村的凋弊，甚至造成饿死人的惨剧。“张开肚皮吃饭，鼓足干劲生产”的承诺，不仅是笑话，更是教训。人民公社则是在生产关系上，没有基础地乱升级。在生产力条件不具备的时候，随意地升级农业集体化的程度，最终也以失败告终。

同样在我国的经济发展中，也有过从整体上错失良机的情形。当我们正在大搞“文化大革命”的时候，世界科技、经济正处于一个大转型的关头。周边的一些国家与地区，正是抓住了这一时机，在西方发达国家产业结构转型、许多原有的产业转向劳动力成本较低的国家与地区时，适时调整了自己，于是出现了所谓的“亚洲四小龙”。而我们则没有了解这一点，使得我国与世界先进科技和经济发展缩小了的差距又拉大了。大的政治格局在整体上错失了经济良机，而一个个的工厂、企业也因之无机可寻。这些是历史的教训。实际上，这样的教训也在当代的经济中经常出现。当代世界的经验和教训都充分表明，经济营运，是在千变万化的市场平台上进行的，时机的把握尤其重要。一个经济运营的机遇，也都是挑战。好的发展时机，是任何一个经济体都梦寐以求的。但时机到来时，对一个具体企业或个人来说，可能是一场成功的机会，也可能是一场灾难的关头。看到“极而反”的极点到来，如何处置，是对企业领导人智慧的严重考验。错将危机当发展时机的极端情况可能不算多，但看不到危机的到来，危机到来时又不知所措的情况，还是经常发生。试看当美国房地美、房利美两公司蒸蒸日上之时，正是危机笼罩的开端。当年因为盲目乐观不断扩大自己的经营规模，最终造成了政府破产保护的境地。不知道在一点点积累业绩的同时，也要注意潜在的风险。而对于发展的好机会，也有可能因为决策者的敏感性不足，而失之交臂。

无论是危机还是发展的好时机，它们都是累积而成的。“九层之台，起于垒土”（64 章），所以要随时关注事态的变化。见微知著，是每一个高明的经营者的基本素质。冬虫夏草这一味中药，已经大涨到超过黄金价格。因为利润高得出奇，一部分老板开始承包草场，但在连续高涨之后，却是资源的枯竭，同时也大大地拉高了人工成本。这种态势并非从今年开始，在利益的驱动下投资者却没有看到危机的到来。结果今年的承包者普遍大亏损。这是一个产业与一个经济体盛极而衰，面临转折关头而不知变的教训。至于现代制造业、金融业、航运业，更加变幻莫测，需要下更大的功夫随时捕捉市场信息，知商机，同时也要警惕危机。

时机一旦来到，能否抓住，是一个考验，有时甚至关乎某一经济体的生死存亡。因此魄力、决心，便显得十分重要。黄老学派早就说过，措施“过极失当，变故易常”（《十大经·姓争》），必然招致失败。当年范蠡辅佐越王勾践与吴争锋，曾说过这样的名言：“臣闻从时者，犹救火、追亡人也，蹶而趋之，唯恐勿及。”抓住已经到来的时机，必须果断、迅速。同时又说：“臣闻古之善用兵者，赢缩以为常，四时以为纪，无过天极，究数而止。天道皇皇，日月以为常，与之俱行。”《国语越语下》无过天极，究数而止，注：“极，至也，究穷也。无过天道之所至，究其数而止也。”算准了转化极点的到来，以及内在的有机联系，才能适时克敌制胜。当吴国大溃，要求称臣为和时，范蠡又告诫越王：“圣人之功，时为之庸。得时不成，天有还形，天节不远，五年复反，小凶则近，大凶则远。”《国语越语下》意思是给了你时机，你不用，那么，还会转化到反面，最多五年，吴国又会逆转形势。所以说服勾践当机立断，灭了吴国。这正是用了黄老学派“当天时，与之皆断。当断不断，反受其乱”（《十大经·观》）的卓越思想。范蠡说的是政治和军事，经济的运营，也有类似的规律。据《史记》记载，范蠡之师为计然，范隐居之后，说他所使用计然之策，助越灭吴，也要用其策以致富。计然旱则资舟，水则资车，正是运用辩证法于经济营运之中，也是中国最古老的对于供求与价格关系的理论分析。用兵、行政与经营，是完全相通的。范蠡之所以被后人看成财神，因其致富谋略之神，其致富谋略，实取自计然，而计然之策，又来自老子学派。抓不住时机，没有成功希望。机会到了面前，或优柔寡断，或莫知莫觉，结果只是看着别人发财，事后则大懊悔，这样的情况在商场，见到的是太多了。成功的经营者，总是善于抓住时机的人。

三

按照极而反的观念，道家的谋略原则中重要的一条是“持盈定倾”。盈，是指发展达到最佳状态时，这时要看到物极必反之理，准备应对措施。倾则是既已倾覆，定其倾危，转危为安。

当经济运营状态最佳时，往往就潜伏着危机，经济体壮大到极顶，一览众山小，很可能是走向反面的因素积累到最多时，这便是盈。盈满中存在转向亏损的祸根，可能就是老子说的“极”。所以在这一状态下，经营者如何保持冷静的头脑，处理好适时应变，尤为重要。相当年香港出现了许多航运大王，一旦成了“船王”，事业到了顶峰，便是盈的状态。当时一部分人看到危机的到来，所以将部分资金转向房地产等领域，而包氏集团仍未留意，结果很快落后，便是教训。美国房地美、房利美、雷曼兄弟公司的大祸临头，而且引发了一轮深刻的世界性的经济风潮，则是最近的实例。所以，当处于顺境时，必须时刻关注眼前的事态，防止走向反面。

定倾，则是扶其既倒。商场如战场，挫折难以完全避免，甚至于面临生死关头都会有可能。在经历挫折，一时倾危之后，能否东山再起，也有个抓住时机的问题。那时信心、毅力、置之死地而后生的决心，都是非常重要的因素。老子说的祸与福的转化，当然包括转败为胜。在商场上我们经常看到东山再起的实例，也有一蹶不振的实例，产生的原因可能是多方面的，但是后者不善于定倾是肯定的。著名香港实业家、华人首富李嘉诚在 2012 年 6 月 29 日出席汕头大学 2012 届毕业典礼时说过：

> 也许你们听说过我如何挣扎求存，奋抗命运变幻无常的故事，但你们可能不知道，我在你们同龄的时候，多次拒绝放弃理想换取“无发展空间”的眼前安逸。
>
> 我一直深信，如果世界上有任何“成功秘方”，其中最关键的元素必定是你对成功的欲望远远大于对失败的恐惧。
>
> 这心态像是刀锋——锐化你对什么是“可能”的触角和激化你的梦想；这心态像是预警系统，令你对自满情绪和停滞时刻警惕。[①]

这位成功企业家说的，随时都要将触角伸向任何“可能的”领域，也就是时时要捕捉成功的机遇，处于逆境时也一样，不能有任何的自满和停滞。不能自满和停滞，便是持盈之道，挣扎求存、奋抗命运变幻无常，随时激化梦想，正是定倾之道，也是持盈之理。我想，他的经验，对任何一个企业家，任何一个人来说都是极好的教科书。

世上不能定倾，一旦失败便不再图翻身的例子不少，不能持盈的企业，也不少见。当年的秦池酒业，在发展顺利时，热昏了头脑，拼全力拿下中央台的广告，然而只一句“勾兑酒”，便让它失去了顾客的信任，然后像多米诺骨牌那样，连续倒下，瞬息破产。就在上海，

① 引自《博客天下》第 19 期。

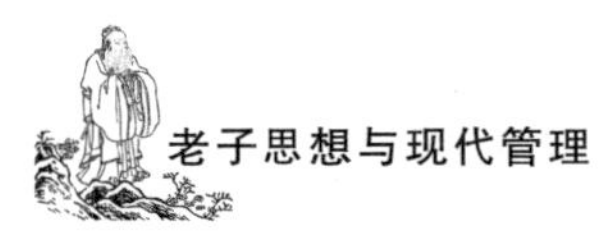

有一家餐饮连锁企业，在经营情况好时快速扩张，但不到几年，便走下坡路，而且船大难调头，最终关门大吉。昔日的成功企业，成了媒体曝光的对象——因为在失败倒闭时必定会伴随着债务纠纷。

目前，世界经济的发展又出现了新的动向。原来的许多高污染、劳动力密集的加工业，转向发展中国家和地区，但现今的情形，不仅原来的制造业在转移阵地，而且出现了劳动力成本提高的压力。同时，随着技术的创新，一部分产业又回归到欧美发达国家。特别是在世界性的经济危机出现之后，这种趋势更加明显。当我们为到处是中国制造而自豪的时候，有没有想过，这种趋势的出现意味着什么？中国正扮演着世界经济发展中十分特殊也十分重要的角色。逆着世界经济的萧条而上的发展，让世界对中国刮目相看。从这个意义上说，处于“盈”，那么如何持其盈、防止倾危的发生，便非常值得每个经营者思考了。

老子的辩证法思想十分丰富。本文所讨论的祸福的转化有其“极”，即今天所说的矛盾转化的关节点的思想，便是其中的精华之一。当然，老子认为这一极不易找，所以说“孰知其极。其无正？正复为奇，善复为妖”（58 章），所说的不过是承认其极，但不容易寻找到而已。有的研究者不知其究竟，便下断语说他有循环论，这是错断。老子的“孰知”一说，实际上是对人们的警告，要人们关注转化的那一个极点，掌握时机，正确处理。同时也是一种拷问，让人时时警觉，自己明白其极了吗？无论是政治家，军事家，还是企业家，甚至一个小小经济体的经营者都必须十分认真学习和运用。

（作者单位：华东师范大学哲学系）

应区分老子思想的本义和引申义

——以“不争”和“柔弱胜刚强”为例

白　奚

在弘扬中华民族优秀传统文化的大背景下，国学热已经持续了不少年头，除了儒家文化受到了长期、普遍、高度的关注之外，作为中国传统文化的另一核心内容的道家思想也受到了全社会的普遍关注。尤其是老子的思想，其深邃的哲理、高超的道论、独特的思维方式、新奇的辩证法，都闪耀着智慧的光芒，焕发着迷人的魅力，不但在专业学术研究领域引人注目，更是引起了社会各行各业有识之士极大的兴趣。把老子的道家智慧应用于各种管理活动，是当前老子和道家研究领域一个令人瞩目的现象，不但在政治与社会的管理领域，而且在经济、教育、文化等众多领域的管理活动中，都出现了研究和运用道家哲学智慧的热潮。很多专业的学者和其他业界人士都在着力探索和开发老子道家思想中的“管理思想”，并将其运用于各种管理实践。这样的局面和趋势对于道家文化的普及和弘扬来说，显然是前所未有的难得发展机遇。

在这场研究和运用老子思想智慧的热潮中，老子的“管理思想”被从各个方面和不同角度“挖掘”出来，老子俨然成为了一位来自远古的“管理学”大师。应当说，老子的思想中的确包含着可以根据现实需要进行时代转换的、具有普遍价值的智慧，将这些智慧开发出来运用于各种社会实践活动是可行的，可以用来指导各界人士提高自己的管理水平，获得更大的成功。但是，从专业研究的角度和标准来看，老子思想中并不直接存在这些所谓的“管理智慧”，老子的思想只是一种“哲学智慧”。作为普遍的价值观和方法论的哲学，当然可以对包括管理在内的各种社会实践提供思想指导，包括管理在内的各种社会实践活动，当然可以对这些哲学智慧加以灵活的、创造性的发挥和应用。但是我们必须承认，哲学思想本身同对哲学思想的发挥运用毕竟不是一回事。我们只能说，对某种哲学思想的发挥运用是基于此种哲学思想的内在理路之上的一种引申，是符合此种哲学思想的，却不是此种哲学思想本身。也就是说，一种哲学思想的“本义”和它的“引申义”是不应该混为一谈的，对于专业的学术研究来说，这两者之间的界限是必须清晰的。因而，我们在热衷于开发、挖掘老子的“管理智慧”的同时，切莫把此种经现代人引申发挥的现代“技术”等同于老子哲学本身。对于非专业的社会各界人士来说，他们关注的更多的是由此种哲学思想引申而来的应用价值，而不是此种哲学思想的本义，不进行此种区分或者不去进行严格的区分，是可以理解的。但是作为专业的研究人员，在开发运用老子“管理智慧”的时代热潮中保持清醒的头脑和专业精神，将老子思想的本义和引申义区别对待，则是学术研究所必需的。

《老子》一书具有相当高的形上思辨水平，在先秦诸子的著作中，其哲学“含量”是最高的，其中的很多思想都可以作为具有普遍意义的思想方法而运用于社会生活的各个方面。这也就是说，《老子》的思想较之其他诸子的思想，更容易对其本义予以引申和发挥而运用于社会实践。此种本义和引申义之间存在着由前者转化为后者的理论联系，但并不意味着前者可以自动转化为后者，更不意味着前者可以与后者混而为一，在引申出后者之后，前者的意义仍然独立存在。

本文拟以“不争”和“柔弱胜刚强”（《老子》36章，以下仅注章次）为例，阐发其在《老子》文本中的本来意义，分析展现其与后来出现的“以不争为争”和“以柔克刚”的引申意义之间的区别，证明哲学命题、哲学思想的本义和引申义不可混为一谈，并说明前者属于价值观的范畴，而后者则属于社会实践或工具理性的范畴。

在中国古代的哲人中，老子自古以来就是争议最多的人物，人们对老子思想的误解也是最多的。在老子的思想中，“不争”和“柔弱胜刚强”这两个命题引发的批评又是最突出、最激烈的，而人们对这两个命题的批评，又同对这两个命题的误解有很大的关系。

先看“不争”。过去常见有人批评老子的“不争”是“不敢斗争”、“害怕斗争”、“消灭人的斗志”等，在那个崇尚斗争哲学的时代，老子的“不争”显然十分不符合人们的思想取向，被全盘否定可谓在所难免。再往前追溯一个时期，鲁迅先生在分析国人的劣根性时，一句“哀其不幸，怒其不争”深深地刺痛了国人的内心，究其思想根源，很多人自然而然地把账算在了老子头上，认为老子倡导的“不争”培植了国民的这一劣根性。可以说，这种看法时至今日仍然有很大的影响。

对于老子的“不争”，还有另外一种更深的、更不容易认识到的误解，那就是把老子的“不争”说成是“以不争为争”。本文所要讨论的，正是这一误解。之所以说这是一种误解，乃是因为：如果老子是“以不争为争”，那么“不争”就成了迂回的争、巧妙的争、深藏不露的争，如此一来，“不争”就只是字面上的、表面的“不争”，其实质就变成了一种与人相争的特殊方式。这种看法由来已久，朱熹就曾说过：“老子心最毒，不与人争者，乃所以深争

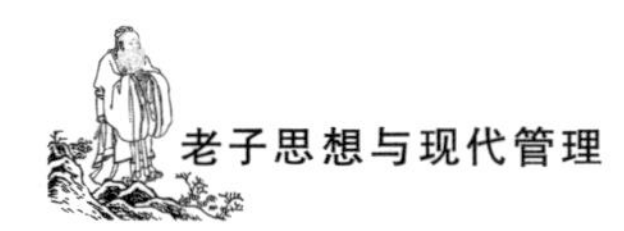

之也。”（《朱子语类》卷一百三十七）按照这种理解，老子的“不争”乃是不与人争于表面而争于深层，不与人争于一时而争于久远，他原来是要笑到最后，难怪有人说老子是阴谋家。这是后人按照己意理解老子思想的结果，无意间已经对老子思想进行了引申、转化及发挥，从而偏离了老子思想的本义。事实上，老子从来都没有把不争当作取胜的手段，他从来没有说过“以不争为争”，也没有表达过类似的意思。在老子那里，不争不是手段而是目的。老子崇尚“不争之德”（68 章），把不争视为一种美德。老子主张“圣人之道，为而不争”（81 章），遇到冲突时主动退让，不争先、不争强，所谓“人皆取先，己独取后”、“未尝先人而常随人”、“不敢为天下先”（67 章），都是这个意思。老子说“上善若水”（8 章），主张人学习水的品质，像水那样“善利万物而不争”，而不是把不争作为获胜、获利的策略和手段。老子为什么主张“不争”呢？因为消减物欲、顺任自然、不勉强从事、不与人争，这样做不仅可以缓解自身承受的生存压力，更重要的是可以避免与他人发生冲突，有利于化解社会矛盾，使人际关系变得宽松和谐。至于“以不争为争”，则是后人对老子之“不争”的转化、发挥和实际应用。同这种后起之义相比，老子的不争属于“道”，“以不争为争”则属于“术”；前者属于价值，后者则属于工具；前者属于目的，后者则属于手段；用当今流行的词语来说，前者属于价值理性的层面，后者则属于工具理性的层面，属于“心机”。众所周知，“心机”是老子最为反对的。把后来才有的解释和发挥应用加于老子本人，显然是不妥的，是对老子思想的曲解。把老子的“不争”说成是“以不争为争”，相对于前面所说的两个误解，看起来似乎是给老子恢复了名誉，其实是把另一顶帽子扣在了老子的头上。

再看“柔弱胜刚强”。过去常见有人把老子的贵柔、尚弱说成是懦弱、胆怯、胆小鬼，这与说老子不敢斗争、害怕斗争同出于那个崇尚斗争哲学的年代。如今很少有人再如此看待老子的“柔弱”了，却又出现了另一个更深的、不易认识到的误解，那就是把这个“胜”字理解为“战胜”或克敌制胜的“克”，把“柔弱胜刚强”等同于“以柔克刚”。如此一来，老子的“柔弱”就成了战胜刚强的手段。其实，“柔弱胜刚强”的“胜”字在老子这里是“优于”、“胜过”的意思，而不是“战胜”、“克服”的意思。柔弱是老子十分推崇的品质和价值，因为在老子看来，任何事物的存在与发展都不可避免地要经历一个从柔弱到刚强的过程，“人之生也柔弱，其死也坚强；草木之生也柔脆，其死也枯槁”（76 章）。因而柔弱标志着新生、生命力和发展的前途，而刚强则是衰退、走下坡路、败亡的征兆，所以说“物壮则老”（30 或 55 章），“兵强则灭，木强则折”，“坚强者死之徒，柔弱者生之徒”（76 章）。正是由于观察到柔弱的优势，老子才概括出“柔弱胜刚强”的名言，希望人们“守柔”即保持柔弱，推迟乃至避免走向刚强，使自己尽可能长久地立于不败之地。同时，道家推崇柔弱的价值和“不争”一样，亦具有缓解个人生存压力和有利于人们和谐相处的意义和社会功用。至于“以柔克刚”，则是后起之义，是后人对“柔弱胜刚强”的发挥和应用，用作一种克敌制胜的策略和方法或曰谋略。不过这样一来，就由“道”或价值理性的层面下降到了“术”或工具理性的层面。同前面所说的把柔弱说成是懦弱、胆小鬼相比，这样的理解似乎不再是对老子的批评，但是把另一顶帽子扣在了老子头上。正是由于这样的误解，现在很多人在研究“谋略”时都十分重视老子，把老子看成是“谋略大师”。虽然说“以柔克刚”策略在生活中往往屡试不爽，成为人们经常运用的策略和方法，但这显然不是老子的本意，只能证明道家思想具有普遍的价值、极高的智慧和广大的发挥空间。

当“不争”变成了“以不争为争”，当“柔弱胜刚强”变成了

“以柔克刚”，就实现了对老子思想的引申和转化，进入到应用的层面，由价值变成了工具，由哲学变成了谋略，也就由“道”变成了“术”。

总之，我们虽然乐于看到道家智慧被古往今来的人们广泛应用并不断进行创造性的转化、发挥和应用，但仍然应该在学术研究的层面上把老子思想的本义同后起的引申义、应用义区分开来。这种区分在学术研究上是有意义的，同时也并不妨碍对老子思想的现代应用。

（作者单位：首都师范大学哲学系）

“道”的语义场与“道可道，非常道”新解

——兼论管理异化问题

曹振杰

“道可道，非常道”在《老子》中具有序言和总纲的意义，其中包含了深邃的管理哲学思想。长期以来人们对这句名言的解读是基本一致的，但几位现代学者提出了不同而值得重视的见解。有关争论的关键是对于“可道”之“道”的理解存在差异。本文基于“道”字语义场来对此经典论述进行重新解释，进而讨论它对管理的启示。

一　对“可道”之“道”通行解释的争论

古今学者对“道可道，非常道”常见解释基本一致。陈鼓应释为：“可以用言词表达的道，就不是永恒的道。”① 张松如解为：“道，说得出的，就不是永恒的道。”② 魏源③、任继愈④、许抗生⑤、

① 陈鼓应：《老子注释及评价》，中华书局，1984，第62页。

② 张松如：《老子说解》，齐鲁书社，1987，第2页。

③ 魏源：《老子本义》，上海书店影印，1987。

④ 任继愈：《老子译读》，北京图书馆出版社，2006。

⑤ 许抗生：《帛书老子注释与研究》，浙江人民出版社，1982，第74～75页。

朱谦之[①]、冯达甫[②]与王力[③]等学者也作如是解读，可将其概括为“常道不可说，可说不常道”。这种通行的解读已经流行了千年。

有现代学者对此提出了质疑。孙以楷从逻辑上提出疑问：“如果常道是不可言说的，那么老子还写五千言干什么？”[④] 类似的还有严敏提出的“说出的既不是永恒的道，那说它还有什么意思？”“老子写了五千言，岂非废话、空话？”[⑤] 这类质疑固然有些道理，但是并不能说明通行的解释有多大的问题：即使由于语言的局限性，老子说出的不是永恒的道，那么如果能够揭示表述出非永恒的道不也是很有价值吗？况且，除了借助于语言工具，很难有办法让后人“知道”。实际上，老子自己首先就明确承认，《老子》五千言用了大量的篇幅，也只是“强说”而已。所以，从这个角度提出对“道可道”的质疑是不尽合理的。

质疑者的自我解答也是十分勉强的：孙以楷将这句话重新解释为“道是可以认识并表述的，但对客体道的认识并非等同于客体道本身”，他把“可道”之“道”的含义主要解释为“认识”，既然“人的认识不可能完全穷尽认识对象”，那么不可能完全表述认识的语言就更不能穷尽“道”了[⑥]。这样的解释不但不能回答质疑，还加重了类似的质疑。而严敏的解答要复杂一些，他将“可道”之“道”解释为“知道”、“体验”，同时将“非常道”之“道”也解释为同一意义，从而将“道可道，非常道”译为：“道”是可以知道、体验到的，但不是一般的普通方法（指通过人的感官去感知）可以知道的。[⑦] 这一解

---

① 朱谦之：《老子校译》，中华书局，1984，第3页。

② 冯达甫：《老子译注》，上海古籍出版社，1991，第1页。

③ 王力：《老子研究》，商务印书馆，1928。

④ 孙以楷：《老子通论》，安徽大学出版社，2003，第276页。

⑤ 严敏：《〈老子〉辨析及启示》，巴蜀书社，2003，第229页。

⑥ 孙以楷：《老子通论》，安徽大学出版社，2003，第227页。

⑦ 严敏：《〈老子〉辨析及启示》，巴蜀书社，2003，第232页。

释也似乎通，但将“非常道”之“道”解释为动词有些勉强，不符合古汉语的习惯，也不符合全书的逻辑。尽管如此，这些质疑与解释还是体现了难得的求真与批判精神。沈寿增将“可道”之“道”释为“指导行动”即实行，其主要论据是“先秦时‘道’字无‘言说’义项”[①]，尽管这一论据难以成立（后文详述），但这种解释在语意和逻辑上显然也是成立的。这些争论和新的解释无疑拓宽了我们深入理解该句经文的道路。

以上争论的关键是对道的解释各执一端，而这又源于“道”字的含义丰富多样。

二 “道”字的语义场

对于“可道”之“道”的本义，今人均不可能再去询问老子本人，也不能回到先秦去了解并辨析此字的含义，但是对郑玄、孔颖达及后世注家的解释也不可不加分辨地全盘接受。一个可供选择的办法是，今人可以从“道”的语义场中理解老子的原意与“变意”。多数汉字都有其各自的内容丰富的语义场，而且一个事物越是对一个民族重要，其语言符号的含义越是丰富。例如，牛对苏丹南部的努埃尔人极为重要，他们就有400多个词语可以用来描述牛[②]。同样地，在汉语中，重要字词往往被赋予多种含义。擅长思辨的中华民族向来重视“道”字，该字目前至少已经有了45个义项[③]。下面我们对“道”的主要义项的发展脉络进行梳理，从“道”的语义场中探寻“可道”之“道”的含义。

---

① 沈善增：《还吾老子》，上海人民出版社，2004，第46～50页、65～71页。

② 〔美〕威廉·A. 哈维兰著《文化人类学》（第十版），瞿铁鹏、张钰译，上海社会科学院出版社，2006，第117页。

③ 汉语大字典编辑委员会：《汉语大字典》，湖北辞书出版社、四川辞书出版社，1992，第1版，第1609页。

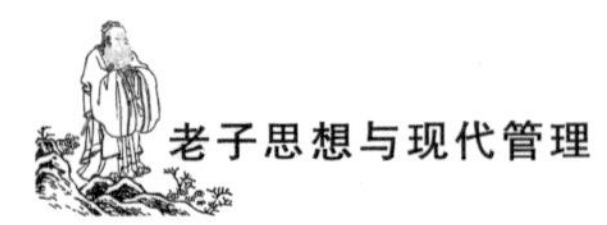

甲骨文和金文中“道”字都是“行”中夹一“首”，即“衜”，非常形象地描述了人行走于道的神态。而《汗简》、《金石大字典》“道”字则引《古尚书》作“衍”，《古文四声韵》“道”字亦引《古尚书》、《古老子》作“衍”。《石鼓文》有“莤车载衍，如徒如章，原湿阴阳”与“隹舟以衍，或阴或阳”句，对于其中的“衍”字，钱大昕、罗振玉、郭沫若、李铁华等学者释作“行”；王辉将“载衍”释作“载道”，而将“以衍”释作“以行”；薛堂功释为“道”，杨慎云释作“音道”，而邓各泉训为：“衍，古‘道’”字[①]。综合上述观点，按照文字字型结构与文字取象相对应的造字逻辑，“衍”字的基本义项应是“路”或“行”。及至《易》与《诗经》已经不用“衍”而用“道”字了。《易》有四处用“道”字，皆解为“道路”：“履道坦坦”；“复自道，何其咎”；“有孚在道，以明，何咎”；“反复其道，七日来复”。至于春秋战国时期的著述，用“道”字的频率大大增加，而含义亦有增加。

春秋战国时期文献中的“道”字含义值得今人深入探究。有几位学者包括南怀瑾[②]认为先秦“道”字无“言说”义，这固然不难举出不少反例，但有些“道”字，结合例句的上下文进行分析，可以发现似乎训为“言说”可，释为“做（行）”亦可，释为“教导”亦可。如《诗经·鄘风·墙有茨》：“中冓之言，不可道也。所可道也，言之丑也。”对于其中的“道”含义，按孔颖达等注为“言说”，结合上下文及该例史实，训为“实行”或“处理”亦可。另外如“夫子自道也”（《论语·宪问》）、“君子道其常，而小人道其怪”（《荀子·荣辱》）、“时或称而道之”（《庄子·天下》）等，这些语句按其语境将“道”释为“说”自然能通，但还原到具体文献和史实

① 邓各泉：《郭店楚简〈老子〉释读》，湖南人民出版社，2005，第44页。

② 南怀瑾：《老子他说》，复旦大学出版社，2005。

中去的话，解释为“教导”乃至“做”亦可。这些似是而非之例，说明“道”字语义的集合中不但有了“言说”义项，也有原来基本义项的影子。可以认为，在很多语句中，“道”字做“教导”、“路”或“行”、“实行”直到“言说”的语义解释皆通，而且各个解释可以并存。与此类似的一个字例是“易”：它在某些文献中同时具有“不易”、“简易”与“变易”之义。这充分显示了汉语言文字的内涵丰富的特点。

但是，在另一些语句中，“道”字的“言说”义项已经很明显了[①]，如：“耳不听五声之和为聋，目不别五色之章为昧，心不则德义之经为顽，口不道忠信之言为嚚。”（《左传·僖公二十四年》）“臧孙见子玉，而道之伐齐宋，以其不臣也。”（《左传·僖公二十六年》）“先王之书《吕刑》道之曰：‘皇帝清问下民……’”（《墨子·尚贤》）

这样，“道”的义项就形成了一个以“道路”为逻辑起点的语义场，其中包括横向的并列义项与纵向的义项发展链，而且这个语义场的主要内容在先秦就已经基本完备了。主要义项及其关系如图1所示。

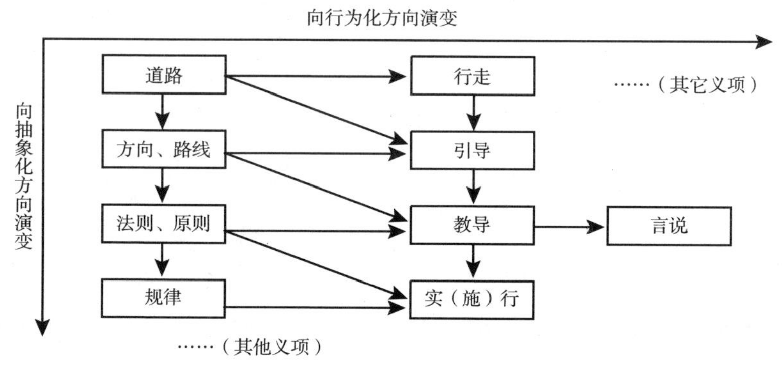

图1 “道”的语义场示意图

① 采用南怀瑾说，参见南怀瑾《老子他说》，复旦大学出版社，2005，第48～49页。

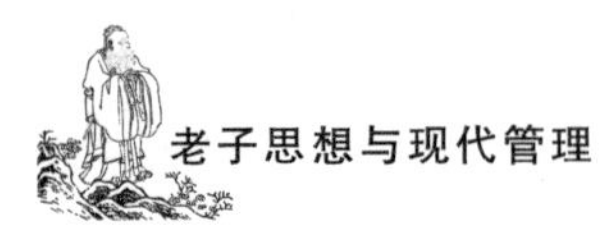

三 “道可道，非常道”新解及其中的异化问题

对于流传了2500余年的“道可道，非常道”，尽管存在不同的解释甚至争论，但其基本思想（含义）还是能被各个时期的或多或少的人所理解和认同，这说明老子所提出的“道”有着巨大的解释空间和普遍的适用性。将“可道”之“道”解释为“言说”有其合理性，但是，这种解释并不像“口不道忠信之言为嚚”那样必要，而是同时释为“教导”、“引导”、“实行”等义也可。那么，哪种解释更接近老子的本义呢？

根据汉字的构词规律，含“人”的“衍”字比含“首”的“衜”字更应释为“行”，而“衜”比“衍”更有教导之义。根据1993年出土的、目前发现的最接近老子原著的郭店楚简本，《老子》最初是用“衍”而不是“道”字，其含义是“人走于路”[①]。楚简甲本前8章中，无“道”或“衜”字，而是用了“衍”字，共有三处：“以衍佐人主者”、“保此衍者”、“衍恒无为也”。根据聂中庆等学者的研究，郭店楚简甲、乙、丙三本存在“历时性差异”，甲本时间最早。同时，众所周知，郭店楚简本比帛书和今本更接近老子的真实思想，因为后两者经过了后人的改窜[②]。所以，“可道”之“道”最接近老子本义的义项应该是“实行”或“遵循”而非“言说”。

综上，根据“道”字的语义场，我们可以对“道可道，非常道”至少作以下三种解释：1. “道”可以被人们遵行，但那已经不会是恒常的真道了。2. “道”可以被人们言说，但那已经不会是恒常的真道了。3. “道”可以被人们学习（教导），但那已经不

① 聂中庆：《郭店楚简〈老子〉研究》，中华书局，2004，第32～33页。

② 郭沂：《郭店竹简与先秦学术思想》，上海教育出版社，2001，第703～704页。

会是恒常的真道了。“道”字在现代语境中还有“思考”、“料想”之义，那么据此我们还可以将此句释为“‘道’可以被人们思考，但那已经不会是恒常的真道了。”但是这种解释距离古义太远，我们暂不取。

学者们在解释或讨论“道可道，非常道”的含义时，总是隐含着一个认识论的前提，就是这句经文只能有一种解释，非此即彼，最后是己非人，争论不休。南怀瑾在《老子他说》中讲道这句话时采取的是超然的态度，说到底何为真义，只能去问老子本人。问题是在我们不可能去问老子本人的情况下，到底应该作何解释呢？任何一位学者，不管他有多大的权威，如果只取一种解释，都有违拗老子本人原意的风险。《老子》流传后世，屡经增删修补，这已被学者们所公认：“老子五千言绝非一时一地之作，而是有一个漫长的传承流变过程。”[①] 所以它不再仅仅是历史上老子其人的思想，而是很多华夏哲人思想的集合。再结合道字的语义场来看，对于这句经文兼顾多种解释是必要的，也是可能的，因为每种解释都已经成为中国文化与思想的一个重要组成部分了。

其实，我们从老子的这一论述中，更应该关注的是这些在语义和逻辑上皆能成立的解释有一个共同的核心思想，即人对道的异化问题：人不管是言说，还是实行，还是学习，甚至思考所谓的“道”，都不再是恒道了，也就是说，人“发现”了“道”，那么这个道就对原本的恒道产生了异化；既然此道非真道，而只有真道才是圆满的、终极的，那么人通过所谓的“道”来想、来说、来行，都不是圆满的，都必然会带来问题与痛苦，即人发现了“道”，同时也带了痛苦甚至受其控制，那么，这就是另一种异化现象。这些异化的原因是什么呢？从道的语义场来看，不管是想、说、做，其主体都是人，而人

---

① 聂中庆：《郭店楚简〈老子〉研究》，中华书局，2004，第23页。

的理性、人的语言和人的行为能力都是有限的，以有限来驾驭无限的道，这种矛盾必然会带来问题；如果再掺杂了人的贪欲、傲慢和懒惰等劣根性，其中的问题或异化程度就更严重了。可以说，我们后人从这句经文中最应学习与关注的，乃是由于人的认识局限性与道的无限性、人类语言局限性与道的深奥性以及人类自身贪欲与道的自然性之间的矛盾而带来的异化问题。

至此我们不禁要问，“道”既然不能被说、不能被实行，那它到底是什么呢？如果不能体证以悟道，那么我们也要尽可能地用理性对“道”做出尽可能全面的理解。

“言说”、“教导”、“实行”等都是人的行为，其本质特点是都以人的主观意识为驱动力量和基本方法。而问题的关键就在这里：“道”一经说、一经学、一经行，就不再是那个真道或恒道了，原因乃是将人类认知局限性和劣根性掺杂进去了。一经掺杂这些东西，道的纯净、自然、冲和之性就被改变了，因而就不再是那个恒道了。可见，老子所揭示的恒道的特点是：它是绝对自然的，不掺杂人的主观性或理性的；只有彻底去除人的主观性或有限理性，恒常的真道才会自然显现；人的欲望对道起破坏作用（当然，“烦恼即是菩提”等是另一类话题）。这是一部《老子》所反复强调的基点（如“绝圣弃智”、“少私寡欲”、“见素抱朴”见《道德经》第十九章，等等）。因此可见，老子的思想与佛家“言语道断”、“心行处灭”是一致的。这不叫人不感叹同处人类轴心时代的老子与释迦牟尼的高明之处，并且二位大师已经在相互印心、印证了。

作为一种文化现象，“道可道，非常道”的各种解释都有其合理性，也自然有其应用的空间与价值。在我们看来，《老子》作为一部古老而深邃的管理哲学著作，其中所揭示的道与异化问题对管理有着极大的启示。

四　基于“可道非道”的管理学异化问题分析

“可道非道”的思想或者原理让人们反思，为什么很多自称为真理或规律的管理学理论在言说、学习与实行过程中总是出现很多问题，甚至会走向反面？这也是管理理论与实践的异化问题。

在哲学中，异化一般指人本身的创造物与人分离，成为一种外在的异己力量与人相对立，并使人的意识和活动从属于它。在老子思想中，人们所说、所学、所行的“道”都是人们自身主观意识的产物，人们追求它，同时也失去了它；并且，人们自己创造出来“道”，反过来还可能受它的控制。老子的异化（当然这是我们总结的名词）思想与近现代哲学所提出的异化含义略有不同，但老子讲得更加深刻。在黑格尔看来，异化不仅是绝对观念的表现形式，同时也是自然界和人类社会发展的最初的推动力量，他将这种推动力量作为事物自身的否定性，即否定之否定，说它是一切活动的“最内在的源泉，是辩证法的灵魂。”① 而马克思提出的劳动异化概念与此不同：“劳动所生产的对象，即劳动的产品，作为一种异己的存在物，作为不依赖于生产者的力量，同劳动相对立。劳动的产品是固定在某个对象中的、物化的劳动，这就是劳动的对象化。在国民经济学假定的状况中，劳动的这种现实化表现为工人的非现实化，对象化表现为对象的丧失和被对象奴役，占有表现为异化、外化。”② 可见，马克思视野中的异化本质是人对自己生产对象的丧失和被对象奴役。我国学界一般认为：“异化是指人的物质、精神活动及其产物变成异己的力量转过来反对甚至支配、统治人本身，因而出现了人原来具有的正常人性

① 〔德〕黑格尔：《逻辑学》（下卷），杨一之译，商务印书馆，1976，第543页。

② 〔德〕马克思：《1844年经济学哲学手稿》，《马克思恩格斯全集》（第3卷），人民出版社，2002，第268页。

和人的本质被压抑、扭曲，甚至被否定的情况。‘异化’这个概念可以用来表达人的活动的负面效应所造成的消极后果，所导致的人同自己的活动、活动的产品，以及他人、社会的某种反对关系，以及阶级社会中社会生活对人性的破坏性影响。”[①] 简言之，异化就是“人们的生产活动及其产品反对人们自己的特殊性质和特殊关系”[②]。异化的显著特征是人在与自己的创造物互动关系中主体性有所损失甚至丧失。在这里，异化成为一种对社会、历史的批判性概念。老子（以及佛家）的相关论述（如可道非道）所隐含（其实是揭示）的思想与上述异化概念在形式上是相近的，但更多地属于人类认识论和方法论这些更加本质的层面，即人类创造物的异化现象是普遍存在的，而且源于人类认识能力的局限性和人类欲望。值得强调的是，人类在异化面前不应该悲观，更不应该绝望，而是要正视自身的局限性和各种不足，通过对已有创造物的不断超越而逐步向终极的幸福靠近。实际上，人类的进步史就是一部异化的进化史。老子在其著作中开宗明义提出“可道非道”，其后就是一系列的解决之道和出路，其中的谦卑、积极、慈悲、大勇与大智慧值得我们后人学习与效仿。

管理是人类自身的创造物，人创造了管理，在获得秩序与效率的同时，人也总是感到管理带来的痛苦，为了摆脱这种痛苦，人类不得不持续创造新的管理理论与实践模式。从管理哲学层面来看，管理异化是管理被人创造出来却成为奴役人的工具，使得管理实践与人的主体价值发生了偏离甚至对立，而管理的痛苦由此而生。根据老子和佛家的思想，人在管理中主体性受损的根本原因还在于人自身，不但是人的贪欲、傲慢、固执加愚痴这些强力意识加重了异化的程度，而且，人的所谓理性也是导致异化的内在原因。管理，是随着人类活动

① 陈志尚：《人学原理》，北京出版社，2005，第110页。

② 冯契：《哲学大辞典》，上海辞书出版社，2001，第1810页。

而出现的一种现象，由于其中加入了人的强力意志，因而也就更易于产生异化、加重异化。于是在管理的创造运动中，出现了“管理能被创造，但已非原本想要的那种管理”的现象。这与“道可道，非恒道也”异曲同工。

管理异化在管理理论及其演变中皆有体现。我们首先分析科学管理理论的异化。尽管泰勒在100年前就声明：科学管理在实质上包含着要求工人与管理者同时进行的一场全面的心理革命，没有这种革命，科学管理就不能存在。① 但在管理实践中，科学管理不仅被简化为一套获得效率的标准化的方法，而且被当作科学管理的精髓，而泰勒所期望的“心理革命”却被搁置一旁。由于当时历史条件的限制而形成的对科学管理真意的肢解，以及在其后长期实践中将科学管理工具化的使用，客观上加重了工人“工具化”，加剧了工人的心理负担和“被剥削”的程度。虽然工人们不再是奴隶主的奴隶，但是又变成了科学管理的奴隶，这种异化现象无疑也使科学管理的价值大打折扣。再看行为科学理论的异化。从历史的角度看，行为科学理论的确是管理思想上的一次飞跃，它主张管理者将管理重点从人的外在物质因素转向人自身的心理和情感方面。然而，行为科学理论沦为管理（学）者们在当时的历史背景下寻找管理出路的一种温柔的技术，因为，人在这里仍然是被动的、是被管理的对象。在这里我们看到，一种异化被减轻了，另一种异化又出现了：人成了被关怀的对象，而人本身的主体性并未得到尊重和激发。最后再看各种人本化管理模式那些更加温柔和隐蔽的管理技术，尽管曾经的异化得到了缓解，管理效率得以提升，但是人在其中又遭遇了新的痛苦，人与自然的对立、新世纪的各种危机层出不穷！

总之，从科学管理产生至今，西方管理理论的历史演变过程是对

① 〔美〕弗雷德里克．泰勒：《科学管理原理》，中国社会科学出版社，1984，第238页。

人自身认识的不断深化、趋于全面的过程。在这个过程中，新的管理模式和思想一般都是为了解决已有的管理实践中的异化问题而出现的。从这个意义上可以说，异化对于管理思想的演进起到了推动作用。这就出现了一种奇怪的现象：管理的异化几乎与管理思想的繁荣并存！必须指出的是，管理在解决一种异化问题的同时往往又制造了另一种异化问题。至今主流的管理思想基本上仍然把组织中的人作为管理的客体，把人看作达到组织目标的手段和工具，人自身并未被置于管理的主体地位进行研究，人也未被作为组织管理目的本身的一部分看待。正因为如此，尽管新的管理思想不断出现，管理名词不断翻新，有关组织中人的激励方面的理论越来越丰富，但管理实践中人的工作主动性、积极性的调动问题却始终未能得到有效的解决。这也说明，管理异化问题并没有得到根本性解决。

怎么解决这些问题？很多有识有志之士在思考和探索。如果我们重温先哲的教诲，可以得到一些基本的启示与思路：（1）从根本上消除管理异化几乎是不可能的，但管理异化是可以而且必须要进化的，没有一劳永逸的管理模式，但我们可以不断地超越旧的管理，发展更好的管理；（2）管理要超越人类中心主义而对“道”怀有敬畏之心；（3）注意管理中“行”的异化，须审慎“行道”，尤其注意少以行道之名行反道之实；（4）注意管理中“说”的异化，须警惕“讲道”的局限性；（5）要警惕管理本身的异化；（6）管理学者和管理实践者要深怀谦卑戒惧之心，时刻反观自己的言行甚至自己的理性。

（作者单位：浙江农林大学）

认真研究老子的资源观 努力开拓经济发展空间

宋育文

老子在《道德经》中提出的资源观有很多闪光点，表现出善用资源的智慧。认真研究、掌握他的资源观的内涵和意义，对于我们坚持科学发展观，转变经济发展方式，开拓经济发展空间，把资源变成现实的财富，具有重要的现实意义。根据笔者学习的体会，结合多年来的工作实践，谈谈自己的理解和认识，对老子的资源观做些探讨性的阐释和说明。

一　关于老子资源观的内涵和意义

老子在《道德经》中说：“常善救物，故无弃物，是谓袭明”(27 章)。这是老子关于资源观的精辟表述，言简意赅，内涵丰富，需要做些阐释。常：指持之以恒，一以贯之。善：指用乎之妙，要用智慧施为，亦有呵护关爱之意。救：指要使用好和保护好，不能浪费，不可破坏，物尽其用。物：指各类存在的资源。无弃：指凡是物，凡是资源都有价值，皆可利用，不能弃之不顾。袭明：指含而不

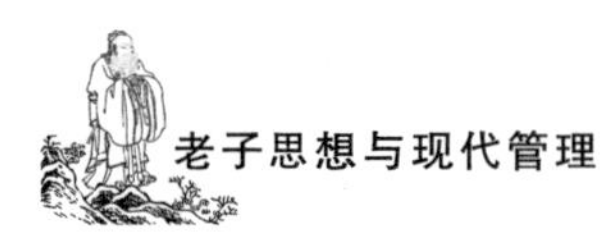

露的聪明和智慧。他这句话的总体意思是要坚持不断地利用和保护资源。凡是资源都是有用的，都是可为人类造福的。这种作为是人的聪明有智之举，是一种看不见的、含而不露的智慧。其内涵和要义有三点：其一，凡是世界上存在的资源，都有其存在的必然，都有其自身的价值，都具有可使用性。其二，人要善待资源，珍惜资源，它是人类生存的物质基础。其三，利用和保护资源，要靠人的智慧。要用知识和技术的力量把资源变成现实的财富。善用自然界中的资源是人类有智慧的表现，这种智慧的特征表现是具有深蕴性的。不表于外，而秀于内，不露不耀，是一种明智大慧，即所谓的“袭明”。

资源是一个广泛的概念，包括地下的各类矿物和地上的各种动植物，还有土壤、气候、风力、光照、温度、湿度、海拔高度，山体的阳坡、阴坡，以及地理区位和地缘等，还有各种历史文化资源等，都是一种可利用的资源。例如三门峡市灵宝地区盛产苹果，面积达到100多万亩，在国内外知名度很高。其实最优质的苹果是当地海拔800~1200米的向阳地带栽植的苹果，这里的苹果味道极佳，久负盛名。同在这一地区不是在这个海拔高度出产的苹果，品质就逊色了。在这里的海拔高度成为一种资源。三门峡市多为山区，森林覆盖率达40%以上，林下有广阔的空间。有的林区湿度大，温度低，光照少，土壤腐植质多，很适合种植中药材天麻。天麻食药两用，市场广阔。群众利用林下空间种植天麻已成为一个重要的支柱产业，造福了山区一方百姓，这里的空间成了一种资源。作为地理区位和地缘也是一种可利用的资源。三门峡市地处豫陕晋交界处，从历史上看就与周边的渭南、运城、临汾几个市人员往来频繁，经济交流活跃，文化融合广泛，相互之间互补性很强。最近经国家批准，在这个地区建立豫陕晋黄河金三角承接产业转移示范区，享受优惠政策。这个地区承东启西，连北接南，交通方便，地理位置重要。这四个城市面积很大，地下地上资源特别丰富，蕴藏着巨大的发展潜力，号称黄河金三角地区，是一个重要的经济增长板块。主要是利用了区位优势和地缘优势。改革开发以来，我国首先开放沿海 14 个城市，采取新的政策发展经济，取得了巨大的成功，就是利用了靠海边的资源优势。后来开展的环渤海经济带等都是对地缘资源的利用。现在我国边界与周边国家开展的边界贸易以及建立相关的经济区，都属于对地理边缘资源的利用。笔者在这里指出一定的海拔高度、林下空间、地理区位、地理边缘等资源，目的是要人们在观察资源时，要开阔视野，放眼观察。笔者列举的这些资源与别的资源表现形态不同，一般人不大注意，容易忽视。如果留心观察，很多资源的价值就被发现了。

老子的资源观是对人类实践经验的总结。人们常说："遍地都是黄金，就看留心不留心；遍地都是宝，就看会找不会找。""留心"、"会找"，实际说的就是要善于发现和利用资源的问题。自然界的资源非常丰富，具有多样性。人类已开发利用了相当多的资源，但还有许多资源没有利用或没有充分利用，利用待开发的资源，应是我们的着力点，这样就可开拓新的经济发展空间，推动经济发展和经济总量的增加，壮大经济实力。

二　要把资源的潜在价值变成现实的财富

观察资源要摆脱传统观念，要用新思维进行思考。凡是资源都是有用的，不存在有用和无用之说。有用和无用是人主观进行的界定。当对一种资源没有认识，也没法利用时，就认为是无用之物。当对一种资源有了认识，并能充分地进行利用、创造财富时就认为是有用的。我们应当确立资源都是有用的观念，凡是资源只是有已利用和未利用之分。随着人的认识能力的提高，科学技术的进步，未利用的资源就可转化为可利用、能利用的资源，就可把这些资源优势转化为经济优势，变成现实的物质财富，满足人类的需要。

三门峡义马煤矿是一个特大型煤矿，也是一个百年老矿，年产优质煤1500万吨。每个矿井在采煤的同时也采出了许多煤矸石。人们认为它是无用之物，用来填荒沟。荒沟填满了，就往平地上堆放，越堆越多，堆积成山，又占土地又污染环境。人们对此无奈，视为垃圾，看成包袱。前几年一个企业家经过考察，利用新技术，把煤矸石烧制成建材用砖，质量很好，成本很低，市场需求量很大，深受建筑商的青睐。煤矸石变成了砖，自身的价值得到社会承认，成了一种宝贵的建材资源。把煤矸石变成砖，减少了污染，又腾出大面积的堆放地。在这个空地上建工厂办企业，真可谓一举多得，经济效益和社会效益非常可观。把煤矸石变成了一个大的新产业，发展了经济，致富了百姓。树立了正确的资源观，就可把我们对资源的认识提高到一个新的境界。现在许多企业家解放思想，利用新技术，把原来人们视为无用之物的资源进行了大开发，建成了大产业，创造出大效益，就是资源观提升的明显例子。树立了正确的资源观，大量的资源就会以存在有潜在价值和财富的形态，屹立在人们面前，就会提高人们对资源的研发、保护和利用的自觉性和积极性。

三门峡某县城附近有一条荒沟，靠近公路旁。前几年主管部门曾发出告示，以2万元的价格转让这条荒沟，供开发，长期使用。两年过去了，无人问津。前年一个开发商，独具慧眼看中了这条荒沟，认为城区的地皮紧张，价格昂贵，办企业很困难，这条荒沟离城不远，交通方便，具有潜在价值。他出资2万元租用了这条荒沟，又投资2万元进行平整，整理出了40亩地，并完善了水、电、路等基础设施。不久一个汽车经销商找上门来，愿出每亩40万元的地价，共计1600万元，全部租用已开发的这条荒沟，供其长期使用，交易成功。第一个开发商投资4万元，收回1600万元，大赚一笔。这个汽车经销商利用这块地办了一个汽车城，集汽车销售、维修、加油于一体，综合经营，一开业生意红火，效益明显，预计3～5年便可收回投资。以后的长期经营，再加上土地增值，赚的钱是很多的，这两位商家慧眼识资源，可谓有商业智慧之作为。随着科学技术的发展、不断地向生产的深度和广度进军，资源就会不断地被利用。

三门峡地区是北方各类水果的适生区，苹果和各种小杂水果的种植面积很广，水果产量很大。除了销售鲜果外，就是大量加工果汁，产品销售到全国及海外。果汁厂生产除出果汁外，还有大量的果渣。起初认为果渣没有，视为垃圾，被农民拉到农村沤肥。后来运用新技术把果渣加工成饲料，有了大用场。又引进了新技术，从果渣中提取果胶、果糖这些高附加值的产品，在医药、食品方面有广泛的用途，最后把剩余的果渣再加工成饲料销售。作到榨干吃净，一点都没浪费，经济效益比只生产果汁的效益翻了几番，充分利用了资源的价值，发挥了资源的效益。注意运用新技术对资源的深度开发和充分利用，这样生产领域就会不断地扩大，我们经济发展的空间就会越来越广阔，给人们带来的财富也就越来越多。

三　要利用好、保护好资源，坚持可持续发展道路

资源分不可再生资源和可再生资源两大类。对不可再生的资源要节约使用，循环多次使用，对暂时不能利用的要保护好。对可再生资源在利用的同时，要保护、培育再生能力。有了丰富的资源就为坚持走可持续发展道路创造了条件。在全国来说是如此，在我们河南来说更是如此。现在要构建中原经济区，坚持可持续发展，这样对我们来说，保护和利用好各类资源就显得十分重要。我们河南省人口众多，人均资源相对较少，特别是水资源和土地资源，对我们来说是比较稀缺的资源，而我们对这两种资源的需求和使用量很大。保护好和利用这两种资源应当是我们时刻注意的大课题。

就水资源来说，我们是农业大省，是粮食生产的重要地区。农业

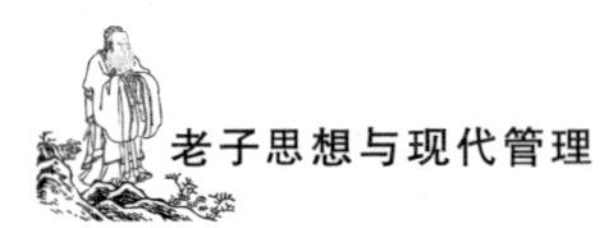

用水量很大，水是农业生产的命脉，随着工业化、城镇化建设的发展，工业用水和城市用水量将日益加大。但我们这里又是缺水地区，这主要是由自然环境造成的。科学研究表明，250 万年来，我国气候的变化总的趋势是趋于干旱。发生干旱的原因是青藏高原的隆起，它逐渐发挥着阻挡我国湿润的西南季风和印度季风的作用，影响降雨量。我国自 3000 年前的西周开始干旱，2000 年前开始明显，1000 年前情势加剧，特别是中原地区降雨总量少，且季节性分布不均，干旱现象经常出现。虽然在兴修水利工程、防旱抗旱方面，进行了较大投入，也做了大量工作，情况有所好转，但直到现在干旱状况仍没有得到根本的改观。保护和珍惜水资源，采取措施，加大水利建设，开发水源，节约用水，循环用水，保护水质，防止污染等，需要高度重视。

就土地资源来看，我们河南是中原地区，是东西南北的交通枢纽地段，要修各种道路。在省内要建设城际交通大道，在县、乡要建县、乡公路网络，需要占用大量土地。要实现城镇化，增加城镇数量，要建工厂及各类企业，也需要占用大量土地，需用土地面积很大。但我们的国土面积不大，人均耕地面积更少，这是一个很突出的矛盾。因此珍惜土地资源，采取措施，保护基本农田，节约用地，加大低产田改造，提高土地质量，在有条件的地方利用修道路的土方再造一些土地，加快旧村改造，进行新农村建设，再腾出一部分土地，就显得十分重要。

随着中原经济区的崛起和发展，对水资源和土地资源的需求量逐步加大，供需之间会出现很大的矛盾，这是个现实问题。但同时也要看到我省在水资源和土地资源方面还存在巨大的使用潜力。只要我们运用创新思维，采用新的技术手段和措施，这两种资源紧缺的问题是可以解决的。就三门峡地区的水资源来说，从目前来看，是个缺水的地区。但当前对水资源的利用很不充分，存在着很大的使用潜力。黄河从三门峡流经 100 多公里，每年过境水量为 420 亿立方米。这里的提黄工程只提用了5个流量，而且还不是经常提用，只是需要时才进行提升，以补充义马、渑池两县市的用水不足。其余的水量作为过客，匆忙奔流下游。三门峡山区面积大，山沟河流很多，水量也大，但拦蓄工程不多，大量河水流入黄河和长江，白白流去。特别是雨季，水量更大，都没有充分利用。但在使用时，浪费又很多，农业上节水灌溉的工程没有普及，浇地还是大水漫灌，浪费大量农业用水。城市对污水的处理，规模较小，设施也不太先进，对污水的循环利用不充分。一些企业治污不力，对水源带来一定的污染。居民节水意识不强，生活用水浪费现象四处可见。在开源的同时，注意节流，便可充分利用水的作用。只要加大了水利建设的工程措施，人们对水的需求是可以满足的。同时对水资源的利用和保护也要加大生物措施的力度，主要是扩大森林覆盖率。充分发挥森林在调节气候、增加雨量、防止水土流失、涵养水源方面的多种功能，其作用是巨大的。近二十多年三门峡重视林业建设，扩大了覆盖率，生态环境有了很大的改善，气候条件有了明显的优化，一些山区的旱象已经解除。随着经济的发展，经济实力的增强，科学技术的进步，在解决水的问题上就会加大对工程措施和生物措施的投入力度，缺水的问题是完全可以解决的。

就土地资源来说是紧缺的，在平原地区和城市对土地的利用是充分的。但在山区丘陵地区还存在着大量土地没有充分利用，或者就没利用，还是闲置着，存在着巨大的使用潜力。例如三门峡的山区丘陵区有许多荒沟、荒坡，由于交通不便，水利设施没跟上，这些土地的潜力长期地不到发挥和利用。现在不少企业家已把目光投向这里。他们觉得在平原和城市，发展一个产业，首先遇到土地问题不好解决，在山区丘陵地区的荒沟、荒坡则可大有作为。有一个城市的畜牧公司，在三门峡三个县的一些山区投资40亿，租用荒沟荒坡，建设放养养猪场。白天放养于山沟山坡，吃杂草，饮河水。晚上收回猪舍，补充点饲料。这种养殖方式，省人工，省饲料，空气新鲜，疫病较少，成本低，肉质好，无污染有市场。他们还要进一步建成一个大型综合养殖产业。目前正在紧张实施相关工程，如水、电、路、猪舍、饲料厂等。这只是利用闲散的土地的一种表现。有的是在山区搞经济林园区，有的是利用季节的时间差，种植大田晚季节蔬菜，山下平原生产的蔬菜供应旺季已过，这里的蔬菜正好上市，价格也高，成本低，效益比在平原的好。随着农业机械化水平的提高，科学技术的普及，实行集约化的规模经营，现有土地产出的增加，未充分利用的土地充分利用，再加其他节约土地措施的实施，土地资源紧缺的问题也是会得到很好解决的。

我们在保护和利用资源时，要坚持老子“道法自然”的指导思想，顺应自然，遵循规律办事，要学习老子的创新思维。老子说“为之于未有”（64 章），即干事业要有创新精神，要善于干前人未曾干过的推动社会进步的事业，要善于发现别人未曾发现的资源的利用价值，要善于发现别人未曾充分利用的资源的价值。要着眼于观察社会上需要的产品，而别人则还没有生产的产品，利用资源生产新产品。要善于发现别人还没有占领的市场空间。要有世界眼光，善于观察和发现世界各国的资源，尽其为我所用等。所以这些都是老子善用资源智慧题中的应有之义。我们的经济工作者和企业家只要学习和掌握了老子关于这方面的智慧，在自己的经济舞台上就会导演出一出出威武雄壮的话剧来，为中原经济区建设作出自己的贡献。

（作者单位：中共三门峡市委宣传部、三门峡道德经研究会）

人类文明的统摄与升华——中华道

齐善鸿　肖　华

自塞缪尔·亨廷顿提出“文明的冲突”理论之后，在世界范围内引起了对文化和文明的广泛关注。这种关注不仅集中在“文明的冲突”问题上，更让人们开始关注人类社会各种活动表象背后的隐性深层主导因素——文化与文明的本质。也就是说“这种认识文明的模式强调了文化在塑造全球政治中的重要作用，它唤起了长期以来被西方的国际关系学者所忽视的文化因素的注意；同时在全世界，人们正在根据文化来重新界定自己的认同。”①

“文明的冲突”代表了当今西方的一种社会冲突观点。这种观点更多地是基于所观察到的当今世界一些国家和种族的冲突现象，如伊拉克战争、中东战争、科索沃冲突等做出的归因结论。这些被认为是由于“文明”碰撞导致的冲突问题，背后其实有很深的政治、经济因素的推动。民族文化的差异性可能导致的误解和分歧被相关组织利用来制造矛盾、引发冲突，借此实现其根本上的利益目标。亨廷顿的

① 〔美〕塞缪尔·亨廷顿：《文明的冲突与世界秩序的重建》，周琪等译，新华出版社，2010。

“文明的冲突论”对世界上7种文明[①]的划分，也显示了对美国丧失世界霸权地位和可能导致国内分裂的忧虑。

这一切，究竟是文明发展的必然，还是文化差异导致的冲突，还是别有用心的人为掠夺利益而作出的一种文明伪装？那种打着文明旗号去制造冲突和谋取利益的现象，在人类文明的发展史册上都被否定了。文化可以有差异，但真正的文明并不会因为这种差异而必然引发冲突，否则，人类的文明还算什么呢？文明若是在文化差异、利益冲突中不能有效地给人类提供更高级的和谐共生的解决途径，文明的功能和存在的价值也就值得怀疑了。因此，我们要认识文明的本质，运用真正的文明精神去处理文化的差异，揭穿披着文明外衣的那种赤裸裸的利益掠夺。人类社会亟须一个高于各种文化形态的统摄性“文明”的出现，它不仅能够调和人类文化的诸多差异，而且能够为人类社会内外和谐有序地发展提供指引。唯有如此，我们才能让文化理性进入文明的轨道，而这也才是人类社会持续发展的唯一出路。

一　文化的演进与文明

人类从野蛮到文明的演进是由人类自身的活动和实践决定的，而人类的活动和实践又要受到种种环境和条件的影响。“文化是人类生活的总体，其中每一个民族都有其具体表现形式”[②]，不同的民族、国家因地域、经济、生活习俗、语言等的差异，走过了不同的发展路径，最终形成了不同的文化。

---

① 在《文明的冲突与世界秩序的重建》中，亨廷顿将世界文明划分为西方基督教文明、以中国为代表的儒教文明、日本文明，伊斯兰文明、印度教文明、斯拉夫即东正教文明、拉丁美洲文明。

② Karl Weintraub. *Visions of Culture*. Chicago. 1966. p. 170.

今天，随着科技、信息技术的普及，人类已经迈入全球化、地球村的时代。政治、经济、生活各个方面相遇的几率和碰撞的速度不断上升，就此也产生了很多因差异导致的问题和冲突。而随着这些矛盾的凸显和激化给人类社会带来的伤害性后果，如何运用文明的方式来处理差异和冲突，并最终探索出超越于具体文化形态的人类共同文明问题，已日益引起越来越多的关注。

文化在相遇过程中的摩擦和矛盾也许是难以避免的，但如何处理这种碰撞，是令其引发越来越严重的冲突？还是接纳、融合和超越，以此作为上升为更高级文明的推动力？不同的选择直接决定了人类的文明是否能够健康发展。日本启蒙思想家福泽谕吉认为，文明是人类在生存发展过程中“摆脱野蛮状态而逐步前进的过程”[①]。这个过程中，文化的演变推动着文明的发展，文明的上升又推动了人类社会的进步。如果运用文明的方式处理差异和冲突，不同文化之间的摩擦就不会导致严重的后果。但若这种情况被一些势力集团利用，转而成为其获取经济利益的辅助力量时，简单的文化摩擦就会被恶意刺激、放大成为民族、种族之间不可调和的矛盾，甚至可能进一步发展为战争。而战争所造成的后果，对于涉入其中的国家和人民是致命的，对于整个人类社会的发展也是灾难性的。所以，一个民族和国家若想健康持续发展，势必要让自己的文化有包容的胸怀，在与异文化相遇的过程中接纳、融合，迅速提升为高级的文明状态。

“世界的几大古文明：苏美尔文明、古埃及文明、哈拉巴文明、华夏文明及爱琴文明，为人类的文明形成和发展提供了原型和母体。”[②] 发展到今天，只有华夏文明一直延续到今天，形成了中华文明。历经5000年的沉淀，中国的文化、经济、科技都深刻影响着世

① 〔日〕福泽谕吉：《文明论概略》，北京编译社译，商务印书馆，1982，第30页。

② 何顺果：《人类文明的历程》，高等教育出版社，2000，第82页。

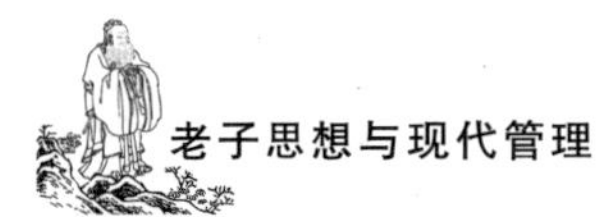

界文明的发展。尽管在这个过程中，有过朝代的更迭、外族的入侵，也面临过诸多的磨难，强盛过、衰微过，但不论处在何种境地，最后都能够重新迸发盎然的生机。中华文化在历史的更迭中逐渐形成了开放、吸纳、融合的特点，在与其他民族的接触中不仅没有让自己的文化消亡，反而在互动过程中不断让自己浸透、融合、升级，最后生成一个能够影响并统御入侵民族文化的文明。今天中国在世界上的地位与影响，也让世界见证了中华文明的力量。各种不同的文化在相互的碰撞中必然会相互影响，而后的融合与升华才能够让不同的文化共同踏上一个文明的新台阶。由此看来，人类文明未来发展的出路应该是文化的共融与升华。一种真正的文明是能够延续的，她唤醒的是潜藏在人的精神和心灵深处的美好追求，这种力量将佑护着人类的发展与进步。

二　人类自体的割裂与文明的呼唤

在原始社会，人类还不能理解和掌握自然的规律及其力量。面对天地强大而神秘的力量，出现了原始的崇拜、图腾，以及发展到后来的宗教。这些意识产物，反映了人类对自然力量的恐惧和膜拜，但也正是这种敬畏，使人与自然在一定程度上达到了和谐统一。人类发明使用工具后，不仅提高了自身的认知能力，也增强了对生存环境的改造能力。然而，随着在生产生活活动过程中财富积累的增加，对自身能力的盲目自信、自我膨胀和对物质追求永无止境的欲望也随之出现。由于发展的不平衡，部分人占有财富和资源过多的事实又进一步导致了对同类的奴役，连最原始的对天地敬畏的力量也被使用到对同类的精神控制中。在欧洲中世纪，人受到肉体和精神上的双重摧残，在人类文明史上留下了黑暗的一页。跌跌撞撞中，人类走过了原始社会、奴隶社会、封建社会，这个过程也是人类为争取自身自由和解放而斗争的历程。如今，政府阶层带有民粹倾向的对个体需求的关注与满足，以及由此刺激出来的个体寻求自我的权利与发展的强烈欲望，都上升到了史无前例的高度。“人类独具灵魂或思想，是属于与自然界其他事物完全不同的一类。在决定对待自然的方式时，人类的欲望及其满足才是唯一值得考量的东西”①，“自然为人而存在，人凭借对自然过程的认识驾驭自然，使自然服务于人的目的。”② 但人的欲望永远都无法满足，于是在有限资源和无限欲望的对立之中，人与自身的冲突也加剧了。

迅猛发展的现代科技在人类生活、工作的方方面面都占据了主导地位，几乎可以说，它主宰了现代人的生活。借助科技的力量，人可以上天入地、呼风唤雨、平山造湖。科技作为人类文明的表现形式之一，也作为人类感官的延伸，极大地增强了人类自身的力量感。但是，在科技如此耀眼的光芒下，人类自身的主体文明却渐渐地被忽视、淡化，科技几乎成了人类文明进步的代名词。在人类中心主义和科技中心主义的相互作用下最终催生了人类的自大与狂妄。人类认为可以借助现代科技的力量改变自然规律进而控制世界，甚至征服宇宙。伴随着这种狂妄，是人类对于自然资源的无度索取和恣意破坏。臭氧空洞、土地荒漠化、生物多样性锐减等诸多被破坏的自然环境和生态系统已非人力所能恢复。武器的升级可以让几千年人类积累的文明瞬间灰飞烟灭……人与自然的冲突在现代发展到了难以调和的程度。

人无法脱离开自身的生存环境，对自然环境的破坏也直接反作用于人类自身。科技影响下剧烈变化的环境让人在其中越来越难以适从，食品问题、医药问题、安全问题、心理问题，甚至影响到了人类

① 〔美〕大卫．雷．格里芬：《后现代精神》，王成兵译，中央编译出版社，1998，第218页。

② 〔英〕凯蒂．索珀：《人道主义与反人道主义》，廖申白、杨清荣译，华夏出版社，1999，第20页。

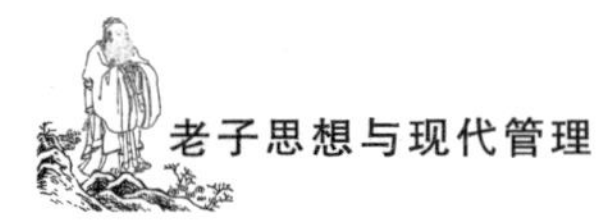

的基因……一系列的问题随着环境系统的恶化越来越严重。“自从进入文明时代以来，财富的增长是如此巨大，它的形式是如此繁多，它的用途是如此广泛，为了所有者的利益而对他进行的管理又是如此巧妙，以致这种财富对于人类来说变成了一种无法控制的力量。人类的智慧在自己的创造物面前感到迷惘而不知所措了。”① 面对这种恶化的趋势，开始有人反思，并有越来越多的人加入改善环境、控制恶化的行动中。世界各地的环保组织为恢复生态环境做着不懈的努力；越来越多的人也开始关注环境系统、回归自然，关注世界的和谐共生发展等问题。

若想扭转这种恶化的局面，人类首先要从狂妄自大中回归冷静和理性，在认识客观本体与自我主体的基础上，重新标定自己的角色和位置。也就是说，人要客观地认识自己、认识世界、认识规律，在这个基础上再谈自身的价值、发展的方向和目标，这才是人类寻求自身发展和推进社会发展的正确途径。

三　文明的回归与升华——中华道

“有物混成，先天地生，寂兮寥兮，独立而不改，周行而不殆，可以为天下母。吾不知其名，强字之曰道”，老子在《道德经》第25章这样描述“道”。古希腊的“logos”这个词所表述的意思也是道，是万物现象产生的根本实体。也就是说，道是万物的本源，不仅是先于人类而有，并且先天地之前就已经存在。18世纪唯物论哲学的重要代表霍尔巴赫在《自然体系》中指出：“人是自然的产物，他存在于自然中，受自然规律支配。”② 也就是说，人是自然的一部分，是

① 〔美〕路易斯．亨利．摩尔根：《古代社会》，杨东等译，商务印书馆，1977，第552页。

② 〔前苏联〕罗森塔尔等编《简明哲学辞典》，生活·读书·新知三联书店，1973，第608～699页。

规律的一部分，是“道”的一部分。人类生存发展的历史也证明，人只不过是这个世界万千物种中的一类而已，并非这个世界的主宰。当然人有区别于一般动物的很多特质，但自然并没有就此给人类太多的特权。

借助现代科技，人类已经认识到宇宙远超出人类想象。在浩瀚的宇宙中，地球已经微不足道，人类更如同一粒尘埃。人类在地球上存在的时间，不用说相对于宇宙，仅相对于地球来讲，“一瞬”都显得过长。至于宇宙的规律、人类生存的空间，即使今天最先进的仪器也无法窥其全貌，更不用说去操控和改变。宇宙天地之间的规律不仅作用于人生存的世界，更作用于人类。如果把这种规律称为“道”，那么这个“道”才是世界真正的主宰，“道”之规律才是人类要必须认识和顺应的“天条”。作为自诩为有灵性的人类，更应该尊重自然、尊重人与自然的和谐规律、尊重人性的规律、尊重人类发展的科学规律，而不是妄想凌驾于客观世界、整个自然界的规律之上。

在人类漫长的生存发展历史中，一直没有停止过对客观真理——“道”的认识和追求，没有停止过对真相、真知的探索，也因此产生了许多的思想和教派，这个过程不仅促进了科技的发展，更造就了人类千姿百态的文化与文明。认识世界、发现世界的真相、揭示一个真实的客观世界，这也是科学发展的方向和目标。1888 年，达尔文曾给科学下过一个定义：“科学就是整理事实，从中发现规律，做出结论”。这里所说的规律，在中华文化中也就是“道”，指的是客观事物之间内在的本质的必然的联系。所以，科学也不过是人类运用自己的智慧和科技发现去认识“道”的过程。在宗教的历史中也没有停止过对自然、世界的认知和探索。在原始社会，人类生产力低下，自身生存发展的能力受到自然的限制，对大自然的力量无法理解，从而在意识形态层面上生出了对大自然拟人化的描述，也就是神话和宗教

的诞生。科学研究借助的仪器和工具延伸了人类的感官能力，但人类一味追求感官而忽视自我心性修养所导致的局限性同时也决定了进一步认识世界的局限性。与此不同的是，宗教中一直传承用不断空灵的心去感应和认识世界。当然，除去一些具有邪恶性质的宗教，其他具有文明性质的思想、学派、宗教团体，都在用不同的方式、从不同的角度，承载着与科学一样的使命：追求真知与真理，让人类的主观世界不断地去接近“道”。而对于已经发现的自然的规律和认识，也只是人类某个阶段对真相和真理的一种主观认识，依然还不能说是一种终极真理。

中华文化是一个庞大的体系，既有儿女对父母的感情伦理定位，也有人类对自己的父母——天地的感激与敬畏。如果每个人对其父母的孝敬称之为“小孝”，那么对天地的感激与尊敬可谓之“大孝”。这种文化的传承不仅体现在内在思想中还体现在外在的行为形式上。人们不仅仅要在专门的节日去叩拜父母、祭拜祖先，同时，国家领导人还要去祭天。这个行为代表的就是中华文明中对人类的父母——“天地大道”的态度。提及天地，如今的人们常常会将其与神秘的神学和宗教的崇拜联系在一起。但是，在五千年中华文明的思想体系中，这些问题已经得到了解决，而参透这一天机的就是中国的“道文化”。中华道文化，并非像那些不了解它的人所认识的那样是一种有神论或者迷信，中华道文化是最原始的朴素唯物主义，是彻底的唯物主义，是自然主义哲学。即使在科技十分发达的今天，道家思想向人们展示的绝不是什么神学，而是属于“科学唯物主义”的思想内涵。所以，遵“道”而行不是要放弃人类所特有的能力，而是要在遵循天地人所固有的客观规律的前提下进行改造世界的实践活动，“人类不是世界的上帝，不能为所欲为，只能不断地认识世界，认识自然规律，并不断否定自己前期的主观认知。更为重要的是，在认识自身认识局限性的同时，要使自己获得‘理性的谦虚’——一种真正接近科学精神的理念和能力”[①]。文明是人类智慧的结晶，是人类认识客观世界及其规律的结果，因此，任何一种文明的形态都应该是合于道的，现代文明也不例外。人是万千物种中的一部分、是自然天道的一部分，是“道”的产物，就像儿女携带着父母的基因一样，只有顺应其根本规律——“道”，才能够从中诞生出和谐永续的发展模式。

“中华道”，就是建立在以“道文化”为核心的中华文化的基础上的，它传承了中华文化中优秀卓越的智慧与思想，同时也凝练了人类文明史中各门派的思想精华与灵魂，更应和了人类发展的时代性需求。更为重要的是，在当今世界各种思想门派和宗教派别林立又互相排斥的局面下，“中华道”运用哲学的方法论，跃上一个哲学的高度，尝试着发展一种超越门派和教派争端的文明思想体系，是对迄今为止人类文明因子的凝练和提纯。“中华道”，不仅揭示了人与天地之间的关系，还为人类指出了如何顺应天地之道、构建人与自身、人与天地之间的和谐系统。中华道，也同时是对几千年来不断与各种文明碰撞吸纳的中华文明进一步概括。中华文明，正是因为有了吸纳和不断自我完善的能力，方能在历史的时空中，在各种文化交织的过程中成就了一个生生不息的文明典范。

四　“中华道”的哲学基底与逻辑

几千年来的人类文明建立与发展，得益于哲学的方法论。哲学的方法论既是我们整理自己主观认识的工具，更是接近客观真理的法宝。没有哲学的方法论作为基础，任何人为的认识都会成为一种呓语。综合朴素的、经院式的、科学的和心灵的各个学派的主张，可以

① 齐善鸿：《道本管理：精神管理学说与操作模式》，中国经济出版社，2007，第 71 页。

发现，哲学方法论发展至今，基本上形成了这样的一个格局：1. 本体论：客观世界本体（道），一切认识的起点和归宿。2. 认识论：人类主观世界接近客观真相的途径与方法，探索的是事物之间的因果关系；当这种关系的一方是人类自身时，又会衍生出“因果报应”的价值因果判断。3. 内因论：在人与客观世界的互动中，在决定客观对人的主观意义方面（不是人决定客观外界的存在与运动方面），人的自身内在因素起着决定性的作用。4. 价值论：当将人生作为一个宇宙的子系统来认知时，价值方向的选择又决定着客观事物对于人的价值与意义。当人生确定了价值方向之后，紧跟着就是实现的方法问题。5. 方法论：方向确定之后实现价值的方法、方式、途径与艺术。在连续承接上述逻辑的基础上，人类的活动成果就会出现。于是，人类自身就面临着一个在自己的人生格局中出现了自己的创造物的事实。此时，人的理性系统就需要重新定位，而完成这一功能的就是人的主体性。6. 主体论：在自我的创造价值出现后的自我理性保持。世间一切都是在发展变化的，简单消极地保持是无法成功的，人的主体认识必须主动随着发展变化而完成自我系统的更新与突破。7. 自新论：也是人的高级理性的一种表现，即在不断的发展变化中连续不断地寻找新的自我，以期与变化了的系统实现内外的协调一致。在这样的连续不断的突破中，人生的成就会不断增大。于是，生命自身的“熵”就会随之增加，此时，对于人的理性强度就要求得更高，否则，人就会出现异化现象——成为自己追求目标的反对力量。8. 空性论：当成就日益积累不断增大到极致时，需要在主观上将自性放空，将外物视为无物，从而实现心态归零的主观状态。最终，人就可以进一步达到人与万物、人与天地的一体化。9. 目的论：人类一切奋斗的终极——天人合一、无私无我，万物为我，我为万物；他人是我，我是他人，即所谓的“万般皆我，我即万般”！

“中华道”思想的逻辑提取，来自于人类几千年来哲学方法论的积淀。从古至今，人类不仅仅一直在认识世界和自身，也在不断地探索认识的方法和体系。自然，人类认识的主体是人类，而认识的客体就是所要认识的对象。哲学认识的最根本的矛盾关系也一直没有发生根本性的改变：认识主体之主观认识的局限性和认识客体的无限性。古希腊哲学，从米利都学派开始，希腊早期哲学家就致力于探索组成万有的最基本元素——“本原”（希腊文 arche，旧译为“始基”）。对此“本原”的研究即成为本体论的先声，而且逐步逼近于对 being 的探讨。之后的巴门尼德深刻地提出，“是以外便无非是，存在之为存在者必一，这就不会有不存在者存在”。并且认为存在永存不变，仅有思维与之同一，亦仅有思维可以获致此真理；而从感觉得来者仅为意见，从意见的观点看，则有存在和非存在，存在既非一从而有变灭。巴门尼德对 being（是，存在）的探讨，建立了本体论研究的基本方向：对于被“是者”所分有的“是”，仅只能由思维向超验之域探寻，而不能由感觉从经验之中获取；此在超验之域中寻得之“是”，因其绝对的普遍性和本原性，必然只能是一。不过，这一点只有苏格拉底和柏拉图才能真有领会，与他同时的希腊哲人或多或少地有所忽略。在苏格拉底那些没有最终结论的对话中，已破除了经验归纳方法获取真理的可能性；在柏拉图的理念论中，则鲜明地以超验世界的“理念”为真理之根本。

在中国古代哲学中，“本体论”叫做“本根论”，指探究天地万物产生、存在、发展变化根本原因和根本依据的学说。中国古代哲学家一般都把天地万物的本根归结为无形无象的而又与天地万物形态根本不同的东西，这种东西大体可分为 3 类：（1）没有固定形体的物质，如“气”；（2）抽象的概念或原则，如“无”、“理”；（3）主观精神，如“心”。对于这 3 种观点，一般评价分别将其归属于朴素唯物主义、客观唯心主义和主观唯心主义。而实际上，这种评价几乎是一种标签式的外部表皮性的认识，因为哲学体系和语言表述的不同，人们在这方面的误解远多于理解。以我们多年的研究和实际的体悟而言，“无”既不是虚无，“心”也不是唯心，“无”所言是指大而无边的无形无相的无限性；“心”则指的是自己主观与客观互动中清净无杂念的与客观真相最为接近的主观状态。我们如果走不出标签式的评价，也许根本就没有进入那种境界，只是隔墙喊话、隔雾看花的感慨而已，也许，这种状态本身才真正是所谓的唯心主义。这也应了心学中的名言，正是因为自己心中所有，所以才把外物看成自己心中的景象。

在我们有了这样的认识突破之后，也许我们就更能理解中国古代先贤尤其是以老子为代表的道论者，他们是如何的唯物，唯物的如何之彻底。至于这种思想为后来宗教所用之后所做的发挥和演绎，则是另外一个问题了。理解了这一根本点，后面属于人类自身的认识论也就变得相对简单了——尽最大限度地去除自我的阻碍去接近真实，并且对自己任何时候的主观认知结果都保持一种“非结果”的正确认识，这也正是科学的基本精神或者科学精神的魂魄所在，也恰恰就是本体论确立之后人的认识论的基本立足点，而认识论的核心也自然应该是去伪存真和探索事物之间真正的因果联系。世间万物都是相互联系的，而事物的运动和变化又都是因果链的力量在推动。科学研究的基本范式是：当我们发现了一个事实时，就要去寻根溯因、查明因果关系。每一次科学的发现，也都是对世间万物之因果关系的一次证明。这就是哲学上的“认识论”。

从客观世界走进主观世界，当我们将主观世界与客观世界相联系时，我们的圣贤发现了一个重要的规律：发生在人类生活中的事件对人的主观价值与意义，内因是决定性的，外因是辅助性的。毫无疑问，在人开展对客观世界的认识时，越是放空自己，就可能越接近真实和真相；但在思考客观事物对人的主观意义时，我们自己则是决定性的，因为主观意义与价值完全就是人的主观世界的产物。此时，及时牢牢地把握住自身的“内因”是极其明智的，因为客观事物本身并不具有所谓的什么意义与价值，若是此时将自己生产的主观部分完全变成一种外在的人类必须依从的力量，人的主观世界一定就犯了天大的错误。这就是人生价值运动中的“自因论”。

当人的“内因”在主观价值选择和意义赋予方面的地位被牢牢地锁定之后，人类经过不懈地探索，最终明确了那种利他的价值起点，并成了人类社会价值运动与基本道德规范的核心，也成了个体与集体的互动价值准则，换句话说就是，“至善”和“博爱”成了人类社会最优的价值选择。这一价值选择，不仅仅作为一般行为的启动准则，并且还进一步延伸为后续的自动正强化准则：也就是在遭遇非对称的回馈时，依然不能更改和放弃并且还要进一步加强；同时，还排除了主观上追求任何回报或者因为客观回报没有达到预期的行为方向改变与强度的弱化。不仅如此，在表现形式上还出现了两个最为美丽的心灵价值亮点：一是形式上刻意回避被对方识别的主体，也就是中国文化中的“阴德”表现形式；二是利他、行善和博爱本身被确定为第一心灵价值，如人们所说的“付出本身就是真正的富有，奉献本身就是最大的收获”。这就是人生哲学的“价值论”。

方向确定之后，方法就成了达成目标的最为关键的问题。从一般哲学原理中的“愿望—动机—手段—效果—目标—目的”的逻辑来看，愿望、动机、手段都要统一于效果，而效果必须能够积极正面地服务于目标与目的。这样的有机统一，则要依赖于方法。没有有效而正确的方法，一切心理内在力量都如同泡影。之所以说是“有效而正确”的方法，主要指方法本身必须能够推动现在状态向着接近目标的状态前进，同时还要注意方法本身在产生正面效果的同时要尽量将负面效果降到最低，这就是人类生活中的“善法”，也是哲学上的“方法论”。做不到这一点，也就无法证明价值方向的正确性，也无法实现正确的价值目标，相反，还会因为效果与目标的连续反背而被

人质疑。正所谓："好心办坏事"就是这种情景！如果总是这样，那只有两种可能了：要么是伪君子，要么是笨蛋！

当我们能够完成上述的基本哲学逻辑实践之后，人生中的基本轨道也就铺设了大部分，或者说作为大部分人来说，到此也就基本够用了。如果想要上更高的境界，或者已经处在世俗的高位，那就必须进入自我超越和直指人生终极的阶段。

众所周知，人在有了基本的成就之后，人生和生命的系统也就发生了改变：如果说过去是空身一人，有了成就之后，这个人就变成了"人+成就"。按照世间所有系统的运动规律来说，此时人的内心就会生出相反的力量，这种力量会引导人走向欲望与诱惑的泥淖，会让人失去对自己的把控能力，如果此时不能够有效地进行调节，就将失去一切。在这样的一个中级阶段，人如何把控自己就成了能否正常健康地走向未来的转折点。这就是在人发展之后出现新的自我状态时，是否还能够找到有效的自控机制。这也就是所谓的"定力"，也就是真正考验人的"主体性"成熟程度和力量的关键因素。

定力，是一种识别力、一种高级的判断力、一种能够始终坚守自己目标和准则并能够反观自己和调整自己的能力。定力，不是停止不动，因为，一切都在变化运动中，试图在停止中寻找安定和不变是徒劳的，人生永恒的步调也许就是要不断地自我突破，做到任何时刻"无我执"和"勇猛精进"。只有这样，人生的列车才不会停下，也不会脱轨。这样的人生，将会遇到什么样的成就，真的是个人所无法预料的，但有一点可以肯定的是："惊喜连连"、"收获颇丰"。一般规律是：人在自己的基本需求得到满足之后，要么走向颓废，要么走向更高的心灵升华。而决定这一选择方向的就是人内心是否拥有了"精进"的内在力量——不为占有什么，只为创造自己新的、更高级的生命形态——"自新论"。

不断升级的成就也意味着不断提升的挑战，不断的进步也意味着阻碍进步的力量也在同步长大，当你能背起一座山时，群山就会来到你的眼前。也许我们当初只是一个打柴的人，但随着自己的不断提升与超越，群山就成了我们的生活。人在完成本体论的坚守、认识论的定位、自因论的锁定、价值论的选择、方法论的娴熟、主体论的成熟和自新论的体验之后，人生就进入了超级状态——所拥有的远超过自己可以享用的，内在的活力又无法让生命的机器停下来，周围低级状态的干扰也会达到极致。此时的人生也几乎接近了凡夫俗子的极限。如果此时生命的系统不能同步提升到超越所拥有的万物的高度，人就会成为名利的奴隶，就会不堪重负，就会为名利所累，就会在扛起一座山时又被一座山压垮。圣贤们看到人间大成就者的如此危险境地，苦苦探索出了拯救人心灵的妙方——“空性论”：虽然拥有很多，但心中犹如空无一物，自己的心态达到“归零”的状态，于是，人的理性和灵性又会回到生命中。

有人说了，忙活半天怎么又变空了？空的是心，是自性空。拥有的还是自己，而不是外物！本来，人的生命所需就是十分有限的，人生奋斗中超出个人生命需求的部分，就是如何转化成人的精神、心灵和社会的价值。

庄子用“人与风”的关系形象地讲述了人的生命历程：待风不动、乘风而起、背风而行、弃风而飞！人所追求的绝对自由，就在于一步步脱离世俗名利万物的羁绊，达到身心的彻底解放。如果说暴力革命能够将人们从暴政下解放出来，那人的心灵的解放则只能在心灵的疆域中完成。个人生命所能承载或者个人生命所能消费的都是极其有限的，过多的物质和名利就变成了考验心性觉悟的一道考题。当人的思维不再受外物的羁绊时，当人的视野中不再有你我他的分别时，当人自己的思考让位于客观世界永恒不变的大律时，人的内在与外在的负担就全部消失了，个人与他人就实现了统一，内在与外在也就

没有了边界。此时，个人的状态就会达到与众生一体、与万物一体、与天地一体，这就是圣贤们所描述的“天人合一”的无我境界，此时的心灵和生命好像又回到生命的源头，实现了生命的彻底的回归，而这一切就是古往今来仁人志士所一直追求并启迪后人的人类至高智慧境界——合一！这就是人生的终点，也就是人生哲学的“目的论”！

从真正的本体论，到基于本体论的认识论，再到后来的人类自身主观世界的价值论、方法论、主体论、自新论和空性论，最后回转到人类的目的论，也就是以绝对客体为主体的人类主观自身的客体化，人类就完成了一个真正的生命大轮回。古往今来的所有智慧，甚至是所谓的神秘臆想，无不遵循着这样一个基本的循环。正如老子所说的大道：“有物混成，先天地生。寂兮寥兮，独立而不改，周行而不殆，可以为天下母。吾不知其名，字之曰‘道’，强为之名曰大。大曰逝，逝曰远，远曰反。故道大，天大，地大，王大。域中有四大，而王居其一焉。人法地，地法天，天法道，道法自然。”（《道德经》第25章）若是真正理解了这一切，我们的理性和智慧就定然会上升到无形无相、无我无他、无名无利的“虚空之灵”境界。

五 “中华道”的核心与旨归

文明发展过程中，对“道”的诉求是共同的，追求的真谛也是相似的，甚至是相通的。但因为当时认知的局限性和人的主观偏见，不同思想门派对“道”的认识、诠释角度的不同，形成了众多思想观点。随着岁月的积累形成了浩如烟海的研究成果。即使一家的经典，任何一个人穷尽一生也很难全部阅完，若想要深入进去体悟其中的精髓和灵魂更是难上加难。

《道德经》第 42 章中说“道生一，一生二，二生三，三生万物。”其实，这些令人眼花缭乱的万千经典都是从“道”中衍生出来的。如果想让“道”这种人类的至高至深的文明便于让更多的人把握，就要用“道”的方式去认识道。这就需要破除人们心中的隔阂，破除各个门派之间的偏见，用“道”衍生万物的反向逻辑去寻找那个根本，也就是将各种对“道”认识中共性的核心和灵魂抽取出来。这种“打破界限”认识根本的方法才与科学精神一脉相承，因为科学探索的路程也在不断认识自己、否定自己和追求终极真理。如果各执一词，不愿吸纳不同的见解，势必会影响自己的发展，这本身也是背“道”而为的行为。

基于以上认识，为了将纷繁复杂的“道”回归到“大道至简”的本质，让更多的人在人生中体悟“道”的妙用。“中华道”顺着“道”的方向，沿着事物衍生的轨迹，再追本溯源，从道的本源中凝练出 9 个核心的思想，形成通俗易懂、便于人们接受应用的“法门”。

1. 破幻

人依托自己的感官认识和感受周围的世界，都相信“眼见为实”，认为自己眼中所见就是确凿的事实，代表了一切。但是人的感官能感知到的世界是有限的。即使运用最先进的科学仪器，仍难有实质性的突破。中华道中的“破幻归真”就是要人首先能够客观地认知自己所属的本体，回归本源，认识到自己是“天地大道”的一部分。不要让主观意识影响了对客观世界的认识，不要让有限的认知替代了无限世界的本质。让自己在“道本”的规律中谋求发展之道。“求真”也是辩证唯物主义和历史唯物主义一以贯之的科学精神。佛家的“破幻”，道家的“返本归真”都是要突破人因为自己的局限而造成的对这个世界真相的误解，而这恰恰是人类形成一切正确认识的基础和前提。

2. 报应

万事万物都是相互联系的，许多事物之间都存在着复杂的因果关系。在人类自身生命和生活的空间里，所发生的事情、遇到的人，在看似偶然、没有关联的表象背后，隐藏着人的意识常常无法觉知到的联系。这种联系的客观性，容不得人用自己的主观喜好去进行选择，也就是说，遇到的喜欢的人和事跟自身有关系，遇到的不喜欢的人和事，也与自身有关系。如果试图只选择自己喜欢的，而排除那些不喜欢的，最终会发现那都是徒劳。在人类的生命生活空间里，所发生的一切都与其生命的状态紧密联系，理解了、明白了，也就是有了一份觉悟。也就是说，相信好的和坏的一切都是报应，都是因果的必然。

3. 自因

人与人、人与外部事物的互动中，不论结果如何，对于要面对的结果，每个人都是自己的“内因”。也即是说，“我”才是决定着一切关系的关键和支点。周围的人和事就像是一面面镜子，反照了主体的思维系统和能动模式。同样的世界、同样的事情，在不同的处理系统中加工后就会出现不同的反应。通过周围的“镜子”，人可以了解到自己的真实状态。人认识自己是最难的，通常人更容易看到别人身上的问题，总想去改变别人。其实，这是将自身的问题转嫁或者投射到他人身上，结果不仅改变不了别人，还会恶化局势。如果人能够把自己当作一切结果的决定性原因，把改变自己作为改变局势的支点，让自己首先启动改变的程序，就一定会体验到“万事皆备于我”、“所遇皆是礼物”的惊喜。

4. 向善

有了对人间万象的基本认识方法，我们就需要再去明确人类自身发展的方向。方向是决定人生结果的关键变量。没有人愿意庸庸碌碌如蝼蚁般度过自己的一生，但人生方向的价值选择又造就了众多生命最终不同的结果。在这方面，几乎所有的思想、教派都有一个共同的价值导向，都会不约而同地指向“至善和博爱”。时至今日，尽管不同的国家和组织存在着不同的价值观和行为方式，但在人类“善与爱”的方向上却没有本质的区别，尽管所表述使用的文字会有差异如“仁、爱、慈悲”等，但其核心内容和旨归却没有分别。

5. 善法

方向决定归宿，方法决定结果。有了明确的目标，接下来的就是选择合适的方法。唯物主义中所说的“方法论”、佛家思想中的“中观”、道家思想中的“中道”、儒家思想中的“中庸”思想，对处理事情过程中度、分寸的把握都有重视和体现，而强调愿望动机要通过适合的方法达成预期的效果与目标则是一切方法的最终指向。世上没有永恒不变的方法，变化是世界永恒不变的规律，随着事情的发展变化，“适中”的方法也需随时调整，这样才能避免南辕北辙之类的情况发生。但需明确的是，变化的是方法，而方法背后的主旨与方向却是不变的。

6. 定力

“富贵不能淫，贫贱不能移，威武不能屈，此之谓大丈夫。”(《孟子・滕文公下》)。这是儒家所讲定力的体现。佛家故事中也说到释迦牟尼在修行的过程中面对许多困难和诱惑，终能保持自己的真心本色，最后方能修成正果。人在追求目标的过程中会遇到挫折和困难，取得成绩和进步后，也会有掌声和鲜花。当面对这些的时候，人是否能够不为所扰、不为所迷，保持一份从容与淡定，仍旧不偏离自己的方向，才是人生富贵和生命重量的基本体现。

7. 精进

“天行健，君子以自强不息”(《易传・象传》)。“行健”，是天地的转动与运行，无休无止在前进、发展。人也要效法这种天地勇往直前的精神，不断提升自己。佛家讲的“力行”、科学研究中的“执

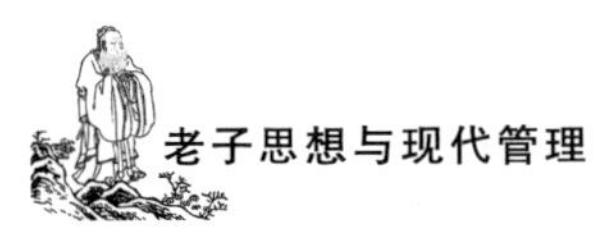

著探索”、“开放实践”都是这种精神的体现。对自己的问题不隐瞒，敢于面对自己的缺点，对自己的成就不满足、不拘泥已有的成就、时时刻刻磨砺和修炼自己，想着终极目标、不停止学习，始终保持前进的步伐。破“法执”，就要彻底地破除教条主义和本本主义；破“我执”，就要彻底地破除个人主义和经验主义，以一种无畏的精神向着终极真理前进。

8. 归零

随着突破一道道关口，人的成就会不断积累增加，人的自我也会随之膨胀。只要有“我”的主体意识存在，就必然会产生与客体的对抗与冲突。“我有、我执、我痴”都会给人带来各种烦恼和痛苦。无“我”让自己“客体化”，破掉“主体”与“客体”之间的障碍，将自己的心放空，去体会客观世界的规律和别人心中的想法。将客观规律和他人的状态放进自己心中，摒除自己主观意愿和想法，顺应事情的规律和人心的规律去做事，才能够与天地大道相连接，才能够具备感受真正的世界、感受万物的能力。各家各派的教义中，谈及修行的法门如“空”、“无”之说，都是破“我”的方法。

9. 合一

违背天地规律去行事，必然会产生反噬。人本身就是天地造化、自然孕育的物种之一。因为人类自身的愚痴，割裂了自己与“母体”天地大道的联系，让自以为是的发展最终走向了追求的反面，生存环境的持续恶化就是天地大道给人类敲响的警钟。所以，人类当前最迫切的任务就是要认清个体与整体的分裂，纠偏调适，重新回归“道”的本体中。认识到“天地之道”对于人类生存与发展的意义，达到“天人合一”才是人的终极归宿。

文化的传承与创新、文明的发展与延续，这些问题都与人类自身的发展息息相关。现代科技、经济的发展将人类的关注点更多地吸引在物质层面，精神文明的建设虽然一直被强调，但其成果却无法满足人们日益复杂的心灵需求。众所周知，如同一个人的灵魂，一个没有优秀文明的国家和民族、一个失去了自己“母体”的人类，就如同一个没有灵魂的物体。“中华道”所展开的是人类心灵的画卷，它融汇了人类几千年的智慧与文明，也描绘了人类未来发展的蓝图，也是对人类社会健康文明发展之路的探索。

（作者单位：南开大学商学院）

道商与社会企业

张党珠

引　　言

2011年6月发生的“郭美美事件”，引起了广大民众、捐赠者对身为非盈利性组织的中国红十字协会及其管理者的普遍不信任，随后导致中国红十字协会在部分城市数月之内没有收到任何捐款。2012年4月中旬，多年在广告中一直宣传自己是在做“良心药，放心药，管用的药”的某著名品牌医药公司，却被媒体曝光其胶囊类药品使用了“毒胶囊”（是指先用生石灰处理皮革废料，熬制成工业明胶，再用其制成的药用胶囊），随后该企业与企业经营者受到了广大消费者的声讨与诟病，某位网民甚至戏称该医药公司一直在“专注皮鞋三十年”。

近年类似事件的频繁发生除了引起国家有关部门的重视与民众的热议外，学术界也对企业的经济属性与社会属性的协调、企业经营者的盈利性诉求与责任性要求的平衡等问题进行了广泛的讨论。彼得·圣吉提醒中国是否“要效仿西方，允许私人机构的‘利润私有化而成本社会化'，从而仅仅关注短期利润，而将破坏环境、改变气候、失业，以及物质财富的高度集中等成本由他人来承担?"[①] 企业如何平衡、搭配自己的经济属性与社会属性？作为一个非营利性组织的经营管理能力普遍较低，如何转变这种状况？企业经营者或企业追逐利润无可厚非，但并不等于"商业至上"的社会价值取向，并且这种盈利性是否应该有一定的节制？如何节制追逐利益的欲望？企业经营者经营企业谋利只是目标，而不是目的，那企业经营者的目的是什么？除了逐利性之外，企业经营者还应该承担哪些其他社会责任？根据上述问题，本文结合《老子》思想中"名利"、"身货"等相关思想，重新思考企业定位，尝试从社会企业的角度来探讨企业经营者如何融合中国企业经营者的盈利性诉求与责任性要求这一核心问题。

一　经济属性与社会属性的结合：社会企业

企业的经济属性，是指企业纯粹以盈利为目的；社会属性，则是企业作为一个社会组织，要承担起应有的社会责任。对此，学术界一直以来有一组对立的观点。一端是纯粹经济学的观点，认为企业唯一的社会责任便是利润最大化，即使企业承担社会责任，也仅限于为股东实现企业利润最大化。另一端则是社会经济学的主张，认为企业的责任远不止创造利润，还包括保护和增进社会福利。[②]

这种对立的观点产生了两种不同的企业组织形态：一种是纯粹的商业企业，诉诸自我利益，创造经济价值；第二种是纯粹的慈善

---

① 李兰主编《企业家精神：2009·中国企业家成长与发展报告》，中国人民大学出版社，2009，第2页。

② 〔美〕罗宾斯等：《管理学》（第7版），孙健敏等译，中国人民出版社，2003，第115页。

性质企业，也就是非盈利性组织（Non-profit Organization，简称NPO），诉诸善意，创造社会价值。但是实践中这两种企业形态却要面对新时代遇到的新问题。一方面，企业以前雇佣了工人，给工人提供薪水，向国家按章纳税，生产出质量合格的产品，人们认为企业尽到了自己的责任。但是随着时代的变化与环境的改变，社会对企业的要求也发生了变化。由于企业社会责任的凸显、道德消费力量的不断壮大以及可持续发展理念的提出①，企业做到了上述责任，也只是尽了企业的本分，不能说尽到了企业应尽的责任。另一方面，由于非盈利性组织遇到了资源匮乏、工作效率低下、与市场严重脱节与社会公信力不足等发展困境，非盈利性组织必须转型②。

面对新时代的新问题，第三种企业组织形态——社会企业，应运而生。何谓社会企业？社会企业起源于英国，英国政府对社会企业的定义为："一个社会企业是一个商业组织，它的主要目标是社会目标，而它的利润应主要用于对社会目标的支持性投资或直接投资到社区当中，而不是为了股东和所有人的利益最大化而进行投资"。美国社会企业联盟将"社会企业"定义为："社会企业是任何由非营利机构从事的产生利润以支持其慈善目的的商业或战略。"澳大利亚的社会企业则是指基于市场的办法建立的企业，目的是解决社会问题。从上面的定义可以看出，各国学者们一致认可社会企业以解决"社会问题"为目的，以"商业运营"为手段的性质③。为进一步厘清非盈利性组织、社会企业与商业企业的区别，图1将它们的主要动机、驱动因素、经营目标总结如下。

---

① 潘小娟：《社会企业初探》，《中国行政管理》2011年第7期。

② 林海、彭劲松、严中华：《从NPO到社会企业——非营利组织转型策略研究》，《科技管理研究》2010年第18期。

③ 高海虹：《发展社会企业：改善公共服务能力的有效途径》，《理论探讨》2011年第6期。

表 1 非营利性组织、社会企业与商业企业的区别*

项　目	非盈利组织	社会企业	商业企业
主要动机	服务社会	混合动机	谋取利润
驱动因素	使命驱动	使命与市场双重驱动	市场驱动
经营目标	创造社会价值	创造社会价值和企业价值	创造企业价值

*资料来源：Dees J G. New Definitions of Social Entrepreneurship：free Eye Exams and Wheelchair. http：//www. fuqua. Edu/admin/extaff/news/faculty/dees_ 2003. htm。

本文认为，社会企业是企业的经济属性与社会属性的完美结合。首先，从企业内部来看，企业是由一群人组成的组织。从马克思主义哲学的角度看，人的社会属性才是人的本质，那么由一群人形成的组织——企业——怎么会没有社会属性呢？其次，从企业外部来看，企业也需要与外部利益相关者接触与联系，企业不是一个孤立存在的“独立王国”，并且这种联系除了经济联系，必然还有其他性质的联系。最后，从《老子》辩证的角度看，用单一属性（经济属性或社会属性）去定性一个企业组织，都有失偏颇，因为企业的属性既有经济属性也有社会属性，这才符合老子“万物抱阴而负阳，冲气以为和”（《老子》42 章）的阴阳、辩证思想。

就像管理学大师德鲁克就曾说：“利润最大化这一概念是毫无意义的，而且其危险在于它使盈利性变成了企业追逐的唯一目的……利润并不是企业的行为和决策的解释、原因或其合理性的依据，而是对其有效性的一种考察。”① 企业不能只管赚钱的事，经济只是手段，而非目的，企业的目的是为人类社会创造价值。慈善企业也不能只管给穷人发钱。因为社会中存在贫富差距，总有穷人与富人，但贫穷问题并不总是金钱能够解决的，需要设计一套机制带动穷人，使其转变

① 〔美〕德鲁克：《德鲁克管理思想精要》，李维安、王世权、刘金岩译，机械工业出版社，2007，第 15 页。

成为社会积极的建设者，而不是让穷人成为社会的寄生虫，或者社会的破坏者。比如社会企业的典范“格莱珉银行”就很好地诠释了社会企业的经济属性与社会属性的完美结合。2006 年度诺贝尔和平奖获得者默罕默德·尤努斯，于 1983 年在孟加拉国创办了号称为“穷人的银行”——“格莱珉银行”，其业务主要是贷款给“金融界不可接触者”的穷人，帮助穷人脱贫致富。该银行除水灾特别严重的 1991 年、1992 年外，一直保持盈利，2005 年的盈利高达 1521 万美元，贷款还款率高达 98.89%。[①]

二　盈利性与责任性的结合：道商

对于企业经营者的研究，一直是学术界研究的重点。国外对企业经营者或领导者的研究，比较聚焦于对领导类型的研究，比如先后提出的变革型领导、伦理型领导、魅力型领导等概念，起到了加深理解领导或企业经营者的作用。国内学者对以上相关概念在中国情境下做了一些研究，发现不少西方管理理论存在着“食洋不化”、“水土不服”等问题，特别还提出了“恩情”、“威权”、“德性”领导理论，以更好地解释中国文化情境下的领导问题。除此之外，随着对中国 5000 年文化丰富的管理思想的进一步挖掘，国学与管理的进一步结合，《道德经》的领导智慧越来越得到全世界的公认，以及“道”在中国文化中的中坚地位，国内学者在儒商、禅商、绅商、法商等概念的基础上，提出了道商。

什么是道商？宫哲兵、杨凤岗两位先生提到过道商，认为“每个宫观的主持身边都有一群皈依的商人与企业家，即道商。”[②] 李海波先生在《道商》一书中把道商定义为：“以道家的精神气质来从事

① 林伟贤、魏炜：《慈善的商业模式》，机械工业出版社，2011，第 30～31 页。

② 宫哲兵、杨凤岗：《中国道商的宗教经济学分析》，《中国企业家》2010 年第 2 期。

商业经营的人[①]”。葛荣晋先生撰书从《老子》、《庄子》典籍思想提炼出了道商的人格等方面的内容，认为处于“无为而治”境界中的管理者，善于“以正治国”，做无为之事，行不言之教，“以百姓心为心”的管理者为道商。[②]

上述几个定义分别从道教、道家、道家思想等几个不同的层面提出了道商的理解，开拓了对道商的研究思路。本文则尝试不停留在研究道商的品质、属性上，而落在道商的经营目标、能力与行为上，从社会企业在经济属性与社会属性结合的视角，从企业经营者的盈利性与责任性（此处指的是社会责任性）两个不同的维度来衡量道商的终极价值追求。

一是企业经营者对生命与名利的关系处理。席大伟报告统计声称从 2010 年 1 月到 2011 年 7 月的 19 个月时间里，就出现了 19 名总经理/董事长级别的高管离世，这 19 名高管的平均年龄为 50 岁，生前财富积累基本平均超亿元，死亡主要是因为突发疾病。[③] 李芒总结出企业家“非正常死亡”的三种类型：一是平时工作引起的积劳成疾型；二是因为债务等问题而导致的精神不堪重负型；三是陷入圈钱交易、官商勾结而难以言说型。在企业家中曾流行过的一个顺口溜：“吃得好，营养少；喝酒多，吃饭少；赔笑多，欢乐少；住店多，回家少；看似潇洒，其实孤独。”在自嘲性的调侃中，折射了他们的无奈与困境。[④] 老子在《道德经·第四十四章》对此有过犀利的质问：“名与身孰亲？身与货孰多？得与亡孰病？”即：“名声与生命相比哪一样更利害切身？生命和财物相比哪一样更为贵重？获取和丢失相比，哪一个

① 李海波：《道商》，中国经济出版社，2009，第 25 页。

② 葛荣晋：《老子的商道》，辽宁人民出版社，2011，第 194 页。

③ 《中国知名企业高管死亡原因调查》，摘自 http：//tech. 163. com/11/0712/01/78NOMVUI000915BD. html。

④ 《中国企业家“非正常”死亡档案》，摘自 http：//www. iceo. com. cn/renwu/34/2011/0609/220107. shtml。

更有害？”如何破解这种困局呢？老子在此章继续说“是故甚爱必大费，多藏必厚亡。知足不辱，知止不殆，可以长久。”即：“过分的爱名利就必定要付出大的代价；过于积敛财富，必定会遭致更惨重的损失。所以说，懂得满足，就不会受到屈辱；懂得适可而止，就不会频频遭遇危险；这样才可以保持住长久的平安。”老子教导企业经营者，要学会珍惜生命超过名利，拥有财物的使用权而不占有财物的所有权。同时教导企业经营者要节制自己的主观欲望，多占必伤己，以及对客观规律的遵从。

二是企业经营者对盈利性作为目标与目的的关系的处理。企业经营者为了自己的生命是否就不需要追求盈利性呢？不是的，关键的区别在于企业经营者的终极价值追求是什么，即企业经营者追求盈利只是目标，但是其目的，即用赚来的钱干什么，是为了自己积累财富，还是通过赚钱这个手段，做企业这个平台，用钱来改变其他人的命运，用钱来促进人类的发展？如果是后者，那么企业经营者赚钱的目的是为了社会公义、正义、公平，改善人类的命运、促进人类的发展，就做到了盈利性与责任性的完美统一，就实现了《道德经·第八十一章》所说的“圣人不积，既以为人，己愈有；既以与人，己愈多。”也就是说，圣人不存占有之心，尽力地照顾别人，自己反而更为充足；尽力地给予别人，自己反而更丰富。

罗伯特·R. 布莱克和简·S. 穆顿提出了研究领导方式及其有效性的“管理方格理论”（Blake&Mouton，1964），概括了领导行为的二维方法，把方格网的纵轴称为“员工导向”（对人的关心），把横轴称为“生产导向”（对生产的关心），将横、纵两轴分别分成九个标度，把管理人员放置在坐标系中进行评价，从而得出不同类型的领导方式。①

---

① 〔美〕布莱克. 麦坎斯：《领导难题——方格解法：管理方格新论》，孔令济等译，中国社会科学出版社，1999，第33页。

本文借鉴管理方格理论，依据企业经营者盈利性与责任性两个维度，相应提出五种企业经营者类型（见图2）。

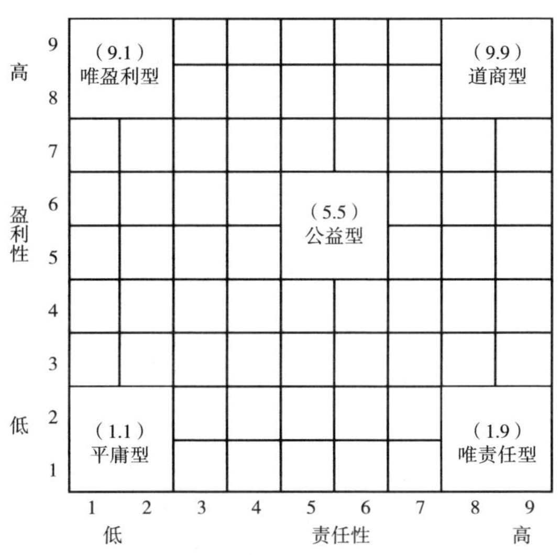

图2　五种企业经营者类型

管理方格图有二维：对盈利性的关注和对责任性的关注。按由低到高的程度，它们都分为9格。“对盈利性的关注”在纵轴，是指企业经营者对自己经营企业以盈利性为目标，自己经营企业的盈利能力及行为。“对责任性的关注”在横轴，包含了企业经营者对实现自己责任性的承诺程度、能力和行为，以及社会对企业经营者的责任性的反馈与评价。

(9.9) 型：企业经营者对盈利目标、能力、行为和履行责任的目标、能力、行为都很关心，并且都很擅长，是理想型的企业经营者，本文称之为道商型经营者，也就是道商。

(9.1) 型：企业经营者对自己的盈利性关注多，对责任性关注少，不管自己盈利多少，都很少考虑自己的责任性，本文称之为唯盈利型经营者。

（1.9）型：企业经营者对自己的责任性关注多，对盈利性关注少，即使企业的盈利性不佳，也是优先考虑自己的责任性，但企业经营者也有难以为继的危险，本文称之为唯责任型经营者。

（5.5）型：企业经营者对自己的盈利性与责任性关心都一般，在盈利的同时，会做一些公益慈善活动，作为对自己的战略性投资，本文称之为公益型经营者。

（1.1）型：企业经营者的盈利性与责任性目标、能力都很差，行为乏善可陈，本文称之为平庸型经营者。

三　讨论及有待研究的问题

综上所述，从社会企业结合其经济属性与社会属性的视角，企业经营者通过创办企业、参加工作，以为自己、员工、企业、整个社会创造利润为目标，以提高生命的体验、觉悟，造福自己、造福社会人类、造福自然为目的，这种以无我之心皈依道的本意，将商业活动的一切视为道的具体表现，一切按照道的精神本质思考和行动的、以道为本的商人即为道商。具体而言，道商以道治心、以道治家、以道治企，心中有道、手中有谋，其身与心、人与人、人与物三道和谐。其所用治理思想有道家的成分，又绝不局限于道家，破门户之见而汲取其他各家之思想精髓。

道商不能是以商谋私利的“饿鬼”，不是用慈善行为来“作秀”的“演员”，也不能是花点小钱买命的“贱人”。他们一旦觉悟，自当是“无我有道”的“使者”。比如比尔·盖茨的“裸捐”就是其中的典型代表。因为在道的世界里，“物无贵贱”，我与万物同等。无我就是我的眼中有别人，就有了大我，也就有了道。而更进一步，就是《庄子》一书中表达的一个核心思想“贼莫大于德有心”，即做了合道的事情，而不以自己有德自居，德心自贱，永远突破精进。因此，道商的工作就是一种服务于众人成长和发展的教练工作，而不是简单地控制和压制。其角色在于协调、服务、帮助部下与员工取得发展与进步，这样就实现了“企业就是道场，管理就是造福，工作就是修行”。

不过，道商的具体维度，包括其思维方式、行为方式、心智模式等内容，以及道商在实践中对企业组织的作用机理，这些问题都有待进一步研究。限于篇幅，本文暂且不论。

（作者单位：南开大学商学院管理创新研究中心）

正确认识如何可能

——读《老子》有感

严　正

现代科学认为人的认识是无法做到纯客观的，任何人的判断和认识都存在前在的偏见和意见，即便是自然科学研究也同样受制于研究者头脑中形成的科学范式的影响。因而相对真理的观念盛行于当今社会，对于社会人生价值的挺立和正义的坚守带来极大的思想上的混乱。而在社会工作实践中，如何正确决策、采用何种决策的机制以保证管理效率的最优化等，则成为当今工商管理和社会管理中非常重要的研究课题。因此，正确认识是否可能、如何获取正确认识的问题成为一直困扰我们的深层次的理念问题。我们知道，认定人的认识具有主观片面性和有限性的观念是我们今天由西方文明所发展的现代化科学兴盛以后形成的流行观念，但在中国的传统文明中，古代的思想家们都具有一个坚定的信念，这就是世界存在一个统一的本质——道，道是一切事物（包括人在内的）存在和发展的依据，人能够认识道，能够正确地、全面地把握和实现道。传统文化对道的认识当然不同于现代科学知识对客观世界的把握，主要是对人生的终极关怀的体认和对社会政治生活理想状态的追求，其所理想和创造的世界不同于客观存在的自然界，而古老的中国传统文化所理解的宇宙也并不是空想虚幻的世界，也是古代伟大的哲学家们从其独特视角对现存世界的揭示。因此，我们今天通过探析这种古老的生活智慧，对于克服今天流行的人类认识相对有限的观念所产生的种种社会弊端，对于我们深刻地认识人生生活世界的拓展和生活信念的确立必将具有重要的参考价值。

一　道法自然

正确认识是任何一个可知论者所追求的目标，因为只有获得正确的认识才能正确地指导实践，才能获得人生的自由。在这个意义上说，正确认识是获得自由的必要条件。那么，正确认识是否存在？不正确的认识是如何造成的？正确认识的获得方法是什么？就成为我们探索正确认识问题所必须要回答的三个重要问题。正确的认识是对认识客体的正确认识，因而正确认识的获得首先取决于我们如何认识我们所面对的认识客体，如何理解认识客体决定人的认识目的、途径、方式等问题。

中国传统文化的致思方向与西方文明的不同在于其指向的是人生和社会政治领域。传统的中国人承认自然界的客观存在，但是并没有把外在的客观世界作为与人相对的、需要认识把握的客体对象，而是将人生所处的生活空间，包括外部的大自然，都看作一个和谐的整体，这个和谐的整体世界拥有一个规律性的存在依据——道。道是世界一切事物存在的依据和发展的必然性，也是一切事物，包括人在内的本质属性，人们如果把握了道，就能顺应大道的变化，世界就会和谐美好地发展。世界中的一切灾害和苦难都是人们违背了道的规律性指引而产生的，因而如何把握道、如何体悟道、如何遵从道的指引来生活，就成为古代中国人的人生主要内容。中国的传统儒家和道家都

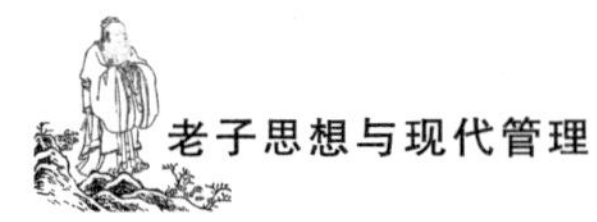

承认世界是一个统一的整体，存在着绝对性的道。但是，儒家和道家在对道的本质属性的解读上有本质的不同。儒家将宗法伦理道德的生活世界认作是天经地义的存在，因而其所理解的天道无非是人间伦常道德的根源，儒家将天道生生的本性解释为人间仁爱道德的源泉，人与万物共同生活在天道生生的博爱和谐的情境中。可以说，儒家是先预设了宗法伦常道德的绝对性，进而把人道上升到天道的高度来加以论证，从而将整个生活世界理解为一个具有生生道德意味的天人合一、天人感应、天人和谐的宇宙空间。于是，人们的认识客体不是与社会文明相对的自然世界，而是人生观、伦理观和社会政治思想，对天道的认识无非是为了论证现实世界伦常道德的神圣性。

老子所开创的道家与儒家观念不同，虽然也承认整体的宇宙空间存在一个绝对的道作为万物的本原，但是老子的思想是以批判否定中国传统宗法政治为起因的，因而其所理解的生生不息的天道并不具有儒家的道德属性。在老子的眼里，儒家所信奉的社会政治道德乃是大道沦丧后产生的对人性和天道的完美的破坏。道的本质属性就是“自然”，一切万事万物的存在都是自然而然的存在，一切后天人类文明的创造都是对原初完美状态的破坏。道法自然的世界是可知的、是完美的、是统一的。人与万物共同和谐地存在于一个统一的世界中，都受自然之道的决定和主宰。

老子对“道”的思考是非常高明的，可以说代表了中华文明形成时期形上思辨的最高水平，也可以说是中国哲学思维中的最高范畴，反映了中国古代哲学对世界本体思考的最本质特性。世界有道，道是可以被认识和把握的，大道运行的世界是圆满美好的，这就是老子所开创的道家思想的核心理念。由此我们可以得出这样的结论，老子承认世界是可知的，终极性的认知和绝对真理是存在的，世界本真的存在就呈现在我们面前，不管我们认识与否，世界都是按照大道的规律而运行，不以人的意志而转移。世界的本体大道虽然玄之又玄，很难用日常语言和认识所表述，但是只要人们顺应大道的本性，就是与道同在，就是对道的自觉，人们通过对道的自觉完全可以获得对道的体悟。因此，人的认识并不是对作为主体人相对的外部世界的感知过程，而是通过对作为宇宙不可分割的组成部分的人的言行活动的约束和反省，使人类自身的认识和实践与宇宙大道的本性相符合，使得人生与大道的运行完全融为一体，这既是认识目的的实现，也是人生自我实现的完成。于是，在老子的思想中，宇宙论、人生论、认识论融为一体。也就是说，承认一个认识的对象“道”的存在，道就是世界的整体大全，道是完美的，道是敞开的，只要人生具有正确的、与道相符的认识态度和实践准则，正确的认识的获得就是必然的。由此，老子将其思维的焦点对准了对道自身的思考和对人生德行的探究。

在老子看来，正确认识的存在和错误认识的判定都是不言而喻的，因而没有成为老子认识论谈论的焦点。正确的认识之所以存在，乃是因为世界并不是陌生无知的世界，而是有道的世界，道是宇宙万物包括人的本质和存在的依据，有道的世界是生生和谐的世界，是可以理解的世界，万事万物和人生都依据道而存在而活动，因而世界自身就是正确的、敞开的、完美的世界，万事万物和人生实践本身就是正确的存在。因而世界本身是完美的，对于人生来说不是陌生的、无知的、需要把握的生活空间。道是至高无上的，是绝对的，人们如果违背道的法则，就会受到惩罚，人生就会受到伤害，于是才产生了错误的认识和判断的问题，才有了如何回归正确大道的认识问题。

老子认识论方面这些独特致思特性与其道论是密切相关的，可以说正是由于老子对宇宙本体有了独特的认识，提出了道为宇宙本体的观念，才产生了其独特的认识论思想。道的范畴一经提出，便成为中国古代哲学的最高范畴，在老子那里也将之赞叹为“玄之又玄”、“恍兮惚兮”、“强为之名”的绝对本体。那么这个不可道、不可名的绝对本体真的不可捉摸和把握吗？当然不是，老子虽然非常推崇和赞叹道的伟大和绝对，但是道依旧是可以理解和体悟的，在老子看来，“道法自然”（《老子》二十五章）乃是认识道、理解道、运用道的最基本法则，“自然”就是道的最基本属性和内涵。

那么，我们应如何理解和认识“自然”呢？在现代汉语中，自然一词通常是与人文一词相对的，指的是与人文世界相对的外界大自然。鉴于老子非常尖锐地批判人类文明道德所产生的种种弊端，主张“小国寡民”的人生理想，有的学者认为老子的思想倾向是向往原始自然的生活状态。这种对老子的解读当然是肤浅的。古代最权威的《老子》注释家王弼对老子“道法自然”的解释也是不清晰的，他在注释“道法自然”一句时说道：“道不违自然，乃得其性，法自然也。法自然者，在方而法方，在圆而法圆，于自然无所违也。自然者，无称之言，穷极之辞也。”[①] 在王弼看来，“自然”一词是非常难以表述的，“无称之言，穷极之辞”，自然是大道运行的基本属性，只有遵从自然，才能各得其性，各尽其性，大道才能得以展现。而所谓的道法自然其实就是遵从事物自身的各自特殊性，任其自然而已。王弼的这种理解应该说还是相当准确地表述了老子的自然的含义，但是其表述依旧是含混的，很难令人准确地领会。

现代研究老庄思想的大家陈鼓应先生认为，道的本性就是自然，“自然”是老子哲学的基本精神；其“所谓‘道法自然’，是说‘道’以它自己的状况为依据，以它内在原因决定了本身的存在和运动，而不必靠外在其他的原因。可见‘自然’一词，并不是名词，而是状词。也就是说，‘自然’并不是指具体存在的东西，而是形容‘自己如此’的一种状态。”[②] 自然是一种状词，用以描述指示事物存

① 〔魏〕王弼注，楼宇烈校释，《老子道德经注》，中华书局，2008，第65页。

② 陈鼓应：《老子今注今译》，商务印书馆，2003，第49页。

在的状态，也就是自己如此的一种本真状态，这是没错的，但自然一词同时也应是一个名词，作为老子所总结抽象出来的用以标识道的本质属性的范畴。刘笑敢先生则认为自然是老子哲学的核心价值，为了区别于天地自然、物理自然、生物自然、原始自然和霍布斯的“自然状态”，刘笑敢先生经过多年的深思熟虑，提出“人文自然”的概念用以解释老子的自然范畴，刘笑敢认为“老子之自然表达的是对人类群体内外生存状态的理想和追求，是对自然的和谐、自然的秩序的向往”，“老子之自然在本质上就是人文自然。”①

可以说，陈鼓应和刘笑敢两位先生对老子自然范畴的揭示都是非常深刻的。但人文自然概念的提出过于现代了，需要加以众多的解释才能被人所认识；而陈鼓应先生所提出的“自己如此”的状态，到底是一种什么样的状态，也是让人很费思量和引发歧解的。其实，“自然”范畴并没有那么玄虚，我们只要从字面上注意把握自然一词就很容易理解了，这就是对“自”和“然”的揭示。自然之“自”确实是“自己如此”的意思，但是如何理解呢？这就要从我们的思维惯式说起。我们通常界定事物的存在和本质是通过比较、对比来得出不同于其他事物的属性作为此事物的本质属性，也就是说我们都是通过与他物的参照和比较来确定此事物的本质，而自然之“自”则是无他物参照比较的对自我的绝对肯定和承认。在老子看来，任何事物的原初的、本真的存在就是绝对的存在，就是此事物自身存在的本性，任何后天通过比较而得出的认识都是对事物本性的遮蔽和扭曲。自然之“然”，就是对事物存在的认定，任何事物都有其“然”，都有是其所是。这个“然”，这个“是”，乃是来自事物自身原初本真存在的朗现，是自然而然。这就是宇宙大道的奥秘。

---

① 刘笑敢：《老子古今：五种对勘与析评引论》（上卷），中国社会科学出版社，2006，第49页。

由此我们可以看到，宇宙万物，人生社会，都是自然而然的，自然而然的世界是完美的，是正确的，是绝对真实存在的。因而，世界并不是外在的、陌生的、需要人们加以探究才能掌握的认识客体，世界如其所是那样自然和谐地运行，没有遮掩，没有隐藏，没有扭曲，完美无缺地敞开透明，没有本体与现象的阻隔，没有内容和形式的差异，也没有主客体的对立，只有自然大道的彰显与遮蔽的问题。这就是老子由道论所提出的认识论问题。

二　虚静无为

虚静无为，谈的是认识方法，是人生获取正确认识的态度和方法问题。虚、静、无为的反面就是实、动、有为，人生由于实、动、有为的活动，远离大道之自然，迷失了正确的行为方向，造成了对人生性命的损害，这就是错误认识的起源。因此，对错误认识产生根源的揭示与批判，和对正确认识的获得的探析，是一体两面的同一个问题。

何为虚？虚并不是空无的意思，并不是主张去除内心的各种观念和主张，使内心空荡以迎接外界事物的闯入。欲理解老子所主张的虚，我们首先要从虚的反面来把握。虚的反面是实，老子所反对的人心之“实”指的是什么呢？老子说：“五色令人目盲；五音令人耳聋；五味令人口爽；驰骋畋猎，令人心发狂；难得之货，令人行妨。”（《老子》十二章）老子还提到：“自见者不明；自是者不彰；自伐者无功；自矜者不长。”（《老子》二十四章）“五色”、“五音”、“五味”、“难得之货”等都是人后天所形成的各种喜好、偏好，任何人在现实生活中其内心必然都拥有各种自己的喜好与厌恶，而且内心都还具有“自见”、“自是”、“自伐”、“自矜”等思维惯式，这些就构成了老子所说的人心之“实”。任何日常生活中的人，其内心都不是一张白纸，不是一面镜子，不是简单的一个容器，也不是只具有思维能力的机器。将人心比作白纸、机器、镜子等，都是人心自我思考时的前提设想和假设，是不符合实际的。任何人在其成长过程中，不仅学会了思维，拥有了情感欲望，而且这些思维和欲望都是具体的、各自不同的，因而人生的有限性就成为必然。人生从此出发思考和认识世界、指导人生的实践，虽然力求克服与他人相比而具有的私心与局限，但是从根本上、从本源上来说，每个人只要不否定自我生活的文明世界，那么其本根性的有限就无法克服，正确性的认识就无法保证。老子思想的深刻和伟大就在于从本根性上揭示了人心的有限性，任何人都无法避免自见、自是、自伐，任何人心都具有对五色、五音、五味的喜好，于是人生的完美是不可能实现的，人生欲想不受伤害地实现自我也是不可得的。背离了大道的自然，人生是不可能体悟大道，无法与绝对的道同流的。

通过对人生本根性、本源性的有限性的揭示，老子提出了“虚”观念，以对治人心之“实”所产生的弊端。虚并不是空无，并不是将内心所具有的一切前见和观念都去除，空荡荡的人心是无意义的，也是不存在的。虚是对人心有限性的超越，是通过对人心有限性的批判而上达对自然大道的体悟，这种人心的状态超越了具体人生的主客体对立，超越了人生美丑、善恶、对错的偏执，因而仿佛老子所揭示的本体之“无”一样，人心为虚。老子说：“是以圣人抱一以为天下式。不自见，故明；不自是，故彰；不自伐，故有功；不自矜，故能长。”（《老子》二十二章）又说“大方无隅，大器晚成，大音希声，大象无形，道隐无名。”（《老子》四十一章）老子不否认人生要“明”、“彰”、“有功”、“能长”，也不否认音、象、器等事物的存在，其所反对的乃是人生后天在内心中所形成的对此的偏见和偏执。人生只要由此自以为是的观念出发，就会使得人生陷入主客、彼此的对立格局之中，尽管个体在此对立格局下不断地反省检讨个人的私心情欲之偏，但是终究无法勘破超越本源性的有限性，在现实实践中无

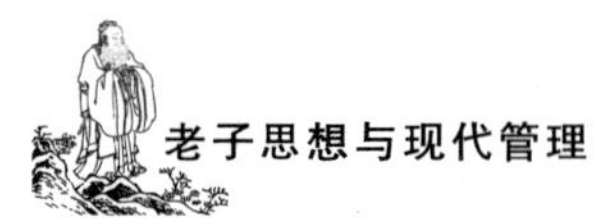

不走向与自是相反的结局。所以，虚是一种超越，是一种通过批判现实有限性回归原初自然的方法和途径。

何为“静”？静不是静止不动，人生不能不动，如同宇宙大道一样，人生也是周流不息的。日常生活中的人生之动，就是去追逐个人的成功和自我实现，其不言而喻的前提就是人生入世本是一无所有，人的一生要靠自己去争取、去实现，因而人生的理想、规划、追求成为人生的常态。对此现象，老子总结为人生就是要生而欲有、为而欲恃、长而欲宰，就是要争，其根本原因在于具有强烈的自我感受，所以老子总结道：“吾所以有大患者，为吾有身，及吾无身，吾有何患？”（《老子》十三章）具有强烈的自我感受，也就是后来佛教所言的我执，人有我执，则将自我与他人区别开来，各自都陷入彼此对立的不自然状态，他人是地狱，每个人对自己生命的争执、占有、实现，都是在与他人和社会竞争中抢夺而致，其结果是每个人的生命价值都无法实现，都遭受不同的损害。这样的人生之动就是日常生活人生的常态，人生欲想在这样的生活方式中掌握正确的认识和判断，实现自我，必定是南辕北辙。

人生之动乃是基于人心的自见、自是而产生的自我追求，这样的生活方式不仅注定了无法获得绝对正确的认识，而且也必定损害自我性命的完整。那么人生主静是否就要人生无所行动、无所作为呢？老子的意思当然不是这样。人生主动，其前提是人生一无所有来到世间，因而其一生的实现都需要个人的奋斗、筹划、争取才能获得与完成，而老子主静的前提却是人生并不是一无所有的，人生本就在大道的自然运行之中，并不存在当下一无所有、一无所知的人生状态，人生的存在本都是自然而然的，哪里有无所然、无所是的人生呢？所以人生主静就是守住这自然之道，“是以圣人处无为之事，行不言之教；万物作而不为始，生而不有，为而不恃，功成而弗居。夫唯弗居，是以不去。”（《老子》二章）老子坚决反对人生竞争抢夺的行为，他反复强调：

> 圣人之道，为而不争。（八十一章）
>
> 天之道，不争而善胜，不言而善应，不召而自来。（七十三章）
>
> 夫唯不争，故天下莫能与之争。（二十二章）
>
> 夫唯不争，故无尤。（八章）

不争，并不是消极避让，拒斥丰富的生活内涵，不争乃是不自以为是地、不自私地有意争夺。人生争夺的目的在于自我实现，如果人生的自我实现是在于体悟本性的自然，那么自以为是的偏执自我以与他人竞争，就必然使人生遭到损害。所以，只有不争，回归自然本性，才能超越是非利害的伤害，才能获得对大道的体认，才能正确地选择人生的方向。

老子通过对人生之“实”、人生之“动”的存在状态的分析和批判，深刻地揭示了人生虚静的本质，进而得出了“无为”的人生基本原则。无为就是虚静，“老子的‘无为’，并不是什么都不做，并不是不为，而是含有不妄为的意思”[①]。无为与大道之自然密切相连，“‘自然’，常是对天地的运行状态而说的；‘无为’，常是对人的活动状况而说的。‘无为’的观念，可说是‘自然’一语的写状。‘自然’和‘无为’这两个名词可说是二而一的”[②]。有关理解无为的论述，众多的学者们都已讲得很多、很透彻，本文在这里就不做具体的分析了。我们要记住的是，无为作为人生的基本原则，同时还是人生获取正确认识的基本方法。对此，老子提出了许多非常具体的操作方法：

---

① 陈鼓应：《老子今注今译》，商务印书馆，2003，第53页。

② 陈鼓应：《老子今注今译》，商务印书馆，2003，第50页。

致虚极，守静笃。万物并作，吾以观复。夫物芸芸，各复归其根。归根曰静，静曰复命。复命曰常，知常曰明。不知常，妄作凶。（十六章）

为学日益，为道日损，损之又损，以至于无为，无为而无不为。（四十八章）

塞其兑，闭其门，挫其锐，解其纷，和其光，同其尘，是谓玄同。（五十六章）

玄同就是超越日常生活对立偏执的生活方式，同归大道自然。“观复”就是深刻地反省考察日常矛盾对立相反的生活方式，通过“损之又损”，上升超越到对自然之道的体悟。因此，虚静自然无为既是对世界本体的描述，是人生观，同时也是认识论，是人们获取正确认识，把握人生，掌握绝对真理的必经之途。

三　评述

现代认识论始终存在一个难以解决的困惑，一方面我们坚信人类的理性能力是无限的，一方面任何具体的认识又都是有限的，面对茫然无知浩瀚的世界，任何具体时期人的认识都是有限的、不断积累的，而且任何认识的主体又都受到其具体的生活环境和观念的影响，都有其具体的偏见和前见，因而人类认识的相对性与绝对性始终成为困扰人类心灵的难解之谜。现代认识论来自西方的认识传统，其基本前提是将认识的主体与客体对置，客体作为人的认识对象是独立存在的，与客体相对的人的认识主体是仅具有理性认识能力的空无的理性人，一方面主体要对所获得的对客体的知识作出正确性的判断，一方面还要注意排除人心非理性的干扰。于是，如何确保知识的可靠性，如何分析人的认识过程，就成为西方认识论讨论的重点。对于人是否能把握物自体，是否必然能够获得绝对真理，则始终成为西方哲学怀疑困惑的核心问题。

老子提出的“道法自然”的哲学观念应该说是完全不同于西方哲学的思维方式的，老子道法自然的世界观虽然“预设”了一个统一的本质“道”的存在，如陈鼓应先生认为：“‘道’只是概念上存在而已。‘道’所具有的一切特性的描写，都是老子所预设的。”[①] 但与儒家不同的是，老子的道并不是现实社会伦理道德的抽象映射，而是对生存空间的整体的玄思，其对万事万物存在发展的“自然”属性的揭示，不仅展现了古老中华文明智慧的抽象高度，也确实在某种程度上揭示了万物存在的本性。老子在本体论的层面并没有将人与万物对立起来，同理在认识论层面也就不存在主客体的对立。世界并不是茫然无知的客体，人生也不是一无所有的空无的理性人，人与万物一道成为完美和谐的宇宙大道的组成部分，宇宙大道自然而然地敞开透明，宇宙的本体并没有遮蔽，没有隐藏，宇宙自然没有本质现象的区分，没有内容和形式的不同。完美的世界、正确的人生，就是这样自然而然地生生不息、大化流行。老子的这种思想是非常独特的，也是非常深刻的。正是在此基础上，老子才进一步提出了虚静无为的观念，对于人生的保全性命、自我实现、体悟大道进行了具体的阐释。应该说老子的这些思想对于我们今天的认识论思考都是极富启发意义的。

当然，老子的思想也是有局限的：第一，老子道论虽然是对整体宇宙的本体的思考，但是道法自然的观念在某种程度上取消了外部世界发展的具体性、特殊性，将客观世界、人生世界的一切具体发展都归结为自然而然，这种顺应无为的人生态度和认识态度近似于一种宗教式的人生态度，无助于加深人们对外部世界的认识。如果世界的一

① 陈鼓应：《老子今注今译》，商务印书馆，2003，第62页。

切变化、人生遇到的一切情景都被归结为自然而然，这在某种意义上来说实际上是取消了人的认识的必要性，最终只剩下一种无为的人生观。第二，老子虽然非常深刻地揭示了人类社会文明和认识实践中所产生的局限性，但是他的根本倾向是否定和拒斥社会文明的实践活动，因而将其认识的焦点更多地放在对社会实践与道德文明所呈现出的弊病和缺失的批判与否定，而不是正面地探索认识社会实践的本质。其认识论、人生哲学和政治哲学流于神秘和遁世倾向。第三，老子虽然正确地认识到物极必反、物壮则老的事物发展规律，但是他出于对完美人生的追求，出于对原始完美人生的判定，拒绝对事物发展的具体过程进行研究和实践，而是采取了一种无心于万物、听而任之的“鸵鸟”策略，逃避于小国寡民的幻想之中。第四，老子虽然尖锐地批判了人生有为于追逐事物发展的片面获得，认识到任何片面的追求都会走向反面，但是他不加区别地否定了一切人生实践努力的具体行为，固守于事物发展的原初状态，而将社会政治生活中利用事物发展的辩证法来加以运用的方略视作统治术，其结果导致被后人发展为一套“君人南面之术”的阴谋权术理论。老子思想之所以能与法家相结合，并发展出黄老道家，其根源应该在于此。

当然，我们上述对老子思想的评述也不能说是客观的。我们对老子思想的批判，乃是站在今天时代的高度，认为人类不仅要认识人生和社会，还要认识外部的自然世界；不仅要有关于人生超越的玄思，还要有关于自然科学和社会科学的知识探索。我们虽然不认同儒家的伦理价值，但是我们还是主张积极入世的，我们还是认为应当努力地探索人生社会实践中存在的问题和发展规律，我们还是承认人生社会实践活动的存在价值和积极意义。

老子的思想是伟大的、不朽的，几千年来一直刺激着人们的心灵。我们当然不认为老子的思想就是绝对真理，不同文明、不同的哲学系统都对人类的心灵进行了深刻的揭示，都对人类精神发展做出了伟大的贡献。我们也深深地知道，客观的认识不等于正确的认识，正确的认识不等于完美的认识。而纯粹客观的认识是不存在的，完美的认识也只能是出于自以为是的信仰和独断，正确的认识则由于判定正确的标准的不确定而无法获得共识。因而，人类认识的发展和进步应该且只能是通过在承认多元共存的前提下，通过不同地交流和对话来获得。只有在平等共存的前提下进行的对话，才能不断地揭示人类生存世界的奥秘，才能不断丰富人类的精神世界。探究老子的认识论，以此与我们今天的认识论相对话，其意义就在于此吧。

（作者单位：南开大学哲学院）

《老子》中的道、天、地、人及其关系

臧要科

老子还是《老子》? 这是一个诠释学问题，就《老子》的文本呈现形式而言，影响较大者有帛书、楚简《老子》和河上公本、王弼本以及傅奕本《老子》；就《老子》思想内容而言，《老子》文本中包含了“道家之老聃”的基本思想，其一部分内容先于《庄子·天下篇》，另一部分则可能逐渐为后人所增附而成。[①] 质言之，流传于我们面前的《老子》乃是《老子》作者及其诠释者的精神的客观化。诚如潘德荣所言：“经典之所以成为经典，原初的文本固然是一重要因素，但更为重要的，恰恰是在于读者及其时代那里所引起的共鸣。它的重要性取决于人们的理解和接受以及进一步的诠释，并因之而得以流传。”[②] 所以，对于有着自己独立生命的《老子》，我们并不是要去还原作者的思想，或去还原诠释者的思想，而是不断地以不同的方式理解它。

---

① 参见劳思光《新编中国哲学史》，广西师范大学出版社，2007，第170、175页。

② 潘德荣：《文字·诠释·传统——中国诠释传统的现代转化》，上海译文出版社，2003，第64页。

一 域之空间性

域在河上公本与王弼本以及傅奕本《老子》中只出现过一次，但在更早的竹简本与帛书本《老子》中，在出现“域”的地方，出现的却是“国”。同时，在论及道、天、地、人关系时，学界考察视角多集中在道、天、地、人四者的关系上。如果考虑到传世本《老子》在中国古典社会中的影响，并暂时悬置关于《老子》的原意情结，我们将会发现，域不仅使《老子》思想具备了超验性，而且也是道、天、地、人四者关系的逻辑前提。因为，域是《老子》中的世界。

世界一词，《老子》用“域”来表示。域无象，有界，难名。无象是指，道、天、地、人即是域，无道、天、地、人即无域；有界是指天地（即万物）在域中的显现，物即是界，一物即一界；难名是指，域“无称而不可得者”[①]。质言之，超验之空间性是域的本真维度。没有域，道、天、地、人将无从安顿，没有道、天、地、人，域将是空寂与虚无。《老子》第 25 章：“域中有四大，而王居其一焉。”[②] 对于“域中有四大”，王弼注解道：

> 四大，道、天、地、王也。凡物有称有名则非其极也，言道则有所由，有所由然后谓之为道，然则是道，称中之大也，不若无称之大也。无称不可得而名曰域也，道天地王皆在乎无称之内，故曰，域中有四大者也。[③]

域不是有称有名之物。同时，域也与称中之大者道不同，域是无

① 楼宇烈：《王弼集校释》，中华书局，2009，第 64 页。

② 楼宇烈：《王弼集校释》，中华书局，2009，第 63 ~ 64 页。

③ 楼宇烈：《王弼集校释》，中华书局，2009，第 64 页。

称之大，且不可得而名者。大，不是量化之大，而是至大之大。把域诠释为无称之大且无称不可得者，王弼在指出了域之空间性（因为道天地王皆在其内）的同时，也指出空间性之域是超经验与不可象的。所以，域不是长宽高所构成的具体几何空间，毋宁说，域是中空。将域理解为“中空”的灵感来自于王庆节，他曾将海德格尔《物》中的 die Leere 一词译为“中空”，以与现代科学中的“绝对虚空”区别；《老子》中的域是有内容的，所以它不是虚空或空无，但域又是无称而不可得，就这一层次而言，它无疑又是空的；另外，在海德格尔看来，“中空以双重的方式来容纳：承受与保持。”[①] 即中空的本质在于“容纳”。基于上述考察，我们觉得，“中空”比较贴近《老子》思想中的域。不过需要强调的是，在无时间性之道介入前，域之承受与保持只是可能性，时间性之道介入后，域之可能性方能展现为现实。

与传世之河上公本、王弼本及傅奕本不同，“域中有四大”在竹简本和帛书本中，是“国中有四大”。“国中有四大安，王居一安。”[②]（竹简本）“国中有四大，而王居其一焉。”[③]（帛书本）由“国”到“域”的变化，也导致了“王”与“人”之争。这种变化是抄写之误？还是理解者有意为之？也许这种改变，有其语言上的原因？[④] 但是，有一点可以肯定，无论是有形可象之“国”，还是无象有界之“域”，在肯定空间性这一点上是一致的。

陈鼓应在其《老子今注今译》也注意到了域的空间性，他认为：

---

① 参见海德格尔《物》，载《海德格尔选集》，孙周兴译，上海三联书店，1996，第 1172 页。

② 刘笑敢：《老子古今：五种对勘与析评引论》上卷，中国社会科学出版社，2006，第 284 页。

③ 刘笑敢：《老子古今：五种对勘与析评引论》上卷，中国社会科学出版社，2006，第 284 页。

④ “或、域、国三字，古声义并同”。参见王念孙《广雅疏证》，中华书局，1983，第 128 页。

“域中”即是“空间中，犹今人所称宇宙之中。”[①] 不过，这里我们需要详加辨析的是，域中即空间中，的确道出了域之空间性。但域中并不是宇宙中。因为，宇宙含有时间维度，《老子》所说的域并不含时间维度。时间维度，《老子》用另一关键词“道”来展示。在四大中，时间性之道，最终使物得以绽放，使人得以观物，进而体道悟时。域亦由单纯的空间性而成为世界。

二　道之时间性

简单统计《老子》中的道，我们会发现，道是如此频繁地出现于1、4、8、9、14、15、16、18、21、23、24、25、30、31、32、34、35、37、38、40、41、42、56、47、48、51、53、55、59、60、62、65、67、73、77、79、81章中。除去明确出现“道”字之处，道还以隐而不显的状态弥漫于《老子》其他地方。道不单是《老子》文本中的核心观念，而且也实质地弥漫于《老子》文本中。这也使得道成为人们诠释《老子》文本时的重点关注对象，思路亦朝多个方向展开。较典型者为河上公本中的宇宙生成论模式与王弼本中的本体论模式。这两个思路支配了中国古典社会中人们理解《老子》时的致思取向，以至于成为理解《老子》时的正统。[②] 在此思路下，道也被多维地展开。[③] 问题是，我们能不能单纯地去谈道？《老子》曾

① 陈鼓应：《老子今注今译》，商务印书馆，2006，第172页。

② 就诠释学的角度而言，每一种诠释模式都有其有效性及其限度。在展现《老子》文本中道之丰富内涵的同时也遮蔽了一些内容，尤其某种诠释模式成为正统时，这种遮蔽更为严重。在原意情绪中，正统意味着最接近《老子》本意，意味着不可逾越，这就关闭了进一步诠释道的空间。所以，这里关键是悬置，如果我们有意识地悬置我们对于《老子》或老子的原意情结，诠释的空间将再次被打开。

③ 概而言之，有实存意义之道，有作为规律之道，有作为言说之道，有作为生活准则之道。参见陈鼓应《老子今注今译》，商务印书馆，2006年，第23~35页。

在多处强调道的不可言说性。[①] 如“道可道，非常道”（《老子》第1章）[②]；“道常无名”（《老子》第32章）；“道之为物，惟恍惟惚”（《老子》第21章）等。事实上，道在《老子》中很少单独出现，而是常常与天、地、人等语词一块儿出现。如“天之道”、“人之道”、“道之为物”。这其实显示出，在《老子》思想中，道是基础性的。

道冲而用之或不盈，渊兮似万物之宗。（《老子》第4章）

有物混成，先天地生。寂兮寥兮，独立而不改，周行而不殆，可以为天下母。吾不知其名，字之曰道。（《老子》第25章）

大道泛兮，其可左右。万物恃之以生而不辞，功成不名有。（《老子》第34章）

道的这种基础性源自何处？河上公本中的宇宙论多以“生成”来解释，王弼本则多从本体之“本末”、“一多”角度来解释。但宇宙论的实体化在一定程度上却消解了道的基础性，而本体论的本末体用观又无意地在形上之道与形下之物间划了一条鸿沟。可见，在道之周普与无所不至方面，宇宙论与本体论模式对道的诠释只具备一定的有效性。那么，道的基础性到底源自何处？《老子》文本中在言及道时，常涉及如下几个词：

道可道，非常道。名可名，非常名。（《老子》第1章）

知常容，容乃公，公乃王，王乃天，天乃道，道乃久。（《老子》第16章）

---

① “道，本无可名言者，然不得不藉名言以说道。”参见徐梵澄《老子臆解》，中华书局，1988，第2页。

② 文中所引用《老子》经文均源自楼宇烈《王弼集校释》，中华书局，2009。以下只注明篇名。

有物混成，先天地生……周行而不殆，可以为天下母。吾不知其名，字之曰道。强为之名，曰大。大曰逝，逝曰远，远曰反。(《老子》第25章)

反者道之动。(《老子》第40章)

大道泛兮，其可左右。(《老子》第34章)

常[①]、久、周行、逝、反、泛，这些词亦可看作《老子》对道的描述性语词，但这些描述性语词是唯独属于道的。在这些语词中，我们常常可以看到道的周普与无所不及，这也是《老子》对道的诉求，而且这些语词共同指向时光[②]。这种时光同样存在于孔子“逝者如斯夫”的感叹中。也就是说，时间性是《老子》众多对道的言说中，一个隐而不显但却是基础性的维度。也正因为道之时间性，道方能周流普遍，无所不至。可以说，道本质上就是时光或光。因为光本身便蕴含了时间，《创世纪》：“起初，神创造天地。地是空虚混沌，渊面黑暗……神说：‘要有光’，就有了光。”世界由此开始。抛开其中宗教因素，这段话，显示了时间对于世界的基础性。在《老子》文本中，有时用明道来指称道“明道若昧”，王弼注解为“光而不耀”[③]，而人对道的体悟，《老子》认为是“知常曰明”(《老子》十六章)。劳思光在他的《新编中国哲学史》中论及老子思想时，谈为老子思想起于观变思常，而恒常之道又以变为内容。[④]可谓深得《老子》思想精髓。变是指时光流动不居，反是指时光循环往复，如光影之流

① 帛书本作“恒”，参见刘笑敢《老子古今：五种对勘与析评引论》(上卷)，中国社会科学出版社，2006，第91页。王庆节注意到了从恒到常的变化，继而对恒与道的时间性给予了创造性的诠释，参见王庆节《“恒与道的时间性”》，载王庆节《解释学、海德格尔与儒道今释》，中国人民大学出版社，2004，第207页。

② 此处，称时光而不称时间，以区别于线性时间。

③ 楼宇烈：《王弼集校释》，中华书局，2009，第111页。

④ 参见劳思光《新编中国哲学史》，广西师范大学出版社，2005，第176~177页。

转，常是指如此变动不居之万物，只是时光之永恒流转。世人总在感叹物之变动不居，《老子》却于物之变动不居中观到时光之流逝；世人总是感叹时光如白驹过隙，《老子》却在时光流逝中看到了时光的永恒流转反复。

那么，何谓时光？笔者在写作时，电脑屏幕的右下角不停地变化一组数字，17:01、17:02、17:03……数字不是时间，虽然说，生活世界中的人们随着照钟表上数字的变化而作息时，呈现出规律性与系统性。但不可否认的是，这并不是说生活本身具有如此规律，亦如道之于天地万物般。这种时间对于人而言，更多地表现出一种外在的强制，与对人的异化。同时，也遮蔽了人们对时光的领悟，阻断人与本真生命世界的联系。

此时，一抹长方形的夏日灼热阳光被玻璃过滤之后，淡淡地照在工作室的地面上，我扭头看看它，继续在电脑上敲打着……我觉得有点儿累了，于是站起来，伸伸腰，揉揉发酸的眼睛，扭头看看，那抹淡淡的阳光还在，我盯着它发呆。手机响了，拿起手机，听筒里传来爱人的声音伴随着儿子吵闹声："什么时候下班？"如果不看钟表，我不知道现在是几点钟。但是，我分明感觉到了时光的流逝。阳光像长了脚一样，悄悄地在工作室的地面上移动着，外面光线渐渐暗下来，窗外的路灯也次第亮了。嗯，该下班回家了！

时光是大化流行，重叠无尽，流转不息。时光使物得以显现，世界得以展开。生命在时光中绽放，意义在时光中获得。时光与生命与存在本真地联系在一起。在《老子》的四大中，道之时间性，使域由纯一之中空成为世界，人与物也因此得以在其中展开。

三　天与地及万物

时间性之道在空间性之域中的流逝，使域之承受与保持之可能性变为现实，天与地得以显现，物与人得以绽放，世界得以展开。所以《老子》言："无名天地之始，有名万物之母。"（《老子》第1章）起初，世间一片混沌，无形无象，时光的出现，"天得一以清，地得一以宁，神得一以灵，谷得一以盈，万物得一以生，侯王得一以为天下正。"（《老子》第39章）使混沌中已然存在的天地得以清晰起来，继而天地之间形成一可见、可象之域，物像花朵般于其中绽放。不可否认，《老子》思想中，亦出现过"道生一，一生二，二生三，三生万物"（《老子》第42章）；"天下万物生于有，有生于无"（《老子》第40章）等近乎创世论的语句，也有与此相联的"有生于无"的宇宙生成论思想。但世界已然存在恐怕仍是《老子》的基本世界观。世界对于《老子》而言，是一个已然实存的经验世界，时光于其中永恒流转。随着时光流转，山河大地、花开花落、国家兴亡、人之生死，自然而然往复着。世界已然存在，与知道世界已然存在并去理解世界的意义，这之间，有一个关键，那就是"人"的出现。在《老子》看来，单纯之域，由混沌而有界有形，是因为时光的照耀，天与地因而呈现出来，可象的世界亦由此开始实然历程。但这只是自在但并不自明的世界，主体之"人"，使自在世界成为可理解的意义世界从而明晰起来。世界不因人的出现，而改变其自在存在方式。时光在永恒流转，世界在时光的流转中向人展示着自己的存在。所以，《老子》有言："故道大，天大，地大，人亦大。域中有四大，而人居其一焉。"（《老子》第25章）道、天、地、人才是世界。这样的世界，亦可称为象世界①。

在《老子》文本中，天与地以三种方式出现：天、地，天地，天下。当天、地分别使用时，多指世界中的可观的两个象。二者在

① 学界多称其为经验世界，经验世界以主客二分为前提，主体通过认知能力去把握客体。象世界的基本前提是天人合一，在象的世界中，人们多去观、去悟与之不可分的世界。

域展开为象世界的过程中，是不可或缺者。域展开为世界，在天与地之间形成有形的界限，物与人便逗留于其中。当天地并称时，天地多与整体相联系或相通，是自在之域，其性自然，与人化之天下相对。但天地亦与万物有内在关联。

《老子》第一章："无名天地之始，有名万物之母。"（《老子》第1章）在帛书本《老子》中，此句为"无名万物之始。"[①] 王弼注释这句话时，亦以万物代替天地，"凡有皆始于无，故未形无名之时，则为万物之始。及其有形有名之时，则长之、育之、亭之、毒之，为其母也。言道以无形无名始成万物，（万物）以始以成而不知其所以（然），玄之又玄也。"[②] 劳思光也认为："天地与万物同语。"[③] 不过，他进一步指出："老子常以'天地'指经验世界之万有总体。"[④] 万有之总体与万有还是有差别的，它们是一与多的关系，各自内涵也不尽相同。杨国荣注意到了这一点："在具体的现象世界中，特定的事物都源自其他的特定的事物：具体的'有'总是由另一个或另一些具体的'有'所生成或构成。从这个角度来说，'天地'和'万物'指称的含义有所不同，'万物'即'万有'，是一个一个特定的东西，'万'言其多，'多'则涉及多样性、个别性、特殊性。'天地'在中国哲学中常常和'整体'相联系或相通。"[⑤] 天地与万物间的区分与内在统一，一方面使域中四大的展开过程化约为人与物的在世过程；另一方面人与万物并不是独立于域的存在，作为整体的天地之自然性，亦是人与万物的本真与本然状态。

然而，在天下，万物与人却表现出对本然状态的疏离。屋室、门

---

① 刘笑敢：《老子古今：五种对勘与析评引论》上卷，中国社会科学出版社，2006，第91页。

② 楼宇烈：《王弼集校释》，中华书局，2009，第1页。

③ 劳思光：《新编中国哲学史》，广西师范大学出版社，2005，第176页。

④ 劳思光：《新编中国哲学史》，广西师范大学出版社，2005，第176页。

⑤ 杨国荣：《道与人——老子哲学中的若干问题》，载杨国荣《庄子的思想世界》，北京大学出版社，2006，第243页。

户、舟舆、田地、弓矢、利剑、家乡、国家等天下之物[1]，总是表现出与天地之物如山谷、江海、暴雨、骤风不一样的存在样态。在《老子》中言及天下时，总是隐约指向侯王、君、人主、众人、民、吾等主体。

吾有何患？故贵以身为天下，若可寄天下；爱以身为天下，若可托天下。（《老子》第13章）

将欲取天下而为之，吾见其不得已。天下神器，不可为也，不可执也，为者败之，执者失之。（《老子》第29章）

以道佐人主者，不以兵强天下。（《老子》第30章）

无为而无不为。取天下常以无事，及其有事，不足以取天下。（《老子》第48章）

由此可见，天下是人有意识地从天地之域中脱离出来之后，人视域下的天下。天下之物，亦由天地中的自在之物化为人为之物。在《老子》看来，人与物的在世过程，一方面，是一个逐渐脱离本真之域过程，另一方面，是一个观象、悟时努力回归本真之域的过程。

是以圣人抱一为天下式。（《老子》第22章）

以正治国，以奇用兵，以无事取天下。吾何以知其然哉？以此。天下多忌讳，而民弥贫；民多利器，国家滋昏；人多伎巧，

---

① 王庆节认为，“老子的‘物’有4层含义，即：(1)‘物’之为恍兮惚兮、惚兮恍兮、无状之状、无物之象的‘大道’；(2)‘物’之为‘大物’、‘神物’的‘天地’、‘天下’；(3)‘物’之为‘夫物芸芸’的自然‘万物’、‘众物’；(4)‘物’之为‘奇物’、‘法物’、‘利器’、‘兵器’、‘埴器’的人造‘器物’。”并且认为：“尽管我们将老子‘物’的说法归纳为有4层含义，但并不意味着在老子那里有4种完全不同的物。在老子看来，我们毋宁说，它们都只是同一‘物’的不同化育阶段或变化方式而已。”见王庆节《道之为物：海德格尔的“四方域”物论与老子的自然物论》，载王庆节《解释学、海德格尔与儒道今释》，中国人民大学出版社，2004，第188页。

奇物滋起；法令滋彰，盗贼多有。(《老子》第57章)

天下有始，以为天下母。既得其母，以知其子，既知其子，复守其母，没身不殆。(《老子》第52章)

修之于乡，其德乃长；修之于国，其德乃丰；修之于天下，其德乃普。故以身观身，以家观家，以乡观乡，以国观国，以天下观天下。(《老子》第54章)

这种回归之所以可能，是因为，天下与天地并非两个世界，而是域的两个面象。面象与面相不同，象即如其所是的呈现者，相往往是质的外在表现。本然之域之所以有此两个面象，则是因为，域中四大之“人”。天地与天下是一体两面的关系。天地与天下，天地万物与天下万物，自在与人化，人正是在此种张力中沉沦着、拯救着，随世界一同慢慢变老着，又重生着。

四　人：吾与他者

世界之为世界乃是人的世界，无人便无世界。在四大中，人处第四序位，在“人法地、地法天、天法道”的效法序列中，人又处于第一序位。在《老子》的世界中，人是终点（域展开为世界到此终），亦是始点（把道天地人理解为世界自此始）。人生活于天地，亦生活于天下。在《老子》对远离本真世界的人为世界的批判，与向本真世界的回归的努力中，我们看到了《老子》对人存在本身的关切。这种关切在《老子》第25章有明确表述。

有物混成，先天地生。寂兮寥兮，独立而不改，周行而不殆，可以为天下母。吾不知其名，字之曰道，强为之名，曰大。大曰逝，逝曰远，远曰反。故道大，天大，地大，王亦大。域中有四大，而王居其一焉。人法地，地法天，天法道，道法自然。

“故道大，天大，地大，王亦大。域中有四大，而王居其一焉。”此句两个“王”字，河上公本、帛书本和竹简本亦如是。傅奕本与三者不同，第一个“王”字处，傅奕本作“人”字，第二个“王”字处，傅奕本作“王”。[①] 这里就出现了“人”与“王”的不一致。陈鼓应认为：“两个‘王’字应据傅奕本改为‘人’。通行本误为‘王’，原因不外如奚侗所说：‘古之尊君者妄改之’；或如吴承志所说的‘人’古文作‘三’，使读者误为‘王’。况且‘域中有四大，而人居其一焉。’后文接下去的就是‘人法地，地法天，天法道’，从上下文的脉络来看，‘王’字均当改正为‘人’字，以与下文‘人法地’相贯。”[②] 刘笑敢[③]则认为，以“王”改“人”或以“人改“王”都无实际依据。“人法地”处之“人”包括“故道大，天大，地大，王亦大。域中有四大，而王居其一焉”中的两个“王”字，因此不必改为一律。两个“王”，与“人法地”中的“人”都是合理的。这是因为两个“王”字出现的句子，在古本中是就“国”中来讲的，以“国中”来讲当然是“王”大，而不当说“人”大，这一段是就一般情况来讲的，自然就说“人”而不单说“王”。杨国荣认为：“‘王’主要不是表示政治身份，它所着重的，是与天、地、道相对的另一种存在形态，即‘人’；换言之，‘王’在此首先被理解为‘人’的存在象征或符号。在‘人法地，地法天，天法道’之序中，‘王’便直接以‘以’来表示。这样，‘四大’实质上包含

---

① 刘笑敢：《老子古今：五种对勘与析评引论》上卷，中国社会科学出版社，2006，第283～284页。

② 陈鼓应：《老子今注今译》，商务印书馆，2006，第172页。

③ 刘笑敢：《老子古今：五种对勘与析评引论》上卷，中国社会科学出版社，2006，第287～288页。

道、天、地、人四项，其中既有包括广义的‘物’（天地），亦涉及人，而涵盖二者的最高原理则是道。《老子》将人视为域中四大之一，无疑体现了对人的存在价值的肯定。”[①] 事实上，在《老子》对圣人[②]、民[③]、侯王[④]、众人、我[⑤]、吾[⑥]等的言说中，我们会发现，他们多指向一般意义上的“人”。所以，统观《老子》文本，四大指就是道、天、地、人。之所以如此，是因为，人只有一个象的世界，《老子》是于其中观变思常而悟存在之本真的时间性，即《老子》更多关注的是具体之人在不同境遇[⑦]中的在世方式。这也使得《老子》思想是实践性践履，而非形上抽象思辨。

单纯空间性之域，由于时间性之道流逝而在为世界，人的出现，使得本源之天地世界成为天下，熙熙攘攘的具体之人便生活于这只有一个的天下中。在天下，圣人与民相对；吾与我相对。对主体之吾而言，圣人、民、众人、侯王、君表现出他者性，与吾相对，是吾所观之象。现实天下，是圣人与民相对的人化世界。圣人与民，圣人生活于天下，却能与天地合其德，是已经观象悟时的得道者。相对于作为群体存在的众人或民而言，《老子》赋予了圣人更多的主体性。在《老子》的句式中，圣人多作为主语，与之相对来说的宾语多是众人、民或百姓。

---

① 杨国荣：《面向存在之思——〈老子〉哲学的内在意蕴》，载杨国荣《庄子的思想世界》，北京大学出版社，2006，第256页。

② 见《老子》第3、5、22、27、49、57、58、64、66、77章等。

③ 见《老子》第3、32、53、57、58、64、65、66、80章等。

④ 见《老子》第32章。

⑤ 众人与我见《老子》第17、20、42、53、57、67、70章。

⑥ 见《老子》第4、13、16、21、25、42、54、67、70章。

⑦ 境域概念可参见张翔龙《海德格尔思想与中国天道》，北京生活·读书·新知三联书店，1997，第16页。这里我们要强调的是，境域与境遇并不相同，境域是从静态的方面对人生遭遇的描述，而境遇则是从动态的方面对人生遭遇的描述，它所突出的是人生的不确定性、变动性，境域之中也有着动态的境遇，这就决定了不同人视域的不同，以及存在方式和守护自身存在方式的不同。

“圣人不仁，以百姓为刍狗。”（《老子》第5章）圣人与天地合其德，体悟天地自在自然本真，并把这一原则运用于人化天下，去悬置人化世界中以人为中心的价值判断，以使民能够重新回归天地整体。圣人在这种回归中的作用，也体现在《老子》对“小国寡民”理想国的设定中。

> 小国寡民。使有什伯之器而不用，使民重死而不远徙。虽有舟舆，无所乘之，虽有甲兵，无所陈之。使人复结绳而用之，甘其食，美其服，安其居，乐其俗。邻国相望，鸡犬之声相闻，民至老死，不相往来。（《老子》第18章）

“使……”，“甘……”，“安……”，“乐……”等语法结构的运用，暗示着这些行为的发动者：圣人（圣王）。作为理想国主体的“民”，在《老子》的理想国中担当被“圣王”无为教化的角色，“圣王”无为教化，民则自治。《老子》的理想国其实是一个人的理想国，“民”作为一个群体而存在，其个性消失于群体性之中。理想国的实现过程，就是圣人，依其对天地本真之悟，依照人、地、天、道间的效法关系，用“术”于民的过程。

> 不尚贤，使民不争；不贵难得之货，使民不为盗；不见可欲，使民心不乱。是以圣人之治，虚其心，实其腹，弱其志，强其骨。常使民无知无欲。使夫智者不敢为也。为无为，则无不治。（《老子》第3章）
>
> 其政闷闷，其民淳淳；其政察察，其民缺缺。祸兮福之所倚，福兮祸之所伏。孰知其极？其无正。正复为奇，善复为妖。人之迷，其日固久。是以圣人方而不割，廉而不刿，直而不肆，光而不耀。（《老子》第58章）

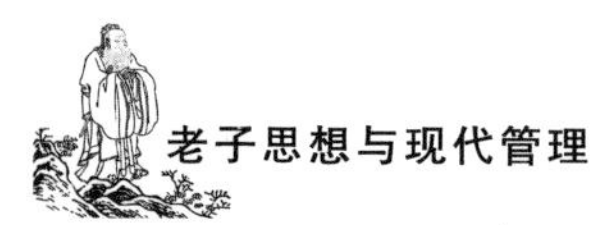

是以圣人无为故无败，无执故无失。民之从事，常于几成而败之。不慎终也。慎终如始，则无败事。是以圣人欲不欲，不贵难得之货；学不学，复众人之所过。以辅万物之自然，而不敢为。(《老子》第64章)

圣人无常心，以百姓心为心。善者吾善之；不善者吾亦善之，德善。信者吾信之；不信者，吾亦信之，德信。圣人在天下怵怵，为天下浑其心，百姓皆注其耳目，圣人皆孩之。(《老子》第49章)

江海所以能为百谷王者，以其善下之，故能为百谷王。是以欲上民，必以言下之。欲先民，必以身后之。是以圣人处上而民不重，处前而民不害。(《老子》第66章)

在此过程中，民是受动者，圣人是主动者。但是无论是民、圣人，还是众人都表现出他者性。从一定程度上来讲，用他者视角（异己视角）来谈论圣人治天下之民的过程，《老子》所要刻意悬置的是“人为”，彰显了“天地不仁，以万物为刍狗”（《老子》第5章）的精神实质，其指向的是天地之自然而然。作为他者的圣人治天下不是刻意去“为”，而是“处无为之事”即“为无为”（《老子》第2章）。圣人用术于天下，即是“为无为”于天下。“为无为”是“术”的基础。如果离开这一基础，“术”就会沦为纯粹的统治之术。这也是《老子》与同样讲“术”的法家最大不同之处。这种不同，更多地体现在《老子》对“吾”、“我”的言谈中。

道冲而用之或不盈，渊兮似万物之宗；挫其锐，解其纷，和其光，同其尘，湛兮似或存。吾不知谁之子，象帝之先。(《老子》第4章)

宠辱若惊，贵大患若身。何谓宠辱若惊？宠为下，得之若惊，失之若惊，是谓宠辱若惊。何谓贵大患若身？吾所以有大患者，为吾有身，及吾无身，吾有何患？故贵以身为天下，若可寄天下；爱以身为天下，若可托天下。（《老子》第13章）

致虚极，守静笃。万物并作，吾以观复。（《老子》第16章）

孔德之容，惟道是从。道之为物，惟恍惟惚。惚兮恍兮，其中有象；恍兮惚兮，其中有物。窈兮冥兮，其中有精；其精甚真，其中有信。自今及古，其名不去，以阅众甫。吾何以知众甫之状哉？以此。（《老子》第21章）

有物混成，先天地生。寂兮寥兮，独立而不改，周行而不殆，可以为天下母。吾不知其名，字之曰道。（《老子》第25章）

吾言甚易知，甚易行。天下莫能知，莫能行。（《老子》第70章）

“吾”不仅是《老子》中的言说主体，更是与民、众人、君等他者的相对主体。对于个性主体，《老子》有时也用“我”来表示：

众人熙熙，如享太牢，如春登台。我独泊兮其未兆，如婴儿之未孩；儽儽兮，若无所归。众人皆有余，而我独若遗。我愚人之心也哉！沌沌兮，俗人昭昭，我独若昏。俗人察察，我独闷闷。澹兮其若海，漂兮若无止。众人皆有以，而我独顽似鄙。我独（欲）异于人，而贵食母。（《老子》第20章）

“吾”与“我”在《老子》思想中并没有得到严格区分。但可以肯定的是，《老子》中的“吾”或“我”，不是认知我，也不是躯体我，更不是儒家德性意义上的我，《老子》肯定的是情意我，情意我以生命力与生命感为内容。[1]“吾”、“我”在《庄子》思想中，得到了明确区分。《庄子·齐物论》有“吾丧我”思想。作为道家系统，《庄子》把《老子》那里的情意我阐述得更为明确。“关于情意我之肯定，及对其他自我境界之否定，在《庄子》中论解尤明。盖道家至庄子而大成。”[2] 所以，我们在这里也用“吾”指称情意我。

“吾”与他者共存于天下。吾在熙熙攘攘日天下，在与他者的相对中，通过天下和他者，观复悟时。知天下即天地，道、天、地、即是世界，此世界永恒流转。故而，吾心不再执著于天下，但作为有身之“吾”又同样与民、众人共存于天下。所不同只在于观世界的方式不同而带来不一样的存在样态。“吾”只是在此天下观万象体时光之流转，“吾”能想到最浪漫的事就是与这个世界一同慢慢变老。

（作者单位：河南大学哲学与公共管理学院）

---

① 劳思光把自我境界分为形躯我、认知我、情意我、德性我。参见劳思光《新编中国哲学史》，广西师范大学出版社，2007，第109页。

② 劳思光：《新编中国哲学史》，广西师范大学出版社，2007，第187页。

生活世界中的老子及其哲学

张永路

“生活世界”是西方现代哲学的重要概念，许多现代哲学家都对其进行过论述，甚至可以说，回归生活世界成为西方哲学现代转向的一个重要标志。[①] 20 世纪 80 年代之后，“生活世界”也逐渐成为国内学术界讨论的热点。[②] 很多学者开始对这一概念展开探讨，不仅厘清了不同理论中的“生活世界”概念，还对其进行了有益的意义扩充，极大地丰富了国内哲学理论研究。其实，抛去“生活世界”概念被赋予的诸多玄深意义，就其本质而言，“生活世界”就是人的世界，是人生活其中，并与之息息相关的世界。[③] 从这个意义上说，中国传统哲学自始便是处于生活世界中的哲学，是生发于生活世界并以其为归旨的理论。由此，我们可以称其为生活哲学。从这一角度出发，我们之前探讨最多的可能是孔子及儒家思想，但老子思想同样不容忽视。老子及其哲学同样是关于生活世界的哲学，更确切地说，是一种生活哲学。

---

① 李文阁：《回归现实生活世界》，中国社会科学出版社，2002，第 5 页。

② 王晓丽：《近十五年关于“生活世界”问题的研究》，《社会科学战线》2004 年第 5 期。

③ 李文阁：《回归现实生活世界》，中国社会科学出版社，2002，第 4 页。

一 生活的哲学与哲学的生活

严格地说，生活哲学并不是一种哲学形态，而是一种以生活世界为着眼点的哲学观。因此，称某种哲学为生活哲学，并不是对其定性，而是以生活哲学为视阈，探寻此种哲学与生活世界的关系。在生活哲学视阈观照下，哲学理论形态不再是完全抽象的形上求索，而逐渐显露出其与生活世界不可分割的关联。依据李文阁先生的阐述，生活哲学即是一种对“人应该过什么样的生活”问题的探讨，对这一问题的回答同时又成为生活的指导，由此生活哲学也就属于一种生活方式。① 所以，从本质上讲，生活哲学既是一种关于“生活的哲学”，也是一种“哲学的生活”。在这一视阈的观照下，我们考察老子及其所处时代，便会发现老子哲学便是这样一种“生活的哲学”，而老子所拥有的即是这种“哲学的生活”。

司马迁在《史记·老子韩非列传》中，对老子的历史做了简略的记录，但也正是这数百字的传记，为后世带来了纷繁不休的争论。对于这种关于老子其人其时的论争，本文并未做好充足的准备介入其中，也不打算涉及这一复杂的问题。其实，就其根源而言，这一问题对本文主旨并无影响，因为本文只在此涉及老子所处时代，而这一时代是有其共性的，所以无需为此确定具体时间点。关于老子其人，司马迁认为“老子者，楚苦县厉乡曲仁里人也，姓李氏，名耳，字聃，周守藏室之史也。”② 且孔子曾问礼于他，另外又记“自孔子死之后百二十九年”有周太史儋，“或曰儋即老子，或曰非也，世莫知其然

① 李文阁：《复兴生活哲学——一种哲学观的阐释》，安徽人民出版社，2008，第51、56页。
② （汉）司马迁：《史记》卷六十三，中华书局，1959，第2139页。

否。"[①] 当然还有据说与孔子同时的老莱子。现在，拥有出土简帛的直接证据，我们可基本确定司马迁第一种说法可能性最大。但即使有另外两种观点的干扰，老子所处时代也可大致确定，即春秋后期至战国初期。而这一时期无疑属于整个先秦社会变动最为激烈的阶段。在这一时期，周代封建制度逐渐崩解，新的专制王权制度开始显露出雏形，而伴随这一过程的则是连绵的战争。《老子》一书中对此多有描述，如"师之所处，荆棘生焉。大军之后，必有凶年"[②]（第三十章），"天下无道，戎马生于郊"（第四十六章）等，都是有关战争巨大破坏性的论述。在这种环境中，世事凶险，人人自危，连孔子都生出了"危邦不入，乱邦不居。天下有道则见，无道则隐"[③]（《论语·泰伯篇》）的感叹。老子哲学便诞生于这一生存环境下，由此其思想也就具有了鲜明的时代特征，这也就是先秦诸子在谈论老子时经常说到的"贵柔"[④]（《吕氏春秋·不二篇》）。只有坚守柔弱之道，才不会在纷乱的世界中自处危地。除了时代背景之外，老子哲学中还有个人经验与体悟融于其中。不管是司马迁所说的作为周守藏室之史的老聃，还是周太史儋，他们的共同点都是具有"史"的身份。"史"，《说文》解为"记事者也"，因此司马迁所说"史"即是古代史官。而史官与道家之间存在着极为密切的关系，班固对此论述最为明确，他在《汉书·艺文志》中说："道家者流，盖出于史官，历记成败存亡祸福古今之道，然后知秉要执本，清虚以自守，卑弱以自持。"[⑤]在此，班固明确指出了史官从历代成败存亡的历史经验中获取自守自持之道，由此归结为以清虚、卑弱为要的道家思想。这就再一次强调

① （汉）司马迁：《史记》卷六十三，中华书局，1959，第 2142 页。

② 楼宇烈：《老子道德经注校释》，中华书局，2008，第 78 页。下文所引《老子》皆出于此版本，故只注明章数。

③ （清）阮元校刻《十三经注疏》，中华书局，1980，第 2487 页。

④ 许维遹撰，梁运华整理《吕氏春秋集释》，中华书局，2009，第 467 页。

⑤ （汉）班固：《汉书》卷三十，中华书局，1962，第 1732 页。

了老子哲学思想的来源，即历史成败、王朝兴亡的经验。由此看来，无论是现实社会，还是历史经验，这都说明老子哲学属于一种来源于生活的哲学。

老子哲学是一种生活的哲学，而老子本人也过着这种哲学的生活。也就是说，老子是以其哲学作为切实的生活之道，并拥有着与其哲学思想同质的生活。历史上对老子事迹的记述并不多，这无疑增加了我们考察老子生活的难度。不过，单就司马迁简略的记载来看，我们已经对老子生活做出一个大致的概括。司马迁提到老子的事迹时说到："老子修道德，其学以自隐无名为务。居周久之，见周之衰，乃遂去……莫知其所终。"[①] 同时，还记孔子之言"吾今日见老子，其犹龙邪。"[②] 另外司马迁还在所谓周太史儋后称"老子，隐君子也。"[③] 而《庄子·天道篇》也有"周之徵藏史有老聃者，免而归居"[④] 的记载，这与《史记》是相同的。这些关于老子的记述，无疑都是有关其行为事迹的。而从这些事迹中，我们可以知道，在后人的记述中，老子最大的特点便是"隐"。老子见周之衰落，便隐去而不知所终，司马迁甚至直接称其为"隐君子"，至于《庄子·天道篇》的"免而归居"也是指其去位而隐居。最为形象的是孔子关于龙的比喻，孔子说："鸟，吾知其能飞；鱼，吾知其能游；兽，吾知其能走。走者可以为罔，游者可以为纶，飞者可以为矰。至于龙，吾不能知其乘风云而上天。"[⑤] 孔子将老子比为龙，一方面是说其思想高深莫测，另一方面大概也许就是因为龙隐无踪迹的特点。通过这些事迹，我们可发现老子本人即是以其哲学作为生活指导的。老子哲学讲"自然无

① （汉）司马迁：《史记》卷六十三，中华书局，1959，第2141页。
② （汉）司马迁：《史记》卷六十三，中华书局，1959，第2140页。
③ （汉）司马迁：《史记》卷六十三，中华书局，1959，第2142页。
④ （清）郭庆藩：《庄子集解》，王孝鱼点校，中华书局，1961，第477页。
⑤ （汉）司马迁：《史记》卷六十三，中华书局，1959，第2140页。

为”、“清静不争”、“柔弱处下”，也就是司马迁所说的“自隐无名”，而其本人便是以上述哲学思想为生活归旨，体现在其自身之上便是“隐”，便是“功遂身退”、“无执无为”。

由此看来，尽管司马迁记述老子事迹非常简略，但是只从这寥寥数笔中便可知道老子确实是遵从其哲学思想生活的。这种生活无疑就是一种哲学的生活，从这一角度来看，老子哲学就是一种生活方式，一种指导人如何过其所认为的好生活的理论。

二　自然无为之道

在老子的哲学思想中，“道”无疑是最为核心的概念。但是，在西方哲学研究范式的影响下，老子之“道”在很多时候都是从本体意义上被理解和诠释的。对于老子哲学体系的现代构建和整理来说，这种理解和诠释无疑有着不可忽视的价值和意义。但是，另一方面，完全依照西方本体论的理解又显得有些过于形式化，而对老子之“道”的本质理解有所阻碍。其实，老子对“道”的提出和塑造，同样是来源于生活世界，并以生活世界为旨归的。老子在论述“道”时，对其进行了直接描述：

> 道之为物，惟恍惟惚。惚兮恍兮，其中有象；恍兮惚兮，其中有物。窈兮冥兮，其中有精；其精甚真，其中有信。（第二十一章）
>
> 有物混成，先天地生，寂兮寥兮，独立不改，周行而不殆，可以为天下母。吾不知其名，字之曰道。（第二十五章）

在老子的叙述中，“道”先天地而生，却无声无形，没有具体形象，但同时又是“其中有象”、“其中有物”、“其中有精”、“其中有信”。

老子之所以对“道”作出上述描述，本意是强调“道”的不可名状。尽管“道”是“视之不见”、“听之不闻”、“搏之不得”（第十四章），不为人的感官所感知，但“道”所表现出的一些规律性特征却是我们可以把握的。对此，老子在讲完“道”的无形无象之后即说到：

> 执古之道，以御今之有，能知古始，是谓道纪。（第十四章）

在此，老子明白无误地指出，对“道”是可以掌握的，而且由此可驾驭今之具体事物。人们可掌握之“道”，具体而言，即是“道”表现出的诸种规律或特征。其中，“自然”无疑处于最为核心的地位。老子说：

> 人法地，地法天，天法道，道法自然。（第二十五章）

此处“道法自然”即是指“道”以自然为最高法则，所谓“自然”则是自然而然。王弼注：“法自然者，在方而法方，在圆而法圆，于自然无所违也。”[①] 也就是说，“道”是以自然无违为主要特征的。在这个意义上，“自然”可谓是老子思想体系的中心价值。[②] 不过，对于“道”来说，除“自然”之外，还有另一个重要维度，即“无为”。老子说：“道常无为”（第三十七章），“无为”也属于“道”的重要属性。其实，“自然”与“无为”实则是一体之两面，所以王弼在“道常无为”下注曰：“顺自然也。”[③] 虽然在很多情况下，“自然”与“无为”表意相同，但二者也有区别。一般而言，“无为”针

---

① 楼宇烈：《老子道德经注校释》，中华书局，2008，第 64 页。

② 刘笑敢：《老子古今——五种对勘与析评引论》，中国社会科学出版社，2006，第 291 页。

③ 楼宇烈：《老子道德经注校释》，中华书局，2008，第 90 页。

对人类社会，而“自然”则不限于此；“自然”更多指顺应，而“无为”还包含着对过多欲望的限制。[①]

“道”具有“自然无为”的规律性特征，但是这一特征并非“道”的原有设定，而是来源于对生活世界的体悟和总结。对于这一点来说，《老子》一书中可以找到很多例证，都是老子从所处世界中直接体悟的道理。诸如“水善利万物而不争，处众人之所恶，故几于道”（第八章），“三十辐共一毂，当其无，有车之用”（第十一章），以及“人之生也柔弱，其死也坚强。万物草木之生也柔脆，其死也枯槁。故坚强者死之徒，柔弱者生之徒”（第七十六章）等都是如此。而对于“自然无为”来说，更多地则是从人类社会，特别是为政者的乱政中得出的经验和教训。在老子那个时代，传统社会正经历着从封建制度到集权制度转变的过程，诸侯国君都在加强自身国力，增加国家可支配的财力、物力及人力，而这就需要更多地干涉民众日常生活。由此，反观当时的乱世景象，老子便发出“天下多忌讳，而民弥贫……法令滋彰，盗贼多有”（第五十七章）的感叹。在老子看来，“民弥贫”、“盗贼多有”的世相是因为“天下多忌讳”、“法令滋彰”，也就是乱为、有为。因此，与此相反，老子主张“无为”。老子更进一步提出：“希言自然。故飘风不终朝，骤雨不终日。”（第二十三章）也就是说，少发布法令、教令便是符合自然之道，正如经验世界中的“飘风”、“骤雨”，不合自然之道便不会长久。因此，老子认为圣人就应“辅万物之自然而不敢为”（第六十四章），也就是“自然而无为”。这一切都表明，老子是通过对生活世界中的经验现象作出理论归结，而体悟“道”之特性的。

综上所述，老子之“道”并非先验的本体，其具有我们可掌握

① 刘笑敢：《试论老子哲学的中心价值》，《中州学刊》1995 年第 2 期。

的特性，而这些特性又是老子从生活世界中体悟而得的，而非“道”的先验式属性。因此，陈鼓应先生认为“道”是老子预设的，而此“道”“其实就是他在经验世界中所体悟的道理，而把这些所体悟的道理，统统附托给所谓的‘道’，以作为它的特性和作用”。[①]

三　清静不争之德

从老子对“道”的表述来看，“道”无疑不属于经验层面。但是，如果以西方哲学意义上的“形上”来表述，也并不十分妥贴。因为此“道”与生活世界联系紧密，而“道”与生活世界的关联是通过“德”来体现的。《老子·第五十一章》中有：“道生之，德畜之，物形之，势成之，是以万物莫不尊道而贵德”，王弼注：“道者，物之所由也；德者，物之所得也。”[②] 换而言之，“德”即是“道”之特性和作用的具体体现和落实，也就是在生活世界中的呈现。[③] 在这个意义上，“德”便体现为生活世界中的法则，指导人们选择一种生活方式，也由此使人们过一种“哲学的生活”。

老子之“道”的最大特性即在于“自然无为”，而其也成为指导人们生活世界的首要法则，这在《老子》中有着多种表述：

> 功成事遂，百姓皆谓我自然。（第十七章）
>
> 故圣人云，我无为而民自化，我好静而民自正，我无事而民自富，我无欲而民自朴。（第五十七章）

对于民众而言，其生活状态的改善与延续都被认为是自然如此的，这

---

① 陈鼓应：《老子今注今译》，商务印书馆，2008，第 22 页。

② 楼宇烈：《老子道德经注校释》，中华书局，2008，第 137 页。

③ 刘笑敢：《老子古今：五种对勘与析评引论》，中国社会科学出版社，2006，第 506 页。

其中有老子所谓圣人无为之治的因素，但是二者都是以“自然”为生活归旨的。同样，所谓圣人之言“无为而民自化”，“无为”即是圣人为治之道，同时也是民众“自化”的同义表述。无论是“自然”，还是“无为”，都成为一种好生活必须遵循的法则。“自然无为”下，老子相应提出“清静”、“无欲”：

躁胜寒，静胜热，清静为天下正。（第四十五章）

见素抱朴，少私寡欲。（第十九章）

五色令人目盲，五音令人耳聋，五味令人口爽，驰骋畋猎令人心发狂，难得之货令人行妨。是以圣人为腹不为目，故去彼取此。（第十二章）

就其实质而言，“清静”是“自然无为”的必然结果，尽管此处“清静”多是从为政角度出发，但其也是一种生活状态。这种“清静”的生活状态也就是“无欲”的状态，是需要限制人类诸种欲望泛滥的状态。所以，老子又进一步提出“少私寡欲”，指出“五色”、“五音”、“五味”以及“畋猎”对人感官的扰动，认为人不应该纵情声娱，贪恋外物，而应当过一种清静简单的生活，老子所谓“为腹不为目”、“去彼取此”即是如此。

在老子看来，“清静”、“无欲”的生活状态又自然表现为“柔弱”、“不争”。如果说前者是生活状态的呈现形式，那么后者则是一种生活中的处世原则。老子指出：

柔弱胜刚强。（第三十六章）

人之生也柔弱，其死也坚强。万物草木之生也柔脆，其死也枯槁。故坚强者死之徒，柔弱者生之徒。（第七十六章）

天下莫柔弱于水，而攻坚强者莫之能胜，其无以易之。弱之

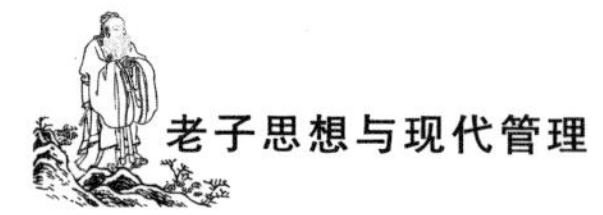

胜强，柔之胜刚，天下莫不知，莫能行。（第七十八章）

上善若水。水善利万物而不争，处众人之所恶，故几于道……夫唯不争，故无尤。（第八章）

不自见故明，不自是故彰，不自伐故有功，不自矜故长。夫唯不争，故天下莫能与之争。（第二十二章）

金玉满堂，莫之能守。富贵而骄，自遗其咎。功遂身退，天之道。（第九章）

生而不有，为而不恃，长而不宰，是谓玄德。（第十章）

在此，老子又通过对外在世界中的经验观察，指出水的一系列特性，其中最重要的即是“柔弱”、“不争”。天下柔弱者莫过于水，但是对于坚强者，水却能无往不胜。同时，水又具有“不争”的特性，所以接近于“道”。除了对水的观察之外，老子还通过对世间柔弱与坚强之物的比较，得出二者所代表的生死之别。其实，无论是“柔弱”，还是“不争”，老子在此讲述的都是一种生活态度，也就是“不自见”、“不自是”、“不自伐”、“不自矜”，这与孔子所论述的“毋意”、“毋必”、“毋固”、“毋我”有着同趣之妙。由此可见，这种谦卑处下的态度，无疑属于传统生活中普遍的处世之道。

由上所述，老子哲学中的“自然无为之道”落实于生活世界中便是“清静不争之德”，通过这种“道”与“德”的贯通，“道”便成为生活世界中的指导，而“德”则成为具体的生活法则。当然，这一过程即是在生活世界中完成的，而这也就奠定了老子哲学中的生活意蕴基础。

总之，通过对老子及其哲学思想的梳理，我们可以知道，老子在对生活世界的体悟中，归结出“道”之特性。而就是在这个意义上，我们赞成陈鼓应先生对老子之“道”的判定，即老子之“道”是

"人的内在生命的一种真实感的抒发"[1]，这指出了"道"与人的生命、生活之间的密切关系，无疑属于对老子之"道"的本真体悟。与此同时，此种"道"又落实于生活世界之中，成为探寻人们过一种什么样的生活的指导理论，从而使老子哲学成为一种生活哲学。同样，又因为"道"与"德"的联通，使一种"哲学的生活"成为可能，而人的存在又在这一过程中得到完美的提升。

（作者单位：天津社会科学院哲学研究所）

① 陈鼓应：《老子今注今译》，商务印书馆，2008，第63页。

与老子不期而遇在现代-后现代的世界里

——关于《老子》现代诠释的几个片段

郑　开

作为重要的哲学经典，《老子》有力地形塑了古代思想世界并给予古代哲人以强烈而持续的深刻影响，而且也引起了现代思想的兴味与共鸣。就是说，《老子》跨越时空、绵延古今，是至今仍对我们思想文化诸方面产生重要影响的“玄关之钥”、“智炬之火”。拙稿试通过借取几个现代思想的片断，重新讨论《老子》中可能生发出来的若干问题。

一　舒尔兹《小是美好的》[①]：市场经济逻辑之一

曾经有这样一种说法：以前的计划经济是儒家的，而市场经济则是道家的。这当然是粗陋、肤浅和不确切的说法。然而，从计划经济制度到市场经济体系，不仅仅是制度设置的转变，同时也是思维

① 〔英〕舒尔兹：《小是美好的》，虞鸿钧等译，商务印书馆，1984。

模式、思想趣向的转折。概言之，计划经济制度在“逻辑上”包含了控制与强迫——与玄德理念相反——的概念，例如行政命令（由此滋生了官僚主义或官本位）、专家治国（例如这个工程、那个工程）、政治挂帅和意识形态壁垒。计划经济显然就是老氏所说的“以智治国”中的一种。而市场经济却诉诸“看不见的手”，相应地，构建和谐社会亦应该焕发社会自发自组织的固有功能。老子说：“大道废，有仁义”（第18章），又说“上德不德，是以有德”（第38章），从反、正两个方面阐述了解构人文理性支配下的政治、社会与文化观念的理论倾向。庄子曾批评说，黄帝、尧舜“以仁义撄人之心”，而“天下大骇”。（《庄子·在宥》）比较起来，还是道家思想比其他诸家思想更吻合市场经济的逻辑。老子所说的“小国寡民”曾遭到长期诟病，可舒马赫却说：“小是好的。”这个看起来微不足道的命题竟然成了我们今天因时而动，构建“小政府，大社会”的思想资源之一。

在道家看来，“明德”以及“明德”镶嵌于其中的“德礼体系”是“有以为”的产物，即仁义礼法所建构起来的东西。实际上，德礼体系的一个重要特点是：既施恩（德）于民，又要让人们“感恩戴德”。与“明德”的旨趣相比较，“玄德”作为道家的政治伦理原则，特别强调“功成不居”、“恬然于不居所成”，仿佛“只求耕耘，不问收获”。换句话说，“玄德主义”要求“为人民谋幸福”，同时拒绝以“人民的大救星”自矜。儒家把西周以来的文化体系概括为某种文化体系，特别强调“教化”的重要作用。这一点，与道家反复强调的“为而不恃，长而不宰”相反。这更进一步说，儒家推行仁义不惜采取强迫手段，道家追求“玄德”，却听任自然。一句话，道家在政治和伦理上奉行的是“非强迫政策”，与儒家、法家都不一样。现代新儒家对儒学中“开出”现代社会的普世价值，诸如民主、科学和自由，充满了信心。而道家既没有标榜过科学也没有许诺过民主，但是，“玄德”主义所包含的无为政治原则和社会批判意识却至少能够强化或推进我们的精神境界。这是毫无疑问的。

莱布尼兹有一句名言说，大自然是以最省力、最经济、最巧妙的方式工作着。但他没有解释大自然究竟以怎样的方式工作着，因为他也无法解释。道家以“道法自然”命题来描述“实然的”自然过程，并且以之作为“应然的”社会过程的理想状态。在道家看来，大自然的工作奥秘（自然过程）是“玄之又玄”的。然而，“玄之又玄”的“道”或“玄德”绝非不可理解、无从把握的，只不过它们不能诉诸感性和理性（包括人文理性）得以理解而已。现代自然科学（例如系统论）尤其瞩目于自发、自组织的过程（自然过程，兼及社会过程即历史），也许比 18 世纪的机械力学更适用于社会历史和人类精神的发展及其描述。

二　哈耶克《自由秩序原理》[①]：市场经济逻辑之二

我们试图在现代语境中阐释道家“无知”理论的现代意义。曾经有这样一种说法：以前的计划经济是儒家的而市场经济则是道家的。这当然是粗陋、肤浅和不确切的说法。（与第一部分首句重复）不过，从思想吻合和精神气质层面观察，匹配于制度体系的差异，计划经济逻辑和市场经济逻辑恰好南辕北辙。也就是说，由计划经济制度转变为市场经济体系，不仅仅是制度设置的转变，同时也是思维模式、思想趣向的转折。实施计划经济制度的必要理论前提就是：计划的制定者可能一网打尽投入与产出、供应与需求的所有信息，并可能合理配置从生产组织到分配消费的一切资源，显然这是过于理想化的

① 〔英〕哈耶克：《自由秩序原理》，邓正来译，生活·读书·新知三联书店，1997。

状态，往往和实际情况大相径庭；但我们更关注这种理想状态抑或理论模型背后隐含的绝对知识（无所不知）和绝对真理（永远正确）的“知识论预设”，以及这种“知识论预设”在“逻辑上”包含了控制与强迫观念，其具体表现形式体现在许多方面，如行政命令和官本位（以政治挂帅或政治控驭为中心）、专家治国（把社会政治经济事业作为这个工程、那个工程进行控制和管理）和意识形态（设定思想和文化上的、不共戴天敌人）等。从某种意义上说，计划经济显然就是老子所说的“以智治国”，而计划经济体制下的思想控驭、道德导向、文化政策和意识形态壁垒，难道不正是《庄子》曾经严厉批判过的“黄帝始以仁义撄人之心，而天下大骇”（《庄子·在宥》）吗？如果说计划经济诉诸“伸得过长的手”，那么市场经济却诉诸“看不见的手”——自发、自由地调节经济活动，其理论预设就是：“经济人”是理性的，可以根据市场进行生产和营销，并进而构建自由秩序甚至和谐社会。比起儒家，还是道家的思想更接近市场经济的逻辑。

奥地利学派的传人哈耶克在其《自由秩序原理》里深入讨论了基于自发的市场过程，构建自由秩序的问题，其中他围绕“自生自发秩序”（spontaneous order）观念，展开了涉及政治、社会、经济和法律各个层面的关于“自由”问题的广泛分析与讨论。“自生自发秩序”的基本含义是“自然”、“自足”的状态，和亚当·斯密所说的“看不见的手”异曲同工，都是指“计划经济逻辑”的反面，所以哈耶克有时也用“非设计的秩序”表述之。如果比较一下道家思想的话，是很有启发性的，也是饶有趣味的，比如说他提出的“无知”概念，是不是与道家所说的“无知”似曾相识？其实，哈氏所说的、有点儿含混与迷惑的“无知”概念，就是古希腊（科学）理性精神（epsiteme）的反面，这一点尤其意味深长。因为“道”与“玄德”落于一般意义上的知识论（epsiteme）之外，所以说它们亦具有了某种“无知”的特征。进而言之，这种“无知”的确切含义就是：道或玄德超越了感觉认识和理性（包括人文理性）所能把握的真理/知识之外。

自亚当·斯密提出“看不见的手”比喻自生自发秩序的理念以来，经过迈克·博兰尼的“自由的逻辑”和哈耶克“自由秩序理论”，人们认识到了自由与社会组织的密切关系以及自由与法治的密切关系，其中提出“自生自发的秩序”概念是哈耶克功成名就的理论建树。哈氏特别注重经济学理论与知识理论之间的内在联系，这一问题似乎是他始终关心的焦点之一。实际上，哈耶克的自由主义理论（包括经济学和法学）的重要基础之一就是其知识观念，比如说：“分立的个人知识”、“知道如何”的默会知识和“无知”（inevitable ignorance）等，而且正是诉诸上述概念，哈耶克展开了从“知”到“无知”思想脉络上的知识观的转换，并以此阐述其理论关注的重心——自生自发秩序的问题。[①] 简单地说（不一定十分准确），哈氏所谓“知”主要是指“经济人”的理性能力，而“无知”似乎是指形成自生自发的市场秩序过程中的不可控、不可知的因素或力量——由于其极端复杂，“的确对任何人来说都是未知的东西”（哈耶克语）。其实，哈氏所说的、有点儿含混与迷惑的“无知”概念，就是古希腊理性精神（episteme）的反面，这一点尤其意味深长。我们知道，《庄子》所阐明的“无知”和所追寻的“道的真理”超然邈出于理性精神（episteme）之外。实际上，“无知”的确切含义就是超越了感觉认识和理性（包括人文理性）所能把握的真理/知识之外。

自亚当·斯密以来，经济学家热衷以“看不见的手”说明市场

---

① 邓正来：《知与无知的知识观——哈耶克社会理论的再研究》，载邓正来《哈耶克社会理论》，复旦大学出版社，2009。

的作用，仿佛它具有某种“视之不见、听之不闻”的性质，哈耶克又以“无知”揭示分立的个人自由与整体的社会秩序之间的关系，似乎是老庄思想的翻版，又似乎是魏晋时期郭象《庄子注》中提出的著名命题——“独化于玄冥之境”的现代解说。无论如何，古代中国的老庄和现代欧洲的哈耶克，相隔万里，相去千年，竟然在复杂性、反思性的知识观念——“无知”理论上，存在异曲同工之处，难道仅仅是一种巧合吗？

在哈耶克看来，“自生自发秩序”是自由主义社会理论的“核心”观念，换言之，哈耶克社会理论的固有任务就是在理论上重构现实世界中的各种“自生自发秩序”，他认为，道德、宗教、法律、书写、货币与市场等也都是，或者应该是“自生自发秩序”，这也是他之所以在经济、法律、政治、道德和文化等一系列涉及面广泛的知识领域内深入分析“自由”概念的原因。而在中国哲学的历史脉络里面讨论“自由”的话，却不能不追溯到老子所说的“自然”、“自化”、庄子所说的“独立”、“无待”。这启发我们进一步思考古代思想世界和现代观念之间的张力。

三　汤川秀树《创造力和直觉：一个物理学家对东西方的考察》[①]：现代科学－自然哲学语境中的道家思想

诺贝尔奖得主普里高津（I. Prigogine）教授致力于创立一种新的自然观，并在此基础上弥合自然与人文“两种知识”、“两种文化”的分裂，实现人类知识的新综合。他在很多文章中都喜欢引述列维—

① 〔日〕汤川秀树：《创造力和直觉：一个物理学家对东西方的考察》，周林东译，河北科学技术出版社，2000。

布留尔（leve-Bruhl）和伯林（Berlin）的批评性论述：

> 关于知识固定可靠的感觉对我们来说是如此深刻，以致我们从不会去怀疑它。甚至当我们观察到某个十分神秘的现象时，我们仍然相信我们对它只是短暂的无知，但这一现象必定符合普遍的因果律，因此发生此类现象的原因迟早会被我们找到。我们周围的自然界是既和谐又合理的，正像人类的头脑一样。我们每天的活动都意味着完全信赖自然规律的永恒性。
>
> 他们（西方思想家）寻求包罗万象的图式，宇宙统一的框架。在这个框架中，所有存在的事物都可以被表明是系统地、即逻辑地或因果地相互连接着的。他们寻求广泛的结构，这结构中不应对“自然发生”或“自动发展”留下空隙。在那里所发生的一切，都应至少在原则上完全可以用不变的普遍定律来解释。

同时，他还有意将列维—布留尔（leve-Bruhl）和伯林（Berlin）上述对西方思想的精辟概括，与《庄子》中的一段话进行对比：

> 天其运乎？地其处乎？日月其争于所乎？孰主张是？孰维纲是？孰居无事而推行是？意者其有机缄而不得已邪？意者其运转而不能自止邪？云者为雨乎？雨者为云乎？孰隆施是？孰居无事淫乐而劝是？风起北方，一西一东，在上彷徨孰嘘吸是？孰居无事而披拂是？敢问何故？（《庄子·天运》）

普里高津之所以充满敬意地引述了《庄子·天运》开头的那段话，因为他很明白自己“正站在一个新的综合、新的自然观念的起点上”，并且期望“这个新的自然主义将把西方传统带着其对实验和定量的表述，与以自发的自组织世界的观点为中心的中国传统结合起来。”[1] 以为庄子表述了一种与西方传统自然观念不同的中国古代传统（着眼于自发自组织世界描述的中国传统思想），而这种中国古代的传统思想却意味深长地暗契新的自然观——即现代科学在不断叛离以近代经典力学为范例的自然哲学的同时重新勾画的新自然观。

另外，无论是古代原子论还是现代原子论，都企图把宇宙万物的起源和物质世界的构成化约为“原物”（借用海森堡的概念，urmaterie）；这种分析性的理论脉络（道家称之为智巧）却导致了人们在探求基本粒子的过程中发现基本粒子越来越多，以至于我们不得不面对“基本粒子不基本”的尴尬处境。汤川秀树是著名物理学家，他的兄弟贝冢茂树、小川环树都是卓有成就的汉学家，由于家庭背景和家学渊源的缘故，他对中国文化和经典有比较深刻的了解。汤川秀树曾说，正当他全力研究基本粒子的时候，忽然想起了《庄子》（这本书是他儿时在父亲书斋中读到的）中的一段话：

> 南海之帝为儵，北海之帝为忽，中央之帝为浑沌。儵与忽时相与遇于浑沌之地，浑沌待之甚善。儵与忽谋报浑沌之德，曰：“人皆有七窍，以视听食息，此独无有，尝试凿之。”日凿一窍，七日而浑沌死。（《庄子·应帝王》）

他阐释了一下这个故事的大意：南方之海的帝王名儵（或异体字倏），北方之海的帝王名忽（“倏”和“忽”都是非常迅速，跑得很快的意思，“倏忽”一词也指转瞬之间或一眨眼工夫），中央的帝王名混沌。南、北两个帝王有时相聚于混沌处，得到混沌的真心款待，倏、忽回去后，便商量着怎么报答混沌，他们说：人都有眼耳口

---

① 湛垦华、沈小峰编《普里高津与耗散结构理论》第Ⅴ－Ⅵ（序），陕西科学技术出版社，1982，第201、220～221页。

鼻七窍，能看、能听、能吃、能呼吸，可混沌这家伙却什么也没有，真是太可怜了。给他凿出七个洞吧。于是他们每天为混沌凿一个洞，七天之后，混沌却死了。为什么想起这个寓言呢？汤川说：我常年从事基本粒子的研究，目前已有三十多种基本粒子被发现，但是它们的个性，却都像迷一样难以琢磨，这样，就必须超越基本粒子，去做进一步的思考和探索。因为我们希望看到的最基本的元素，至少不该有三十多种吧，而且它们不会是一个固定形状，也不会是已知基本粒子中的某一个。这个所谓最基本的元素，最终也可能分化为各种基本粒子，但现时却处于分化之前，用一个现成的词语，可以叫它混沌。这时，我忽然想起了这则寓言。海森堡教授在思考超越基本粒子而存在的最基本元素时，用了“原物”（urmaterie）这个词。称原物也好，混沌也好，都是可以的。可见，汤川秀树于《庄子》的混沌寓言若有所悟，并以此深刻地反思了原子论的理论脉络以及“原子论式思维模式”，难道不是正面说明了《庄子》自然哲学的启发意义吗？实际上，海森堡也许偏离古希腊－近代以来的原子论式思维模式更远，他强调了怀德海的一个观点，即：当代科学与哲学中没有实体概念的地位，因为在他看来，与其说微观层次的“基本粒子”是“实体”，还不如说能量即实体。①

此外，汤川还谈到了他的“新的理解”：“我发现‘倏’和‘忽’原来很像基本粒子，当它们各自活动的时候，并不起任何反应，可是当它们自南自北而来，在混沌的领地上会合，就产生了基本粒子的冲突。尽管这么解释会导致一种二元论，但可不可以说，混沌，就是把基本粒子带入时间、空间的那个东西呢？”汤川秀树只是从《庄子》得到了启发，却无意于把《庄子》过度“现代化”。他说：“自然不必拿古人去附会现代物理学，距今两千三百年前的庄子并不了解今天

---

① 〔德〕海森堡：《物理学与哲学》，范岱年译，商务印书馆，1981，第186页。

的原子学说，然而他的思想却与我们今天的研究相似，这是有趣并且令人惊讶的。”①

化学家出身的李约瑟（J. Needham）一直钟情于中国科技传统和中国文明，特别青睐和推崇道家哲学的有机主义自然观。② 另一方面，他也强调说，西方思想总是在作为自动机的世界和作为上帝主宰宇宙的神学之间摇摆，这就是所谓的“欧洲精神分裂症的特点”。③他的观点值得重视，但我们并不认为，现代科学遇到这样那样的理论困境时的解脱之道就是乞灵于《庄子》，这既不合时宜，也离题太远。我们只是期待《庄子》仍能给予我们有力的思想启示，特别是当我们陷溺于各种各样的理论成见而不能自拔时。

（作者单位：北京大学哲学系）

① 〔日〕汤川秀树：《庄子》、《知鱼乐》，载青木正儿等著、戴燕等译《对中国文化的乡愁》，复旦大学出版社，2005，第185～186、190～191页。

② 〔英〕李约瑟：《中国科学技术史》（第2卷），科学出版社、上海古籍出版社，1990，第57～58页。

③ 转引自前揭《普里高津和耗散结构理论》，第203页。

后　记

2012·首届老子文化天津论坛——老子思想与现代管理，于2012年6月15至17日在天津大礼堂举行。本届论坛由河南省老子学会、河南省社会科学院、河南省人民政府驻天津办事处、南开大学哲学院主办，天津市周口商会承办，河南省宋河酒业股份有限公司、河南莲花味精股份有限公司协办。来自北京大学、中国人民大学、南开大学、武汉大学、四川大学、华东师范大学、首都师范大学、河南大学、浙江农林大学、洛阳大学、商丘师范学院，以及中国社会科学院、天津社会科学院、广东省社会科学院、河南省社会科学院、中国老子文化研究中心等高等院校和科研院所的40多名“老学”研究专家、学者参加了论坛。

天津市周口商会成立典礼与论坛的开幕式共同举办，邀请各地嘉宾及在津知名豫商300多人共襄盛会。文化部原部长王蒙，中央军委办公厅副主任曹育民，全国人大农业与农村委员会委员、河南省老子学会会长王明义，全国工商联副主席、天津市人大常委会副主任、天津市工商联主席张元龙，天津市政府原副市长、天津市周口商会高级顾问张昭若，天津市政府原副市长、天津市周口商会名誉会长张好生，天津警备区原副政委、天津市周口商会高级顾问李德顺，原武警医学院院长、天津市周口商会名誉会长王发强，中国农业发展集团有限公司总经理郑清智，周口市政协主席穆仁先等在开幕式主席台就座。王明义致开幕辞，张元龙、张好生、穆仁先分别讲话，河南省委宣传部副部长、省文化强省建设协会会长李宏伟，天津社会科学院院长张健，河南省宋河酒业股份有限公司总裁王祎杨，天津市周口商会会长、天津市天成投资集团董事长王天洪先后致辞。文化部原部长、著名作家王蒙以《老子的战略思想》为题，在开幕式上作了专题学术报告。

开幕式后，与会专家学者分甲、乙两组分别在天津大礼堂河西厅和南开厅进行发言和学术讨论。大家围绕老子哲学与现代管理哲学、老子的辩证智慧与现代管理、老子“以人为本”的管理之道、老子之道与商道、老子的柔性管理思想、老子“道法自然”的管理智慧等议题，从多个视点、角度、层次、领域和学科展开了细致而深入的论述、阐发和讨论，取得了丰硕成果。6 月 17 日下午，中国人民大学教授葛荣晋作了《“无为”智慧与企业管理》的专题讲座。论坛期间，与会代表和嘉宾参观考察了天津市文化中心、天津市规划展览馆、五大道地区、英式风情区、意式风情区、曹禺故居、李叔同故居，以及古文化街的玉皇阁、天后宫等道教宫观，并乘游艇观赏了迷人的海河夜景。6 月 17 日晚，论坛胜利闭幕。

此次论坛是新中国成立以来天津地区首次举办的一次以老子文化为主题的高水平理论盛会。天津市周口商会把论坛的开幕式作为商会成立的典礼，是该商会的企业家们传承和弘扬中华传统优秀文化，推动社会主义文化大发展大繁荣的一大创新之举，体现了在津豫商建设社会主义先进文化的自觉性和主动性。商会承办论坛，表明了商界与学界对老子思想在经营管理、经济领域、政治领域、社会领域乃至国家管理中应用的共同关注和重视，体现了“四个结合”，即传统与现代在经世致用上的结合、学术界与商业界在成就事业上的结合、学术大家与年轻才俊在体道明理上的结合、商会活动与学术活动在一致行动上的结合。论坛收到论文40多篇，进行了大会交流。为了扩大老子文化的学术影响，展示本次论坛的学术成果，我们将其中30多篇结集出版。

在本书面世之际，首先要感谢来自全国各地的专家学者，为论坛提供了高质量的学术论文，在论坛上发表宏论，为推进老子思想研究作出了理论贡献。其次要感谢在本届论坛的组织筹备过程中，天津市周口商会全体会员给予的大力支持，特别是会长王天洪，副会长欧阳玉岭、王天锋、王志双、韩涛、王自勤、王正义、马中卫、谭永志、魏东鸿、肖来宣、白庆安、朱昱洁，理事王天震、朱学礼，秘书长许富宽，副秘书长李富党，为论坛提供了充足的财力、物力、人力支持。最后，要感谢高秀昌、王和力同志，为论坛策划、筹备、举办及本书的出版付出了大量的心血，作出了突出的贡献。

赵保佑

2012年9月于郑州

图书在版编目(CIP)数据

老子思想与现代管理/赵保佑，高秀昌主编. —北京：社会科学文献出版社，2013.1
ISBN 978-7-5097-4168-9

Ⅰ.①老… Ⅱ.①赵… ②高… Ⅲ.①《道德经》-应用-企业管理 Ⅳ.①F270

中国版本图书馆 CIP 数据核字（2012）第 315205 号

老子思想与现代管理

主　　编 / 赵保佑　高秀昌
副 主 编 / 王天洪　王和力

出 版 人 / 谢寿光
出 版 者 / 社会科学文献出版社
地　　址 / 北京市西城区北三环中路甲 29 号院 3 号楼华龙大厦
邮政编码 / 100029

责任部门 / 皮书出版中心（010）59367127　　责任编辑 / 任文武
电子信箱 / pishubu@ssap.cn　　责任校对 / 甄　飞
项目统筹 / 任文武　　责任印制 / 岳　阳
经　　销 / 社会科学文献出版社市场营销中心（010）59367081　59367089
读者服务 / 读者服务中心（010）59367028

印　　装 / 北京鹏润伟业印刷有限公司
开　　本 / 787mm×1092mm　1/16　　印　　张 / 26.75
版　　次 / 2013 年 1 月第 1 版　　字　　数 / 363 千字
印　　次 / 2013 年 1 月第 1 次印刷
书　　号 / ISBN 978-7-5097-4168-9
定　　价 / 98.00 元